sewing dog 소잉도그의 handmade
# 강아지 옷 만들기

두 번째 이야기

예문아카이브

온라인 수업 안내 http://sewingdog.modoo.at
네이버카페 http://cafe.naver.com/sewingdog
블로그 http://blog.naver.com/enjoylifeme
인스타그램 @sewing_dog
유튜브 채널 소잉도그

Sewing dog 소잉도그의 handmade
# 강아지 옷 만들기

두 번째 이야기

유아연 ★ 지음

예술아카이브

## 안녕하세요. 소잉도그입니다.

제가 쓴 첫 번째 강아지 옷 만들기 책을 서점에서 만난 감동이 아직도 선명합니다. 시간이 몇 해가 흘렀지만 감사하게도 여전히 책을 통해 많은 분들을 만나고 있고, '책이 많은 도움이 되었다.'는 기분 좋은 인사를 받고 있습니다.

첫 번째 책이 기본을 쌓는 내용들 위주로 만들어졌다면, 이번 책은 좀 더 다양한 디자인과 봉제법을 소개하는 내용으로 정리해 보았습니다. 봉제 난이도 및 봉제법이 좀 더 다양해졌으므로 기본 책과 함께 활용해 보면 좋겠습니다.

강아지들의 체형은 다양하고 특성도 다 다릅니다. 책에 담긴 실물 패턴을 기본으로 '패턴 수정법'을 익힌 뒤 아이의 몸에 맞춘 패턴으로 더 잘 맞는 옷을 완성해 보기를 바랍니다.

저는 반려견 루이, 루비와 여전히 함께하는 삶을 살고 있습니다. 강아지의 시간은 사람보다 빨리 흐르기에 루이, 루비는 이제 노령의 강아지가 되었습니다. 제가 만드는 책과 함께 저의 반려견 두 마리가 성장하고 나이가 들어가고 있지요.

이번 책에는 강아지의 마지막을 함께 할 '강아지 수의'도 디자인했습니다. 제가 만든 책과 함께 강아지와 일상 속에 즐거움과 추억이 만들어지면 좋겠습니다. 그리고 언제가 다가올 마지막에도 마음을 다해 만든 옷으로 그 순간을 기억할 수 있길 바래봅니다.

2022년 어느 날 소잉도그

# Preview

① **난이도**  옷의 난이도를 표시하여 쉬운 옷부터 어려운 옷까지 한눈에 확인할 수 있도록 하였습니다.

② **포인트**  옷의 특징이나 만들기의 포인트를 미리 소개하였습니다.

③ **사용 원단 및 부자재**  옷 만들기에 사용되는 원단과 부자재를 소개하여 미리 준비할 수 있도록 하였으며, 부록의 실물패턴 번호를 함께 표시하여 쉽게 찾을 수 있습니다.

④ **패턴 확인하기**  옷 만들기에 사용되는 패턴과 명칭, 시접 값을 표시하여 초보자가 쉽게 이해할 수 있습니다.

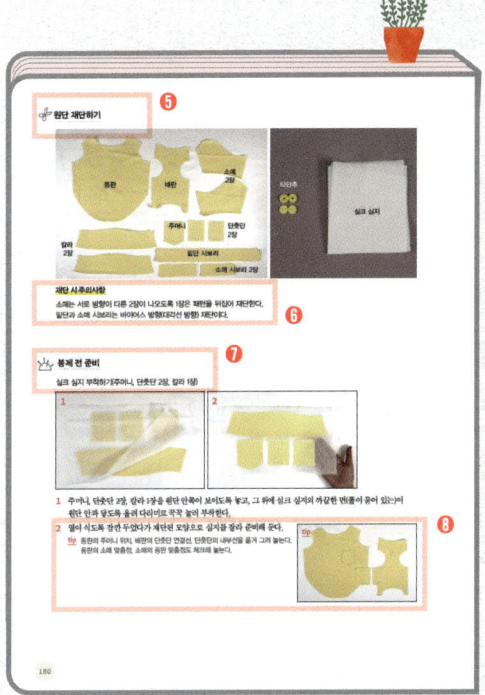

❺ **원단 재단하기** 재단한 원단의 실제 모양을 보여줘 쉽게 이해할 수 있게 하였습니다.

❻ **재단 시 주의사항** 재단 시 실수하기 쉬운 작업을 미리 알려줍니다.

❼ **봉제 전 준비** 봉제하기 전 준비가 필요한 과정을 미리 보여줍니다.

❽ **TIP** 옷 만들기 과정 중 반드시 알아두어야 할 부분들을 알려줍니다.

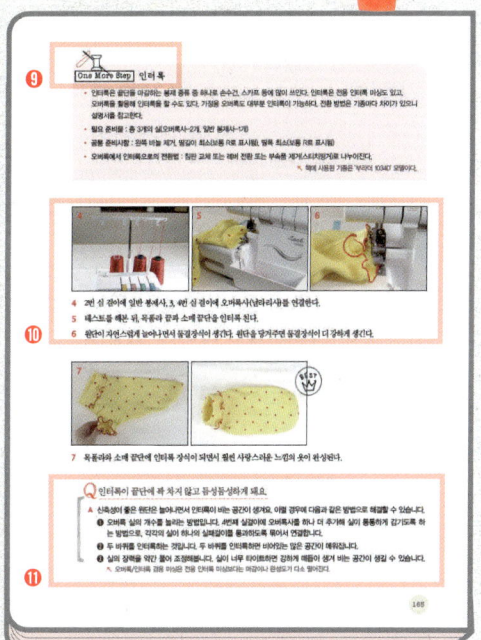

❾ **One more step** 더 예쁘게 만들 수 있는 다양한 방법이나 노하우를 알려줍니다.

❿ **옷 만들기 과정** 옷을 만드는 과정을 사진과 함께 자세하게 설명하였습니다. 소제목을 함께 표시하여 옷의 어느 부분을 만들고 있는지 쉽게 알 수 있습니다.

⓫ **Q&A** 초보자들이 옷을 만들 때 궁금한 내용을 질문과 답변 형식으로 자세하게 설명합니다.

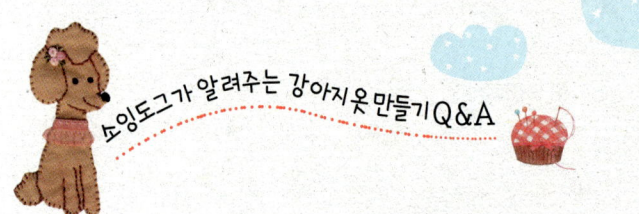

## 소잉도그가 알려주는 강아지옷 만들기 Q&A

 모색(털의 색)에 어울리는 원단의 색이 궁금해요.

 모색에 어울리는 원단의 색은 원단의 특성이나 컬러, 디테일, 사용할 원단의 배색 면적에 따라 달라집니다. 옷의 전체적인 분위기는 넓은 면적의 색에 따라 정해지므로 넓은 면적의 색은 모색과 잘 어울리는 원단을 선택하는 것이 좋고, 어울리지 않는 색이라 하더라도 사용되는 면적이 좁으면 포인트 색상으로 활용할 수 있어요.

| 모색 | 어울리는 원단 |
|---|---|
| 흰색 | 밝은 색/어두운 색(명도), 맑은 색/탁한 색(채도) 모두 잘 어울려요. 다만, 모색이 흰색이므로 같은 흰색 원단만을 단독으로 사용하지 않는 것이 좋아요. 하지만 화이트 드레스처럼 디테일이 화려할 경우는 단독으로 사용해도 예뻐요. |
| 크림 · 베이지 | 같은 계열 색은 피하고, 톤이 밝기 때문에 원색, 파스텔 계열의 색 모두 잘 어울려요. |
| 갈색 · 황색 · 골드 | 모색과 같은 색상은 피하세요. 대부분 컬러가 무난하게 잘 어울리고 원색도 괜찮아요. 화이트보다는 베이지, 크림 톤(크림, 밝은 크림, 베이지, 밝은 베이지, 베이지 섞인 핑크 등)의 색상이 좋아요. 노랑, 파랑, 그린 계열은 밝은 황색, 갈색 모색일 때 더 잘 어울려요. |
| 회색 · 실버 | 모색이 무채색이기 때문에 원색, 파스텔 계열의 색이 모두 잘 어울려요. 포인트 컬러가 되도록 원단을 배색하여 사용하면 좋아요. 짙은 회색은 같은 짙은 톤보다는 명도와 채도를 올린 밝은 톤이 좋아요. 밝은 회색의 모색은 파스텔 색이 잘 어울립니다. |
| 초코 · 블랙 | 파스텔 톤보다는 원색 계열이 더 잘 어울려요. 단, 원색은 너무 많은 색(세 가지 이상)을 사용하지 않는 것이 좋아요. 크림색이 잘 어울리고, 무채색을 사용한다면 밝은 회색이 무난해요. 블랙, 네이비는 피하세요. |
| 여러 색이 섞인 모색 | 파티 컬러, 트라이 컬러의 강아지는 모색 자체가 화려하므로 색이나 디테일은 심플하게 하는 것이 예뻐요. 두 가지 색 이상이 섞인 경우는 넓은 면적의 색을 메인으로 하되, 얼굴에 중심을 두고 메인 색을 정하세요. |

 강아지가 처음 옷을 입을 때 주의해야 할 것이 있나요?

 옷을 처음 입는 강아지는 부드러운 원단의 티셔츠부터 입히는 것이 좋습니다. 요즘은 강아지 옷의 여유분이 크게 나오지 않는 추세인데, 처음부터 딱 붙는 옷을 입히면 어색하고 불편해 옷을 입는 데 거부감이 생길 수 있으므로 처음에는 조금 큰 사이즈를 입혀 적응할 수 있는 시간을 주는 것이 좋아요.
강아지가 처음 입는 옷은 대부분 티셔츠일 텐데요. 티셔츠는 머리에서 씌우는 디자인이기 때문에 목이 너무 좁으면 머리가 눌려 공포심이 생길 수 있습니다. 목둘레에 여유가 있는 옷이 좋고, 소매가 달리지 않은 디자인이 적응하기 좋아요.

또, 단추가 달린 옷은 소매에 발을 집어넣어 옷을 입히게 되는데 강아지의 관절은 앞뒤로 움직이는 구조이기 때문에 옆으로 발을 들지 않도록 해야 합니다.

요즘은 바지도 많이 입히는데, 사실 강아지에게 바지는 불편한 디자인입니다. 특히, 성견이 된 강아지들은 바지에 적응을 못하는 경우가 많아요(입혀 놓으면 움직이지 않죠). 어릴 때부터 바지에 적응시키는 것이 좋고 바지에 적응을 못하는 강아지는 입히지 않는 것이 맞습니다. 적응을 위해 바지를 입혀놓고 장시간 두는 경우도 있는데, 소변을 보지 못하는 강아지도 있으니, 잠깐씩 자주 입히면서 적응을 시켜주세요.

 계절에 따라 옷을 선택하는 방법이 있을까요?

 계절에 따른 옷을 선택하기 전에 반드시 고려해야 하는 것은 '강아지가 불편하지 않은가?'입니다. 아무리 예쁜 옷이라도 움직임이 힘들거나 강아지가 불편해 한다면 좋은 옷 선택이라고 할 수 없습니다. 다음 표를 참고해 계절에 따라 확인할 내용을 알아두세요.

| 계절 | 선택 방법 |
|---|---|
| 봄·가을 | 셔츠, 원피스, 점퍼, 재킷 등 입힐 수 있는 종류와 디자인이 다양한 계절입니다. 봄·가을에 사용되는 원단은 두껍지 않기 때문에 소매가 달린 디자인도 무난하게 입힐 수 있습니다. 강아지의 활동성을 고려하여 앞발의 소매 둘레에 여유감이 있는지 확인해 주세요. 티셔츠와 재킷을 레이어드 해서 입히는 경우라면 둘 다 소매가 달린 디자인은 불편할 수 있으므로 피하는 것이 좋아요. |
| 여름 | 얇은 면 소재의 원단, 끈으로 된 민소매 디자인이 좋아요. 더운 계절이기 때문에 겨드랑이가 여유 있게 파여 통풍이 잘 되는지 꼭 확인해 주세요. 실내에서는 옷을 입히지 않아도 되지만, 여름에 몸통 미용을 많이 해주기 때문에 에어컨 바람이 걱정된다면 얇은 소재의 옷을 입혀주세요. 햇볕이 강해 피부와 발바닥에 화상을 입을 수 있으므로, 최대한 외출을 피하되 불가피한 경우라면 햇볕을 막아주는 얇은 옷을 입히고 신발도 신겨주세요. |
| 겨울 | 겨울에는 보온성이 가장 중요해요. 솜 누빔, 털 원단, 기모 원단 등이 사용된 옷을 입혀주세요. 실내 생활을 하는 강아지들은 생각보다 추위를 많이 타기 때문에 외출 시 앞발 소매 둘레에 바람이 들어가지 않도록 시보리 처리가 되어 있는 옷이 좋아요. 또, 터틀넥 형태의 목이 올라간 옷도 강아지를 따뜻하게 보호할 수 있어 좋아요.<br>또 하나 겨울철에 고려해야 할 점은 원단의 부피감과 부드러운 정도입니다. 부피감이 너무 크거나 뻣뻣한 원단은 보온성이 좋더라도 강아지가 불편해 움직이지 않는 경우가 많습니다. 또, 겨울 원단에 소매가 달린 아우터는 불편해요. 소매가 있는 부드러운 원단의 이너 티셔츠를 입히고 코트, 점퍼, 패딩 등은 소매가 없는 디자인을 선택하여 강아지의 활동성을 방해하지 않도록 해주세요. |

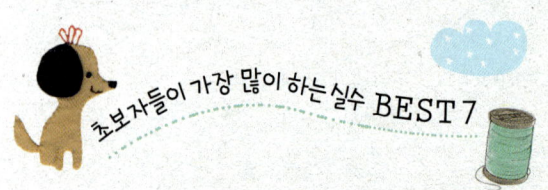

## 초보자들이 가장 많이 하는 실수 BEST 7

**1** 같은 방향으로 두 개가 재단되었어요.

↖ 소매를 달려고 보니 몸판과 길이가 안 맞아요.
이상하다 했더니 소매를 똑같은 모양으로 두 장을 재단했네요!!

초보자들이 가장 많이 하는 실수입니다. 소매, 바지, 단추가 달리는 배판 등은 방향이 다른 2장으로 재단해야 해요. 이런 실수를 막으려면 원단을 펼쳐 2장을 재단할 때 패턴을 뒤집어 한 번 더 재단하거나 원단을 겉과 겉이 닿게 접은 상태에서 한 번에 두 장을 재단하면 돼요.

**2** 상의는 원단의 겉이 보이는데 치마는 원단의 안이 보여요.

↖ 상의와 치마를 박음질하고 오버록까지 다 끝내고 '아~완성이다~' 했는데 상의는 겉이 보이고, 아래 치마는 안이 보이게 연결했어요.

항상 원단을 연결할 때는 겉과 겉이 닿도록 박음질해야 하는데 '내가 왜 그랬을까?' 하면서도 또 실수를 하는 경우가 많아요. 원단은 '겉과 겉'이 마주닿은 상태에서 박음질해야 한다는 사실 꼭 기억하세요!

**3** 어? 왜 재단한 게 없을까요?

↖ 재단을 끝내고 원단을 정리한 후 봉제를 시작했는데, 아뿔싸, 박음질하다 보니 빠뜨린 요소가 있다는 사실을 발견하고 다시 원단 재단을 하느라 시간이 배로 걸렸어요.

패턴의 조각이 여러 개인 옷을 만들 때 저지르는 실수죠. 앞으로는 재단이 끝난 후, 이 옷을 만드는 데 필요한 패턴은 무엇인지, 부위별로 체크하는 습관을 들이세요.

**4** 시접선이 아니라 완성선을 잘랐어요.

↖ 예쁘게 옷을 만들어 볼 마음으로 즐겁게 재단을 시작했어요. 헉! 시접선이 아니라 완성선을 가위로 잘랐네요. 옷 만들기에 대한 의욕이 뚝 떨어졌어요.

초보 때는 모든 신경을 집중하여 선을 그리기 때문에 실수를 하는 분이 적고, 오히려 익숙해지면 하는 실수 중 하나에요. 아무 생각 없이 가위로 원단을 잘랐는데 시접선이 아니라 완성선을 잘랐을 때 "어머!"하고 소리를 지르게 돼요. 이건 방법이 없어요. 다시 재단하는 수밖에…. 이런 불상사를 막기 위해 시접선을 재단해야 한다는 사실을 꼭 기억해 주세요!

**5** 가위집 내다가 원단을 자르고 말았어요.

↖ 가위집을 내고 있는데, 쪽가위가 너무 깊이 들어간 상태에서 자른 느낌이 들어요.
원단을 보니 역시나 박음선보다 더 안쪽으로 잘렸네요. 아… 어쩌죠? 거의 다 만들었는데….

시접이 두꺼워 힘을 많이 줘야 할 때, 집중하지 않고 가위집을 낼 때 가끔 이런 일이 발생해요. 임시 방편으로 박음질 선을 안쪽으로 이동해 한 번 더 박아 완성할 수 있지만 아무래도 사이즈가 줄어들죠. 그냥 두면 옷에 구멍이 나 있는 상태이기 때문에 그 부분이 금방 터져요. 가위집을 낼 때는 박음선에 가까이 가위집을 내되, 절대 더 안쪽으로 들어가 자르면 안 된다는 것을 기억하세요.

**6** 같은 길이였는데 끝부분의 원단 길이에 차이가 나요.

↖ 분명 같은 길이로 재단했는데 박음질해 보니 위아래 원단의 길이가 달라져 있어요. 이걸 어쩌죠?

위아래 원단이 노루발을 지나갈 때 받는 압력 차이 때문에 이런 현상이 생겨요. 위 원단은 노루발이 누르고 있고, 아래 원단은 미싱의 톱니가 원단을 잡고 있는데 그 힘에 차이가 있는 것이죠. 길이 차이가 많이 나는 경우는 원단이 늘어나지 않도록 실을 뜯어서 스팀을 원단에 쐬어 길이를 맞춰 준 후 다시 박음질하면 돼요. 이런 현상을 줄이려면 박음질 중간중간 노루발을 들었다가 놓거나, 시침핀을 시작과 끝 그리고 중간에 꽂아두고 박음질하면 돼요. 송곳을 이용해 원단을 밀어주듯이 넣어주는 것도 한 가지 방법이에요.

**7** 단추가 반대로 달렸어요.

↖ 단추를 달고 옷을 완성했어요. 완성된 모습을 확인하려고 단추를 채우는데…
단추가 반대로 달려서 '똑딱'하고 채워지지 않아요.

단추는 옷의 마무리죠. 스냅식의 똑딱이 단추는 암수가 만나도록 방향을 정해야 하는데 무턱대고 단추를 다는 경우가 많아요. 가시도트, T단추, 도트 단추 등은 한 번 원단에 달면 다시 뜯기가 쉽지 않고, 다시 뜯더라도 원단이 늘어나거나 큰 구멍이 생겨요. 때문에 처음부터 정확하게 다는 것이 중요합니다. 단추를 달기 전에 위치가 맞는지 한 번 더 확인하세요. 원단의 겉과 안을 헷갈리면 안 돼요. 꼭 체크해 주세요.

**내가 직접 만드는 기쁨을 함께해요.**

강아지 옷 만들기 두 번째 이야기에는 좀 더 다양하고 활용도 높은 의류와 소품 만들기 노하우가 들어 있습니다.

▲ PK셔츠 How to make  p.150

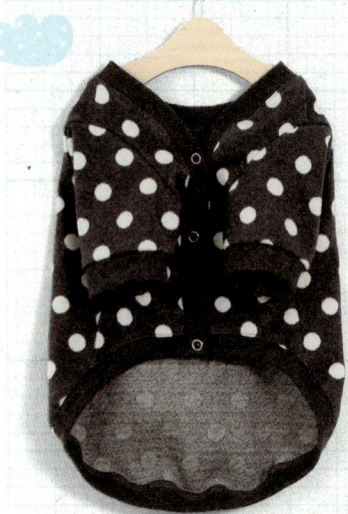

▲ 카디건 How to make  p.168

▲ 인터록 티셔츠 How to make  p.161

▲ 퍼프소매 블라우스 How to make p.183

▲ 셔링 블라우스 How to make p.176

▲ 멜빵 청 올인원 & 원피스 How to make p.211

▲ 호박 스모킹 올인원 How to make p.202

▲ 안감 올인원 How to make  p.225

▲ 스탠더드 강아지 셔츠 How to make  p.191

▲ 스키니 올인원 How to make p.233

▲ 트위드 원피스 How to make p.252

▲ 벨크로 여밈 원피스 How to make p.240

▲ 캉캉 프릴 원피스 How to make p.246

▲ 이지 패딩 How to make  p.259

▲ 인조 무스탕 How to make  p.264

▲ 바람막이 점퍼 How to make p.276

▲ 강아지 장난감 How to make p.298

▲ 트렌치코트 How to make p.284

# Sewing dog

▲ 프릴 스카프 How to make p.302

▲ 체크 칼라 케이프 How to make p.306

▼ 벙거지 모자 How to make p.310

▲ 강아지 풉백 How to make p.322

▲ 강아지 침대 How to make p.329

▼ 비치가운 How to make p.316

▼ 래글런 티셔츠 How to make p.358

▲ 산책가방 How to make p.336

▲ 커플 파자마 How to make p.365

▲ 플라워 한복(남) How to make  p.380

▼ 플라워 한복(여) How to make  p.391

▲ 강아지 카시트 How to make  p.344

▲ 작별 인사(수의 & 모자 & 손발싸개) How to make  p.397

# Contents

| | |
|---|---|
| Prologue | 004 |
| Preview | 006 |
| 소잉도그가 알려주는 강아지 옷 만들기 Q&A | 008 |
| 초보자들이 가장 많이 하는 실수 BEST 7 | 010 |
| 갤러리 | 012 |

## Part 1 강아지 옷 만들기의 기초

### chapter 01 원단 이해하기

| | |
|---|---|
| 원단의 이해 | 033 |
| 원단 선 세탁하기 | 035 |
| 원단의 종류 | 036 |
| 원단 구입하기 | 041 |

### chapter 02 도구 및 부자재

| | |
|---|---|
| 패턴 그리기 & 재단하기 | 044 |
| 바느질 & 봉제 | 045 |
| 장식하기 | 046 |
| 미싱 바늘 | 047 |
| 모양 만들기 | 047 |

## chapter 03 봉제 기본 알기

| 기본 손바느질법 | 049 |
| --- | --- |
| 봉제의 기본 | 053 |
| One More : 별도의 미싱이 필요한 시접 정리법 | 056 |
| One More : 랍빠와 빵빵이를 아시나요? | 061 |
| 파이핑 만들기 | 072 |
| 단춧구멍 만들기와 단추 달기 | 073 |
| ★ special page 미싱의 종류 | 076 |

## chapter 04 강아지 치수 재기

| 강아지 사이즈 표 | 079 |
| --- | --- |
| 부위와 치수재기 | 080 |

## chapter 05 재단하기

| 패턴 보고 복사하기 | 083 |
| --- | --- |
| One More : 시접 그리기 | 085 |
| 원단 재단하기 | 086 |
| One More : 재단 시 많이 하는 실수 | 088 |
| ★ special page 사이즈 측정 시 유의사항 | 089 |

# Part 2 강아지 옷 만들기의 시작, 패턴 그리기

## chapter 01 강아지 옷 패턴 그리기

| 강아지 옷 패턴의 종류 | 093 |
| --- | --- |
| 패턴 기호 | 094 |
| 견종별 체형 특성 | 095 |
| 강아지 옷 패턴 그리기 | 096 |
| One More : 옆선 다트 잡기 | 102 |
| One More : 시보리가 달릴 때 패턴 잘라내기 | 104 |
| 패턴의 조합과 분할 | 117 |

## chapter 02 가봉 및 패턴 수정하기

| | |
|---|---:|
| 패턴 가봉하기 | 123 |
| 가봉 시 체크 사항 | 125 |
| 기본 패턴 수정하기 | 127 |
| 소매 패턴 수정하기 | 136 |
| 소매길이 늘이고 줄이기 | 137 |
| 바지 패턴 수정하기 | 139 |
| 후드 패턴 수정하기 | 139 |
| 패턴 여밈분 주기 | 140 |
| 시보리 · 바이어스 분량 계산하기 | 141 |
| ★ special page 강아지 옷을 만들 때 특별히 고려할 점 | 142 |
| ★ special page 옷의 완성도를 높이는 장식법 | 146 |

# Part 3 강아지 옷 만들기

| | |
|---|---:|
| PK셔츠 | 150 |
| 인터록 티셔츠 | 161 |
| 카디건 | 168 |
| 셔링 블라우스 | 176 |
| 퍼프소매 블라우스 | 183 |
| 스탠더드 강아지 셔츠 | 191 |
| 호박 스모킹 올인원 | 202 |
| 멜빵 청 올인원 & 원피스 | 211 |
| 안감 올인원 | 225 |
| 스키니 올인원 | 233 |
| 벨크로 여밈 원피스 | 240 |
| 캉캉 프릴 원피스 | 246 |
| 트위드 원피스 | 252 |
| 이지 패딩 | 259 |
| 인조 무스탕 | 264 |
| 바람막이 점퍼 | 276 |
| 트렌치코트 | 284 |

# Part 4 강아지 옷 만들기의 실제 : 소품 및 액세서리

| | |
|---|---|
| 강아지 장난감 | 298 |
| 프릴 스카프 | 302 |
| 체크 칼라 케이프 | 306 |
| 벙거지 모자 | 310 |
| 비치가운 | 316 |
| 강아지 폽백 | 322 |
| 강아지 침대 | 329 |
| 산책 가방 | 336 |
| 강아지 카시트 | 344 |

# Part 5 커플옷 만들기

| | |
|---|---|
| 래글런 티셔츠 | 358 |
| 커플 파자마 | 365 |
| 커플 파자마 반바지(보호자용) | 374 |
| 플라워 한복(남) | 380 |
| 플라워 한복(여) | 391 |
| 작별 인사(수의) | 397 |
| 작별 인사(모자) | 408 |
| 작별 인사(손발싸개) | 413 |

chapter 01　**원단 이해하기**

chapter 02　**도구 및 부자재**

chapter 03　**봉제 기본 알기**

chapter 04　**강아지 치수 재기**

chapter 05　**재단하기**

# 강아지 옷 만들기의 기초

## chapter 1

## 원단 이해하기

옷 만들기의 기본 재료는 원단이다.
원단의 종류와 특징을 정확하게 이해하고 있어야만
완성도 있는 강아지 옷을 만들 수 있다.

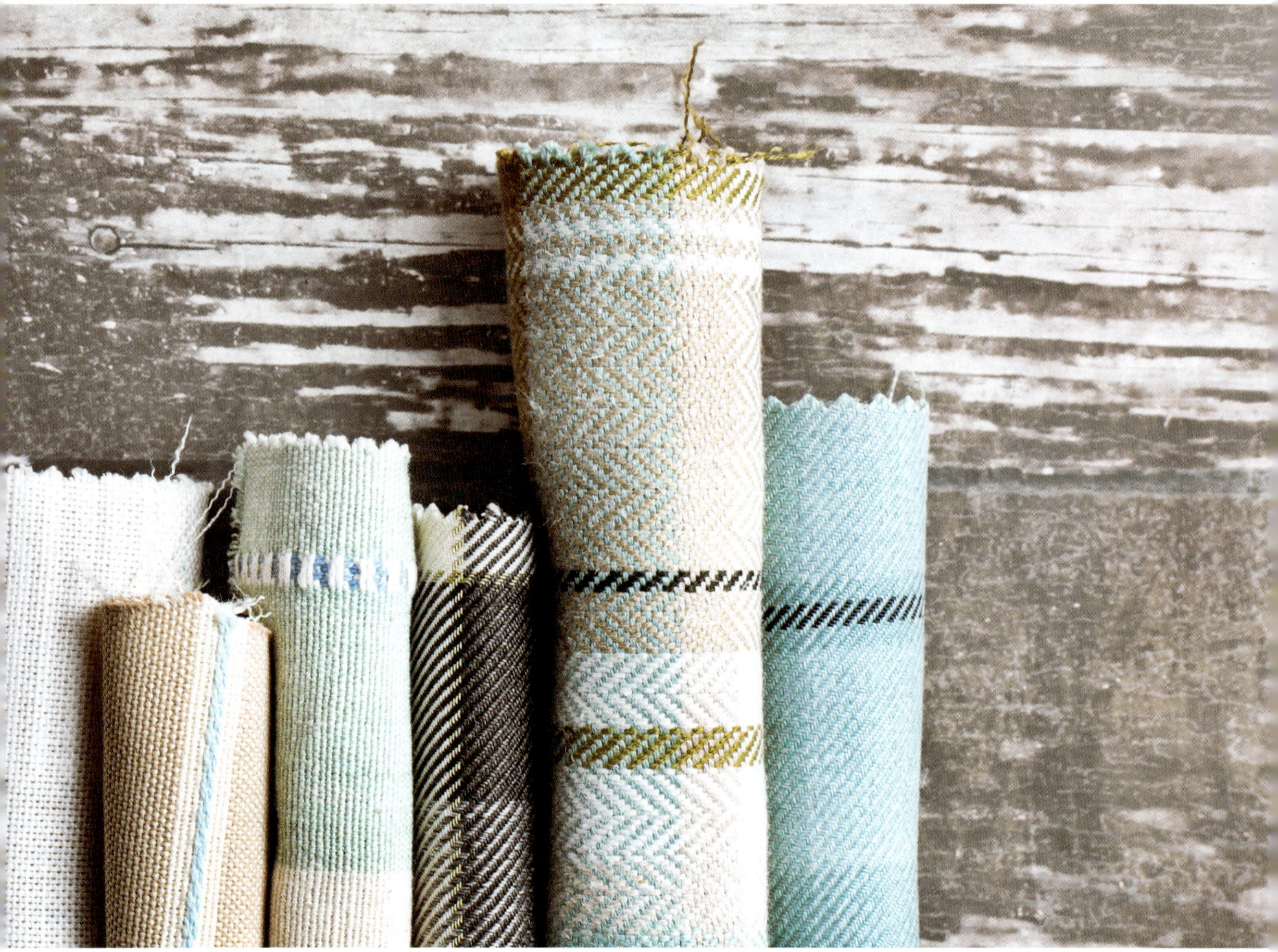

### 원단의 이해

원단은 옷을 만드는데 가장 기본이 되는 재료이므로 옷 만들기를 시작하기 전에 원단의 방향이나 특성을 정확하게 이해한 후 그에 맞게 사용해야 옷 완성 후 틀어짐이나 형태 변형을 막을 수 있다.

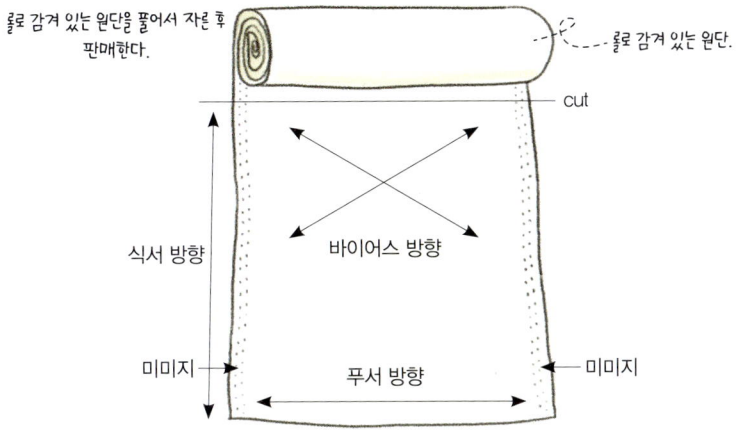

**1 원단의 단위** 90㎝ 단위로 판매되며 '마, 야드'로 불린다.

**2 원단의 폭** 폭은 인치(1inch=2.54㎝)로 표시하며, 44~60인치가 가장 많이 사용된다. 재단 전 원단의 폭을 고려해 전체 원단 소요량을 계산해야 한다.

**3 원단의 방향**
- 식서 방향 : 롤로 감겨 있는 원단이 풀어지는 방향이다. 원단의 방향 중 가장 늘어나지 않는 세로 방향이기 때문에 옷을 만들 때에는 식서 방향으로 재단한다. 원단의 양 끝에는 '미미지'라 불리는 마감 부분이 있고, 구멍이 뚫려 있다. 미미지는 식서와 동일한 방향이므로 원단을 잘라 사용할 때 한쪽 미미지를 남겨놓으면 식서 방향을 알기 쉽다.
- 푸서 방향 : 식서 방향보다는 잘 늘어나는 가로 방향으로, 원단 판매 시 가위가 지나가는 방향이다.
- 바이어스 방향 : 늘어나는 성질이 가장 큰 방향으로, 원단의 45° 방향을 의미한다. 늘어나는 성질을 이용해 바이어스를 만들어 끝단 마감용으로 사용한다.

**4  원단의 겉과 안 구분하기**

- 프린트가 되어 있는 면이 겉이다.
- 무늬가 선명한 면이 겉이다.
- 광택이 있고 매끄러운 면이 겉이다.
- 올의 방향이 사선으로 있는 경우 오른쪽에서 왼쪽으로 흐르는 면이 겉이다.
- 브랜드명이나 글씨가 있는 면이 겉이다.
- 원단 양쪽 끝 타공 구멍의 방향으로 겉과 안을 구분하기도 하나, 원단마다 겉으로 쓰는 방향이 달라 절대적 기준은 아니다.

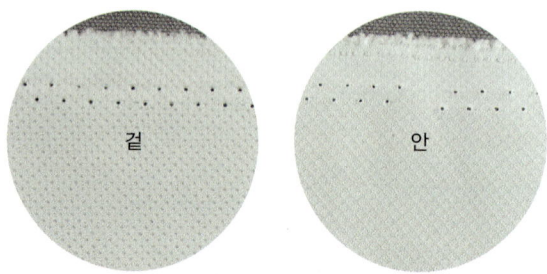

▲ 위의 방법으로도 겉과 안이 구분되지 않으면 한쪽을 임의로 선택해 사용하면 된다.

## 원단 선 세탁하기

직기 원단은(늘어나지 않는 원단) 재단 전에 선 세탁 과정이 필요하다. 이는 제직 과정에서 늘어난 원단을 수축시켜주는 작업이다. 선 세탁을 하지 않으면 옷 완성 후 세탁할 때 옷감의 수축으로 사이즈가 줄어들어 입지 못하게 될 수도 있다. 때문에 직기 원단을 사용한다면 반드시 선 세탁 과정을 거쳐야 한다.

### 원단 선 세탁 방법

1. 원단을 접어 1~2시간 동안 미지근한 물에 꾹꾹 눌러 담가둔다. 색깔 원단은 이염 방지를 위해 따로 선 세탁한다.
2. 접은 채로 원단을 들어 물기를 뺀다.

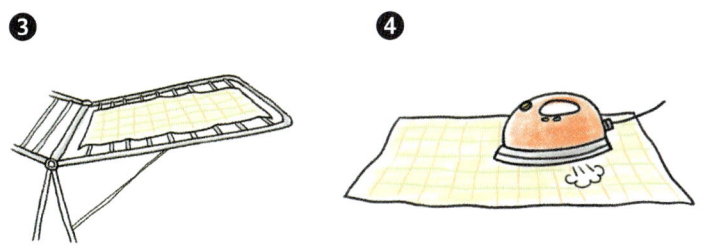

3. 물기 뺀 원단을 그늘에 펼쳐 말린다. 물이 떨어지는 방향으로 원단이 다시 늘어날 수 있으니 바닥으로 처지는 부분 없이 전체를 펼쳐준다.
4. 원단이 약간 덜 마른 상태에서 다림질한다.

## 원단의 종류

원단은 크게 신축성 있는 니트 원단인 '다이마루 원단'과 신축성 없는 '직기 원단'으로 나뉜다. 원단의 두께는 '수'로 표현하며, 가장 많이 사용되는 것이 20수, 30수, 40수이다. 숫자가 클수록 원단의 두께가 얇고, 같은 원단 안에서도 여러 두께의 원단이 존재한다.

### 니트(다이마루) 원단

티셔츠를 만들 때 주로 사용하는 원단이다. 얇은 원단은 신축성이 좋아 봉제가 까다롭기 때문에 초보라면 조금 두꺼운 다이마루 원단을 사용하는 것이 좋다. 니트 원단은 원단 끝이 말리는 성질이 있고, 시접 정리(오버록이나 지그재그 박기)가 필요하다.

1 **싱글·양면·특양면 다이마루**  싱글보다 양면이나 특양면은 좀 더 두께감이 있다.

2 **후라이스**  싱글 다이마루보다 신축성이 좋고, 조직감이 탄탄하다.  ➡ 원피스, 티셔츠

3 **미니쭈리**  원단 안쪽에 고리 모양으로 짠 루프조직이 선명하게 보인다. 싱글이나 후라이스보다 좀 더 힘이 있는 원단으로, 2단 쭈리와 3단 쭈리를 많이 사용한다.  ➡ 맨투맨 티셔츠, 후드 티셔츠

4 **기모 다이마루**  겨울에 주로 사용하는 원단으로, 원단 안에 보온성을 높여주는 기모가 포함되어 있다.
  ➡ 겨울 티셔츠, 트레이닝복

5 **골지**  원단을 당겨 펼쳤을 때 골조직이 보이는 원단으로, 신축성이 뛰어나다. 티셔츠의 밑단, 목, 소매를 마감하는 시보리에 주로 사용한다.  ➡ 티셔츠

## 직기 원단

1. **기본 직기** 세로 방향의 '경사'와 가로 방향의 '위사'가 교차하여 만들어진 원단으로, 아사, 거즈, 면, 코듀로이 등이 여기에 속한다. 잘 늘어나지 않는 성질을 가지고 있으며, 20~60수의 다양한 두께와 나염(염색) 원단이 있다. 강아지 옷에는 너무 얇거나 조직이 치밀하지 않은 원단(거즈)은 적합하지 않다. ➡ 셔츠, 원피스

2. **캔버스 · 옥스퍼드 · 리넨** 기본 직기 원단에 비해 실의 굵기가 굵어 원단이 두껍고 뻣뻣하다. 리넨은 의류와 소품에, 캔버스와 옥스퍼드는 가방과 소품 등에 주로 사용된다. 원단의 두께 때문에 내구성이 좋지만 원단이 여러 겹인 경우 가정용 미싱은 무리를 줄 수 있어 주의가 필요하다. ➡ 가방, 소품

3. **면스판** 면직기 원단에 폴리우레탄사를 넣어 신축성이 생기도록 가공한 원단으로, 기본 직기 원단보다 두께가 다양하고, 신축성이 좋다. ➡ 바지

4. **청 원단** '데님'이라고도 불리며, 워싱 데님, 청해지, 나염 데님, 스판청 등 여러 종류의 원단이 있다. 강아지에게 청 원단을 사용할 때에는 스판성이 있는 원단이 좋다. ➡ 바지, 재킷

## 기타 니트·직기 원단·화학섬유

1 **네오프렌** 미세한 구멍이 있는 합성고무 원단이다. 해녀복, 잠수복 느낌의 원단으로, 신축성과 보온성이 좋다. 형태감과 부피감이 좋아서 별도 안감 없이 옷을 만들 수 있다. ➡ 점퍼

2 **폴라폴리스** 보온성이 뛰어난 원단으로 담요 등에 많이 사용된다. 구김이 없고, 포근한 원단이지만 정전기로 인해 강아지 옷이나 소품으로 사용 시에는 고려해야 한다.

3 **쿠션지 · 저지** 두께감이 있고 신축성이 좋아 트레이닝복에 많이 사용되는 원단이다. 원단 자체에 힘이 있어서 봉제가 그다지 까다롭지 않다.

4 **분또** 다이마루에 속하는 원단으로, 이중으로 짠 원단이기 때문에 두께감이 좋다. 주로 재킷, 코트 등 아우터 원단으로 사용된다.

5 **PK** 표면의 조직감이 선명한 원단으로, 직조 후의 상태가 벌집 모양을 하고 있어 'PIQUE(PK)'라 불린다. 티셔츠, 골프웨어 등으로 사용되며 원단이 도톰하고 형태감이 좋다.

6 **망사 원단** 튜튜 스커트나 헤어핀, 장식용으로 많이 사용되며, 부드러운 것에서 뻣뻣한 것까지 다양한 종류가 있고, 무늬가 있거나 펄이 들어간 망사도 있다. 망사가 가늘고 촘촘한 것은 '샤 원단'이라고도 불린다.

7 **메시** 그물망처럼 조직감이 뚜렷하게 보여, 여름용 점퍼의 안감이나 스판성이 있는 티셔츠, 스포츠 의류에 많이 활용된다.

8 **펀칭 레이스** 펀칭(구멍)이 뚫려 있는 면 레이스 원단이다.

9 **방수 원단** 생활방수가 되어 있는 라미네이트 원단, 우비로 사용할 수 있는 완전 방수 원단이 있다.

## 🧵 기타 원단

1. **가죽** 천연가죽과 인조가죽으로 나뉘고, 인조가죽 중에는 스판덱스처럼 신축성이 있는 원단도 있다. 옷을 불편해하는 강아지는 신축성이 있는 인조가죽을 사용하는 것이 좋고, 옷의 품이나 진동(앞다리 둘레)에 여유분이 있도록 만드는 것이 좋다.

2. **노방(오간자)** 광택감이 있는 원단으로 드레스에 많이 사용되며, 투명감이 있어서 안쪽이 비치기 때문에 고급스러운 느낌을 낼 수 있다. 올이 잘 풀려 반드시 시접 정리가 필요하다.

3. **공단(사틴)** 노방과 함께 드레스에 많이 사용되고, 비침이 없는 원단이다. 신축성이 없고, 노방과 마찬가지로 올이 잘 풀려 시접 정리가 필요하다.

4. **양단·깨끼** 한복지로 사용되는 원단으로, 깨끼는 여름 한복, 양단은 겨울 한복에 사용된다. 깨끼 원단은 비치기 때문에 시접을 깔끔하게 정리하는 것이 중요하다.

5. **누빔 원단** 누빔은 원단 사이에 솜을 넣고 실로 일정한 모양의 퀼팅(=누빔)을 하는 것을 말한다. 누빔선이 원단과 솜을 부착시켜 보온성을 높여주므로 겨울 패딩에 많이 사용된다.

6. **누빔 다이마루** 다이마루 원단 아래 솜을 넣고 누빔을 한 원단이다. 대체로 얇은 솜을 사용하기 때문에 패딩 원단처럼 두툼하진 않지만 포근한 느낌이 드는 원단이다. 겨울철 실내복으로 좋다.

7. **본딩 원단** 원단 아래 솜을 붙이되 실이 아닌 접착제를 이용해 부착하는 원단으로, 봉제선이 없어 표면이 매끈하다.

8. **다후다·보드레** 의류의 안감으로 많이 사용하는 원단으로, 겉 원단이 두꺼운 경우 부피감을 줄이기 위해서 얇은 안감을 사용한다. 얇고 부드러운 원단이기 때문에 봉제가 까다롭고, 화학섬유이기 때문에 알레르기가 있거나 피부가 약한 강아지 옷에는 사용하지 않는 것이 좋다.

## 겨울 원단

1. **털 원단** 열로 털을 고정시킨 형태의 원단이다. 벨보아나 덤블링에 비해 털의 길이가 길고 매끄러우며, 광택감이 좋아 고급스러운 느낌이 있기 때문에 안감보다 겉감으로 많이 사용된다.

2. **덤블링** 벨보아와 같이 겨울 의류 안감으로 많이 사용되는 원단으로, 털이 뭉쳐있는 것처럼 몽글몽글한 느낌이 든다.

3. **벨보아** 폴리로 만들어진 털 원단이다. 털 길이가 짧아 겨울 의류 안감에 사용해도 부담스럽지 않으며, 털의 뭉침이나 보풀이 생기지 않는 장점이 있다.

4. **스웨이드** 천연 스웨이드와 인조 스웨이드로 나뉘며, 요즘에는 인조 스웨이드가 많이 사용된다. 안쪽에 털이 있고, 겉에는 가죽이 붙어 있어 따로 안감이 없어도 된다. 시접 정리 없이 잘린 단면을 그대로 두는 것이 멋스러운 원단이다.

5. **트위드** 겨울에 사용되는 대표적 원단이지만 봄, 여름용 트위드도 있다. 보풀이 생기고 내구성은 다소 약하지만 트위드 특유의 고급스러운 분위기가 있다.

6. **니트 원단** 겨울에 사용되는 두꺼운 니트 원단으로, 스웨터를 만들 때 주로 사용된다.

## 원단 구입하기

원단은 온·오프라인을 비롯하여 다양한 경로로 구입할 수 있는데, 소잉도그는 주로 다음을 이용한다.

### 동대문종합시장

동대문종합시장은 국내 최대의 의류 재료 전문시장으로, 봉제에 관한 모든 것을 만나볼 수 있는 곳이다. 실제로 원단과 부자재를 눈으로 보고 손으로 만져볼 수 있어 아주 좋은 공부가 되기 때문에 한 번쯤 직접 들러보는 것을 추천한다. 다만, 동대문종합시장은 도매 위주이기 때문에 소매거래를 아예 하지 않는 곳이 많고, 바로 원단을 잘라 판매하는 곳보다는 예약 후 찾아가거나 공장, 창고에서 직접 발송되는 시스템으로 운영되기 때문에 당일 바로 원단을 구하지 못할 수도 있다.

동대문종합시장은 A, B, C, D, N동으로 구성되어 있으며, N동에서는 소매거래도 일부 이루어진다. 총 4천 개가 넘는 매장이 있고 구조가 복잡하여 처음 방문한다면 길을 잃고 헤매기 쉬우므로 위치를 잘 기억하며 다녀야 한다.

- **홈페이지** : www.ddm-mall.com
- **위치** : 지하철 1, 4호선 동대문역 9번 출구
- **영업시간** : 원단/의류 부자재 – 08:00~18:00(토요일 : 08:00~13:00)
  액세서리 – 09:30~19:00(토요일 : 09:30~17:00)
  혼수/인테리어 – 08:00~19:00
  ※ 영업시간은 층마다, 매장마다 다르며, 향후 변경될 수 있으므로 미리 확인하고 방문해야 한다.
  ※ D동은 관리 주체가 달라 별도 운영된다.

**동대문종합시장 층별 안내**

동대문종합시장에는 층별, 구역별로 비슷한 원단들이 모여 있다. 방문하기 전에 각 층별 정보를 미리 알아두면 수월하게 둘러볼 수 있다.

| 구분 | A동 | B동 | C동 | D동 | N동 |
|---|---|---|---|---|---|
| 옥상 | 주차장 | 주차장 | 주차장 |  | 주차장 |
| 7F | 사무실 | - | - |  | - |
| 6F | 사무실 | 푸드코트, 편의점, 카페 | 모피, 털 원단 |  | - |
| 5F | 액세서리 부자재 | 액세서리 부자재 | 나염 직물 | - | 푸드코트 |
| 4F | - | 서울패션창업허브 | - | - | 원단(화학섬유, 나염) |
| 3F | 직기, 나염 | 방수 원단(화학섬유) | 직기, 나염 | 시보리, 직기 | 원단(화학섬유, 나염) |
| 2F | 한복, 공단 | 단추, 레이스 | 다이마루, 시폰 | 다이마루, 니트 | 원단(화학섬유, 나염) |
| 1F | 침구, 수예, 그릇, 커펫, 타월 | 의류 부자재, 침구, 인조피혁 | 의류 부자재, 침구 | 의류 부자재 | 의류 부자재 |
| B1F | 실, 의류 부자재 | 실, 침구 | 실, 커튼, 수예, 침구 | 실, 의류 부자재 | 커튼, 수예, 침구 |

## 온라인 원단 쇼핑몰

온라인 원단 종합 쇼핑몰은 다양한 종류의 원단 및 부자재를 판매하고 있다. 소량 구매가 가능하고 각종 이벤트 및 포인트 제도를 운영하기 때문에 개인이 구매하기에 적합한 형태라 할 수 있다. 소규모 쇼핑몰보다는 다양한 원단을 소유하고 있는 쇼핑몰을 이용하는 것이 좋으며, 연말에 원단 세일기간을 이용하면 좀 더 저렴하게 구매할 수 있다. 다만, 모니터 화면을 통해서만 원단을 보고 구입해야 하기 때문에 색상이나 질감 등을 정확하게 알 수 없다는 단점이 있다.

- 원단천국 : http://www.wondanck.co.kr
- 패션스타트 : http://www.fashionstart.net

# chapter 2
## 도구 및 부자재

옷을 만드는 도구와 부자재의 종류는 매우 다양하다.
그중에서 옷을 좀 더 쉽게 만들도록 도와주고
완성도를 높여주는 대표적인 도구와 부자재를 알아보자.

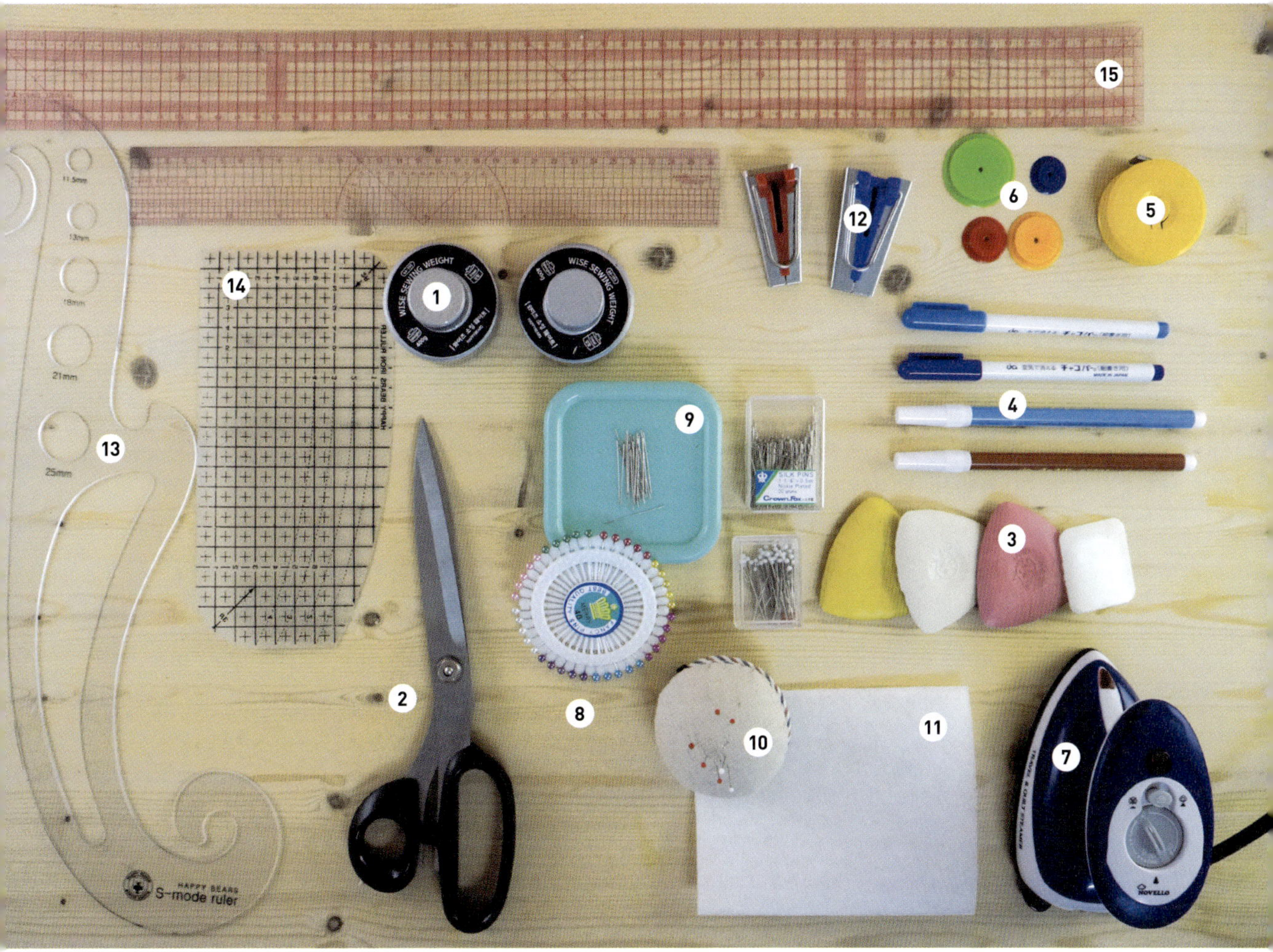

043

## 다양한 도구 및 부자재

각 단계별로 사용되는 도구 및 부자재는 옷의 완성도를 높이거나 좀 더 편하게 작업할 수 있도록 도와주는 것들이다. 따라서 처음부터 모두 구비하기보다는 여러 번 옷을 만들어 본 후 필요한 것들을 차근차근 구비하는 것이 좋다.

### 패턴 그리기 & 재단하기

1 **문진(누름쇠)** 패턴이나 원단을 눌러주는 쇠로, 재단 시 패턴을 눌러주면 좀 더 정확하게 완성선과 시접선을 그릴 수 있다.

2 **재단 가위** 원단을 자르는 용도의 가위다. 날이 무뎌지지 않도록 원단을 자를 때만 사용하고 다른 용도로는 사용하지 않는 것이 좋다.

3 **초크 · 초자고** 원단에 완성선과 시접선 등을 그리는 도구다. 초크는 표면을 얇게 갈아 사용하면 되고, 세탁 전까지 초크 표시가 남아 있는 것이 불편하다면 다리미의 열이 닿으면 선이 사라지는 초자고를 사용한다.

4 **펜** 물이 닿으면 선이 지워지는 수성펜이나 공기 중에 날아가는 기화펜 등을 사용하는 것이 좋다. 초크에 비해 다루기 쉽고 손에 묻지 않아 자주 사용된다.

5 **줄자** 강아지의 치수를 재거나 패턴의 길이를 잴 때 사용한다. 버튼을 누르면 줄자가 말려 들어가는 것이 사용하기 편하다.

6 **시접라이너** 시접을 쉽게 그릴 수 있도록 도와주는 도구다. 10㎜, 7㎜, 5㎜, 3㎜가 한 세트로 구성된다.

7 **다리미** 옷을 만드는 도중에 형태를 정리할 때, 심지를 붙일 때, 옷이 완성된 후 전체 원단의 구김을 정리할 때 사용한다.

8 **시침핀** 봉제 부위를 임시로 고정할 때 사용하며, 핀은 얇은 것이 좋다.

9~10 **핀 방석 · 핀 쿠션** 핀을 보관하는 용도로 쓰인다. 핀 쿠션은 안에 솜이 들어 있어 푹신하고, 핀 방석은 자석 성질이 있어 핀을 정리할 때 편리하다.

11 **부직포** 실물 패턴을 복사하는 용도로 쓰이며, 질긴 성질이 있어서 복사한 패턴을 오래 보관하기 좋다. 부직포가 너무 두꺼우면 실물 패턴의 선이 비치지 않을 수 있으니 적당한 두께를 사용해야 한다.

12 **바이어스 메이커** 바이어스 테이프를 쉽게 만들 수 있도록 도와주는 도구이다. 여러 사이즈 중 18㎜(빨간색)가 가장 많이 사용된다.

13 **S모드 자** 패턴의 곡선을 자연스럽게 그리기 위해 사용한다.

14 **시접자** 자에 ㎝가 표시되어 있어 원하는 시접 분량을 균일하게 접어 올릴 수 있다.

15 **그레이딩 자** 선을 그리거나 수정할 때, 패턴의 길이를 잴 때 사용하는 도구로 잘 휘어지는 것이 좋다. 자에 ㎝가 표시되어 있어 시접선을 그리기 편하다. 30㎝, 50~60㎝의 자를 모두 가지고 있으면 두루 사용하기에 편리하다.

## 바느질 & 봉제

1. **송곳** 단추를 달 위치에 구멍을 내거나 표시할 때 사용한다.

2. **실뜯개** 박음질이 잘못되었을 때 원단에 손상을 주지 않으면서 실을 잘라내는 도구이다.

3. **쪽가위** 실밥을 정리하거나 가위집을 낼 때 사용한다.

4. **수예용 가위** 날이 예리하여 정교하게 원단을 자르거나 정리할 때 사용한다.

5. **손바느질 바늘** 바늘의 두께, 바늘구멍의 크기가 다양하다. 여러 가지 호수가 들어 있는 세트를 사 두면 상황에 맞게 사용할 수 있다.

6. **봉제사** 일반 봉제사나 코아사를 많이 사용한다. 코아사는 일반 봉제사보다 질기고 광택이 있다. 봉제사는 40수 2합, 60수 3합을 많이 사용한다. (수=실의 굵기, 합=실의 꼬임)

7. **실고무줄** 실처럼 생긴 고무줄이다. 주로 스모킹 주름을 잡는 용도로 사용하고, 밑실에 사용한다.

8. **날라리사** 신축성이 있는 다이마루 원단의 박음질과 시접 정리 시 밑실로 사용한다. 원단이 늘어날 때 실도 같이 늘어나야 옷이 터지지 않기 때문이다. 윗실은 일반 봉제사를 사용한다.

9. **투명사** 투명한 실이다. 드레스 장식이나 봉제에 사용된다.

10. **자수용 실** 겉으로 보이는 스티치 장식을 할 때나 상침을 할 때 사용하는 실로 일반 봉제사보다 질기고 광택감이 있다.

11. **옷핀 · 고무줄 끼우개** 고무줄을 끼울 때 사용하며, 옷핀으로 대체할 수 있다.

12. **뒤집개** 끈을 만들 때 원단을 쉽게 뒤집을 수 있도록 도와주는 도구이다.

# 장식하기

1. **각종 끈·고무줄** 면 끈, 가죽 끈, 장식 끈, 고무줄
2. **각종 와펜** 옷에 포인트를 주기에 좋다.
3. **핀대·브로치대** 핀이나 리본을 탈착식으로 완성할 수 있다.
4. **리본** 나염 공단, 무지 공단, 골지 리본, 원단 리본, 오간디 리본.
5. **레이스** 면 레이스, 토숀 레이스, 라셀 레이스, 고무줄 레이스, 두 겹 레이스.
6. **핸드메이드 라벨** 천과 가죽소재가 있다. 나만의 라벨을 제작할 수도 있다.
7. **단추** 각종 장식단추, T단추.
8. **바이어스 테이프** 바이어스감을 다리미로 다려 바이어스 테이프로 만들어 놓은 부자재이다. 다이마루와 직기 모두 판매되며 직접 만들어 사용할 수도 있다.
9. **스토퍼** 끈의 길이를 고정할 때 사용한다.
10. **폼폼** 장식 부자재.
11. **금속 부자재** 고리, D링, O링, 왈자 조리개.
12. **플라스틱 부자재** 버클, 왈자 조리개.

## 미싱 바늘

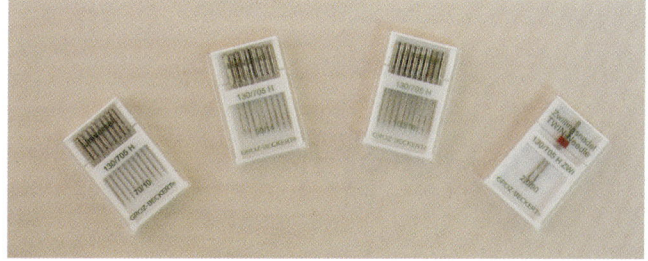

미싱 바늘은 굵기에 따라 종류가 나뉘는데, 바늘 호수가 높을수록 굵어 두꺼운 원단에 사용한다.

- 9호 : 시폰 등의 아주 얇은 원단에 사용한다.
- 11호 : 40수의 약간 얇은 원단에 사용한다.
- 14호 : 30수 원단(가장 많이 사용)에 사용한다.
- 16호 : 20수 이하의 두꺼운 원단에 사용한다.
- 쌍침 바늘 : 두 줄 박음이 동시에 가능한 바늘이다.

## 모양 만들기

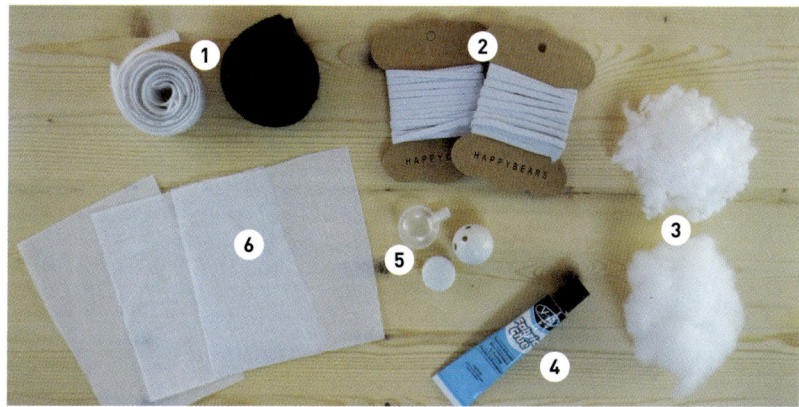

1. **벨크로 테이프(찍찍이)** 여밈 장식으로 사용한다.
2. **고무줄** 강아지 옷에서는 형태를 잡기 위해 고무줄이 많이 사용된다. 0.3㎝, 0.5㎝, 0.7㎝ 등 두세 가지 폭의 고무줄을 미리 준비해 두면 좋다.
3. **솜** 구름솜과 방울솜이 있다. 구름솜보다는 방울솜이 뭉치지 않아 사용하기 더 좋다.
4. **패브릭 글루** 섬유 접착제로, 와펜을 붙이는 용도로 사용된다.
5. **소리 도구** 삑삑이, 딸랑이라고도 불리는 소리 도구로, 장난감 안에 넣어 사용한다.
6. **심지** 옷의 형태감을 살리고 싶은 곳에 다리미로 붙여 사용한다. (실크 심지, 아사 심지, 모자 심지)

## chapter 3
# 봉제 기본 알기

재봉틀이나 손바느질을 이용하여 옷을 만드는 과정을 '봉제'라고 한다.
기본 손바느질과 강아지 옷 만들기 과정에서
꼭 알아두어야 하는 봉제의 기본 내용들을 알아보자.

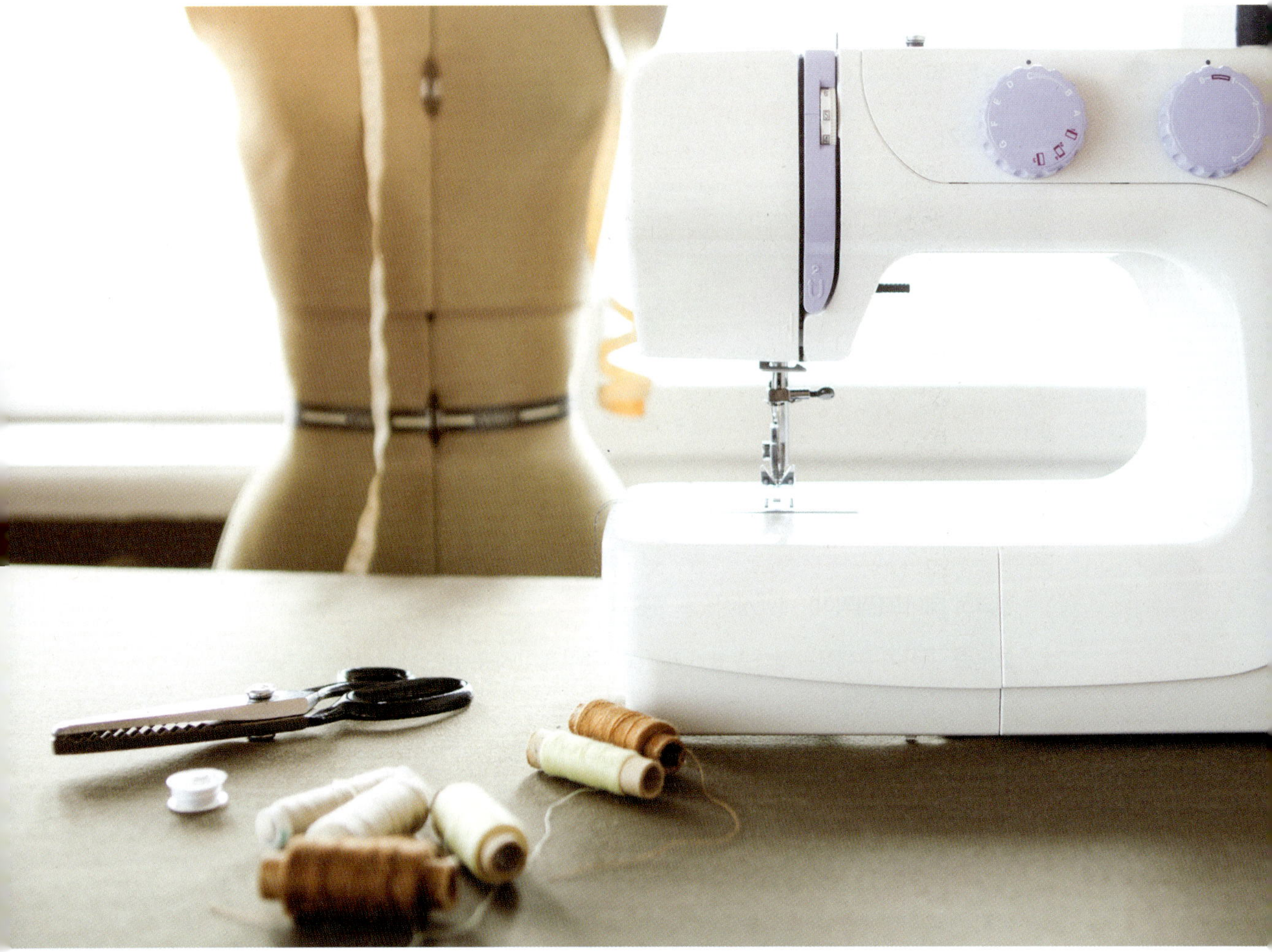

## 기본 손바느질법

###  매듭의 종류

❶
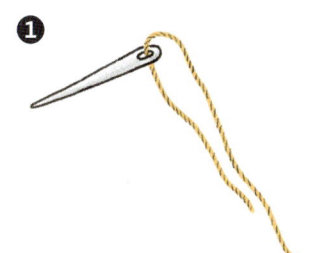

❷

한 줄 매듭 실 한쪽을 길게 남겨 긴 쪽만 매듭을 만드는 방법으로, 기본 바느질법에서 주로 사용하는 실 꿰기 방법이다.

두 줄 매듭 실 두 줄의 길이를 같게 한 후 같이 매듭지어 사용하는 방법으로, 바느질을 단단하게 하고 싶을 때 사용한다.

### ↖ 실 매듭짓는 방법

바늘에 실을 2~3회 감아 엄지로 누르면서 바늘을 위로 당겨 빼내면 간단하게 매듭을 지을 수 있다.

❶
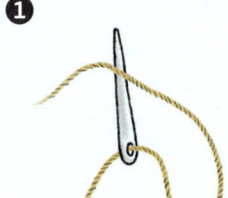

실 끝을 바늘 끝 부분에 올린다.

❷
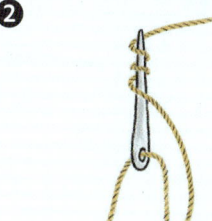

바늘에 실을 2~3회 감는다.

❸
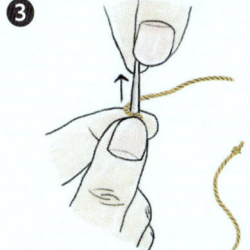

감은 실을 엄지손가락으로 누르고 바늘을 위로 당겨 빼낸 다음 바늘을 잡고 있던 손의 검지에 실을 한 바퀴 감아 매듭을 짓는다.

### 매듭 숨기기

매듭 숨기기는 원단 겉에서 실을 매듭지을 때 끝매듭을 원단 안으로 집어넣어 깔끔하게 마무리하는 방법이다.

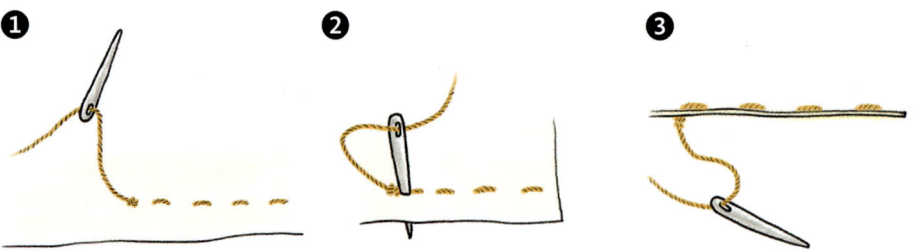

매듭을 짓는다. 매듭을 여러 번 만들면 숨기기가 어려우니 한두 번만 매듭을 짓는다.

마지막 바늘땀에 다시 바늘을 꽂는다.

바늘을 원단 안으로 당기면 '톡' 소리가 나면서 매듭이 원단 안으로 들어간다.

### 홈질

가장 기본적인 바느질법으로, 원단 안에서 겉으로 바늘을 빼고, 땀의 간격이 일정하도록 바느질한다. 원단끼리 연결하거나 장식 스티치를 넣을 때, 주름을 만들 때 많이 사용한다. 한 번에 몇 땀을 떠서 실을 당기면 좀 더 빨리 완성할 수 있다.

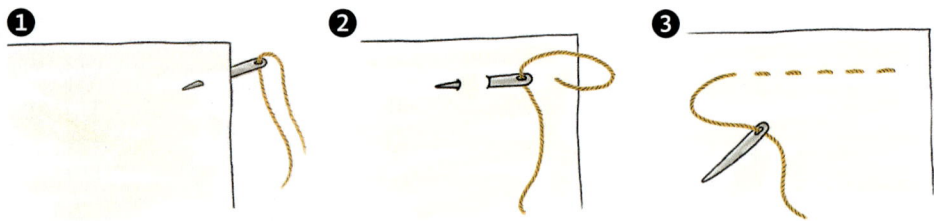

### 박음질

홈질보다 튼튼한 바느질법으로, 손바느질로 옷 만들기를 한다면 박음질로 원단을 연결해야 튼튼하게 완성된다. 아래 설명은 온박음질 방법이다.

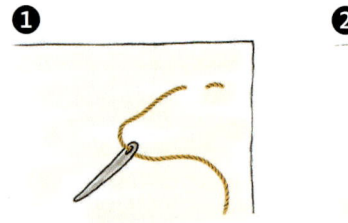 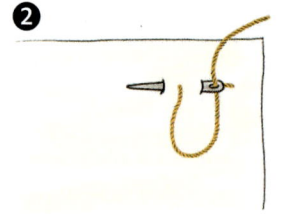 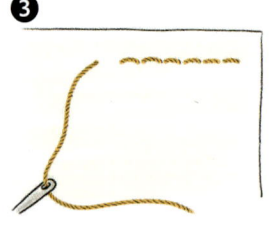

원단 안쪽에서 겉으로 바늘을 뺀다. 겉에서 한 땀을 뜨고, 안에서 한 땀 더 나가 겉으로 바늘을 뺀다.

겉에서 뜬 바늘땀 옆에 바늘을 꽂고, 바늘땀의 2배만큼 원단 안에서 이동하여 겉으로 바늘을 뺀다.

이 과정을 반복하면 실이 겹치면서 더 튼튼하게 바느질이 된다.

## 공그르기

창구멍*을 막을 때나 바이어스를 감싼 후 마무리할 때 가장 많이 사용한다. 바늘땀 간격이 좁을수록 단단하게 공그르기가 된다.

**창구멍을 막을 때**

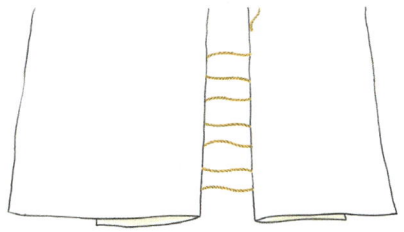

1. 원단 안쪽에서 겉으로 바늘을 뺀다.
2. 바늘이 나온 위치 맞은편으로 바늘을 집어넣고, 원단 안쪽으로 바늘을 통과시킨다.
3. 바늘을 빼고 다시 맞은편으로 바늘을 집어넣어 위 과정을 반복한다.

tip *창구멍은 박음질 후 원단 겉이 보이도록 뒤집어 주거나, 솜과 같은 부자재를 집어넣기 위한 구멍이다.

**바이어스를 감싼 후 마무리할 때**

몸판 원단은 한 올만 살짝 뜨고 바이어스감 안쪽 시접으로 바늘을 통과시킨다.

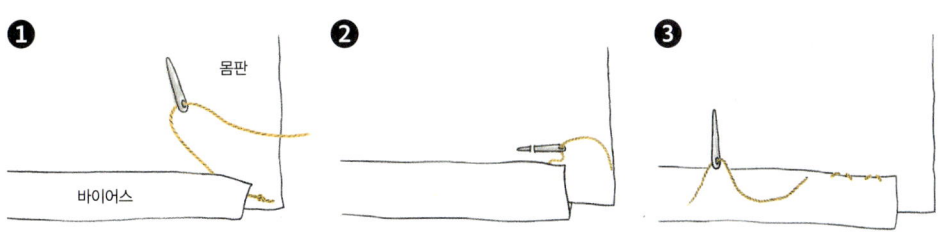

❶ 시접 사이로 매듭을 숨긴다.

❷ 몸판 원단은 한 올만 살짝 뜬다.

❸ 바이어스감 안쪽 시접으로 바늘을 통과시켜 아래 한 땀은 길게 뜬다.

## 감침질

시접의 올이 풀리지 않도록 마감할 때나 원단 2장을 연결하되 땀이 겉으로 보여도 될 때 감침질을 사용한다.

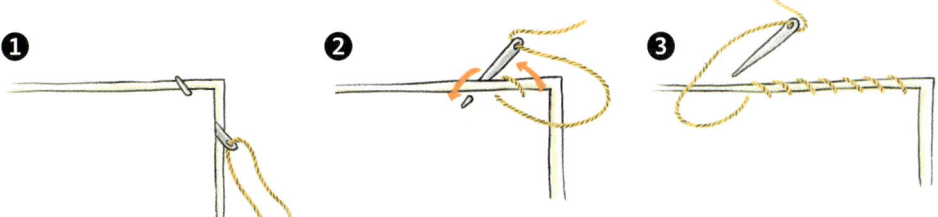

❶ 원단 한 장의 안쪽에서 겉으로 바늘이 위를 향하도록 빼낸다.

❷ 다른 원단의 뒤로 바늘을 사선 방향으로 옮기고, 다시 사선 방향으로 원단 뒤에서 앞으로 바늘을 빼낸다.

❸ 같은 방법으로 뒤에서 앞으로, 사선 방향으로 반복한다.

## 시침질

봉제 전 원단을 임시 고정하기 위한 바느질법으로, 원단과 솜을 합쳐서 고정하거나 뒤집은 칼라를 고정할 때, 주름을 잡을 때, 상침하기 전 원단을 고정할 때 사용하며 봉제 후 실은 뜯어낸다.

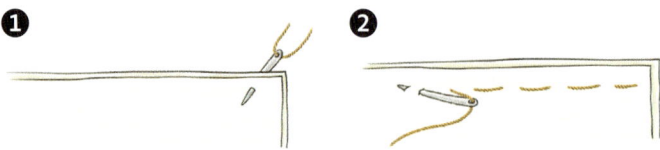

❶ 밖에서 안으로 바늘을 통과시킨다.

❷ 간격을 넓게 듬성듬성 바느질한다.

## 상침하기

박음질이 끝난 후 겉감과 안감이 뜨지 않게 고정할 때나 시접을 눌러 고정할 때 상침을 한다. 상침은 장식적인 효과도 있어, 간격을 균일하게 하는 것이 중요하다. 손바느질은 홈질하여 상침한다.

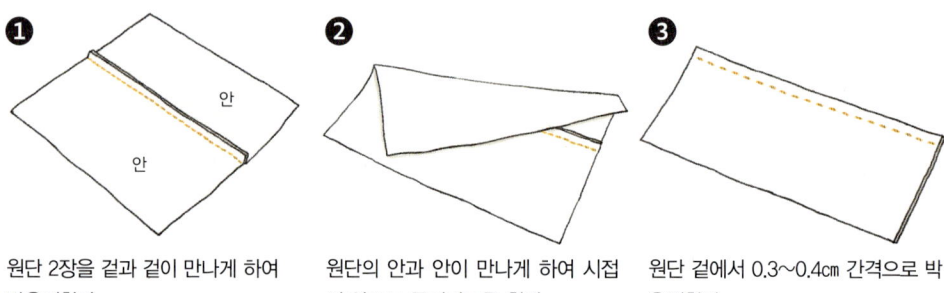

❶ 원단 2장을 겉과 겉이 만나게 하여 박음질한다.

❷ 원단의 안과 안이 만나게 하여 시접이 안으로 들어가도록 한다.

❸ 원단 겉에서 0.3~0.4㎝ 간격으로 박음질한다.

##  봉제의 기본

### 시접 정리 방법

시접은 옷감의 부분과 부분을 이을 때 생기는 솔기를 말한다. 시접을 정리해야 원단이 두꺼워지는 것을 방지할 수 있고, 작품의 완성도를 높일 수 있으므로 봉제에서 반드시 필요한 과정이다.

#### 홑솔

가장 기본적인 시접 정리 방법이다.

 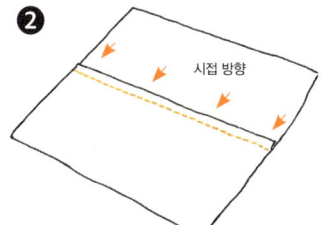

❶ 원단 2장을 박음질하여 연결하고 시접 정리(오버록이나 지그재그 박기)한다.

❷ 시접을 한쪽으로 넘겨 다림질한다. 오버록이나 지그재그 박기한 땀의 겉이 보이도록 넘긴다.

#### 가름솔

홑솔보다 시접이 덜 두꺼워진다.

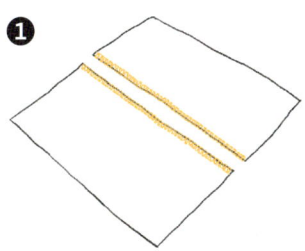 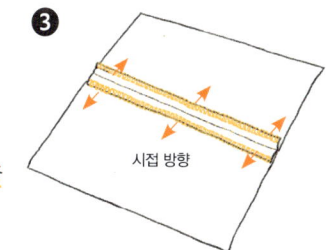

❶ 원단 2장을 각각 오버록이나 지그재그 박기로 시접 정리한다.

❷ 2장을 박음질한다.

❸ 각각의 시접을 가르고 시접을 다리미로 눌러준다.

### 쌈솔

청바지, 한복 등 튼튼한 박음질이 필요할 때 사용한다. 원단 겉과 겉이 만나도록 박음질하면 겉에는 한 줄의 선이, 안에는 두 줄의 봉제선이 생긴다. 반대로 안과 안이 만나도록 하면 안에는 한 줄의 선이, 겉에는 두 줄의 봉제선이 생긴다.

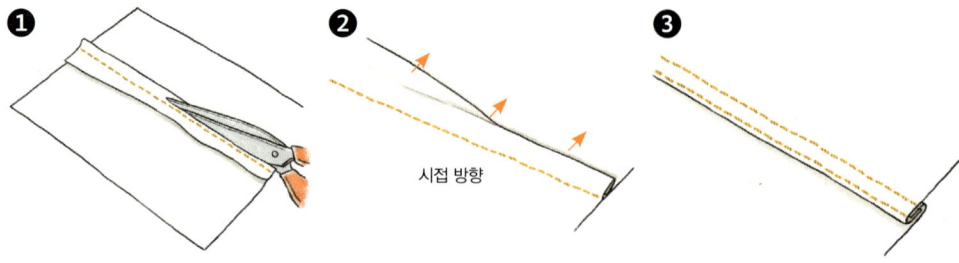

❶ 2장의 시접을 안과 안이 만나도록 하여 박음질하고 한쪽 시접은 절반만 남기고 잘라낸다.

❷ 자르지 않은 시접으로 자른 시접을 감싸 접고, 자른 시접 방향으로 꺾어준다.

❸ 꺾은 시접 끝을 한 줄 더 박음질한다. 시접을 꺾은 면은 두 줄이 생긴다. 원단을 뒤집으면 한 줄의 박음선이 보인다.

> ↖ **청바지와 한복의 시접 정리 방향**

쌈솔할 때 청바지와 한복의 봉제 방법은 같으나 방향은 반대로 한다. 청바지는 안과 안이 만나도록 하여 겉에서 두 줄의 봉제선이 보이게 하고, 한복과 같이 봉제선이 최소화되어야 할 때는 겉과 겉이 만나도록 하여 겉에서 한 줄의 봉제선이 생기게 하면 깔끔하고 시접도 튼튼하다.

### 시접 올이 풀리지 않게 정리하기

박음질 후 시접을 그대로 두면 올이 풀려 지저분해 보이고, 옷의 내구성도 떨어진다. 가정용 미싱이나 손바느질로도 충분히 시접을 정리할 수 있으니 반드시 시접을 정리하도록 한다.

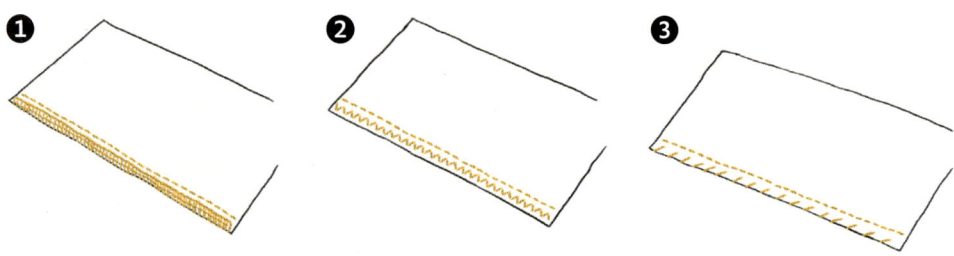

❶ **오버록** 시중에서 판매되는 옷의 시접 정리 방법이다.

❷ **지그재그 박기** 가정용 미싱에서 오버록 기능으로 사용되는 지그재그 박기 방법이다.

❸ **감침질** 손바느질로 할 수 있는 시접 정리 방법이다.

## 끝단 마감법

끝단 마감은 옷의 디자인과 원단 특성에 맞게 선택해야 한다. 접어 박기가 가장 많이 사용되는 마감법이며, 두 번 접어 박기, 말아 박기, 바이어스 마감은 시접이 보이지 않아 깔끔하게 마감해야 할 때 사용한다. 시보리 달기는 경쾌한 디자인의 옷에 많이 사용된다.

❶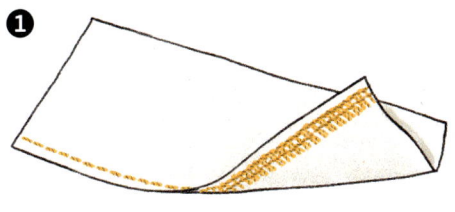

**오버록 접어 박기**
지그재그 박기로 시접을 정리한 후 시접 분량만큼 접어 한 줄로 박음질한다.

❷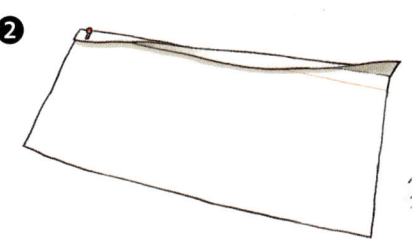

**두 번 접어 박기**
시접을 두 번 접은 후 시접을 눌러 박는다.

❸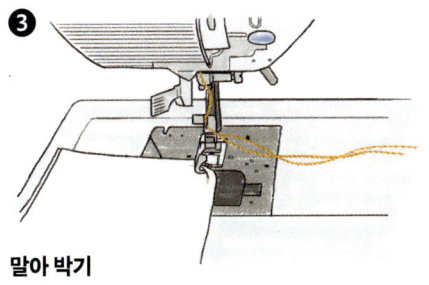

**말아 박기**
말아 박기 노루발을 이용해 시접을 정리하는 방법으로, 시접을 말면서 한 번에 박음질이 되어 편하다.

❹

**바이어스**
시접 끝을 바이어스로 감싸 정리하는 방법으로 전체 길이의 변화가 없다. [바이어스 만들기(P.57) 참조]

❺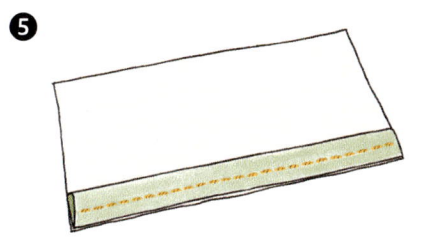

**시보리 달기**
시접에 시보리감을 연결하는 방법. 추가로 연결하는 방법이기 때문에 전체 길이가 길어진다. 몸판 겉과 시보리 겉을 마주보게 하여 박음질하고, 시접을 지그재그 박기나 오버록으로 정리한다.

❺-1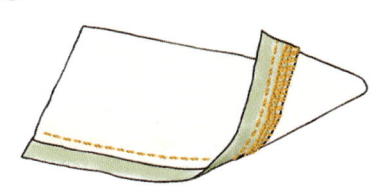

시보리를 겉으로 보이게 펼친 후 상침한다. 상침은 시접을 눌러박아 고정시키는 역할을 한다.

# 별도의 미싱이 필요한 시접 정리법

## 👑 인터록

오버록처럼 시접이 풀리지 않게 정리해주는 미싱이다. 오버록은 실이 바깥으로 보이지 않도록 시접을 정리하는 방법이고, 인터록은 실이 바깥으로 보이는 시접 정리 방법이다. 인터록이 오버록보다 시접 정리되는 폭이 좁아 크기가 크지 않은 손수건, 스카프의 끝단에 많이 사용된다.

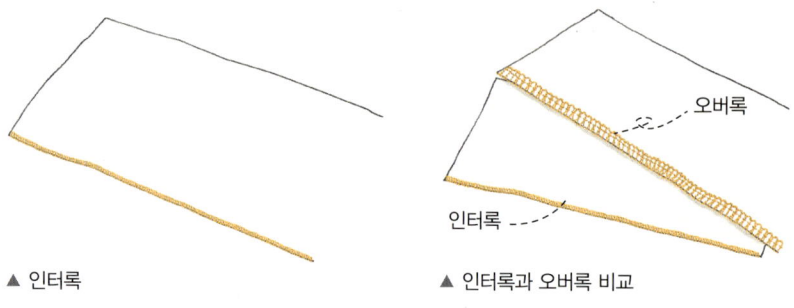

▲ 인터록                    ▲ 인터록과 오버록 비교

## 👑 커버스티치

시접 정리와 시접을 눌러박는 박음질이 동시에 이루어지는 미싱이다. 겉에는 한 줄에서 세 줄의 스티치 선이 생기고 안쪽에는 오버록처럼 고리 모양의 땀을 형성해 시접이 풀어지지 않도록 한다. 티셔츠의 밑단이나 소매에 주로 사용하는 방법으로 한 번에 박음질과 시접 정리가 되어 편리하다.

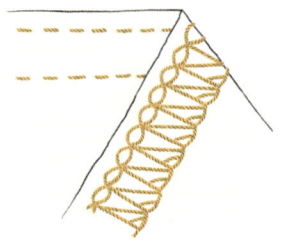

## 바이어스 만들기

바이어스는 필요한 만큼 원단을 바이어스 방향으로 잘라 사용할 수도 있고, 시중에 판매되는 제품을 구입해 사용할 수도 있다. 바이어스감을 이어 붙여 놓은 '롤 바이어스'나 롤 바이어스를 접어 다려놓은 '바이어스 테이프'를 구입해 사용하면 된다. 시중에 판매되는 제품은 보다 편리하게 봉제를 할 수 있지만 색이 다양하지 않다는 아쉬움이 있다. 롤 바이어스와 바이어스 테이프 만드는 방법을 알아두면 상황에 맞는 원단으로 바이어스를 만들어 사용하여 보다 완성도 있는 옷을 만들 수 있다.

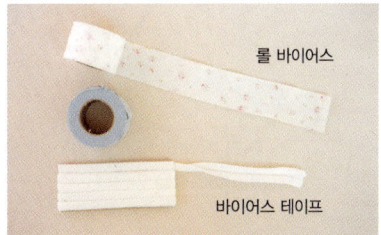

### 사선 바이어스

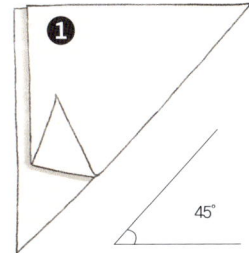

❶ 45° 방향으로 접은 원단을 준비한다. 한꺼번에 많은 양을 만들고자 할 때는 사각형의 원단을 45°로 접어 중심선을 잘라 사용한다.

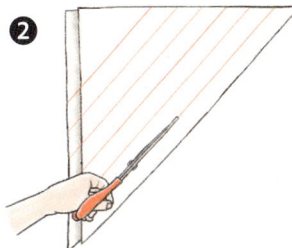

❷ '원하는 바이어스 폭×4'만큼 원단에 선을 그은 후 가위로 자른다. 가장 많이 사용되는 치수는 3.6~4㎝이다. (완성폭 0.9~1㎝)

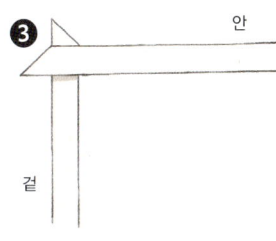

❸ 바이어스감 두 장 중 한 장은 겉이 보이게, 한 장은 안이 보이도록 한 후 끝이 겹쳐지도록 수직으로 놓는다.

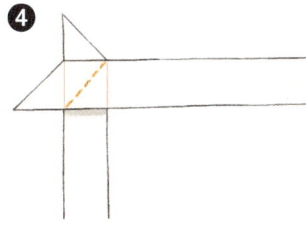

❹ 겹침분의 대각선 방향으로 박음질해 바이어스감 2장을 연결한다.

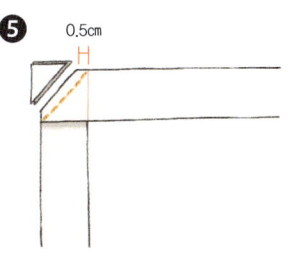

❺ 바이어스감의 튀어나온 부분을 잘라 내고, 대각선으로 박은 시접을 0.5㎝ 가량 남기고 잘라낸다.

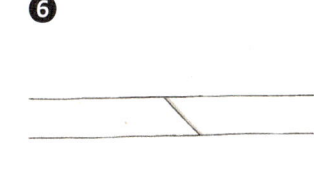

❻ 안이 보이는 바이어스감을 겉이 보이도록 젖히면 하나로 연결된 바이어스감이 완성된다.

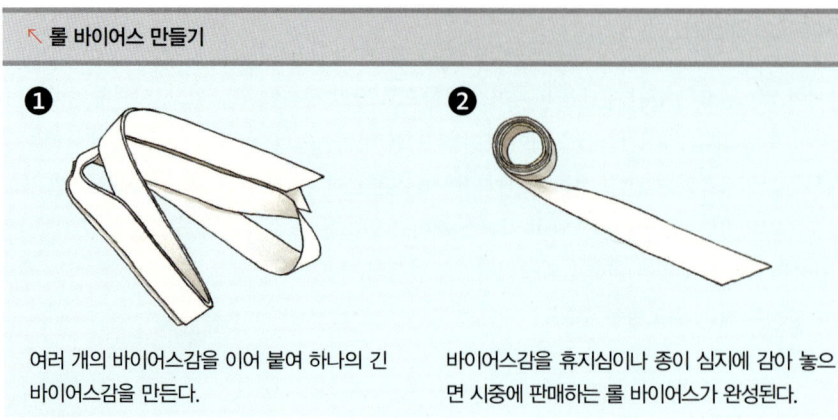

**↖ 롤 바이어스 만들기**

❶ 여러 개의 바이어스감을 이어 붙여 하나의 긴 바이어스감을 만든다.

❷ 바이어스감을 휴지심이나 종이 심지에 감아 놓으면 시중에 판매하는 롤 바이어스가 완성된다.

## 바이어스 테이프 만들기

바이어스 테이프는 바이어스감을 다리미로 다려 테이프 모양으로 만들어 완성한다. '바이어스 메이커' 도구를 이용하면 쉽고 간단하게 만들 수 있으며, 여러 사이즈의 메이커 중 18㎜(빨간색)가 가장 많이 사용된다. (완성10㎜)

❶ 바이어스감의 끝을 대각선으로 자르고, 메이커 뒤로 바이어스감을 집어 넣어 앞으로 통과시킨다.
tip 송곳을 이용하면 쉽게 바이어스감을 통과시킬 수 있다.

❷ 바이어스 메이커의 손잡이를 잡고 계속 뒤로 당기며 접혀 나온 바이어스감을 다리미로 눌러 형태를 고정한다.
tip 바이어스감 연결 부분은 천천히 통과시켜야 모양이 흐트러지지 않는다.

❸ 바이어스 메이커를 통과한 바이어스감을 다시 반으로 접어 한 번 더 다림질하면 바이어스 테이프 완성!

**↖ 바이어스 테이프 다림질 시**

바이어스감을 반으로 한 번 더 접어 다리미로 다릴 때 눈에 보이는 쪽을 약간 짧게 다려보자. 바이어스를 몸판에 박을 때 뒤쪽의 바이어스가 박히지 않는 실수를 많이 하게 되는데, 바이어스 테이프의 길이가 짧은 쪽이 몸판 겉에 오도록 하면 바이어스 테이프 뒤쪽이 박히지 않는 실수를 줄일 수 있다.

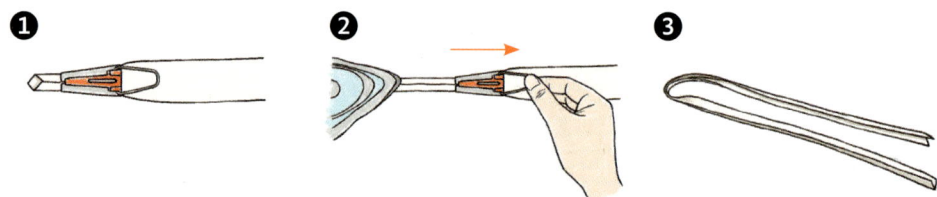

뒤쪽의 바이어스를 더 길게 접어 다린다.

### 직선 바이어스

원단을 바이어스 방향이 아닌 식서나 푸서 방향으로 잘라 연결해 사용하는 바이어스로, 신축성이 좋은 다이마루 원단을 사용한다.

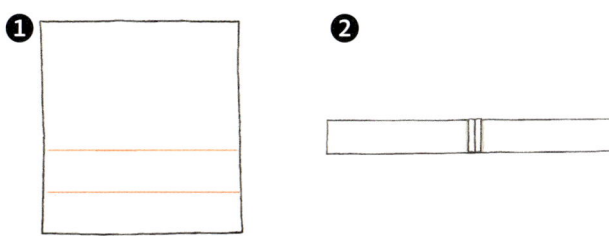

❶ 다이마루 원단에 식서 또는 푸서 방향으로 원하는 폭만큼 선을 그리고 잘라낸다.

❷ 원단을 연결해 바이어스감으로 사용한다.
tip 시접이 두껍지 않아야 하는 경우에는 사선 바이어스 만들기 방법처럼 대각선으로 박음질하여 연결한다.

##  바이어스 박기

### 곡선 · 직선 바이어스 박기

곡선과 직선 형태 모두 방법은 동일하다. 목, 소매, 밑단 등에 바이어스를 박을 때에는 살짝 당겨 박아야 안쪽으로 모아지면서 모양이 더 예쁘게 잡힌다.

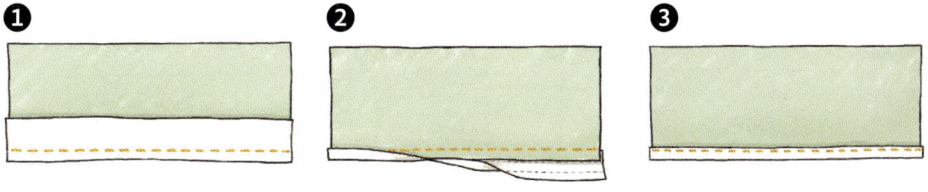

❶ 원단 안쪽 면에 바이어스감의 겉이 보이게 올려 끝을 맞추고 박음질한다.

❷ 원단을 겉이 보이게 뒤집고, 바이어스감을 안쪽으로 두 번 접어 시접을 감싼다.

❸ 겉에서 바이어스감을 눌러 박음질한다.

### 바이어스 테이프 박기

바이어스감을 시접에 감싸 박는 방식은 초보에게 어려울 수 있다. 그럴 때는 바이어스 테이프 모양으로 만들어 끼워 박으면 좀 더 균일하고 수월하게 박을 수 있다. 목, 소매, 밑단 등에 바이어스를 박을 때에는 살짝 당겨 박아야 안쪽으로 모아지면서 모양이 더 예쁘게 잡힌다.

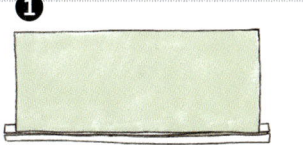 

❶ 원단 겉이 보이게 놓고, 다려 접은 바이어스 테이프를 끼워 고정한다.

❷ 바이어스감을 눌러 박는다.
뒤쪽 바이어스감도 같이 박히는지 신경 쓰며 박는다.

### 원형으로 만들어 박기

원형의 원단에 바이어스감을 박을 때는 바이어스감 역시 옆선을 박아 원형으로 만들어 봉제해야 한다. 봉제 방법은 앞에서 소개한 직선, 곡선 바이어스와 동일하다.

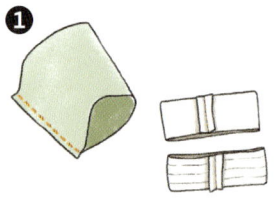

❶ 바이어스와 바이어스 테이프 모두 옆선을 박아 원형으로 만든다. (다린 바이어스 테이프는 펼친다.)

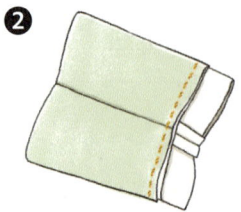

❷ 원형의 원단 안에 바이어스 테이프의 겉이 닿게 집어넣고 박음질한 후 펼친다.

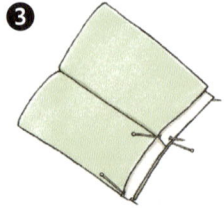

❸ 펼쳐진 바이어스는 두 번 접어 박음질한다.(바이어스 테이프는 끼워 박는다.)

 ## 시보리 박기

### 직선·곡선 시보리

직선과 곡선 모두 방법은 동일하다. 목, 소매, 밑단 등에 시보리를 박을 때는 살짝 당겨 박아야 안쪽으로 모아지면서 모양이 더 예쁘게 잡힌다.

❶ 시보리감을 반으로 접어 원단에 겉과 겉이 닿게 올린다.

❷ 완성선을 박음질하고 오버록이나 지그재그 박기로 시접을 정리한다.

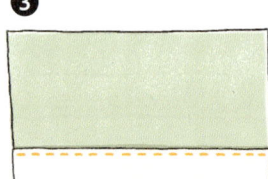

❸ 시보리를 내려 원단의 끝에 상침한다. **tip** 상침은 시접이 눌려 박아지는 효과가 있지만 반드시 해야 하는 것은 아니다.

# 랍빠와 뺑뺑이를 아시나요?

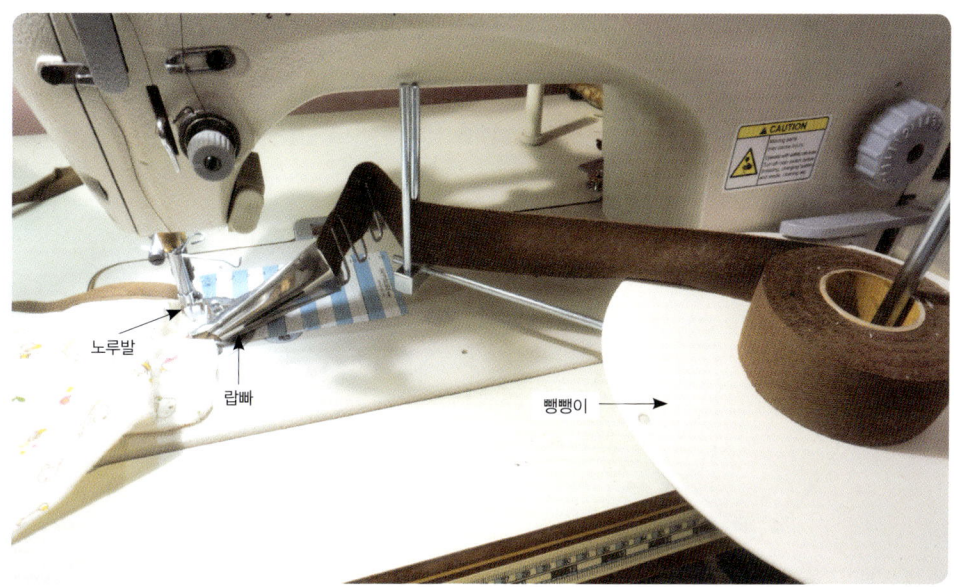

### 👑 랍빠

랍빠는 롤 바이어스를 바이어스 테이프 모양으로 만들어 바로 원단에 박히도록 하는 도구로, 별도의 노루발과 세트로 판매된다.

랍빠와 노루발이 '바이어스 테이프 만들기 + 원단에 박음질'을 한꺼번에 해주기 때문에 바이어스의 박음질 속도가 빠를 뿐 아니라 바늘땀이 균일하게 박음질되어 옷의 완성도가 높아진다. 저렴한 부자재는 아니지만 바이어스 박음질을 많이 하는 경우에 매우 유용하다. 랍빠는 실무 현장에서 많이 사용되는 부자재이지만 요즘은 취미용으로도 많이 사용된다.

롤 바이어스가 랍빠를 통과하면서 바이어스 테이프 모양으로 접히고, 원단에 바이어스 테이프가 바로 박음질되는 방식이다.

### 👑 뺑뺑이

뺑뺑이라 불리는 부자재는 롤 바이어스가 적당한 장력으로 풀어지도록 도와주고, 롤 바이어스가 풀어질 때 엉키지 않도록 해준다.

### 원형으로 만들어 박기

소매 등 원형의 형태일 때 시보리를 연결하는 방법이다.

❶ 시보리감을 겉과 겉이 닿게 세로로 반 접어 옆선을 박음질한다. 시보리 시접을 가름솔하고 다시 시보리감을 가로로 반 접는다.

❷ 시보리 뒤쪽을 젖혀 원형으로 만들어 준다.

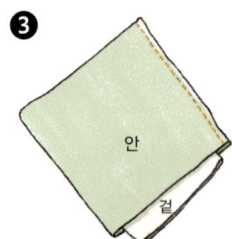

❸ 원형의 원단은 안이 보이도록 놓고, 시보리감을 안으로 집어넣어 끝을 맞춘다.

❹ 시보리감을 살짝 당겨 원형의 원단과 함께 박음질하고 시접은 오버록이나 지그재그 박기로 정리한다.

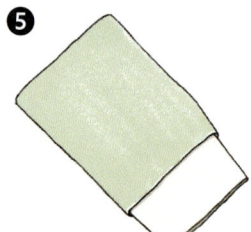

❺ 원단과 시보리 모두 겉이 보이게 뒤집는다.

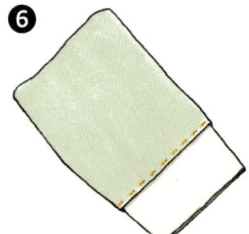

❻ 시접이 두꺼운 경우는 상침하여 시접을 눌러 박는다.

##  주름잡기

### 노루발로 만들기
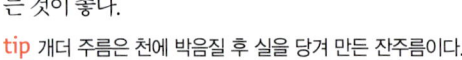

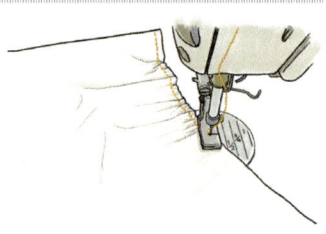

주름노루발을 사용하여 시접에 박음질하면 개더 주름*이 생긴다. 미싱의 장력을 높이고, 노루발 뒤로 나오는 원단을 손으로 살짝 막아주면 주름이 더 많이 생긴다. 노루발을 이용하여 주름이 만들어진 후에는 주름 분량 조절이 쉽지 않기 때문에 필요한 분량이 정해져 있을 때는 손으로 실을 당겨 만들기 방법을 사용하는 것이 좋다.

tip 개더 주름은 천에 박음질 후 실을 당겨 만든 잔주름이다.

### 손으로 실 당겨 만들기

손바느질로 홈질을 하거나 미싱으로 시접에 직선 박기를 한 후 실을 당겨 주름을 만드는 방법이다. 노루발을 변경하지 않아도 되고, 주름의 최종 사이즈를 조절할 수 있다는 장점이 있다.

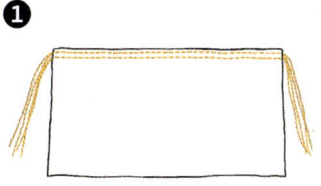 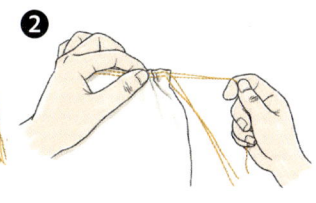 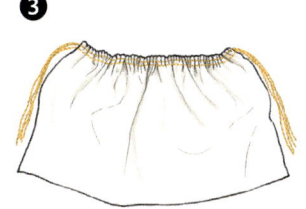

❶ 홈질을 하거나 시접에 미싱으로 직선 박기를 한다. 시작과 끝에 윗실과 밑실을 길게 남겨 잘라낸다.

❷ 윗실과 밑실을 분리한 후 밑실을 잡고 원단을 반대 방향으로 밀면 주름이 만들어진다. 반대쪽도 같은 방법으로 주름을 만든다.

❸ 자를 놓고 원하는 길이가 되도록 주름을 풀거나 당겨 조절한다.
tip 양 끝에 남겨진 실은 박음질 시 길이 조절이 필요할 수 있으므로 최종 박음질 후에 잘라낸다.

## 고무줄 넣기

강아지 옷은 고무줄로 옷의 형태를 잡아주는 봉제가 많다. 0.5㎝, 0.7㎝의 고무줄이 주로 사용되며, 원단이 두꺼울수록 폭이 넓은 고무줄이 사용된다.

### 고무줄 박아 완성하기

❶ 오버록이나 지그재그 박기한 원단과 절반 길이의 고무줄을 준비한다. 시접 위에 고무줄을 올린 후 원단과 고무줄을 함께 박는다.
tip 고무줄을 당겨가며 박는다.

❷ 고무줄을 감싸듯이 시접을 접어 올려 박음질하되 원단이 펼쳐지도록 당기면서 박는다.

❸ 고무줄이 쪼그라들면서 주름이 생긴다.

### 고무줄 양 끝을 고정해 완성하기

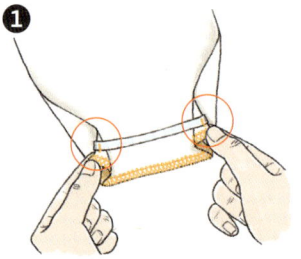 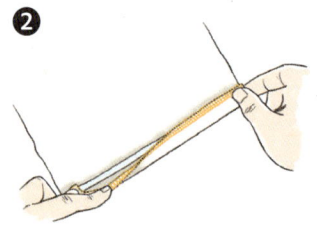 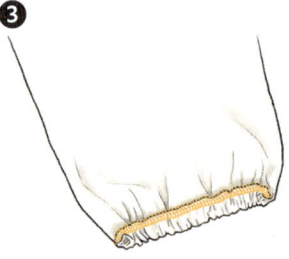

❶ 오버록이나 지그재그 박기 한 원단과 절반 길이의 고무줄을 준비하고, 원단의 양 끝 시접에 고무줄을 박아 고정한다.

❷ 고무줄이 팽팽해지도록 당기고, 고무줄을 감싸듯이 시접을 접어 올리면 시접 안에 고무줄이 들어가 있는 상태가 된다.

❸ 시접선에 박음질하면 시접 안에 고무줄이 갇혀지면서 주름이 생긴다. 이때 고무줄은 박히지 않도록 주의한다.

##  창구멍 내기

창구멍은 박음질 후 겉이 보이도록 뒤집어 주기 위한 구멍이다. 뒤집기 전 시접이 두꺼워지지 않도록 시접을 짧게 잘라 정리하는데, 창구멍 주변은 시접을 자르지 않아야 겉으로 뒤집어 창구멍을 공그르기로 손바느질하기가 수월하다. 디자인에 따라 공그르기가 아닌 상침으로 마감하기도 한다.

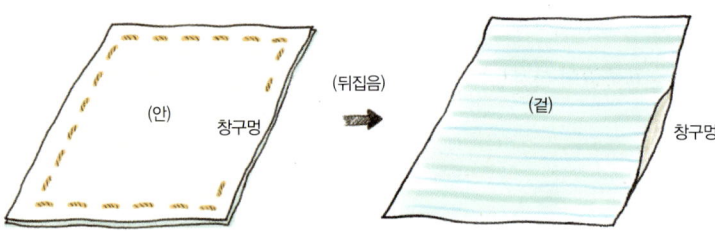

## 가위집 내기

가위집은 쪽가위를 사용해 시접을 균일한 간격으로(박음질 선에 수직으로) 잘라주는 과정으로, 원단을 뒤집을 때 꼭 필요한 과정이다. 각진 모서리에 가위집을 내면 시접이 두꺼워지지 않고, 곡선에 가위집을 균일하게 내면 뒤집었을 때 곡선의 모양 그대로 예쁘게 자리가 잡힌다. 가위집은 박음질선이 터지지 않도록 하되 박음질선에 최대한 가깝게 잘라주는 것이 중요하다.

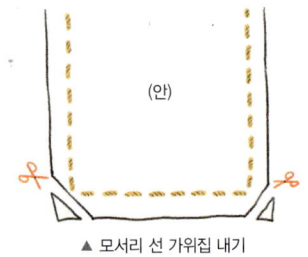 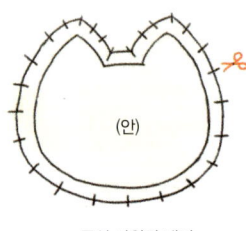

▲ 모서리 선 가위집 내기    ▲ 곡선 가위집 내기

## 끈 만들기

끈을 만드는 방법에는 원단을 접어서 만드는 방법과 끈감을 뒤집어 만드는 방법이 있다.

### 원단 접어 만들기

❶
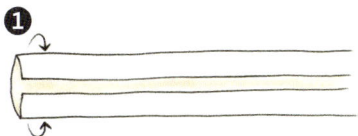

원단의 위와 아래 시접을 안으로 접어 다린다.

❷
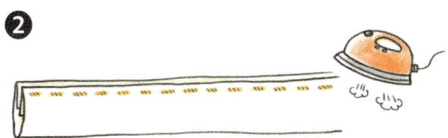

다시 반을 접어 다림질하고 옆선을 박음질한다.

### 끈감 뒤집어 만들기

❶ 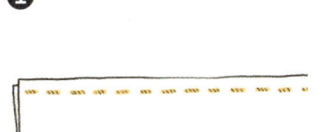 ❷ 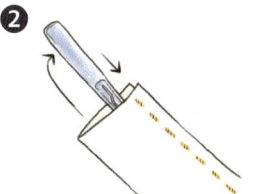 ❸

끈감을 겉과 겉이 닿도록 반으로 접고 옆선을 박음질한다.

뒤집개를 이용하여 원단의 겉이 나오도록 뒤집어준다.

박음질 선이 하단 중앙이나 측면으로 가도록 하여 다림질하고 필요시 양옆을 상침한다.

## 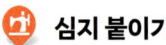 심지 붙이기

심지는 봉제 시 천이 늘어나지 않도록 하고, 봉제 후 쭈글거리는 현상을 방지하는 역할을 한다. 또 칼라, 주머니 입구, 지퍼나 단추 위치 등에 붙이면 형태감이 살아나고 옷이 더 튼튼해진다. 심지의 한쪽 면에 접착풀이 발라져 있어 다리미로 열을 가하면 원단에 부착할 수 있다.

### 심지의 종류

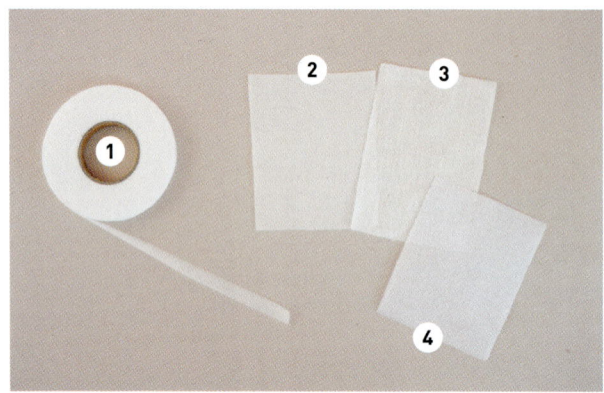

1. **롤 심지**
   - 바이어스 방향 심지 : 바이어스 방향으로 재단되어 늘어나는 성질이 있는 심지로, 원단의 늘어나는 성질은 그대로 유지하되 형태감을 잡아주고자 하는 부분에 사용한다.
   - 식서 방향 심지 : 식서 방향으로 재단되어 늘어나는 성질이 없는 심지로, 원단이 늘어나기 쉬운 부분에 사용해 봉제 시 늘어남을 방지한다.

2. **실크 심지** 폴리에스테르 심지로 부드럽고 늘어나는 성질이 있어 얇은 원단, 부드러운 원단에 사용한다. 일반적으로 가장 많이 사용되는 심지이다.

3. **아사 심지** 심지에 면 소재가 섞여 있어 좀 더 뻣뻣한 느낌이 들고 늘어나지 않는 성질을 가지고 있으므로 원단이 두껍거나 힘을 받는 부위에 사용한다.

4. **모자 심지** 두께가 두껍고 많이 뻣뻣한 느낌이 든다.

### 심지 붙이는 방법

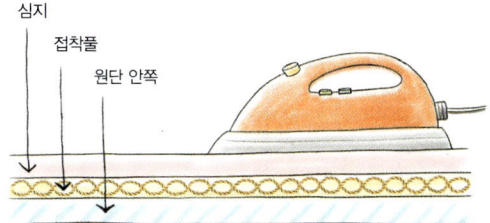

1 까끌한 접착풀이 발라진 면이 원단과 닿도록 올린다.
2 다리미의 온도를 '실크'로 맞춘다. (약 140~160℃)
3 5~6초간 심지의 겉을 다리미로 꾹꾹 눌러 부착한다. (문지르지 않는다.)
4 열이 식으면서 원단에 심지가 고정된다.

## 단추 달기

### 장식단추 달기

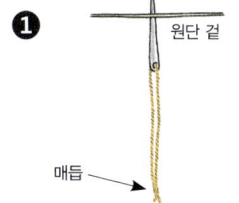

❶ 두 줄로 실을 매듭 지은 후 바늘을 원단의 겉면으로 꺼내 통과시킨다.

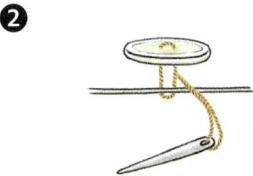

❷ 원단에 딱 붙이지 말고 0.4~0.5㎝ 띄워 바늘을 단추 구멍에 통과시킨다.

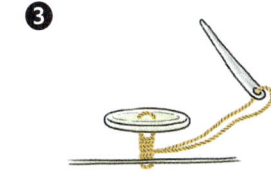

❸ 단추를 띄운 공간에 실을 4~5회 감아 기둥을 세워준다.

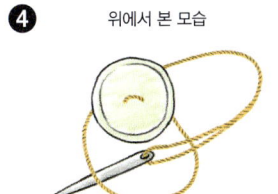

❹ 단추의 밑 부분에 고리를 만들어 바늘을 통과시켜 당기면 매듭이 생긴다.

❺ 바늘을 원단 안으로, 다시 밖으로 통과시킨 후 매듭을 지어 마무리한다.

## 스냅단추(똑딱단추) 달기

  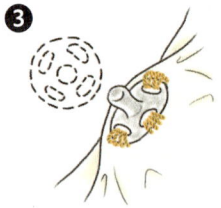

❶ 단추가 달릴 원단의 안쪽에 실의 매듭이 오도록 한다. 단추의 한쪽 구멍에 바늘을 넣고 실을 끝까지 당기기 전 뒤쪽에 남은 실의 고리에 바늘을 통과시킨 후 당기면 매듭이 생긴다. 이 과정을 3~4번 반복한다.

❷ 원단 안쪽으로 바늘을 이동시켜 나머지 구멍에도 동일하게 반복한 후 매듭을 짓는다.

❸ 반대쪽에 달릴 단추도 위치를 정해 동일한 방법으로 달아준다.

## 싸개단추

 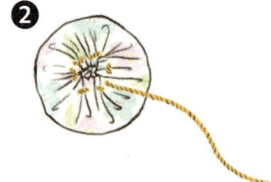 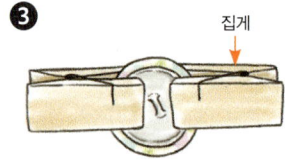

❶ 싸개단추를 준비하고 원단은 단추를 감쌀 수 있는 크기의 원형으로 재단한다. 가장자리의 조금 안쪽에 홈질한다. 실과 바늘은 자르지 않고 그대로 둔다.

❷ 원단 중심에 단추를 올리고 실을 당겨 원단으로 단추를 감싼다.

❸ 실을 매듭짓고 단추 뒤를 가위로 정리한다. 단추 뒷면에 글루건이나 본드를 쏜 후 싸개단추 뒷면의 뚜껑을 덮고 본드가 잘 굳도록 집게로 눌러준다.

### T단추

플라스틱으로 된 똑딱이 스타일의 단추로 유아복, 아동복, 우비, 강아지 옷 등에 많이 사용된다. 이 책에서는 여밈이 있는 옷에 T단추를 달아 마무리했다. 가끔 강아지들이 단추를 씹는 경우가 있으므로 플라스틱 소재의 T단추가 적절하다. T단추는 색상이 다양하므로 원단의 색에 맞춰 선택해 사용한다.

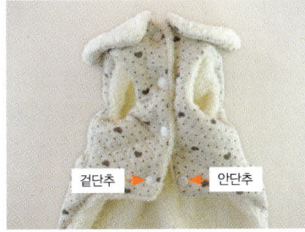

T단추는 '숫단추', '암단추', 그리고 숫단추, 암단추에 공통으로 사용되는 압정 모양의 '기본단추'로 구성된다. 숫단추는 가운데가 튀어나온 모양이고, 암단추는 가운데가 움푹 들어가 있는 모양이다. 단추 한 쌍을 달기 위해서는 기본단추 2개, 암단추 1개, 숫단추 1개가 필요하다. 가장 많이 사용하는 T단추의 사이즈는 11.5㎜, 13㎜이며 강아지 옷에는 대부분 11.5㎜를 사용한다.

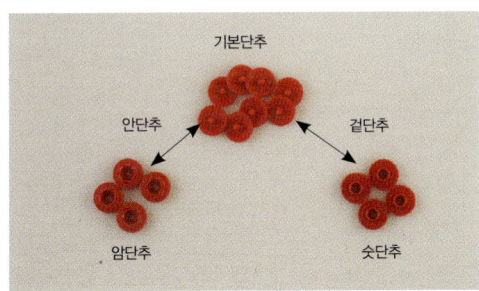

**tip** 옷에 달리는 대부분의 단추는 기본단추, 숫단추, 암단추로 구성되어 있다. T단추 다는 법 하나만 익히면 다른 단추 다는 방법도 대부분 비슷하므로 쉽게 이해할 수 있다.

❶
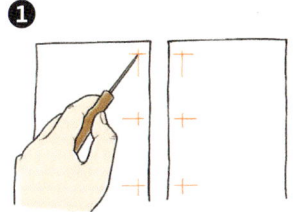

T단추 기구, T단추, 송곳, 단추를 달 완성된 옷을 준비한다. 단추를 달 위치에 송곳으로 구멍을 뚫는다.
**tip** 부드러운 원단은 송곳 자국이 사라질 수 있으니 단추 위치에 하나씩 뚫어 단추를 단다. 얇은 원단은 안쪽에 심지를 붙여 보강한다.

❷
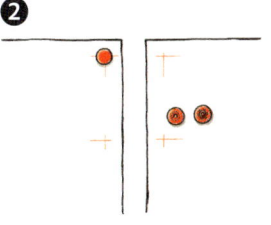

단추 한 쌍(겉단추:기본단추＋숫단추/안단추:기본단추＋암단추)을 준비하고 기본단추를 왼쪽 원단의 겉에서 송곳 구멍에 끼운다.

❸
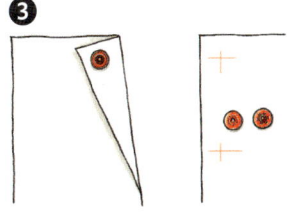

원단 안쪽에 숫단추를 끼운다.

❹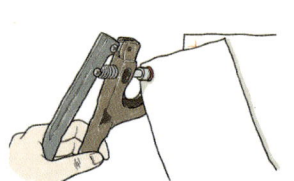
❺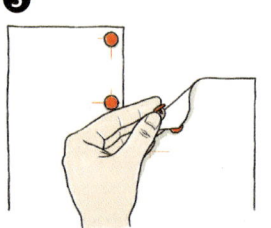
❻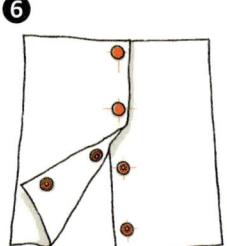

T단추 기구의 막대몰드와 바닥몰드 사이에 단추를 집어넣고 기구를 움켜쥐듯이 손잡이를 누르면 위, 아래 몰드가 만나 고정된다.

tip 숫단추가 겉으로 보이도록 놓고 T단추 기구에 올린다.

안단추도 같은 방법으로 달아준다. 단, 기본단추는 원단 안쪽 면에서 겉면 쪽으로 끼우고, 암단추는 원단의 겉면에서 끼운다.

단추 달기 완성!

tip T단추는 리버시블 의류(reversible, 뒤집어 입을 수 있는 옷)에도 사용 가능하다. 양면을 모두 사용할 수 있는 원단에 T단추를 달면 앞뒷면을 모두 잠글 수 있다.

## 이런 금속단추 기구도 있어요!

컴바인기구, 단추기구, 압축기 등 다양한 이름으로 불리는 금속단추 기구는 옷에 사용되는 대부분의 단추를 달 수 있는 전문적인 기구이다. 부피가 크고 무거운 만큼 압력이 좋아 단추를 더 튼튼하게 달 수 있다. 오른쪽의 붉은색 기구는 싸개단추까지 달 수 있는 제품이다. 금속단추 기구는 옷에 달리는 여러 종류의 단추를 몰드만 변경하면 쉽게 달 수 있다.

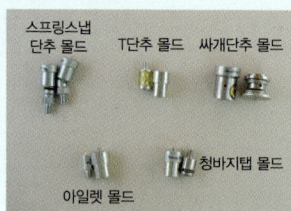
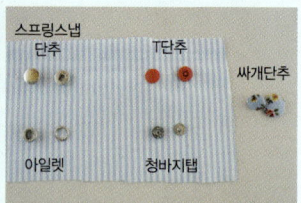

## 왈자 조리개·버클 연결하기

왈자 조리개와 버클은 가방, 하네스, 모자 등에 사용된다. 왈자 조리개는 끈의 길이를 조절할 때 사용하며, 버클은 끈을 연결하여 고정할 때 사용한다. 끈과 버클 한 쌍, 그리고 왈자 조리개가 필요하다.

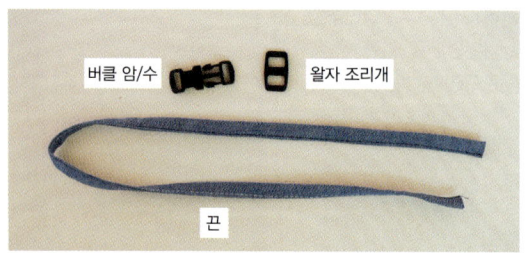

## 버클(암)

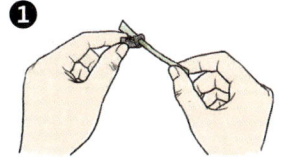  

❶ 버클 암놈과 끈을 준비하고, 버클 겉에서 안쪽으로 끈을 통과시킨다.

❷ 끝을 반으로 접는다. 버클 암놈은 보통 끈 길이를 짧게 하여 본체에 고정하는 형태로 달아준다.

## 버클(수), 왈자 조리개

 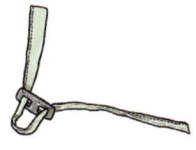 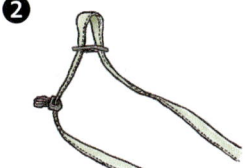  

❶ 왈자 조리개의 뒤에서 앞으로 끈을 통과시키고, 다시 앞에서 뒤로 한 번 더 통과시킨다.

❷ 끈의 한쪽에 버클 수놈을 끼운다.

❸ 왈자 조리개 위쪽에 공간을 만들고, 버클이 끼워진 끈의 끝을 왈자 조리개의 오른쪽 구멍으로 통과시킨다.

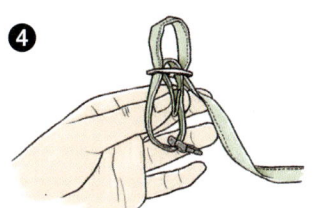 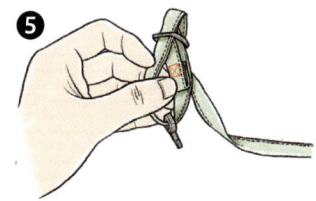  

❹ 끈을 다시 왈자 조리개 왼쪽으로 통과시켜 아래로 내린 후 끈의 끝을 뒤로 1~1.5cm 접어, 뒤쪽의 끝에 붙인다.

❺ 총 3겹을 미싱으로 박는다. 왈자 조리개와 거리가 가까우면 박음질하기 어려우니 왈자 조리개의 위치를 조절하여 박는다.

❻ 버클 암, 수와 왈자 조리개 연결 완료!

## 파이핑 만들기

파이핑Piping이란 바이어스 테이프나 두꺼운 실과 같은 줄을 사용하여 파이프 모양처럼 입체감 있게 박는 바느질법으로 천의 끝부분이나 절개선 사이의 이음선에 장식으로 사용된다. 파이핑 끈을 원단으로 감싸 테두리에 둘러 박음질하면 파이핑 끈이 보이며 입체적인 장식 효과를 낸다. 파이핑 끈은 다양한 굵기가 있다. 많이 사용되는 두께는 3~5㎜이다(38~48합). 파이핑은 파이핑 끈과 원단을 바이어스 방향(대각선)으로 잘라 감싸서 만들어 사용하기도 하고, 원단부자재 쇼핑 사이트에서 간단하게 구매할 수도 있다.

### 파이핑 만드는 법

준비물 : 파이핑 끈, 파이핑 만들 원단(40-50수 직기), 지퍼 노루발(또는 파이핑 노루발)

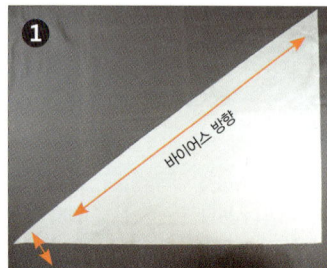 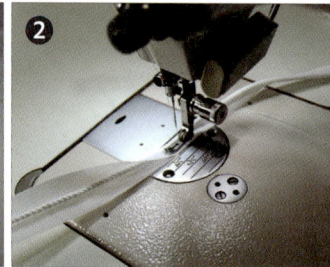 

1 파이핑 만들 원단을 놓고 필요한 길이만큼 바이어스 방향(45°)으로 선을 그린다. 선을 그리는 폭은 끈의 두께마다 다르나 2.5~3㎝면 무난하다.

2 미싱에 지퍼 노루발을 끼우고, 2.5㎝로 자른 원단 안에 파이핑 끈을 집어넣고 원단을 반 접어 파이핑 끈 옆을 박는다. 이 때 파이핑 끈 바로 옆을 박기보다는 끈에서 1~2㎜ 떨어진 라인을 박음질한다.
  tip 1~2㎜ 떨어져 박는 이유는 옷에 달았을 때 파이핑감을 만들기 위해 박은 선이 보일 수 있어서다. 사진처럼 좁은 노루발을 사용하면 끈에서 약간 간격이 생겨 박음질되어 편하다. 가정용 미싱으로 지퍼 노루발 사용 시에는 미싱에서 바늘대 움직이는 버튼을 좌우로 눌러 끈과 바늘의 거리를 조정할 수 있다.

3 파이핑감이 만들어진 모습이다.
4 원하는 색상의 원단으로 만들어 사용할 수도 있고, 시중에 파는 제품을 구입하여 사용할 수도 있다.

## 단춧 구멍 만들기와 단추 달기

재봉틀을 이용하여 단춧구멍을 만들고, 단추를 다는 기본적인 방법을 소개합니다. 세부사항은 재봉틀마다 상이할 수 있으니 제품 설명서를 참고해주세요. (사용 제품은 싱거7640)

### 장식단추 달기

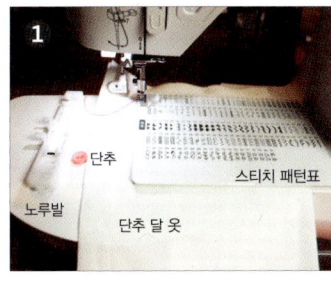 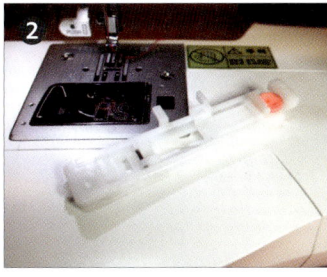 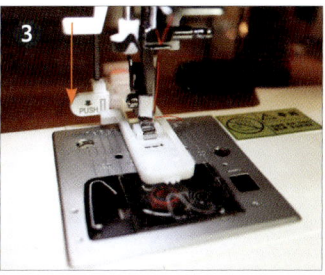

1. 단춧구멍 노루발, 사용할 단추, 단추를 달 옷, 스티치 패턴표를 준비한다.
2. 노루발 뒤쪽에 사용할 단추를 끼워준다. 뒤쪽의 레버를 당겨 단추를 넣고 조여준다. 단추 사이즈에 맞게 자동으로 단춧구멍의 사이즈가 조절되어 만들어진다.
3. 재봉틀에 단춧구멍 노루발을 장착하고, 단춧구멍 가이드를 내려준다.

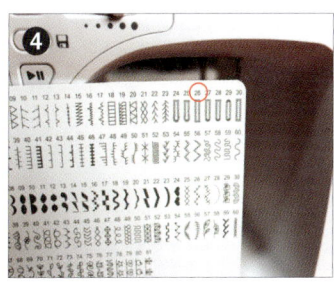  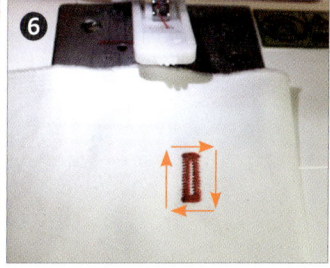

4. 스티치 패턴표에서 원하는 단춧구멍의 모양을 정하여 번호를 확인한다.
5. 재봉틀에 사용할 스티치 번호를 입력한다. (다이얼을 돌리는 방식, 버튼을 눌러 숫자를 찾아가는 방식)
6. 노루발 아래 단춧구멍을 낼 옷을 깔고, 단춧구멍 박음이 시작되는 포인트와 옷의 위치를 맞춘다.
일반적으로 단춧구멍은 직사각형의 왼쪽 아래쪽 꼭지점부터 시작에 위로 올라가며 왼쪽 라인을 먼저 박고 오른쪽 라인을 박는다. 사전에 어떤 순서로 만들어 지는지 테스트 한다.

  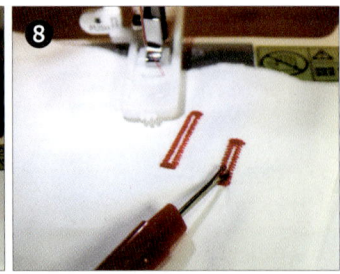

7  노루발을 내리고 페달을 밟은 채로 유지하면 자동으로 단춧구멍이 만들어진다. 재봉틀 속도가 느려지고 멈추면 완성된 것이다.

8  가운데를 실뜯개로 찢어내고, 쪽가위로 주변을 정리해준다.

 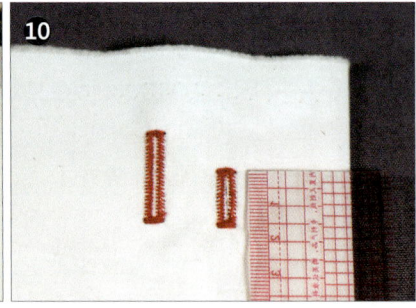

9  단추의 사이즈에 따라서 단춧구멍의 사이즈가 알아서 조절된다.

10  단춧구멍을 만들기 전에 단추를 끼워 단춧구멍이 만들어지는 세로길이와 가로폭을 미리 확인하고, 단춧구멍을 낼 위치의 왼쪽 아래쪽 꼭지점을 찍어 표시해두면 정확하게 구멍을 낼 수 있다.

## 단추 달기

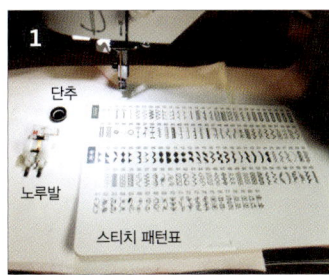 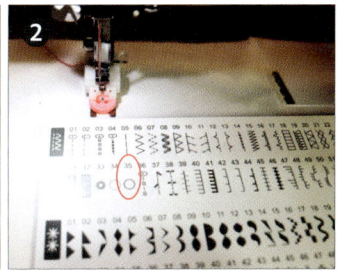 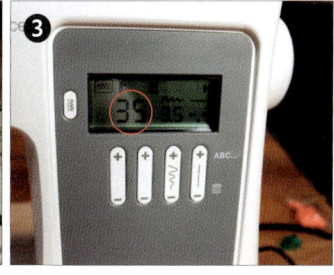

1  단추달이 노루발, 단추, 스티치 패턴표를 준비한다.
2  노루발에 단추를 끼우되 구멍을 좌우로 나란하게 만들어준다. 스티치 패턴표에서 단추 다는 기능의 번호를 확인한다.
3  해당 번호를 재봉틀에 세팅한다.

 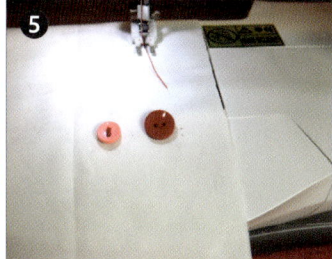 

4  재봉틀 오른쪽의 풀리를 천천히 돌려보면 미싱 바늘이 좌우로 움직이는 간격을 볼 수 있다.
5  단추 양쪽 구멍에 맞게 바늘이 꽂히는 것을 확인한 후에는 노루발을 내리고 페달을 밟은 채로 재봉틀이 멈출 때까지 유지한다. 가정용 재봉틀은 단추가 달리는 힘이 다소 약할 수 있다. 한 번 더 진행해 고정력을 높이는 것도 좋다.
6  ❹ 과정에서 풀리를 돌렸을 때 구멍 간격이 맞지 않으면 땀 폭 조절 버튼이나 다이얼로 바늘이 좌우로 움직이는 간격을 넓히거나 좁힐 수 있다. 사전에 테스트 없이 페달을 밟으면 바늘이 부러져 다칠 수 있으므로 반드시 사전에 테스트를 해야 한다.
   tip 구멍이 4개인 단추는 두 번 반복하면 된다.

# 미싱의 종류

미싱은 모터의 힘과 내구성의 차이에 따라 통상적으로 '가정용, 준공업용, 공업용'으로 나눌 수 있고, 특화된 기능을 가진 것(오버록 미싱, 커버스티치 미싱, 자수 미싱)도 있다.

## 모터의 힘과 내구성의 차이에 따른 분류

### 1. 가정용 미싱

가정용 미싱은 초급자용에서 고급자용까지 여러 종류가 출시되어 있다. 가격대도 15만 원대에서 100만 원대까지 매우 다양하다. 가격대가 높을수록 모터의 힘이 좋아 여러 겹의 원단을 박을 수 있고, 추가되는 기능들도 많아진다. 가정용 미싱은 소음이 적은 수평가마가 적당하고, '바늘 상하 고정 기능', '자동 실꿰기 기능'이 포함된 것이 사용하기 편하다. 이 외에도 '단춧구멍 만들기, 자수 패턴, 자수 기능'까지 포함되어 있으면 활용도가 더 높아진다.

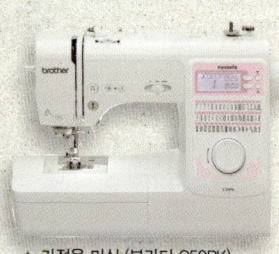

▲ 가정용 미싱 (부라더 C50PK)

미싱을 처음 사용하는 사람들은 조금 낮은 가격대를 선택하고 차후 익숙해지면 좀 더 고가나 준공업용으로 바꾸는 경우가 많다. 개인적으로는 중가형이나 일반적으로 사용하는 것을 구입하길 권한다. 저가형은 힘이 약하고 편리한 부가 기능들이 빠져 있어, 원단이 조금 두껍거나 여러 겹을 한꺼번에 박을 때 박음질이 제대로 되지 않아 미싱에 대한 흥미를 잃을 수 있기 때문이다. 또한 많은 사람들이 구매하는 소위 '국민미싱'으로 불리는 모델들은 미싱에 흥미를 잃었거나 좀 더 좋은 제품으로 바꾸고자 할 때 중고거래가 활발하게 이루어지고 있어 판매도 쉽다.

### 2. 준공업용·공업용 본봉 미싱

**준공업용** : 가정용보다는 출력이 높고, 가격대가 높은 제품이 준공업용으로 분류된다. 기본적인 부가 기능이 있으며, 가정용처럼 쉽게 이동할 수 있어 평소에는 보관해 두었다가 필요할 때만 사용하면 된다.

**공업용 본봉** : 모터의 힘이 좋아 원단의 두께와 소재에 구애받지 않고 봉제할 수 있다. 다만 가격대가 높고, 직선 박기와 같은 단순 기능만 가지고 있으며, 별도 테이블에 고정되어 있어 많은 공간이 필요하다.

▲ 준공업용 미싱 (NCC 보니프로)

제품을 고를 때는 '내가 만들고 싶은 것이 어떤 것인가?'를 고려해 선택하는 것이 좋다. 티셔츠나 얇은 바지 정도라면 가정용으로도 충분하지만, 코트, 재킷, 가죽옷 등에 도전하고 싶다면 좀 더 힘이 있는 것을 선택해야 어렵지 않게 만들 수 있다.

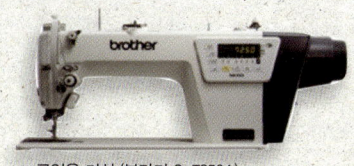
▲ 공업용 미싱 (부라더 S-7250A)

## 기능에 따른 분류

소잉도그가 추천하는 것은 '오버록'과 '커버스티치'이다. 이들은 옷의 퀄리티를 높여주고, 다양한 봉제가 가능하다는 장점을 가지고 있다. '오버록'과 '커버스티치' 모두 가정용과 공업용이 있다.

### 1. 오버록 미싱

오버록은 시접의 올이 풀리는 것을 방지하기 위해서 가장자리를 마무리하는 미싱이다. 3~4개의 실을 이용해 시접을 감싸듯이 봉제해서 세탁 후에도 올이 풀리지 않는다. 오버록 미싱을 이용하면 시중에서 판매하는 것과 같은 퀄리티의 옷을 만들 수 있고, 옷의 형태 고정 또한 쉽다. 가정용 미싱은 '지그재그 박기' 기능으로 오버록 기능을 대체하고 있으나, 대체 개념일 뿐 땀이 형성되는 구조가 다르기 때문에 좀 더 수준 높은 봉제를 하고 싶다면 오버록 미싱을 고려해볼 만하다.

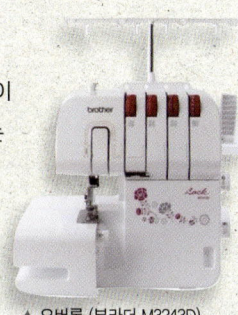
▲ 오버록 (부라더 M3243D)

### 2. 커버스티치 미싱

오버록 미싱은 시접 정리 기능만 있기 때문에 시접을 접어 박음질 과정을 거쳐야 하지만 커버스티치는 시접 정리와 시접 박기가 동시에 가능하다. 단계가 줄어들기 때문에 시간을 단축할 수 있고 완성도도 뛰어나다. 시중에 판매되는 티셔츠 밑단이나 소매는 거의 커버스티치로 봉제가 마감되어 있다. 겉에는 1줄~3줄의 스티치 선이 생기고, 원단 안쪽에는 오버록과 비슷하게 고리 모양의 땀이 형성된다.

▲ 커버스티치 (MO-735)

### 3. 자수 미싱

자수 박음질 기능이 특화된 것으로 원단에 이름을 새기거나 이미지 파일을 실로 수 놓을 수도 있으며, 원단이나 이불의 누빔 등도 할 수 있다. (일반 가정용도 '누빔 가이드'를 활용하여 누빔을 할 수 있다.)
원단에 자수로 장식을 하면 고급스러울 뿐만 아니라 장식이 떨어지거나 색이 흐려지지 않아 오래 입을 수 있다. 또한 이름이나 영문

▲ 자수 미싱 (싱거 FUTUTA XL580)

이니셜 등을 수놓아 분실방지 기능으로도 활용할 수 있다. 고급 사양의 가정용에도 숫자, 영문 등을 자수로 새길 수 있는 기능이 있으나 자수 미싱에 비해 패턴이 단순하다.

## chapter 4
## 강아지 치수 재기

강아지 옷을 만들기 위해 반드시 필요한 강아지의 치수 재기!
치수는 여유분 없이 재고, 여러 번 잰 후 평균치를 사용해야
완성도 있는 옷을 만들 수 있다.

## 강아지 사이즈 표

다음 사이즈 표는 책에서 활용하고 있는 사이즈이다. 강아지의 치수를 잰 후 표를 보고 실물패턴의 사이즈를 선택하면 된다. 강아지마다 상세 사이즈가 다르므로 표준 사이즈를 활용하여 옷을 만들어 본 후 패턴 수정하는 방법을 참조해 사이즈를 조절하여 강아지에게 딱 맞는 옷을 만들어주면 된다.

### 옷 사이즈 표

| 기준 사이즈 | 목둘레 | 가슴둘레 | 등 길이 |
| --- | --- | --- | --- |
| S | 22cm | 33cm | 26cm |
| M | 26cm | 38cm | 29cm |
| L | 28cm | 42cm | 31cm |
| XL | 31cm | 48cm | 34cm |
| 2XL | 34cm | 55cm | 36cm |

### 모자 사이즈 표

| 기준 사이즈 | 머리둘레 | 착용 가이드 |
| --- | --- | --- |
| S | 21~25cm | S~M |
| M | 26~30cm | L~XL |
| L | 31~35cm | XL~2XL |

### 강아지 사이즈가 애매할 때

강아지마다 사이즈가 다르기 때문에 제시된 표에 잘 맞지 않을 수 있다.
이 경우 사이즈를 선택하는 기준은 다음과 같다.

- 가슴둘레 : 가슴둘레가 맞으면 강아지가 옷을 입었을 때 편안함을 느낀다.
- 목둘레 : 강아지는 살이 찌더라도 목둘레는 많이 늘지 않는다. 가슴둘레를 기준으로 사이즈를 선택했는데 목이 작을 경우에는 한 사이즈를 올려 선택하거나, 패턴에서 목 사이즈만 늘려 사용하면 된다. 사이즈를 올리면 전체 핏이 커지는 단점이 있고, 패턴을 수정하게 되면 손이 좀 더 가는 대신 핏은 더 예쁘다.
- 등 길이 : 등 길이는 패턴의 길이를 늘려 사용해야 한다. 등 길이에 맞춰 옷 사이즈를 선택하면 전체 품이 커지기 때문에 핏이 예쁘지 않다.

## 부위와 치수재기

실물 패턴을 수정하거나 패턴을 그리기 위해 필요한 강아지의 세부 치수 재는 방법을 알아보자.

### 패턴을 이해하기 위해 알아두어야 할 부위

강아지의 치수를 재기 전에 패턴 그리기의 기준점을 알아두면 이해가 쉽다.

- **등목점** : 패턴을 그릴 때 가장 기준이 되는 점으로, 목의 가장 아래 중심점을 의미한다. 목둘레, 등 길이, 진동깊이 등 주요 치수들의 시작점이다.
- **배목점** : 목둘레를 재는 배쪽의 목 중심점으로, 앞길이(앞가슴 길이)의 기준점이다.
- **겨드랑이점** : 앞발이 끝나고 가슴통이 시작되는 겨드랑이 위치를 말한다. 겨드랑이 둘레는 쏙 들어간 겨드랑이점에서 1㎝ 아래의 겨드랑이 둘레를 쟀을 때 등 중심에 오는 줄자의 위치를 표시(A)하고, 배의 중심에 오는 위치를 표시(B)한다.

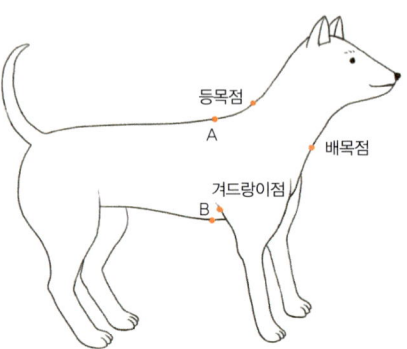

**겨드랑이 둘레에서 A, B점 찾아놓기**

끈이나 고무줄을 겨드랑이 둘레에 둘러 고정해 놓고 등 중심의 A, 배 중심의 B 위치를 찾아놓는다.

### 부위별 치수재기

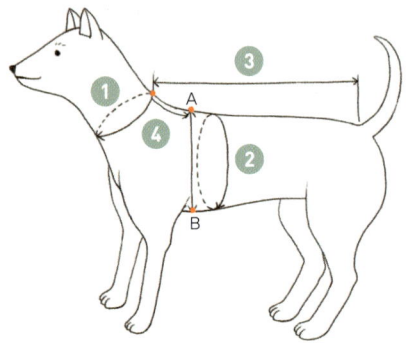

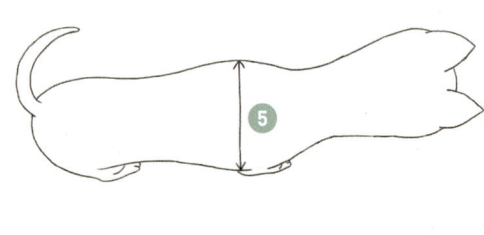

1. **목둘레** 목의 가장 아랫부분(등목점과 배목점을 지나는 둘레)을 여유 없이 재면 된다. 등이 시작되기 전 목의 아래쪽이다.

2. **가슴둘레** 강아지가 옆으로 서 있을 때 몸통에서 가장 굵은 부분을 여유 없이 딱 맞게 잰다. 강아지가 숨을 들이쉬고 내뱉는 것에 따라 치수 차이가 있으므로 여러 번 측정해 평균 치수를 사용한다. 사용 원단이 늘어나는 원단인 경우에는 몸통이 작을 때 측정한 치수를 사용해도 무방하나 스판이 없는 직기 원단인 경우에는 가슴이 가장 클 때 측정한 치수를 사용해야 옷이 편하다.

3 **등 길이** 등목점에서 꼬리를 세우고 꼬리 직전까지 잰다. 강아지의 등은 직선이 아니라 곡선이다. 곡선을 따라가지 말고 등목점에서 줄자를 직선으로 늘려 재면 된다.

4 **진동깊이** 등목점에서 A까지의 길이를 잰다. 등 길이에 진동깊이가 포함되어 있으므로 따로 재서 표시를 해두는 것이다.

5 **등폭(등 너비)** 등의 폭을 말하며, 앞다리 시작 전까지의 길이이다. 옷의 디자인에 따라 조절해서 사용한다.

6 **어깨폭** 어깨뼈의 폭을 말하는데 강아지는 어깨뼈가 두드러지지 않기 때문에 측정하기 쉽지 않다. 옷을 만들어 본 후 어깨 폭을 조절해 사용하는 것이 더 접근하기 좋다.

7 **앞길이(앞가슴 길이)** 배목점에서 겨드랑이 둘레를 잴 때 배에 표시한 B까지의 길이를 잰다.

8 **허리 둘레** 가슴의 갈비뼈를 지나 가장 얇은 몸통 둘레를 잰다.

9 **허벅지 둘레** 허벅지 안쪽에 줄자를 대고 나란히 한 바퀴 줄자를 두르되 허벅지 곁에서 2㎝ 가량 위로 곡선을 그리며 잰다.

10 **앞다리 둘레** 몸통이 끝나고 앞다리가 시작되는 위치를 한 바퀴 둘러 잰다.

11 **가슴폭** 강아지가 똑바로 서 있을 때 앞발의 사이 간격을 말한다.

12 **머리 둘레** 이마 중심과 뒤통수의 중심을 지나도록 수평으로 한 바퀴 둘러 잰다.

## chapter 5
## 재단하기

우리 강아지에게 맞는 표준 사이즈를 확인했다면
봉제 전 필수 과정인 제공된 실물패턴을 복사하고,
재단하는 방법을 알아보자.

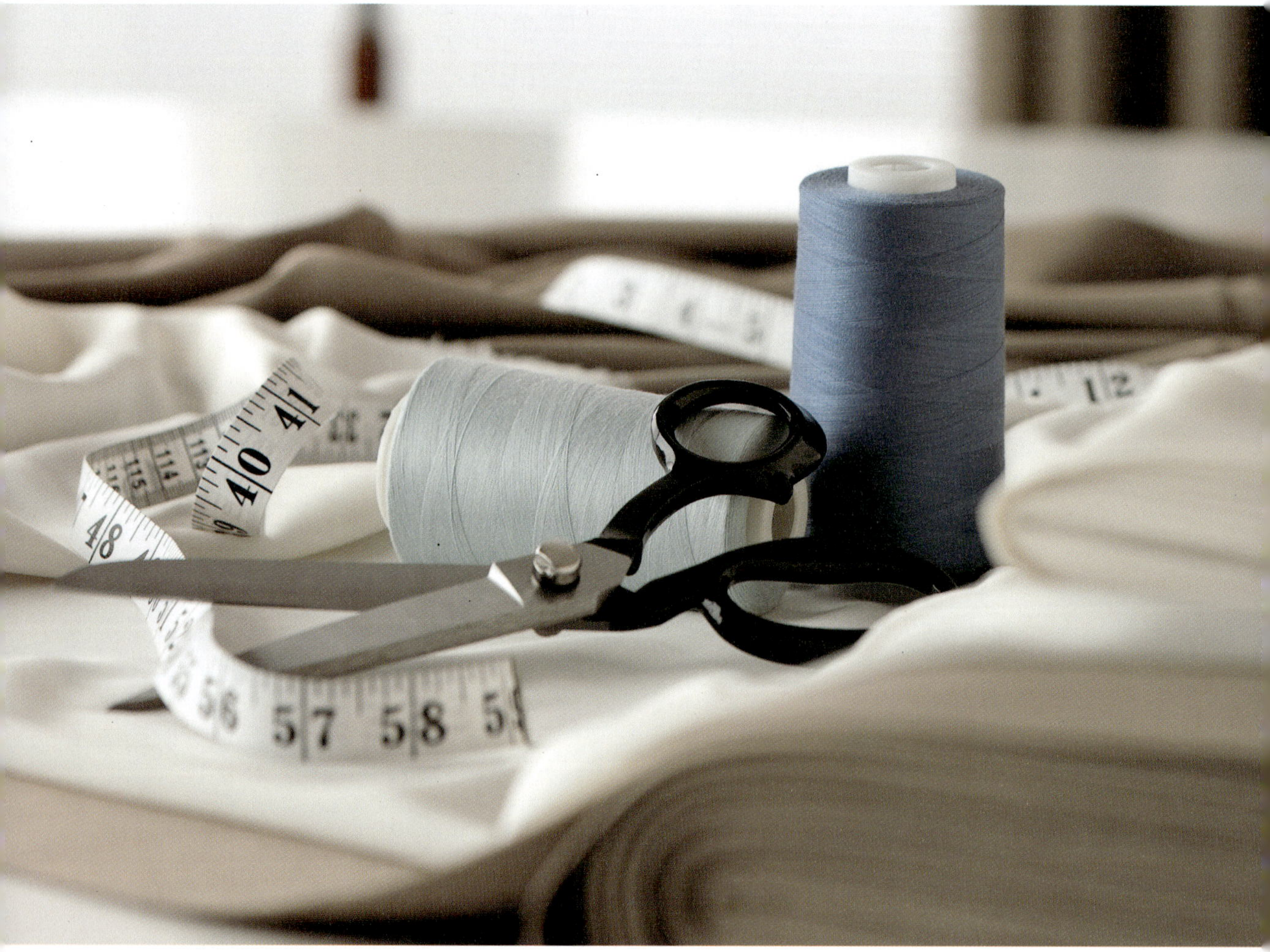

## 패턴 보고 복사하기

### 실물패턴 보는 법

PART 3~5의 각 소품, 의류 만들기 상세 페이지에 실물패턴 번호가 표시되어 있다. 이 실물패턴 번호를 확인하고 부록으로 제공된 실물패턴을 펼쳐, 해당 소품이나 의류의 패턴이 그려진 위치를 확인한다. 책에 표시된 재단 이미지를 보고 패턴 조각을 찾은 후 원하는 사이즈의 패턴 선을 확인하면 된다.

책에서는 의류별 패턴이 겹치지 않게 표시되어 있으므로 강아지 사이즈만 확인한 후 패턴을 따라 그려 사용하면 된다.

### 패턴 복사하기

여러 개의 패턴이 겹쳐 있을 때에는 실물패턴을 부직포에 복사하는 과정이 필요하다. 실물패턴을 복사하기 위해서는 의류용 부직포 패턴지와 펜, 필요에 따라 마분지 등의 두께감이 있는 종이가 필요하다. 너무 두꺼운 부직포는 패턴 선이 비치지 않으니 주의해야 한다. 또한 격자무늬가 없는 부직포 패턴지가 복사하기 좋다.

❶
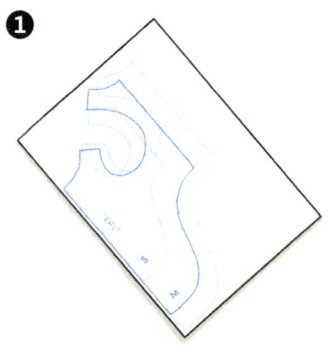
실물패턴에서 원하는 패턴의 위치를 확인한다. 헷갈릴 경우 펜으로 표시한다.

❷
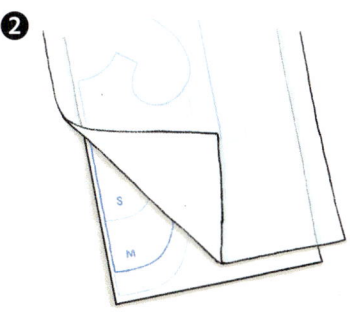
패턴 사이즈만큼 부직포를 잘라 패턴 위에 올린다.

❸

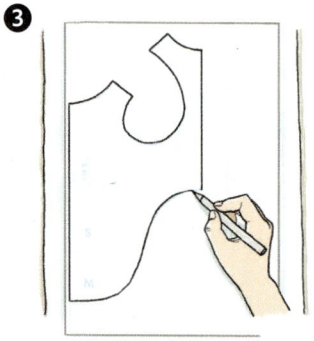

연필이나 펜으로 패턴 선과 그 외 표시사항을 복사해 그린다.

❹

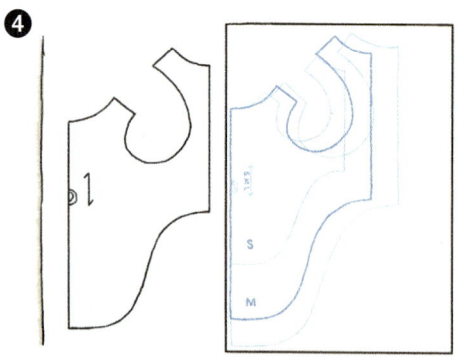

식서 방향과 골선을 표시하고, 패턴의 이름과 사이즈를 적는다. 부직포를 패턴 선을 따라 잘라 보관하고 필요시 원단에 올려 재단하면 된다.

❺

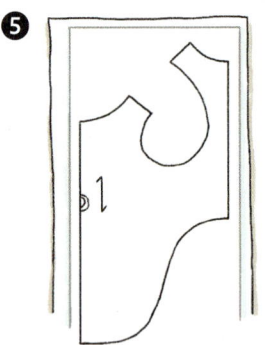

부직포가 힘이 없고 얇아 재단할 때 불편하다면, 마분지 등 두께감이 있는 종이 위에 자른 부직포를 올려 선을 복사하거나 마분지에 부직포를 붙인 후 마분지와 부직포를 함께 잘라 사용한다.

❻

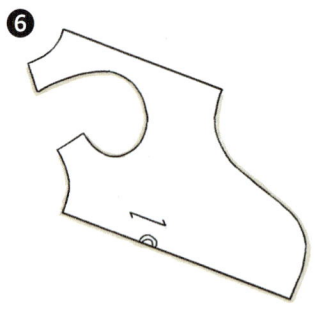

패턴 복사 완료! 마분지가 붙여진 상태이기 때문에 재단하기 편하다.

### 패턴 보관하기

복사한 패턴을 정리해두지 않으면 여러 번 복사해야 하는 상황이 발생할 수 있다. 복사한 패턴은 클리어 파일에 보관하면 많은 양을 한꺼번에 보관할 수 있고, 패턴이 분실되는 일도 줄일 수 있다. 주로 사용하는 패턴의 사이즈에 따라 클리어 파일을 구분해 보관하면 더 깔끔하게 정리할 수 있다. 패턴이 들어 있는 각 장에 완성 옷의 이미지를 사진으로 찍고, 출력하여 붙여두면 시간이 지나도 알아보기 쉽다.

# 시접 그리기

패턴을 재단하기 전에 시접선을 그려 주어야 한다. '시접'은 바느질을 하기 위한 분량이다. 실물패턴은 패턴에 따라(시보리, 바이어스 등 부가적인 패턴) 시접이 포함되어 있는 경우도 있어 이럴 경우에는 별도로 시접을 그릴 필요가 없기 때문에 옷 만들기 과정에 표시된 시접 유무를 확인한 후 필요한 부분만 그려주면 된다. 시접은 자나 시접라이너를 이용하여 그릴 수 있다.

## 자로 시접 그리기

강아지 옷의 시접은 1~1.5㎝가 가장 많다. 옷 만들기 상세 페이지에서 시접량을 확인하고 완성선을 그린 후 자를 이용하여 그려주면 된다.

❶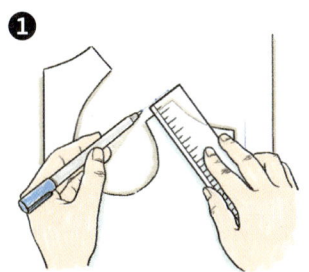

직선 부분은 패턴의 끝에서 자를 시접 분량만큼 평행 이동해 선을 그려준다.

❷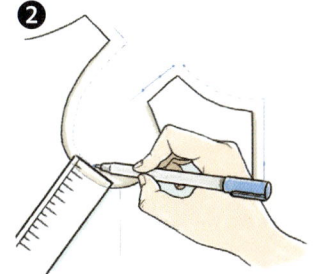

곡선 부분은 시접만큼 자를 평행이동 시키되 선을 긋는 것이 아니라 점으로 표시한다. 자를 옆으로 조금씩 이동해 가며 시접 분량을 점으로 찍는다.

❸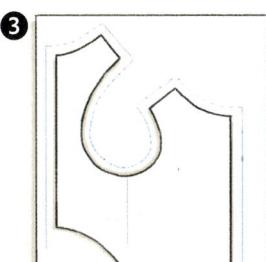

자로 그린 시접 완성!

## 시접라이너로 시접 그리기

시접라이너는 시접을 편하게 그릴 수 있도록 도와주는 도구로, 10㎜, 7㎜, 5㎜, 3㎜가 세트로 구성되어 있다.

❶

패턴에 시접라이너를 끼우고 펜을 가운데 구멍에 꽂아 굴리듯이 움직이면 시접이 그려진다.

❷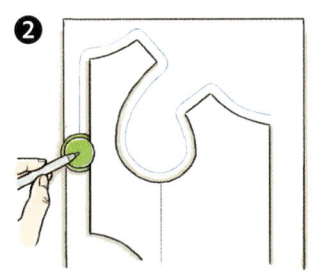

시접라이너는 직선, 곡선에 관계없이 일정하게 시접선을 그릴 수 있어 편리하다.

❸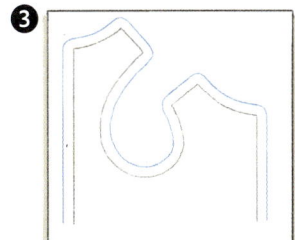

시접라이너로 그린 시접 완성!

## ✂ 원단 재단하기

패턴을 따라 완성선과 시접선을 그리고, 원단을 잘라내는 모든 과정이 원단 재단하기에 포함된다. 실물패턴이 있는 경우와 없는 경우에 따라 완성선과 시접선을 그리는 방법과 원단의 틀어짐 없이 재단하는 방법을 알아보자.

### 🧵 실물패턴이 있는 경우

원단에 패턴을 올려 패턴의 가장자리 선을 펜이나 초크로 따라 그린 후 시접 분량을 추가로 그려준다. 이때, 안쪽의 선을 '완성선'이라고 하며, 이 선이 옷이 완성되었을 때의 최종 사이즈가 된다.

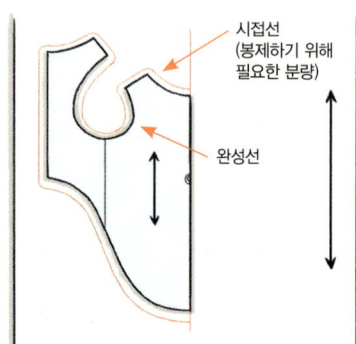

**강아지 옷에서 사용되는 시접 분량**

- 시접 분량 없음 : 바이어스 마감, 인터록 마감.
- 시접 분량 1cm : 원단끼리 연결이 필요한 부분.
- 시접 분량 1.5cm : 소매 밑단, 바지 밑단.

### 🧵 실물패턴이 없는 경우

시보리, 바이어스 등 직선 형태의 패턴은 실물패턴 없이 가로×세로 치수만 제시되는 경우도 있다. 제시된 치수대로 원단에 자를 대고 완성선을 그린 뒤 시접이 있는 경우에는 시접을 추가로 그리면 된다.

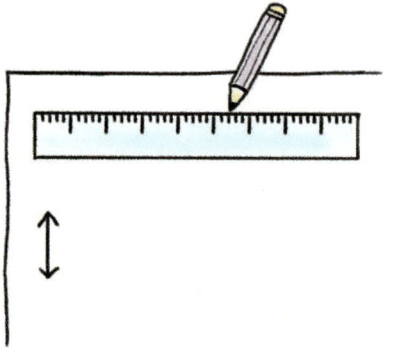

### 원단 잘라내기

완성선과 시접선을 그려 놓은 원단에서 시접선을 따라 재단 가위로 자른다. 원단 아래로 들어간 가위가 바닥에 닿은 상태에서 잘라야 원단이 틀어지는 것을 방지할 수 있다.

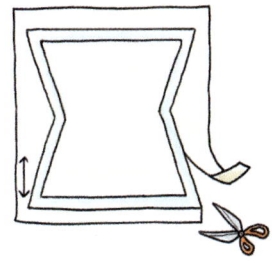

#### 패턴에 골선이 있을 때 재단하는 방법

골선은 골선을 기준으로 좌우 대칭이 되도록 재단하라는 패턴 기호이다.

- **원단 펼쳐 재단하기**

  원단의 식서 방향에 맞춰 패턴을 올리고 패턴의 완성선과 시접선을 그린다. 그리고 패턴을 반대쪽으로 뒤집어(패턴 뒤가 보이게) 완성선과 시접선을 그리면 된다. 좌우 두 번 선을 그려야 하는 번거로움이 있지만 완성선과 시접선이 모두 표시되기 때문에 봉제가 처음인 초보자에게 좋다.

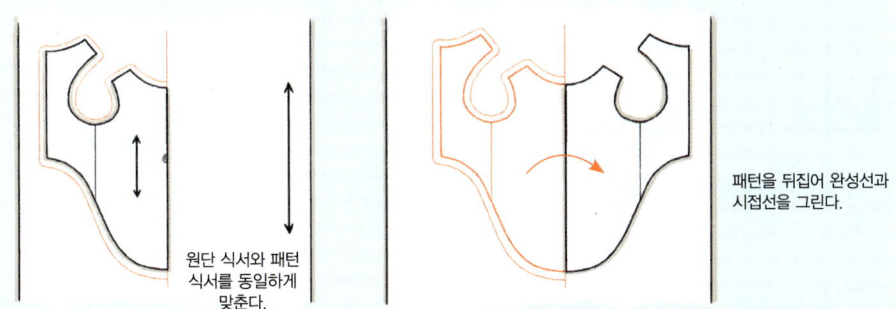

원단 식서와 패턴 식서를 동일하게 맞춘다.

패턴을 뒤집어 완성선과 시접선을 그린다.

- **원단 접어 재단하기**

  원단의 겉과 겉이 만나도록 반으로 접은 후 접은 중심선에 패턴의 골선을 맞춰 올린다. 패턴의 모양대로 완성선과 시접선을 그리고 가위로 완성선을 자른다. 한 번에 패턴 좌우를 동시에 재단할 수 있어 편하다. 대신 한쪽만 완성선이 그려져 있으므로 초보자들은 패턴을 뒤로 뒤집어 완성선을 한 번 더 그려 주는 것이 좋다.

  **tip** 접어 재단하는 경우 완성선을 잘라내기 전에 핀으로 중간중간 고정을 해두면 가위로 재단할 때 원단이 조금씩 틀어지는 것을 방지할 수 있다.

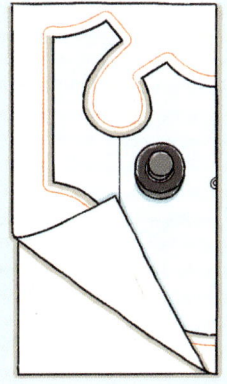

# 재단 시 많이 하는 실수

단추가 달리는 스타일의 배판, 소매 패턴은 방향이 반대인 원단 두 장을 재단해야 한다. 왼쪽, 오른쪽이 가슴을 중심으로 대칭되어야 하므로 방향이 반대이다.

### 원단을 펼친 상태에서 재단할 때

소매 패턴을 원단에 올려 완성선과 시접선을 그린 후 반드시 '패턴을 뒤집어서' 한 장 더 그린다.

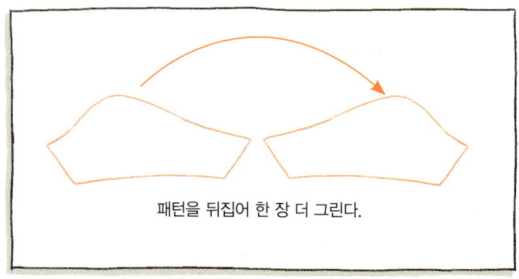

### 원단을 접은 상태에서 재단할 때

원단의 겉과 겉이 만나도록 접은 상태에서 완성선과 시접선을 그려야 방향이 반대인 두 장으로 재단된다. 아래쪽 원단은 완성선이 그려지지 않으니 한 번 더 완성선을 그려준다.

# 사이즈 측정 시 유의사항

### 사이즈를 측정할 때 가장 중요한 것은 강아지의 자세이다

↖ 강아지는 자세에 따라 치수 변화가 크기 때문에 정면을 응시하고 똑바로 서 있는 자세를 유지한 상태에서 치수를 재야한다.

### 여러 번 치수를 재 평균치를 사용한다

↖ 치수는 한 번만 재지 말고, 시간 간격을 두고 여러 번 잰 후 평균치를 사용하는 것이 좋다. 옷을 만들어 입힌 후 핏을 보고 치수에 대한 최종 결정을 해도 좋다. 스판이 없는 직기 원단이 사이즈를 판단하기에 좋다.

### 강아지 치수는 수시로 변한다

↖ 성장기인 강아지는 치수가 계속 변하기 때문에 수시로 사이즈를 측정해야 한다. 성견이라도 조금씩 사이즈의 변화가 생길 수 있으므로 옷을 구입하거나 만들기 전에 꼭 사이즈를 한 번 더 체크한다.

### 사이즈 측정 시 여유분 유무를 체크한다

↖ 사이즈 측정 시 여유분을 주고 재야할지, 여유분 없이 재야할지는 확인이 필요하다. 일반적으로 패턴을 그릴 때 패턴에 여유분을 주고 그리는 경우가 많지만 작업자가 패턴을 그리는 방식에 따라 다를 수 있다. 책에 설명한 패턴 그리기 및 실물패턴 활용을 위한 사이즈 표는 여유분이 없는 실사이즈를 기준으로 하며, 패턴에 여유분이 포함되어 있다.

### 털의 부피감을 고려해야 한다

↖ 견종마다, 미용 스타일마다 치수가 다르기 때문에 일관된 치수를 적용하기는 힘들다. 옷을 만들어 입혀보고 여유분에 대한 판단을 내려야 한다. 예를 들어, 포메라니안 견종은 털을 고려해 한 사이즈 더 크게 입히는 경우가 많으나 전체적으로 핏이 커지는 단점이 있다.

chapter 01 **강아지 옷 패턴 그리기**

chapter 02 **가봉 및 패턴 수정하기**

Part 2

Sewing dog 소잉도그의 handmade

강아지 옷 만들기의 시작,
# 패턴 그리기

## chapter 1
## 강아지 옷 패턴 그리기

강아지의 목둘레, 가슴둘레, 등 길이 등을 이용하여
정해진 공식에 따라 기본 패턴을 그리는 방법과
기본 패턴 변형법을 통해 다양하게 활용하는 방법을 알아보자.

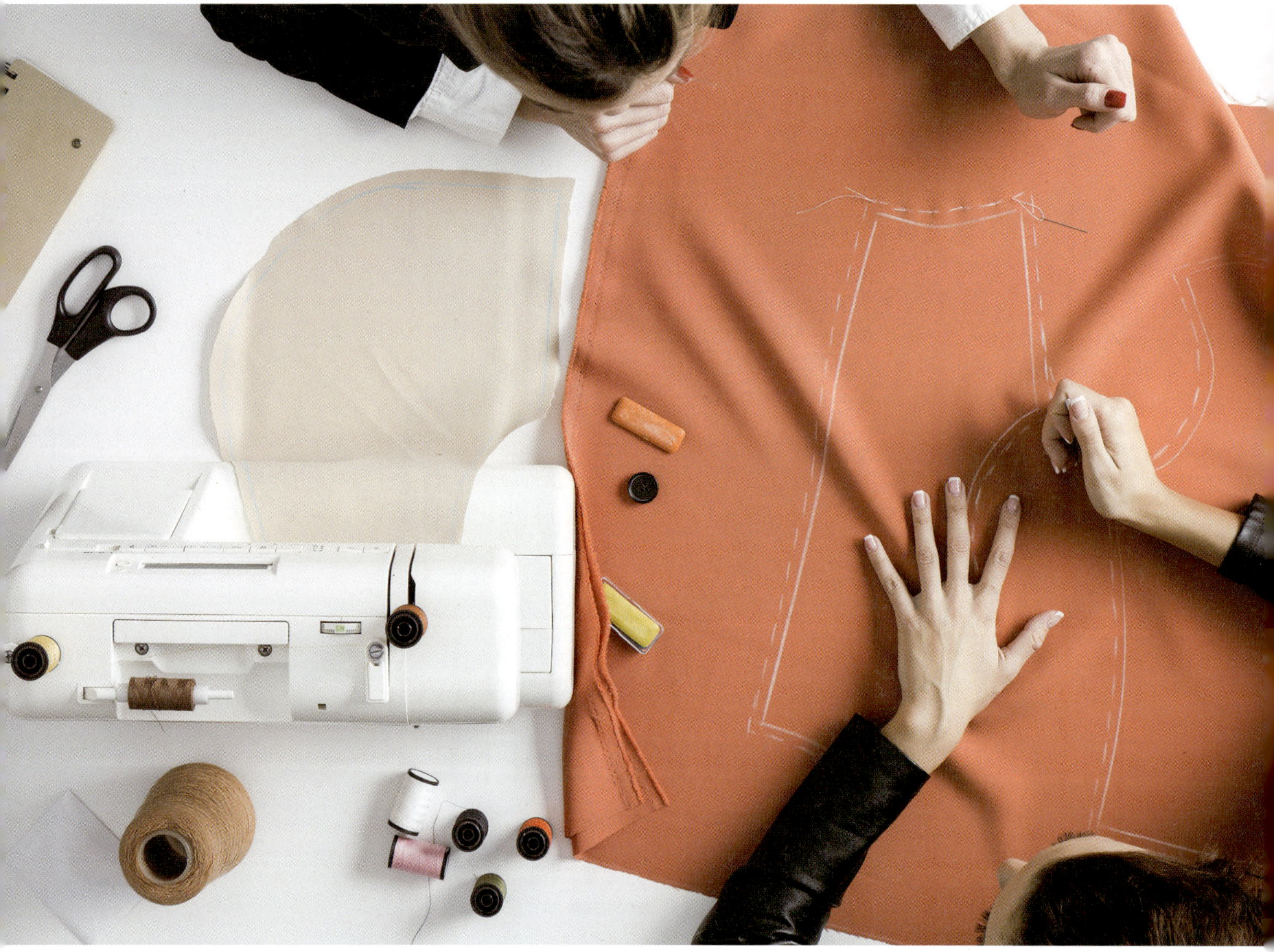

## 강아지 옷 패턴의 종류

강아지 옷의 패턴은 기본 패턴에 추가 패턴을 더하여 다양한 변형 패턴을 완성할 수 있다. 어떤 패턴을 결합하느냐에 따라 다양한 옷을 만들어 볼 수 있으므로, 기본 옷 만들기에 익숙해지면 책에서 소개하는 패턴 외에도 다양한 패턴을 응용하여 우리 강아지에게 잘 어울리는 옷을 만들어보자.

| 구분 | 기본 패턴 | 추가 패턴 | 완성 패턴 |
|---|---|---|---|
| **래글런 소매 패턴**<br>몸판을 래글런 소매로 변경하고 소매 패턴을 따로 만들어 붙인다. | | 래글런 소매 패턴 | |
| **기본 소매 패턴**<br>몸판 진동 둘레 길이를 조절하고 소매 패턴을 따로 만들어 붙인다. | | 기본 소매 패턴 | |
| **원피스 패턴**<br>몸판 패턴을 절개하고 치마 패턴을 따로 만들어 붙인다. | | 치마 패턴 | |
| **올인원 패턴**<br>몸판 패턴을 절개하고 바지 패턴을 따로 만들어 붙인다. | | 바지 패턴 | |
| **후드 패턴**<br>몸판의 목둘레를 조절하고 후드 패턴을 따로 만들어 붙인다. | | 후드 패턴 | |

## 패턴 기호

실물패턴을 이해하기 위해서는 패턴 기호를 정확하게 알고 있어야 한다.

| 구분 | 패턴 기호 | 설명 |
|---|---|---|
| 식서 방향 | ↕ | 원단의 세로 방향(올 방향)으로, 패턴의 식서 방향과 원단의 식서 방향이 동일하도록 맞춰야 한다. |
| 바이어스 방향 | ✕ | 바이어스 방향으로 재단을 하라는 표시이다. (원단의 45° 방향) |
| 완성선 | │ | 옷이 완성되는 최종선으로, 이 완성선에 시접 분량을 추가한 후 재단한다. |
| 골선 | │ 또는 ） | 반쪽 패턴이라는 의미로 재단 시 반대쪽 분량도 함께 재단해야 한다는 의미이다. 데칼코마니를 떠올리면 쉽다. 원단을 반으로 접어 재단할 때 이 골선을 원단의 중심에 맞춰 재단하면 데칼코마니처럼 반대쪽도 함께 재단된다. |
| 단추 위치와 단춧구멍 위치 | ⊕ 또는 ＋ 　 I  (단추) 　 (단춧구멍) | 단추와 단춧구멍의 표시는 패턴에서 미리 하기도 하고, 완성 후 표시를 하기도 한다. |
| 맞춤표시 (너치) | ├─o | 2장 이상의 원단을 서로 맞춰 봉합할 때 원단이 어긋나지 않도록 맞추는 표시이다. 재단 시 미리 너치 표시를 해두고, 너치를 맞춰가며 봉제하면 된다. |
| 턱 (외주름) | ❶ ❷ → ❷❶ | 일정한 간격으로 접은 주름으로, 사선이 높은 쪽에서 낮은 쪽으로 주름을 잡으라는 표시이다. |
| 플리츠 (맞주름) | ❶❷❸ → ❷ ❶❸ | 양쪽에서 중앙을 향해 접은 모양으로, 사선의 높은 쪽에서 낮은 쪽으로 주름을 잡으라는 표시이다. |
| 다트 | ▽ | 몸에서 뜨는 부분을 잡거나 좀 더 입체적으로 패턴을 만들 때 사용한다. |
| 개더 | ∿∿ | 자잘한 주름을 잡는 부분이다. 강아지 옷의 스커트를 만들 때 가장 많이 사용되는 기호이다. |

## 견종별 체형 특성

견종별로 나타나는 체형의 특징이 있다. 패턴을 그리는 주요 부위인 목둘레, 가슴둘레, 등 길이, 팔다리의 길이를 기준으로 패턴을 그릴 때 고려해야 하는 부분을 알아보자.

| 구분 | 견종 | 고려 사항 |
| --- | --- | --- |
| 목이 굵은 체형 | 불도그 | 목이 굵은 견종은 가슴도 함께 발달된 경우가 많다. 앞가슴 폭 사이즈를 늘려준다. |
| 가슴이 발달한 체형 | 닥스훈트, 웰시코기, 페키니즈, 슈나우져, 불도그 | • 등 너비와 앞가슴 폭을 여유 있게 사용한다.<br>• 앞가슴이 발달한 경우 앞길이(앞가슴 길이) 치수를 더 늘린다. |
| 등 길이가 긴 체형 | 푸들, 닥스훈트, 슈나우져, 웰시코기, 페키니즈, 시추 | • 앞길이(앞가슴 길이)가 짧은지 체크한다.<br>• 앞길이 아래쪽 길이를 1~2cm 더 내린다. |
| 다리 길이 조절이 필요한 체형 | 푸들, 슈나우져 | 다리 길이를 늘린다.(+4cm) |
| | 웰시코기, 닥스훈트, 페키니즈, 시추 | 다리 길이를 줄인다. (-1~3cm) |
| 모량이 많고 부피감이 큰 견종 | 스피츠, 포메라니안 | 3~4cm 여유분이 필요하다. |
| 평균적인 체형 | 말티즈, 치와와, 미니핀 | 기성복이 잘 맞는 편이지만 치와와, 미니핀은 초소형 사이즈가 필요한 경우도 많다. |

같은 견종이라도 등 길이, 다리 길이가 다르고 살이 찐 정도에 따라서도 다르다. 기성복이 잘 맞는 견종도 있지만 아직 견종별로 세분화되어 옷이 나오지는 않기 때문에 많은 견종이 기성복을 불편해 한다.

이때, 패턴을 그리거나 수정하는 방법을 알고 있으면 강아지에게 딱 맞는 예쁜 옷을 만들어 줄 수 있다. 우리 강아지의 체형 특성과 함께 같은 견종 내에서도 어떤 특이점이 있는지 살펴보고 패턴 그리기에 적용해 보자.

## 강아지 옷 패턴 그리기

패턴은 강아지의 대표 치수인 '목둘레, 가슴둘레, 등 길이'를 활용하여 정해진 공식에 따라 그리면 된다. 기본 패턴을 모두 숙지한 후 변형 과정을 거쳐 강아지에게 맞는 패턴을 만들 수 있다.

### 기본 패턴 그리기

**아웃 라인 그리기**

1 빈 종이에 등 길이만큼 직선을 긋는다.

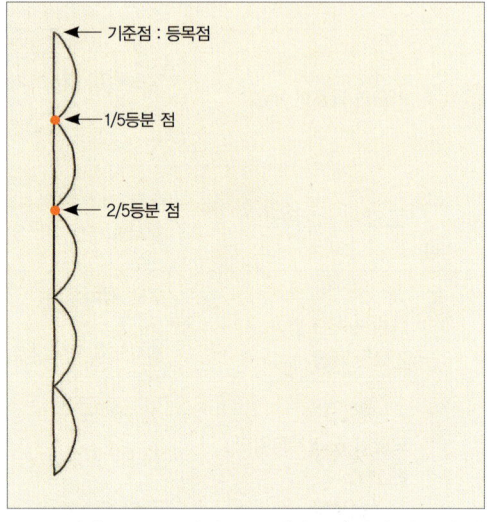

2 등 길이를 5등분 하여 등목점(기준점)에서 1/5, 2/5에 해당하는 위치를 점으로 표시한다.

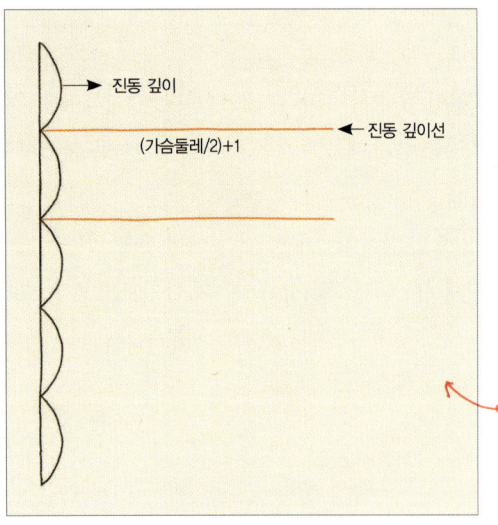

3 1/5, 2/5점에서 오른쪽으로 '(가슴둘레/2)+1'만큼 직선을 긋는다. 1/5점에서 오른쪽으로 나간 선은 진동 깊이선이다.

**tip** 원단털의 유무, 계절에 따라 옷의 여유분에 차이가 있다. 기본 패턴을 완성한 후 가슴둘레 늘리기 방법을 사용하여 여유분을 주면 패턴을 활용하기 좋다.

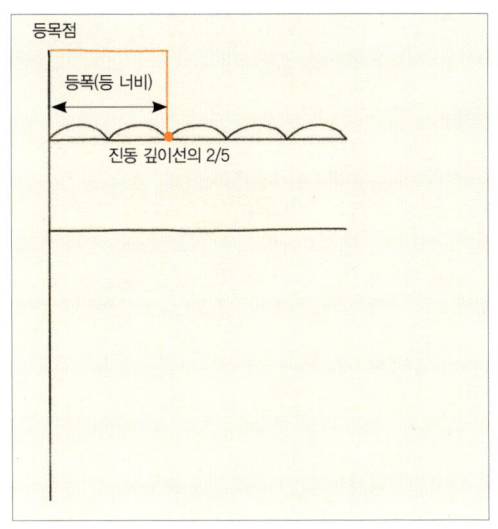
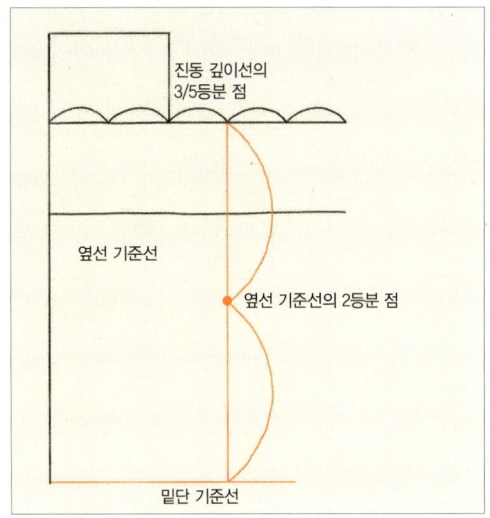

**4** 등목점에서 오른쪽으로 직선을 긋고 진동 깊이선의 2/5등분 점에서 수직으로 그어 등폭(등 너비)선을 그린다.

tip S : 2/5등분 − 0.3cm, 2XL : 2/5등분 + 0.3cm
등 너비는 좌·우로 이동 가능한 선이다.

**5** 진동 깊이선의 3/5등분 점에서 아래로 직선을 그리고 등 길이 끝에서 가로로 직선을 그려 두 선이 만나도록 한다. 3/5등분점에서 아래로 내린 옆선 기준선 길이의 2등분점을 찾아 표시한다.

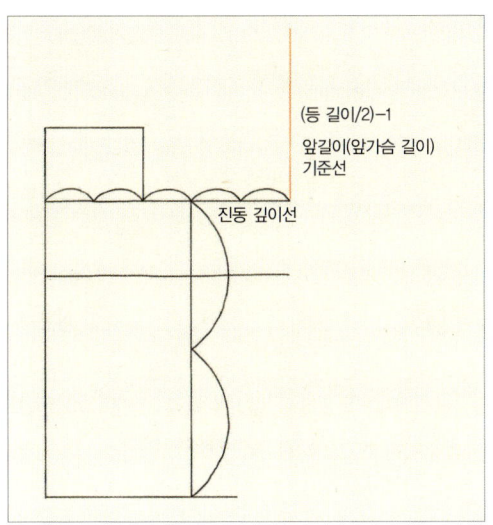

**6** 진동 깊이선의 끝에서 '(등 길이/2)−1'만큼 수직으로 직선을 긋는다. 앞길이(앞가슴 길이)의 기준 치수가 된다.

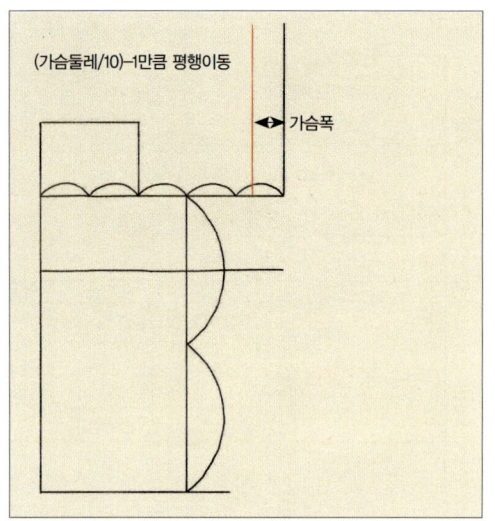 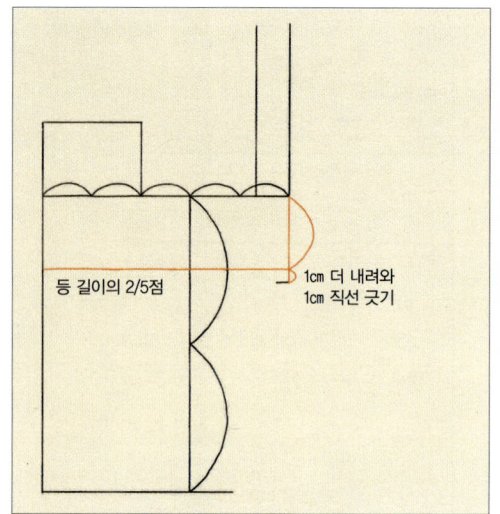

**7** 앞길이(앞가슴 길이)선에서 패턴 안쪽으로 '(가슴둘레/10)-1'만큼 평행 이동해 선을 긋는다. 이 치수는 가슴폭의 분량이다.

**8** 진동 깊이선의 끝에서 아래로 직선을 긋고 등 길이의 2/5 점에서 가로로 그어 선과 선이 만나는 점을 찾는다. 그 점에서 1cm 더 내려오게 직선을 긋고, 패턴 안쪽으로 다시 1cm 직선을 그린다.

### 등판 목선 그리기

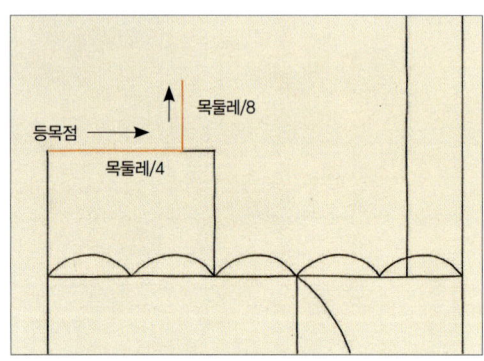 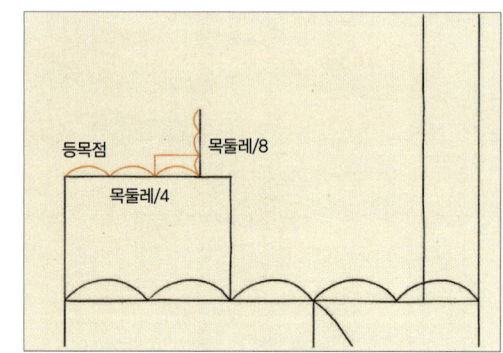

**1** 등목점을 기준으로 오른쪽으로 '목둘레/4'만큼 이동한 후 다시 '목둘레/8'만큼 수직으로 선을 그린다.

**2** '목둘레/4', '목둘레/8' 길이를 각각 3등분하여 그림과 같이 직선을 긋고 만나는 점을 표시한다.

### 등판 어깨선 그리기

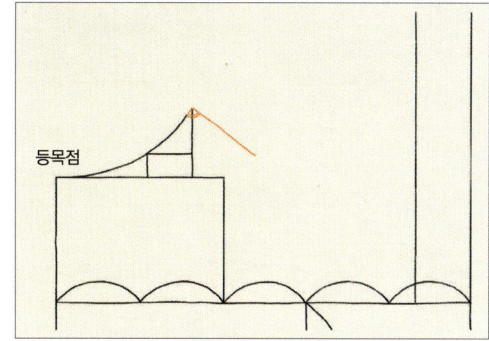

**3** '등목점', '목둘레/8'만큼 세로로 올린 점, '3등분 교차점'의 세 점을 곡선으로 그린다. 이때 등목점 중심점은 1cm 가량 직선이 되도록 그린다.

**1** 목선에 직각으로 어깨 길이만큼 직선을 그린다.

↘ 어깨 길이 치수 참조

| S | M | L | XL | 2XL |
|---|---|---|----|-----|
| 2.5cm | 3cm | 4cm | 4.5cm | 4.8cm |

### 배판 목선 그리기

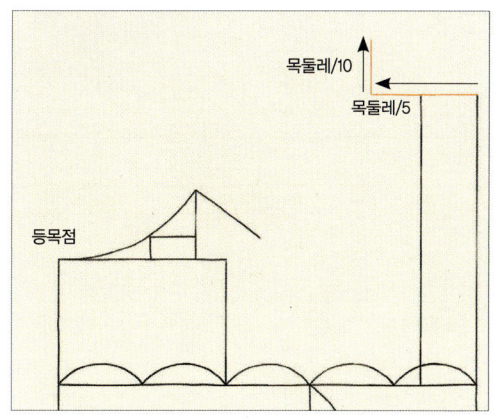

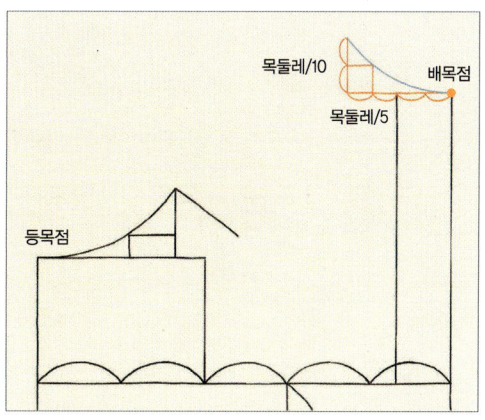

**1** 앞길이(앞가슴 길이)가 끝난 점에서 패턴 안쪽으로 '목둘레/5'만큼 들어오고, 다시 '목둘레/10'만큼 수직으로 선을 긋는다.

**2** '목둘레/5'만큼 나간 직선을 4등분하고, '목둘레/10'만큼 나간 세로선을 2등분하여 만나는 점을 표시한 뒤 그림과 같이 배판의 목선을 그려준다. 배목점 중심 1cm가량 직선을 유지한다.

**등목선과 배목선 그리기 tip** 등목선과 배목선을 그릴 때 등판은 등목점과 '목둘레/8'만큼 올라간 점이 중요한 기준점이고, 배판 역시 배목점과 '목둘레/10'만큼 올라간 점이 기준점이다. 또 하나 기준이 되는 선은 등목선과 배목선을 그리기 위해 등분하여 표시한 가이드 선이다. 곡자로 목선을 그릴 때 세 점을 모두 지나는 선을 그려야 하지만 선이 찾아지지 않는다면 손으로 그려도 되고, 세 번째 기준점은 무시되더라도 선이 자연스럽게 그려지도록 하는 것이 더 중요하다.

### 배판 어깨선 그리기

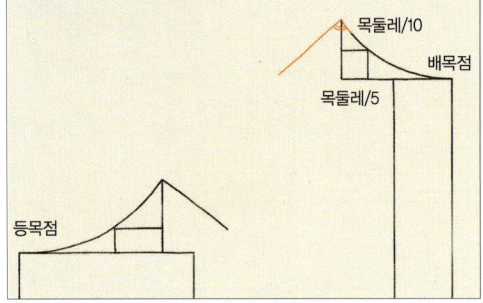

**1** 배목선에 직각으로 어깨 길이만큼 그린다.

### 진동선 그리기

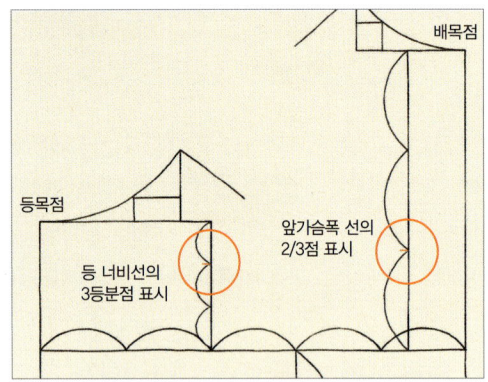

**1** 등 너비선의 1/3등분 점과 앞가슴폭 선을 3등분하여 2/3 위치점을 표시한다.

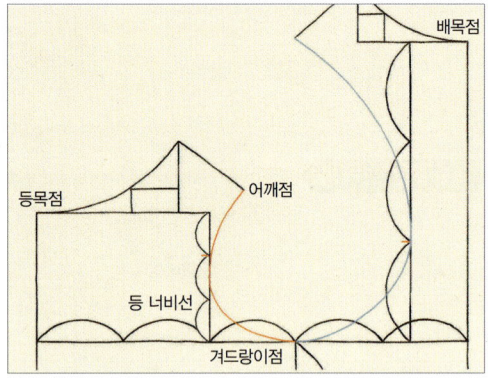

**2** 겨드랑이점을 기준으로 등판과 배판의 <u>진동선</u>★을 그린다.

**tip** 어깨점 끝과 등 너비선이 너무 가까우면 진동선이 예쁘지 않다. 이때는 등 너비선을 임의로 왼쪽으로 이동시킨다.

★ 등 진동 : '어깨점~등 너비선의 1/3등분 점~겨드랑이점'이 연결되는 곡선.

★ 배 진동 : '배판의 어깨점~앞가슴폭 선의 2/3점~겨드랑이점'이 연결되는 곡선.

---

**등 진동과 배 진동 그리기 tip**
- 겨드랑이점을 기준으로 등 진동과 배 진동선의 흐름이 자연스러워야 한다.
- 자연스러운 곡선을 그리기 위해 1/3등분 점이나 2/3등분 점은 살짝 무시할 수 있다.

**밑단선 그리기**

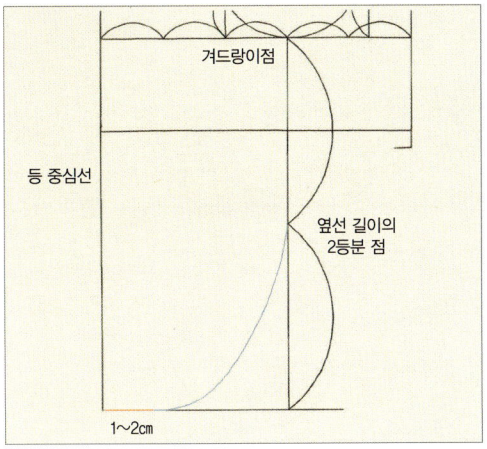

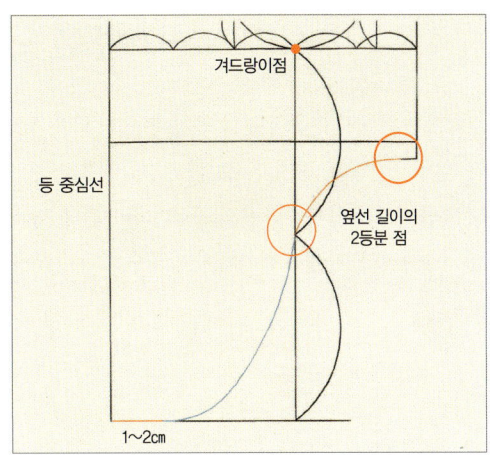

**1** 밑단 중심선에서 오른쪽으로 1~2cm만큼 이동하여 표시한다. 1~2cm 나간 점과 옆선 길이의 2등분 점을 연결하는 곡선을 그린다.

**2** 옆선 길이의 2등분 점~배판 중심선에서 1cm 안쪽으로 그려놓은 선을 연결하는 배판의 밑단선을 곡선으로 그린다.

> **강아지 체형에 따른 밑단선 길이 tip**
> 등 밑단선이 너무 바깥쪽으로 나가면 옷이 뜰 수 있고, 너무 안쪽으로 들어오면 휑하게 보일 수 있다. 덩치가 있거나 살집이 있는 강아지는 살짝 안쪽으로 선을 그리고, 살이 없는 강아지는 약간 바깥쪽으로 선을 그리면 체형을 보완할 수 있다.

**기본 패턴 완성**

골선과 식서 방향을 알려줄 패턴 기호를 표시하면 기본 패턴이 완성된다. 패턴의 각 부위 및 명칭을 확인하자.

# 옆선 다트 잡기

다트는 몸에서 뜨는 부분을 잡거나 좀 더 입체적으로 만들기 위한 패턴 기법이다. 강아지 몸은 가슴보다 허리 쪽이 더 가늘다. 하지만 패턴은 가슴둘레를 기준으로 완성되기 때문에 얇은 허리 쪽은 분량이 남게 된다. 이때 옆선 다트를 잡아주면 옷의 핏감이 좋아진다. 살이 있거나 가슴이 많이 발달하고 허리가 가는 견종은 이 다트가 중요하다. 가슴과 허리의 차가 클수록 다트 분량을 늘려주면 된다.

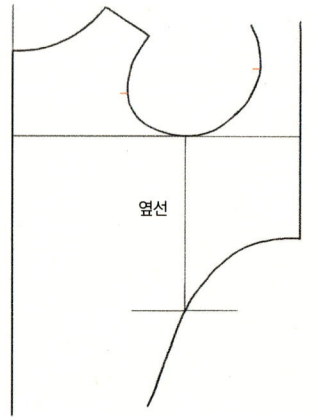

**1** 기본 패턴을 준비하고 옆선 끝점에서 양쪽으로 가로선을 긋는다.

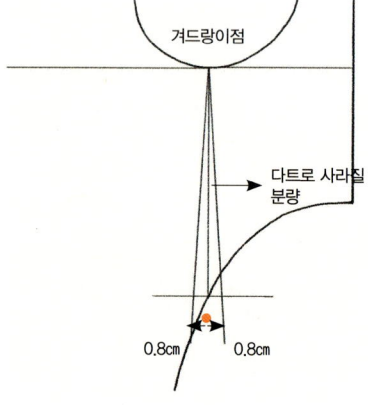

**2** 옆선의 좌우로 0.8cm씩 나가 표시하고, 겨드랑이점과 연결하여 직선을 그린다. (총 다트분량 1.6cm) 이 직선이 새로운 옆선이 된다.

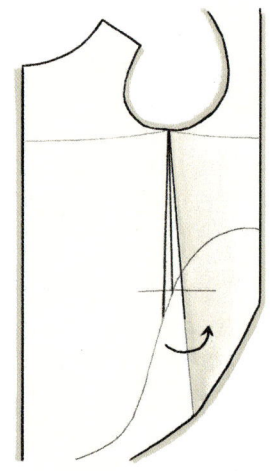

**3** 밑단을 제외하고 패턴의 위쪽 완성선을 잘라낸 후 배판 옆선을 뒤쪽으로 접는다.

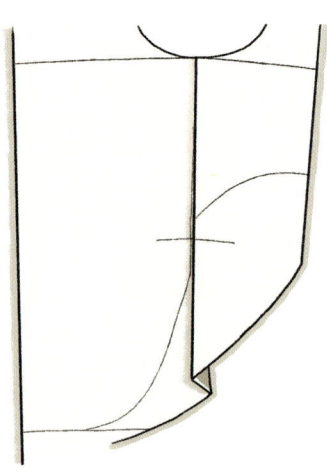

**4** 다트를 접어 배판 옆선을 등판 옆선에 붙인다.

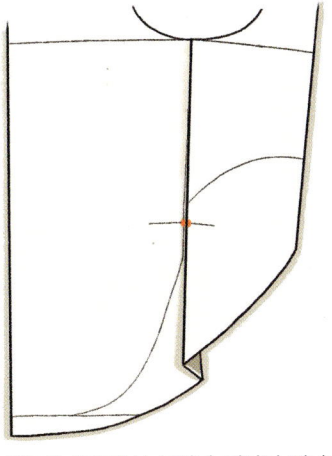
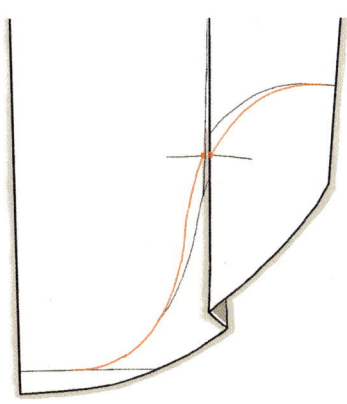

**5** 다트를 접으면서 등판과 배판의 밑단선이 끊어졌다. 옆선의 끝점을 표시한다.

**6** 옆선 끝점을 기준으로 등판과 배판의 밑단선이 자연스럽게 연결되도록 새로운 선을 그려준다.

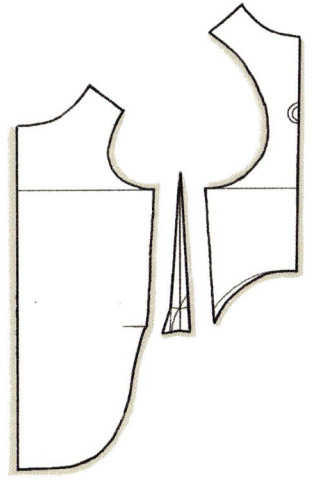
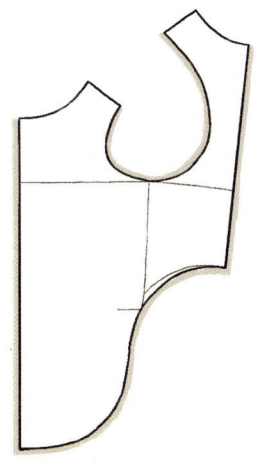

**7** 등판과 배판의 옆선을 자르고, 다트 분량을 잘라낸다.

**8** 봉제할 때 등판과 배판 옆선을 붙여 봉제하면 된다. 다트 분량이 사라져 배 부분 둘레가 좁아졌다.

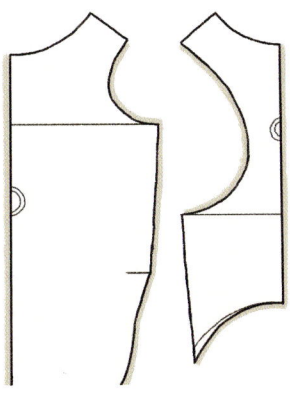

**9** 패턴 정리 완료! 등판과 배판 중심에 골선을 표시한다.

# 시보리가 달릴 때 패턴 잘라내기

기본 패턴을 그릴 때 시보리 분량을 고려하지 않고 등목점부터 몸 전체에 대한 패턴을 그린다. 때문에 목과 앞다리에 시보리가 달리는 디자인의 티셔츠를 완성하고자 할 때 기본 패턴을 그린 상태에서 패턴 수정 없이 시보리를 달면 시보리가 목 위로 올라와 달리게 되어 옷의 형태가 어색해질 수 있다. 부자재(시보리, 칼라 등)를 달아야 하는 경우에는 패턴을 완성한 후 해당 부분의 패턴을 잘라내 미리 분량을 조절해야 완성도 있는 옷을 만들 수 있다.

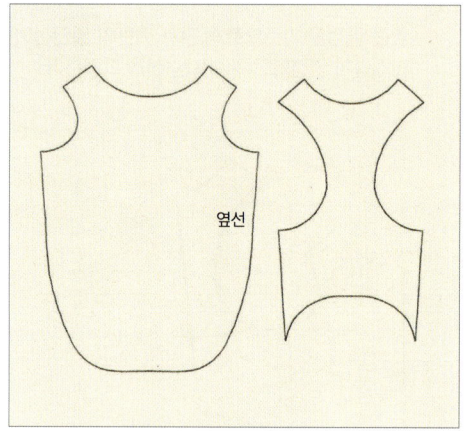

**1** 완성된 기본 패턴을 준비한다.

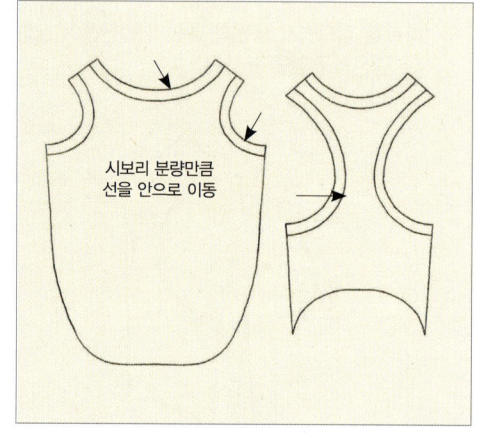

**2** 시보리가 달릴 부분에 잘라낼 분량만큼 선을 표시한다. 패턴을 잘라낼 분량은 목 밑단의 경우 시보리 완성폭의 50%, 진동(팔) 둘레는 90% 정도가 적당하다.

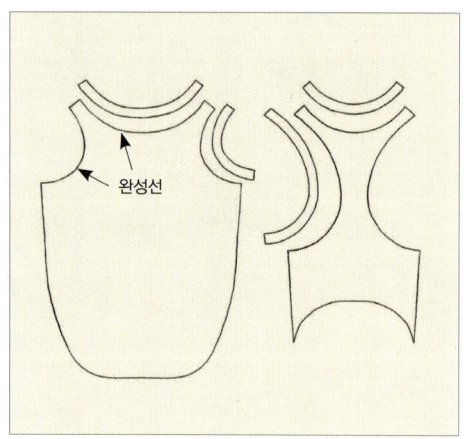

**3** 이동한 선만큼 패턴을 잘라낸 후 잘라낸 선을 완성선으로 사용한다.

## 래글런 패턴 그리기

래글런 패턴은 어깨와 소매가 하나로 연결되어 있다. 몸판에서 어깨 분량을 잘라내 소매 쪽으로 보내고 소매를 새로 그려 완성한다.

### 몸판 패턴 변형하기

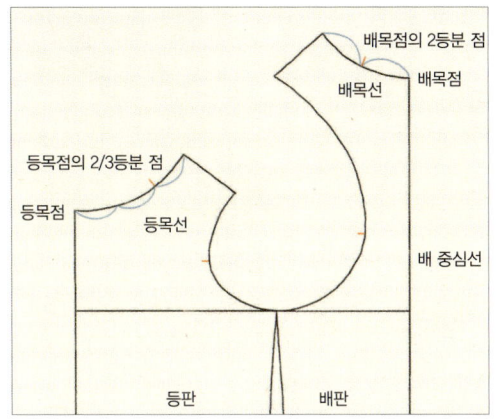

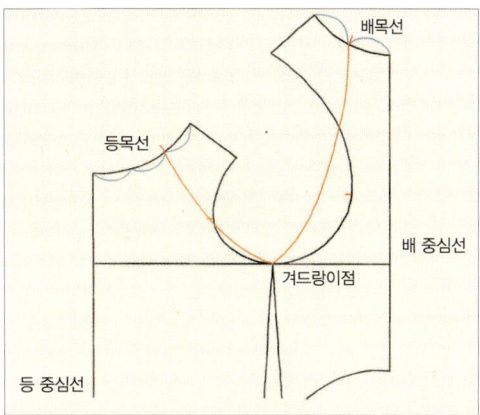

**1** 기본 패턴을 준비한다. 등목선을 3등분하여 등목점에서 2/3에 해당하는 지점을 표시하고, 배목선은 2등분 하여 중심점을 표시한다.

**2** 표시한 두 점에서 겨드랑이점을 향하여 곡선으로 진동 라인을 그린다. 겨드랑이점 위치가 너무 뾰족하지 않게 그려야 소매 연결이 자연스럽다.

---

**진동 그릴때 참조 치수 tip**

★ 등 진동 : 등분점과 겨드랑이점을 잇는 직선을 긋고, 2 등분했을 때 곡선과 가장 거리가 먼 치수가 0.9cm면 적당하다

★ 배 진동 : 등분점과 겨드랑이점을 잇는 직선을 긋고, 2 등분했을 때 곡선과 가장 거리가 먼 치수가 1.5cm 떨어진 곡선이 기본이다. 여기에서 원형 앞가슴 길이의 2/3 위치 점 쪽으로 선이 깊어질수록 옷의 피팅감이 좋아진다. (그림 파란색 곡선)

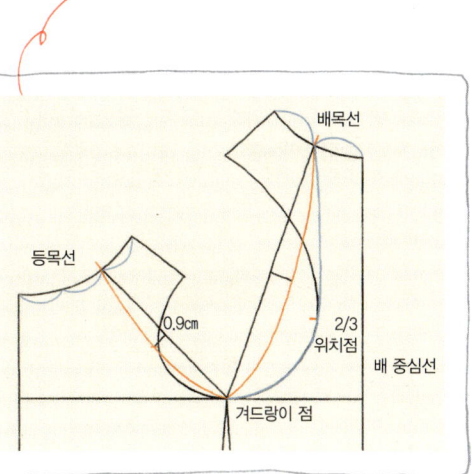

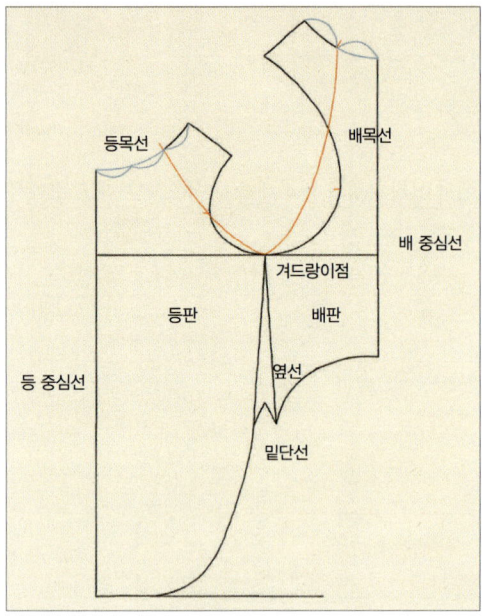

**3** 래글런 몸판 패턴의 완성선을 확인한다.

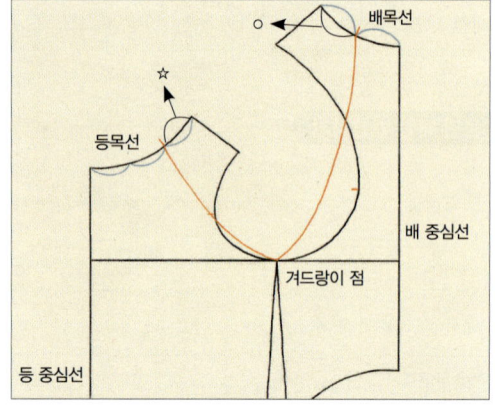

**4** 소매 패턴으로 사라질 등목과 배목의 분량(☆+○)의 합(A)과 빨간선으로 그린 등 진동과 배 진동 길이의 합(B)을 따로 표시해둔다.

## 래글런 소매 그리기

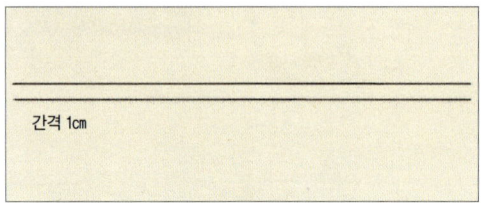

**3** 소매 패턴을 그리기 위해 가로 직선을 길게 하나 긋고, 1cm만큼 평행이동한 직선을 하나 더 그린다.

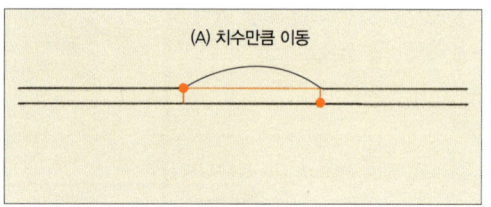

**2** 임의의 기준점을 정하고 (A) 치수만큼 이동하여 사각형 박스를 그린다. 표시된 두 점이 소매 패턴의 목선을 그리는 기준점이 된다.

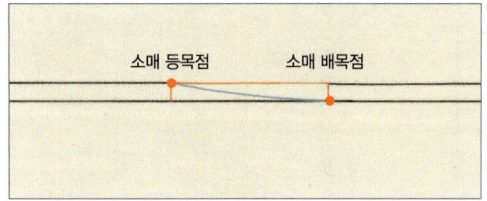

**3** 소매 등목점에서 소매 배목점을 잇는 곡선을 그린다. 이 곡선은 몸판 패턴에서 제외된 목 사이즈가 소매로 이동한 길이가 된다.

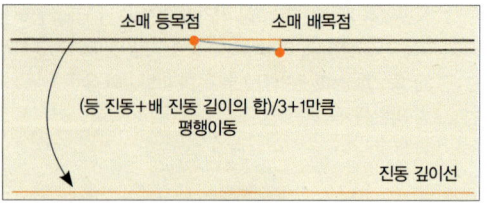

**4** 진동 깊이선을 그리기 위해 가장 윗선에서 '(B)치수/3+1'만큼 아래로 평행이동해 선을 하나 더 그린다. 이 선이 진동 깊이선이다.

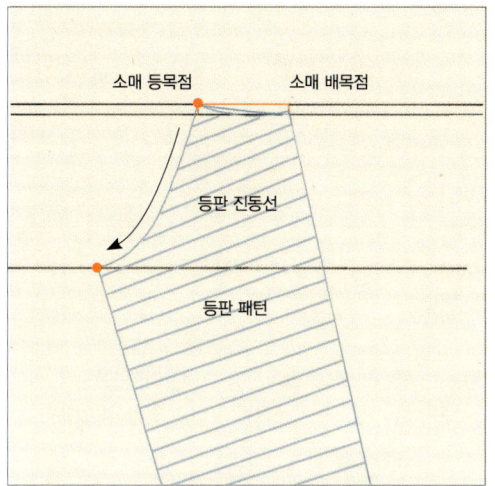

**5** 만들어 놓은 등판 패턴을 올리고, 등판 패턴의 목끝점을 소매 등목점에 맞춘 뒤 겨드랑이 점을 진동 깊이선에 맞춰 놓고 진동선을 따라 그린다.

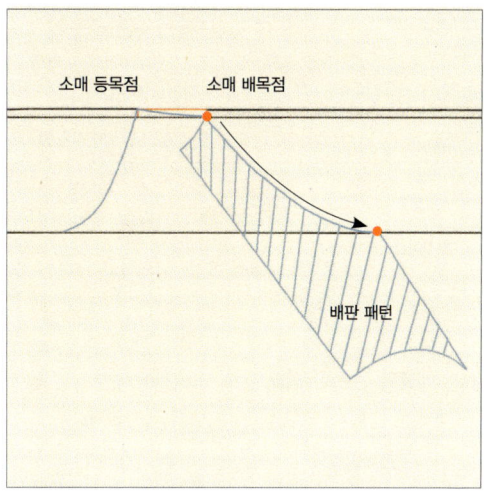

**6** 배판 패턴도 목끝점을 소매 배목점에 맞추고 겨드랑이점을 진동 깊이선에 맞춰 올린 후 진동선을 따라 그린다.

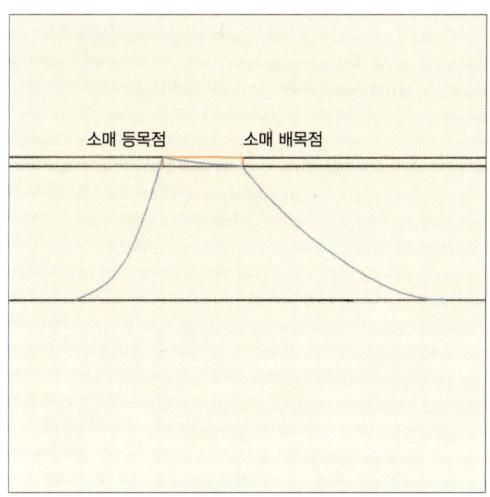

**7** 소매 패턴의 등 진동선과 배 진동선 복사 완료!

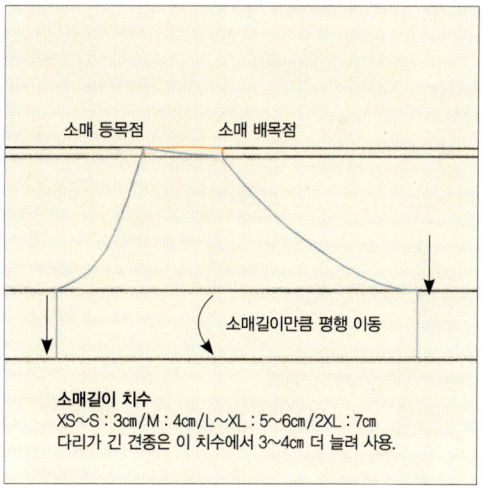

**8** 소매길이 치수를 참조하여 소매길이만큼 진동 깊이선에서 평행이동하여 선을 긋는다. 등 진동 끝점과 배 진동 끝점에서 아래로 수직선을 그려 소매 길이선을 표시한다.

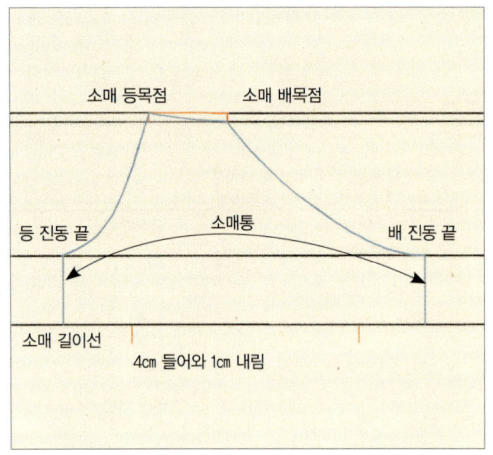 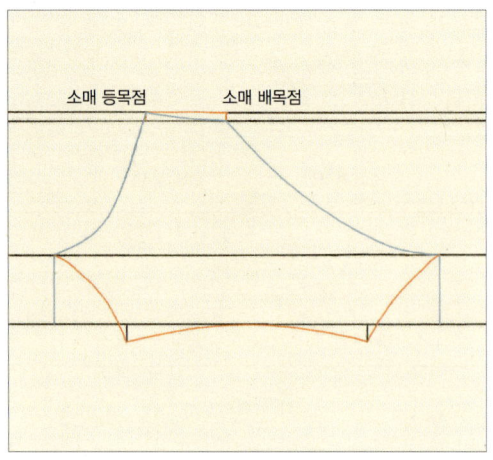

**9** 소매통을 그리기 위해 소매 길이선에서 안쪽으로 4cm 들어가 다시 수직으로 1cm 내려 표시한다.

tip 소매 길이선에서 4cm 들어간 치수는 평균치일뿐 고정치수는 아니다. 수치가 클수록 좁은 소매통이 완성된다. 가봉을 통해 강아지에게 적당한 치수를 찾은 후 최종 패턴으로 완성하는 것이 좋다.

**10** 소매 옆선과 소매 밑단선을 그려준다. 안쪽으로 선이 살짝 들어가도록 곡선으로 그리면 핏이 더 예쁘다.

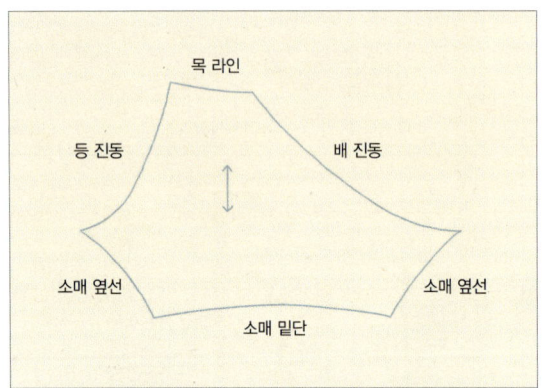

**11** 래글런 소매의 완성선과 패턴의 명칭을 확인한다.

## 기본 소매 패턴 그리기

기본 소매 패턴은 몸판에서 진동 길이를 줄여주는 몸판 변형 과정 후 소매 패턴을 따로 그려서 완성한다. 기본 소매 패턴은 다이마루 원단을 사용할 것인지 직기 원단을 사용할 것인지 신축성 유무에 따라 진동의 크기를 고려해야 하며, 패턴을 완성하여 가봉한 후 사이즈를 조절하는 것이 좋다.

### 몸판 패턴 변형하기

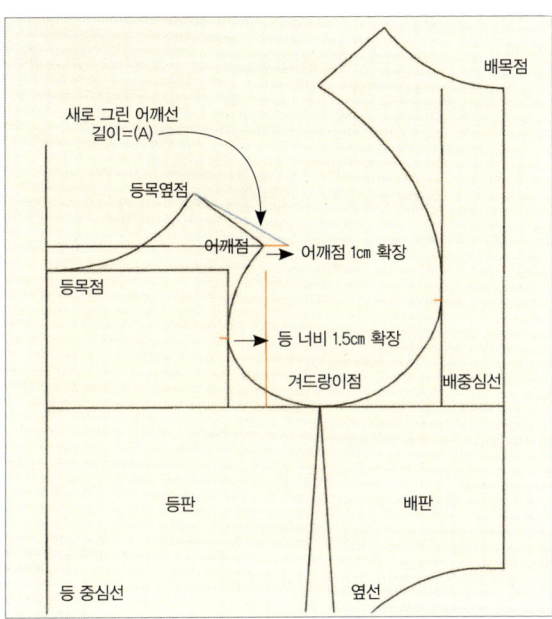

**1** 기본 패턴에 등 너비선을 1.5cm 확장하여 평행 이동한다. 어깨점에서 1cm 확장한 점과 등목 옆점을 직선으로 그어 어깨선을 새롭게 그린 후 길이를 잰다(A).

**tip** 어깨를 1cm 늘렸을 때 끝점이 연장한 등 너비보다 왼쪽에 위치한 경우에는 등 너비보다 선이 오른쪽에 위치하도록 임의로 0.5cm 더 이동하여 어깨점으로 정한다.

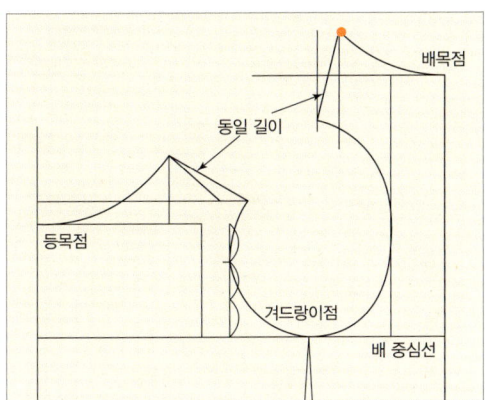

**2** 배판의 배목옆점에서 임의로 수직선을 내린 뒤 1cm 왼쪽으로 평행 이동선을 그리고 등판 어깨와 동일한 어깨 길이만큼의 사선을 긋는다.

**tip** 어깨를 붙였을 때 목의 연결이 뾰족하면 살짝 깎아 정리하거나 평행이동 폭을 늘린다. 단, 너무 평행이동 길이가 길면 팔 둘레가 커지므로 주의한다.

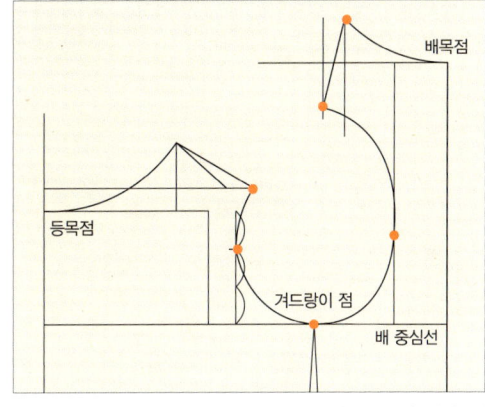

**3** 등 진동선과 배 진동선을 새로 그리고, 소매 패턴 제도를 위해 등 진동과 배 진동 각각의 길이, 등 진동과 배 진동 길이의 합을 잰다. 공간이 좁으므로 억지로 각 위치에 맞추려 하기 보다 자연스러운 선을 찾아 그리면 된다.

## 기본 소매 패턴 그리기

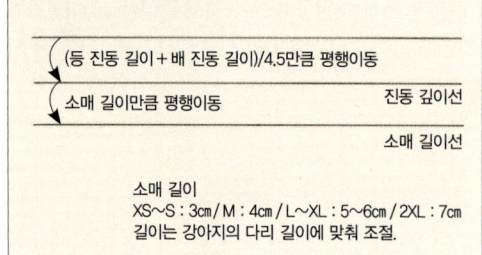

**1** 임의 직선을 하나 그리고 '(등 진동 길이+배 진동 길이)/4.5'만큼 평행이동해 선을 그린다. 다시 소매 길이 만큼 한 번 더 평행이동하여 세 개의 직선을 그린다.

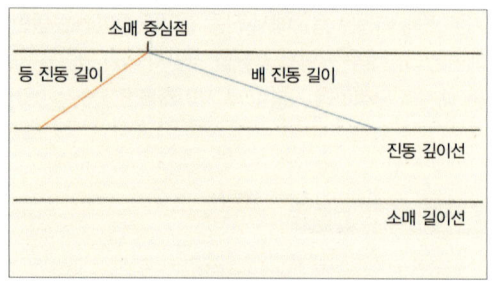

**2** 패턴 기준선에 임의의 점(소매 중심점)을 하나 정하고 왼쪽으로는 등 진동 길이만큼, 오른쪽으로는 배 진동 길이만큼 진동 깊이선에 선을 그어준다.

**tip** 등 진동 길이, 배 진동 길이보다 0.5㎝ 가량 적게 그리면 봉제할 때 소매가 남는 것을 미리 방지할 수 있다.

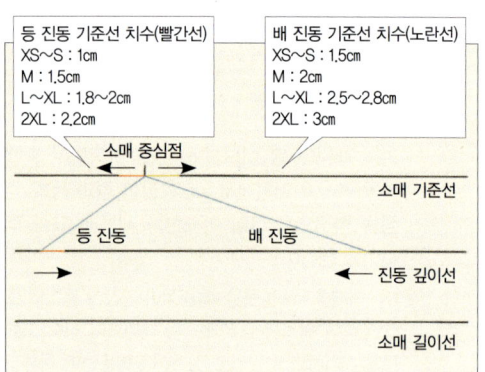

**3** 소매 중심점에서 진동선을 그리기 위한 가이드 치수 만큼 이동하여 표시한다. 진동 깊이선의 등 진동과 배 진동이 끝난 위치에서 패턴 안쪽으로 가이드 치수 만큼 안으로 들어와 표시한다.

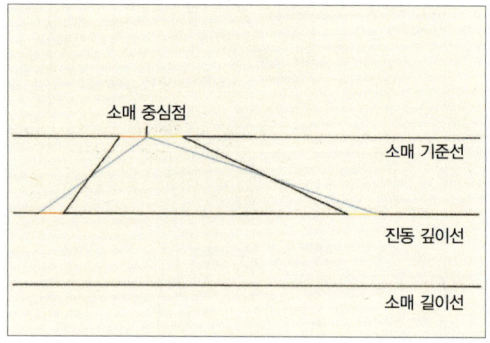

**4** 소매 기준선과 진동 깊이선의 기준점을 직선으로 연결한다. 이 직선은 진동라인을 그리는 가이드 선이다.

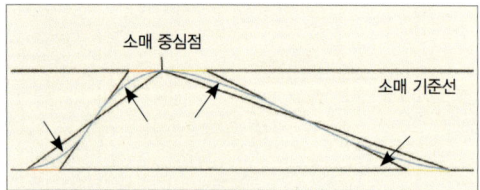

**5** 그림과 같이 직선의 가이드 선을 타고 가듯이 진동 라인을 곡선으로 그린다. 바깥쪽 진동선은 안쪽으로 들어가는 곡선 모양이고, 안쪽 진동선은 바깥으로 볼록한 곡선 모양이다.

**tip** 소매 진동선을 그린 후 전체 진동 길이를 재어 체크해 보자. 몸판 진동의 합과 길이가 같거나 살짝 작은 치수로 나오면 된다. 소매 진동이 몸판의 진동보다 길다면 곡선을 살짝 납작하게 만들어 길이를 줄여줘야 한다. 진동 기준 선 치수를 줄이면 곡선이 납작해진다.

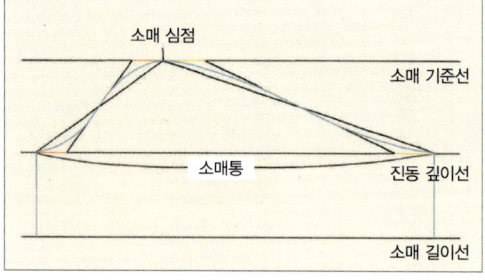

**6** 등 진동과 배 진동의 끝점에서 소매 길이선에 수직으로 선을 내린다.

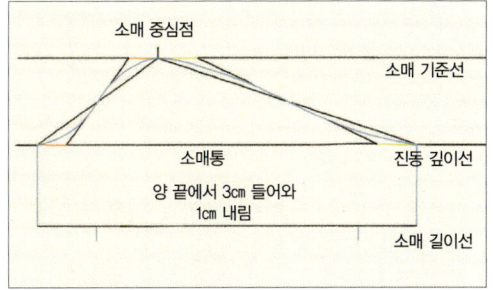

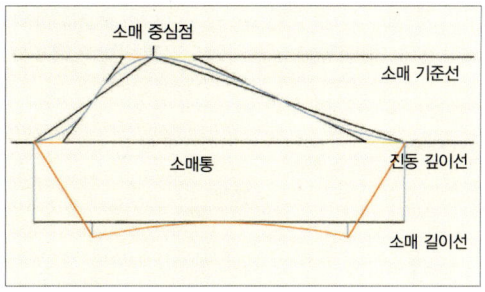

**7** 소매 길이선 양 끝에서 안쪽으로 3㎝ 들어와 수직으로 1㎝ 내린다.

tip 소매 길이선에서 3㎝ 들어간 치수는 고정 치수가 아니다. 더 많이 들어갈수록 좁은 소매통으로 완성된다. 가봉을 통해 강아지에게 적당한 치수를 찾은 후 최종 패턴으로 완성하는 것이 좋다.

**8** 소매 옆선과 소매 밑단선을 그려준다.

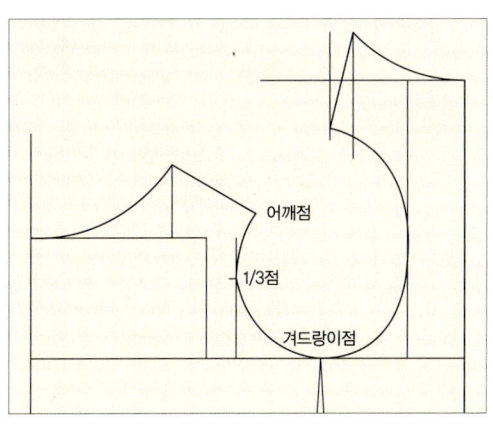

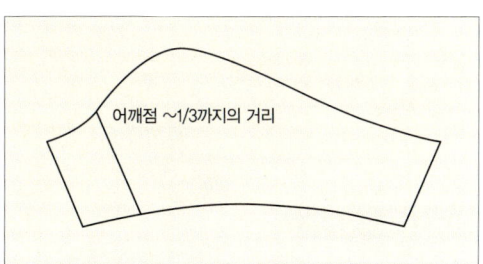

**9** 몸판 패턴에서 어깨점~1/3까지의 거리, 1/3에서 겨드랑이점까지의 거리를 재어놓는다.

**10** 소매 왼쪽의 등 진동 라인 끝에서 어깨 점~1/3까지의 ㎝ 만큼 진동 라인을 따라나가 표시하고, 평행 이동선을 그린다.

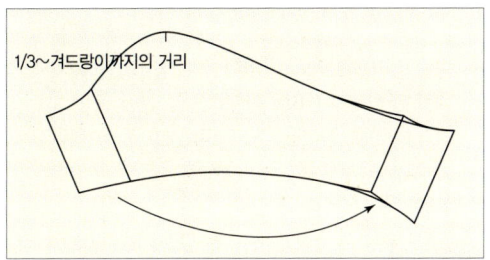

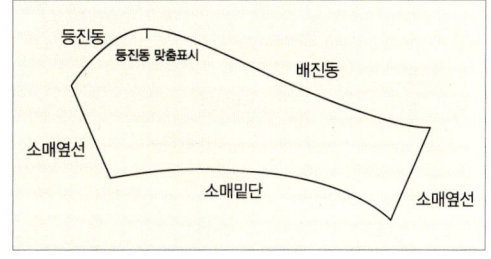

**11** 평행 이동선의 왼쪽 분량을 오른쪽으로 이동하여 복사하고, 라인을 깨끗하게 정리한다.

tip 몸판의 1/3에서 겨드랑이까지의 길이만큼 나가 맞춤 표시를 한다. 이 표시가 등 진동라인에 표시된 1/3 위치에 맞춰 봉제된다.

**12** 기본 소매의 완성선과 패턴 명칭을 확인한다.

## 🧥 후드 패턴 그리기

후드 패턴을 그리기 전에 강아지의 머리가 여유있게 들어갈 수 있도록 몸판의 목 사이즈를 2㎝가량 여유 있게 조절해야 한다. (몸판 패턴의 목 사이즈 조절 방법 P.129)

### 기본 박스 그리기

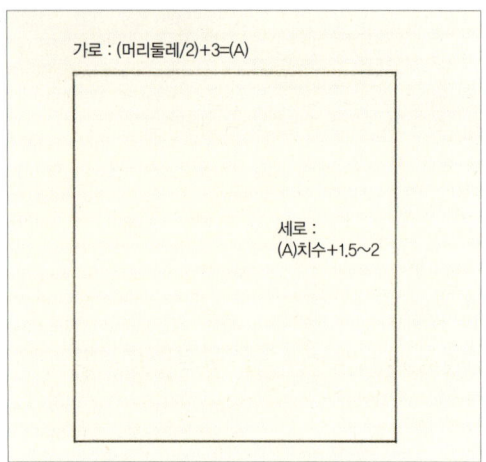

1 패턴을 그릴 기초선을 그리기 위해서 참조 치수를 확인하고 사각형 박스를 그린다.

↘ 참조 치수

| | | |
|---|---|---|
| S | 가로: 12㎝, | 세로: 13.5㎝ |
| M | 가로: 14㎝, | 세로: 15.5㎝ |
| L | 가로: 16㎝, | 세로: 17.5㎝ |
| XL | 가로: 18㎝, | 세로: 19.5㎝ |
| 2XL | 가로: 19㎝, | 세로: 20.5㎝ |

### 목 라인 그리기

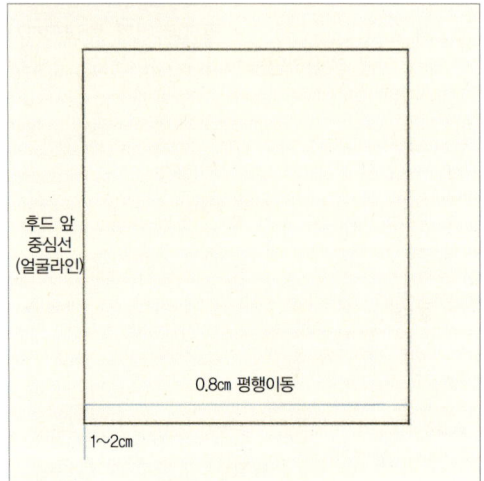

1 후드 앞 중심선에서 수직 아래로 1~2㎝ 선을 내리고, 후드 아래쪽의 가로선을 위로 0.8㎝ 평행이동하여 한 줄 더 그어준다.

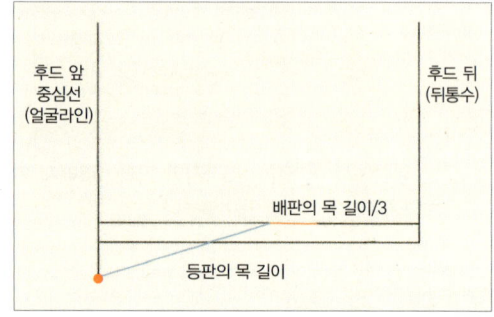

2 등목 길이를 표시하기 위해 후드 앞 중심선에서 선을 내린 끝점에서 0.8㎝ 평행이동한 선에 등판 패턴의 목 길이만큼 직선을 그린다(파란선). 등목 길이가 끝난 점에서 '배판의 목 길이/3'만큼 오른쪽으로 이동하여 표시한다(빨간선).

tip
- 등판 목 길이와 배판 목 길이는 패턴 반쪽에 해당하는 목 길이이다.
- 등판과 배판의 목을 늘려 수정한 몸판 패턴의 목 치수를 대입해야 한다.

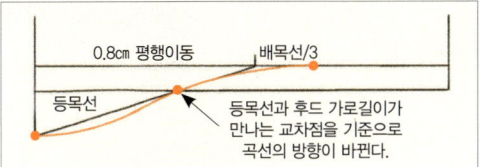
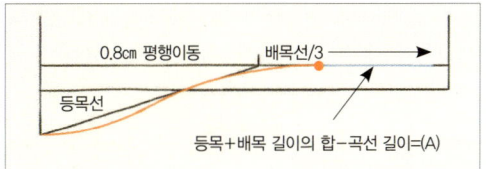

**3** 그림처럼 세 점을 지나도록 목 라인을 그린다. 후드 앞 중심 곡선은 안으로 들어가는 곡선으로, 후드 뒤쪽(뒤통수) 곡선은 위로 볼록한 곡선으로 그린다. 곡선의 방향이 변하는 기준점은 등목선과 후드 아래 가로 길이가 교차하는 점이다.

tip 후드 앞 중심 목 라인이 시작되는 위치에서 0.5~1cm 가량 직선이 되도록 한다.

**4** 곡선으로 그린 목 라인의 길이를 재고, 그 길이와 '등목+배목 길이'의 차를 계산한다(A). 곡선으로 그린 목 라인의 끝점에서 (A) 치수만큼 가로로 선을 그려 표시한다. [곡선길이+(A)=등목+배목]

### ▶ 후드라인 그리기

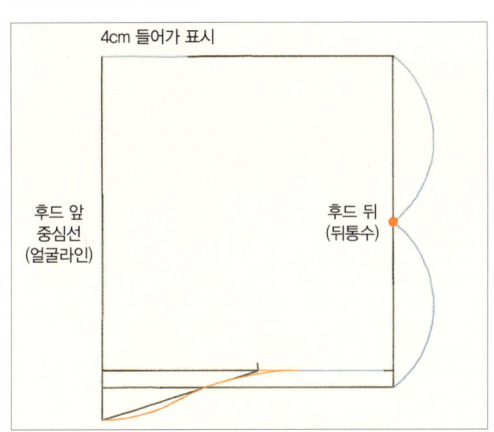

**1** 후드 뒤(뒤통수) 세로 길이를 2등분하고, 후드 윗라인에서 안쪽으로 4cm 들어간 위치를 표시한다.

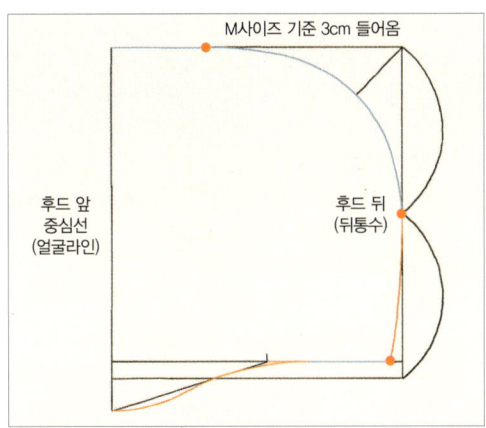

**2** 그림과 같이 세 점을 연결하는 자연스러운 곡선을 그려 후드라인을 완성한다.

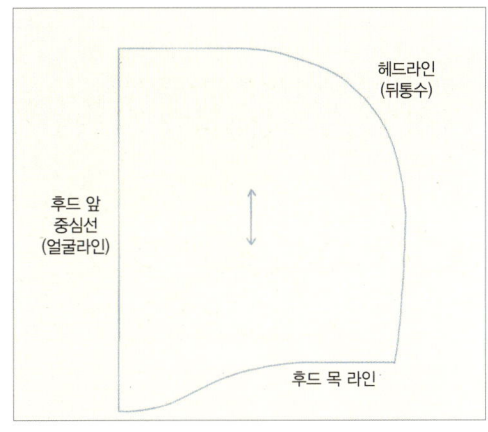

**3** 완성된 후드 패턴 각 부위의 명칭을 확인하자.

## 🏠 바지 패턴 그리기

바지 패턴은 허리둘레, 허벅지둘레 치수를 이용하여 그리면 된다. 꼬리 주변의 치수가 너무 타이트하면 옷이 불편해지므로 패턴을 따라 그려보고 세부 치수는 가봉을 통해 조절한 후 사용하는 것이 좋다.

### 기초선 그리기

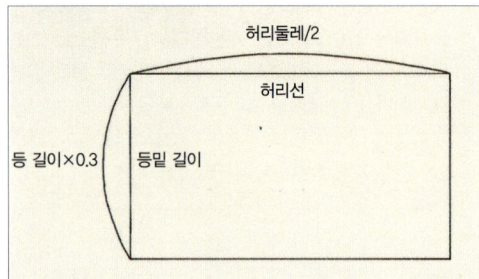

**1** 가로 허리선, 세로 등밑 길이의 사각형 박스를 그린다.

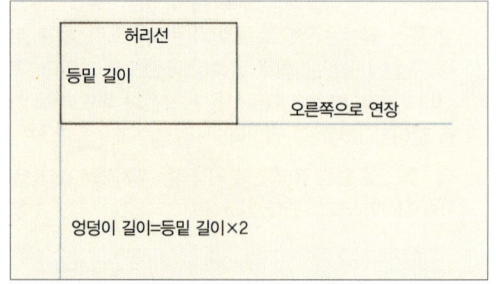

**2** 등밑 길이 끝점에서 아래로 엉덩이 길이만큼 직선을 그리고, 직사각형의 아래 선을 오른쪽으로 길게 연장한다. (엉덩이 길이=등밑 길이×2)

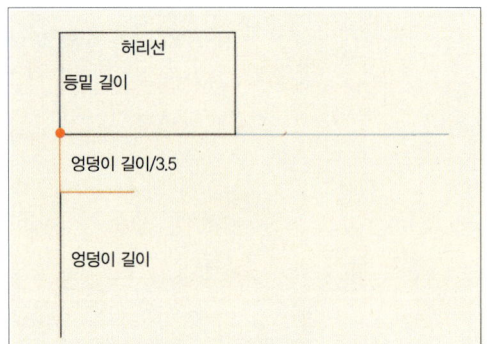

**3** 등밑 길이 끝점에서 엉덩이 길이선에 '엉덩이 길이/3.5'만큼 내려와 가로로 선을 긋는다.

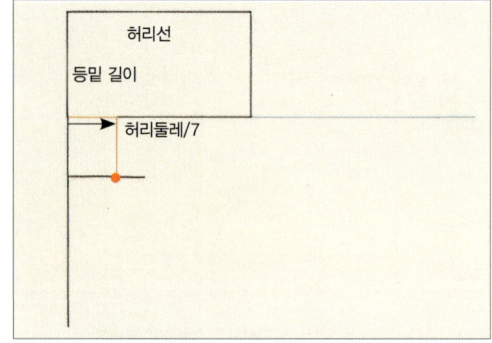

**4** 등밑 길이 끝점에서 가로로 '허리둘레/7'만큼 이동하여 그리고, 아래로 선을 그어 교차점을 표시하여 사각형을 그린다. 사각형이 바지 패턴에서 꼬리가 들어갈 구멍의 기준선이 된다.

**tip** '허리둘레/7' 치수에서 강아지 크기에 따라 여유분을 조절한다. 강아지마다 사이즈가 다를 수 있으니 가봉 과정을 거쳐 최종 치수를 결정해야 한다.
- M 이하 : 치수 그대로 사용
- L 이상 중형견 : +1cm

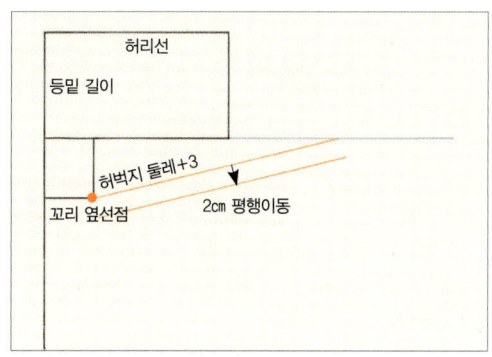

5 꼬리 옆선점에서 오른쪽으로 연장해 놓은 직선으로 '허벅지 둘레+3'만큼 직선을 긋고, 2cm 평행이동하여 선을 하나 더 긋는다. 평행이동한 선이 바지통의 너비가 된다.

tip • 다리가 짧은 견종은 2cm 평행이동이 필요없다.
　　• 바지통은 디자인, 원단에 따라 여유분을 조절한다.

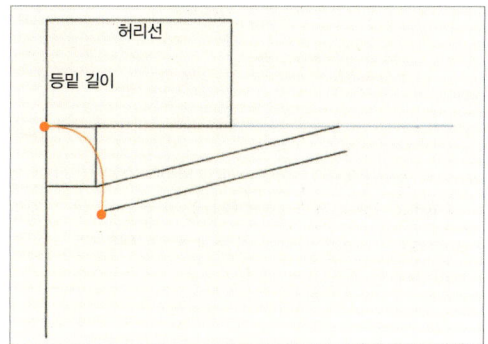

6 등밑 길이가 끝나는 점과 평행이동한 꼬리 옆선점을 연결하는 곡선을 그려 꼬리가 나올 위치를 만들어준다.

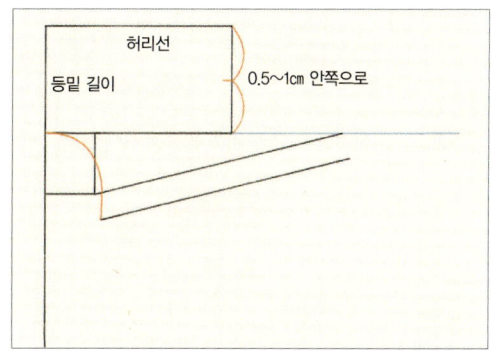

7 허리선이 끝나는 지점의 등밑 길이선을 2등분하고 중심점에서 패턴 안쪽으로 0.5~1cm의 선을 그린다.

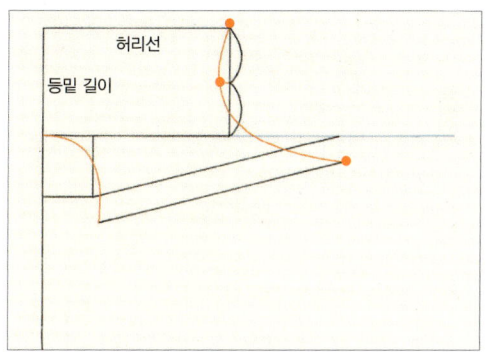

8 그림과 같이 세 점을 연결하는 곡선을 그려, 바지의 옆선을 표시한다.

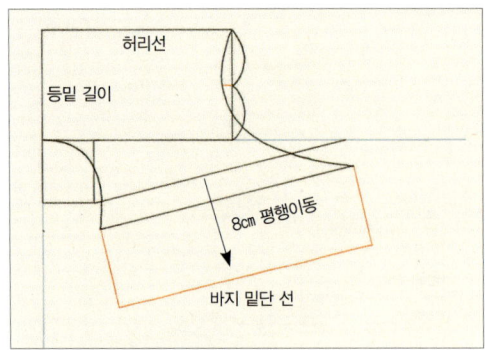
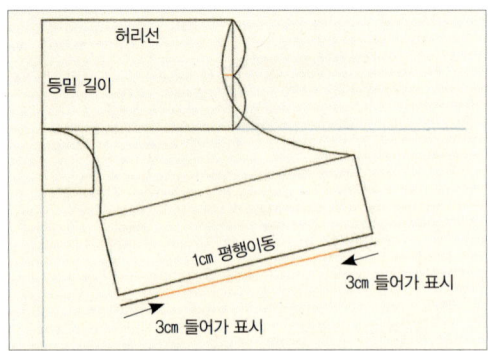

**9** 2cm 평행이동하기 전의 '허벅지둘레+3'에서 바지 길이만큼 평행이동한다. 바지 길이는 M사이즈 기준 7~8cm 정도다. 여기에 견종에 따라, 다리 길이에 따라 치수를 조절하면 된다.

**10** 바짓부리(밑단)를 정리하기 위해 바지 밑단선에서 1cm 평행이동하여 선을 그리고, 양 끝점에서 안쪽으로 3cm씩 들어와 표시한다.

**tip** 3cm는 고정된 치수가 아니다. 숫자가 클수록 바지통이 좁아진다.

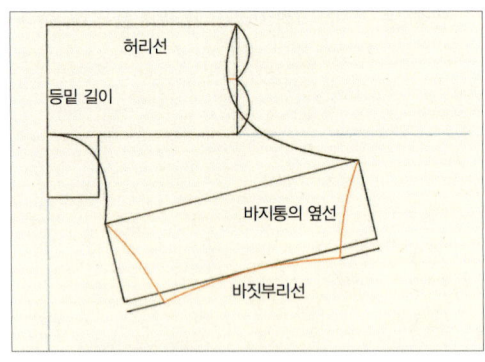
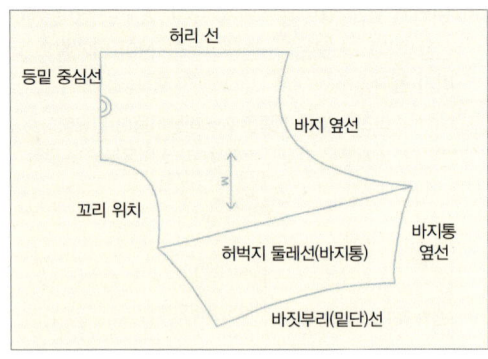

**11** 바지통의 옆선과 바짓부리(밑단)선을 그리고 살짝 곡선이 되도록 수정한다.

**12** 패턴의 완성선과 주요 부위의 명칭을 확인하자.

---

**바지 패턴의 허리선 길이 참조 tip**

바지는 허리선을 '허리둘레/2'한 치수를 가로로 놓고 기본 패턴을 그린 후, 실제 옷을 만들 때 허리선의 길이를 늘이거나 줄여 사용한다. 보통 허리선을 70% 길이로 줄여서 사용하고, 올인원으로 변형할 때는 상의와 연결되면서 옆선 분량이 깎여 허리선 길이가 짧아진다.

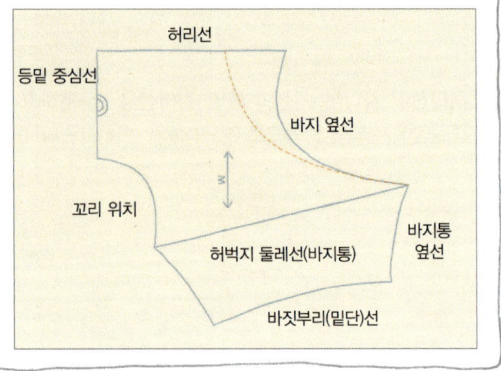

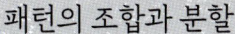 **패턴의 조합과 분할**

지금까지 '기본 패턴, 래글런 패턴, 기본 소매 패턴, 후드 패턴, 바지 패턴' 그리는 방법을 알아보았다. 이 기본 패턴을 분할하고 변형하는 과정을 통해 새로운 디자인을 만들어낼 수 있고, 다른 패턴과의 결합을 통해 디자인을 확장할 수 있다. 강아지 원피스나 올인원은 이러한 과정을 통해 새롭게 만들어진 패턴이다.

## 패턴의 조합

몸판, 소매(민소매 포함), 하의, 기타 패턴을 조합해 사용하면 다양한 디자인으로 확장된다.

| | | |
|---|---|---|
| 몸판 패턴 |  민소매 몸판 | 래글런 몸판 |
| 소매 패턴 |  소매 없음　기본 소매 | 래글런 소매 |
| 하의 패턴 | 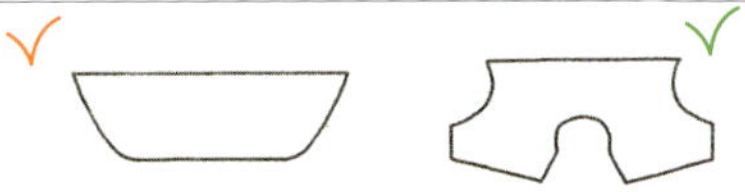 치마 패턴 | 바지 패턴 |
| 기타 패턴 |  후드 패턴 | |
| 조합의 예시 | 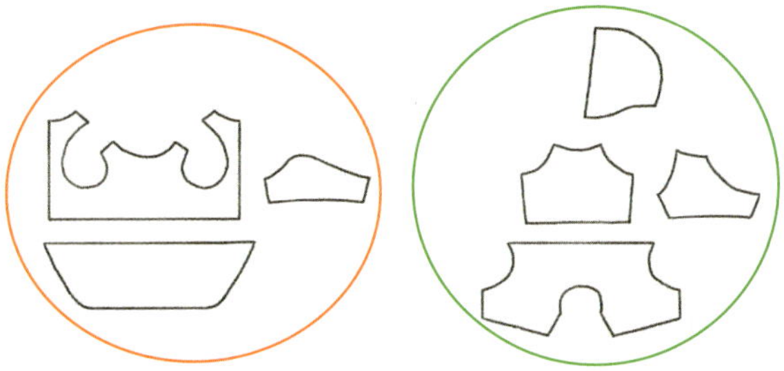 기본 소매가 달린 원피스 | 래글런 후드 올인원 |

## 패턴 분할

패턴 분할은 크게 선의 방향에 따라 가로 분할, 세로 분할로 나뉘고, 선의 종류에 따라 직선 분할과 곡선 분할로 나뉜다. 일반적으로 분할을 하면 절개선 기준으로 패턴을 잘라낸 후, 다른 원단으로 배색하여 완성하지만, 같은 원단을 사용하면서 분할선을 넣어주는 것만으로도 다른 느낌을 낼 수 있다. 또, 같은 원단을 절개선 기준으로 방향을 다르게 배치할 수도 있다.

### 가로 분할

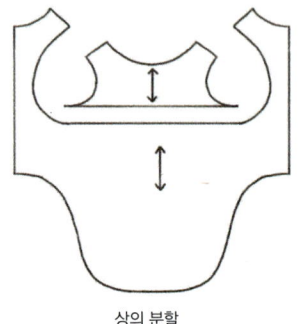

상의 분할

**1 상의 분할**

패턴 위쪽에 절개선을 넣는 형식이다. 상의 분할 시에는 진동선을 기준으로 위아래로 움직여 절개 위치를 정한다. 진동선에 딱 맞춰 절개하면 봉제 시 시접이 많으므로 진동선을 피하여 위아래로 움직이는 것이 좋다.
상의 분할의 경우 하의의 원단이 민무늬이거나 장식이 전혀 없으면 옷이 전체적으로 허전해 보일 수 있다.

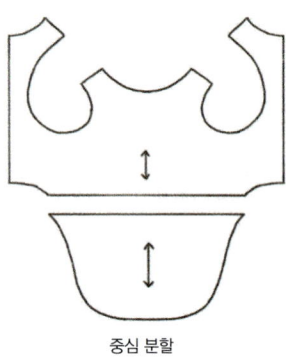

중심 분할

**2 중심 분할**

강아지는 등 길이가 긴 견종이 많아 1:1로 나눠지는 중심 분할은 자칫 강아지의 몸을 더 길어보이게 할 수 있다. 원피스로 변형할 때도 중심을 기준으로 절개하기보다는 위아래로 절개선을 이동하는 것이 더 좋다.

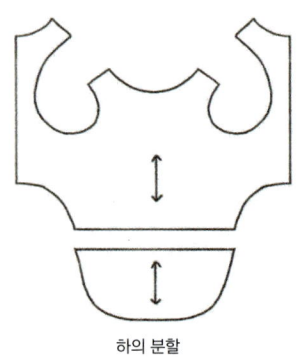

하의 분할

**3 하의 분할**

하의 분할은 경쾌하고 발랄한 느낌을 줄 수 있어 강아지 원피스 디자인에서 주로 선택하는 분할 방법이다. 하의 분할의 기준선은 디자인에 따라 자유롭게 결정할 수 있지만, 몸판 길이의 중심보다 조금 더 내려온 정도가 가장 이상적이다. 티셔츠는 패턴 아래에 조금 튀고 화려한 느낌의 무늬 등을 배색하면 잘 어울리고 원피스는 치마 분량에 주름 분량을 주어 완성하면 좋다.

## 세로 분할

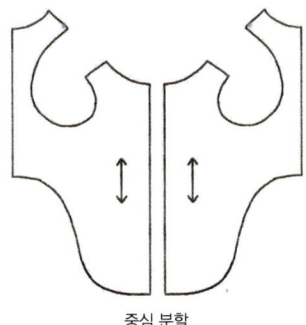

중심 분할

**1 중심 분할**

세로 중심 분할은 좌우 원단의 무늬를 점진적으로 배열하거나(예 체크무늬 패턴의 사이즈를 다르게 사용), 같은 원단에 절개선만 넣어 포인트를 주는 식으로 많이 활용된다.

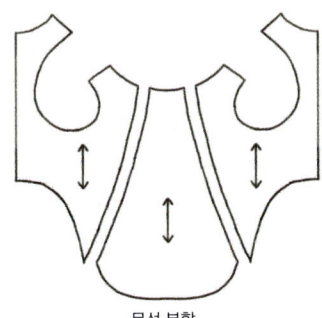

목선 분할

**2 목선 분할**

드레스, 원피스에서 많이 볼 수 있는 분할로, 가운데 패턴에 프릴을 여러 층으로 달아주면 드레스 느낌을 충분히 살릴 수 있다.

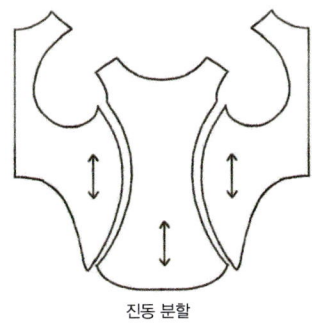

진동 분할

**3 진동 분할**

진동 분할을 하면 면적이 분산되어 시각적으로 날씬해 보이는 효과를 줄 수 있다. 살집이 있는 강아지들은 진동 분할을 활용하면 좋다.

## 직선 분할 · 곡선 분할

가로 분할과 세로 분할의 예시를 보면 직선이 사용된 것도 있고 곡선이 사용된 것도 있다. 직선은 좀 더 선명하고 딱딱하면서 단정한 느낌이 들고, 곡선은 부드럽고 우아하며 자연스러운 느낌이 든다. 때문에 같은 분할법이라도 선이 직선인지 곡선인지에 따라 어울리는 원단의 느낌, 부자재의 선택이 달라지게 된다.

## 원피스 패턴으로 변형하기

앞서 배운 분할의 개념을 활용한 원피스 패턴 만드는 방법을 알아보자.

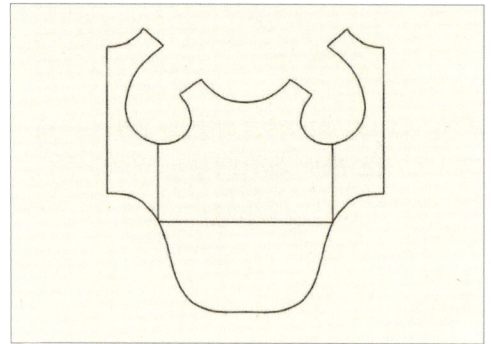

**1** 기본 패턴을 준비하고 옆선 끝에서 가로선을 그어 절개선을 표시한다.

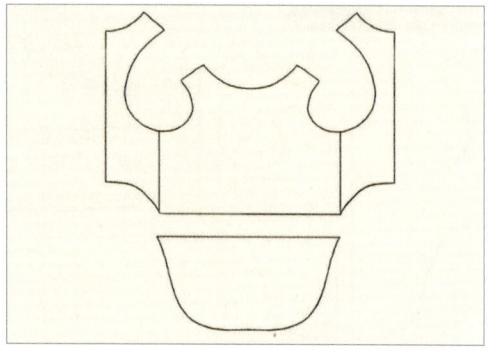

**2** 절개선을 기준으로 패턴을 잘라 분할한 후 주름이 없는 치마 패턴으로 사용하면 된다.

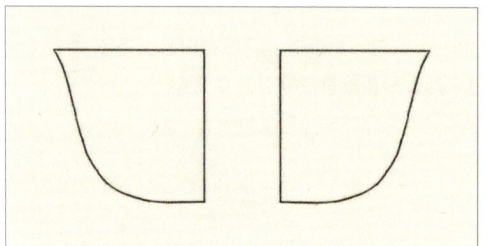

**3** 주름이 있는 치마 패턴으로 만들기 위해서는 2차 변형을 거쳐야 한다. 치마 패턴의 중심을 잘라 두 개의 조각으로 분할한다.

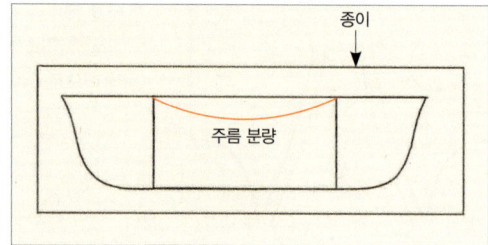

**4** 종이를 깔고 패턴 두 조각을 붙이되, 주름을 만들어 줄 분량만큼 간격을 떨어뜨려 붙이고, 주름 분량의 위, 아래 선을 기존의 치마 패턴과 연결해 하나의 패턴으로 준다.

*tip* 주름 분량은 치마 패턴 윗라인 길이의 1.5~2배 정도면 무난하다.

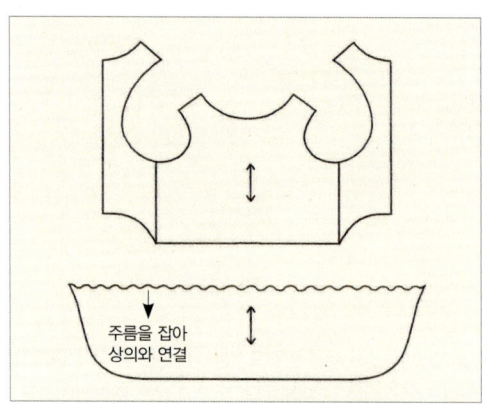

**5** 주름이 있는 원피스 치마 패턴이 완성되었다.

## 올인원 패턴으로 변형하기

올인원 패턴은 상의 패턴과 바지 패턴을 결합하여 하나의 패턴으로 만들면 된다. 상의 패턴은 민소매, 래글런 소매, 기본 소매가 달린 몸판으로 완성할 수도 있다.

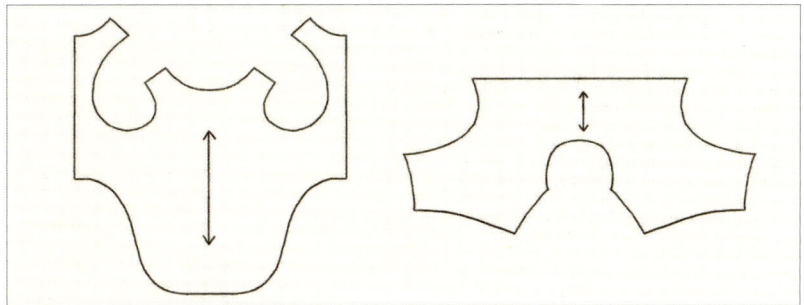

1 상의 패턴과 바지 패턴을 준비한다.

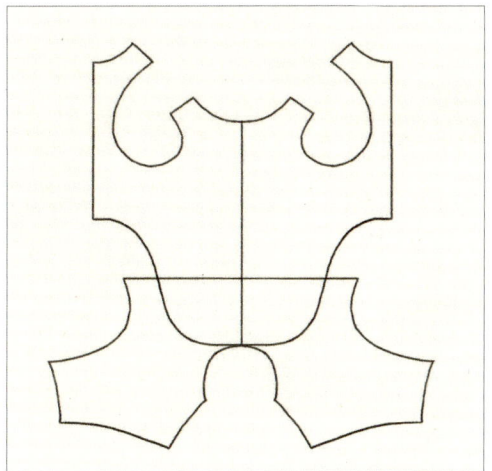

2 상의 패턴을 새로운 종이에 놓고 완성선을 복사해 그린 후 바지 패턴의 꼬리 중심점을 상의 패턴의 밑단 중심에 맞춰 올려 패턴을 복사한다.

   tip 꼬리 주변에 여유를 주고 싶다면 상의 패턴 끝에서 1㎝ 올라온 지점에 바지 패턴의 꼬리 중심점을 올린다.

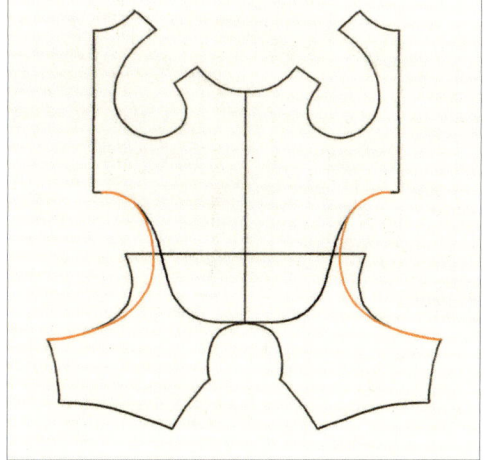

3 상의 배판 밑단과 하의 바지 옆선을 지나는 새로운 옆선을 그려주면 바지 옆선의 무시되는 분량이 생긴다. 올인원 패턴이 완성되었다.

   tip 곡선이 너무 중심 쪽으로 많이 들어오면 허리 살이 많이 보이게 되고, 너무 완만하게 그리면 옆선 분량이 남아서 고무줄로 옆선을 잡아줘도 튀어나오는 분량이 생길 수 있다.

# chapter 2
## 가봉 및 패턴 수정하기

강아지마다 체형이 다르기 때문에
가봉을 통해 패턴을 수정하는 과정을 거쳐야만
좀 더 잘 맞는 옷을 만들어 줄 수 있다.

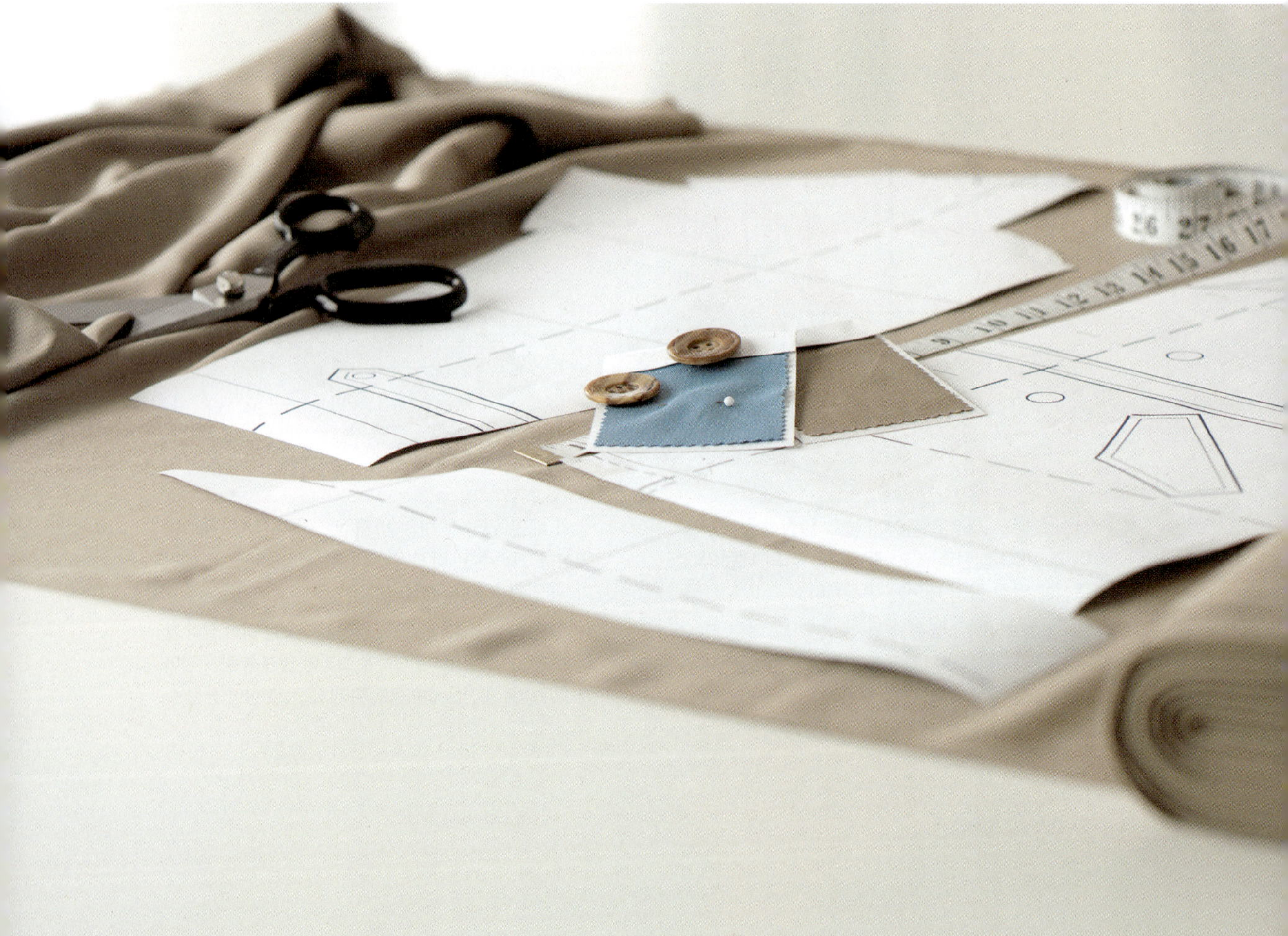

### 가봉과 패턴 수정의 중요성

우리가 배운 패턴 그리는 법은 기성복화된 방식이다. 실제 치수를 이용하기도 하지만 평균적이고 안정적인 패턴 공식을 가지고 패턴을 그렸다. 이 패턴 공식을 이용하면 기준 치수(목, 가슴, 등)만 가지고도 패턴을 그릴 수 있다는 장점이 있다. 또한, 이 치수를 활용하여 패턴을 그리면 어떤 강아지도 '어느 정도까지' 몸에 맞는 패턴이 나오도록 만들 수 있다.

모든 강아지에게 적용할 수 있다는 것은 반대로 우리 강아지에게 맞춤옷처럼 딱 맞지는 않는다는 의미이기도 하다. 기준 치수(목, 가슴, 등)이 같은 강아지는 많지만 그 강아지의 체형과 몸의 특성까지 모두 같을 수는 없기 때문이다. 이러한 이유 때문에 '가봉과 패턴 수정'의 과정을 거치게 된다. 이 과정을 통해 기성복이 맞춤옷으로 새롭게 태어난다.

패턴 수업을 진행해 보면 이 가봉과 패턴 수정 과정에서 어려움을 느끼고 낯설어 하는 분들이 많다. 패턴의 각 부위가 강아지 몸의 어느 부분에 해당하는지, 옷의 전체 핏이 어떠한지 등을 이해하지 못한 상태에서는 이 개념들이 어렵게 다가오기 때문이다. 가봉과 패턴 수정이라는 개념은 옷 만들기의 처음부터 접근하기보다는 옷을 몇 벌 만들어 입혀보면서 강아지에게 필요한 것들이 무엇인지 정리가 된 후에 접근할 것을 권하고 싶다.

## 패턴 가봉하기

기본 패턴은 꼭 가봉 과정을 거쳐 '맞춤 기본 패턴'으로 만들어 놓은 후, 소매, 원피스, 올인원 등의 패턴으로 확장시켜 나가야 한다.

### 가봉 원단 선택하기

맞춤 패턴을 만들기 위해 가봉을 하는 경우에는 직기 원단을 사용하는 것이 좋다. 직기 원단은 늘어나지 않기 때문에 어느 부분이 뜨고, 어느 부분의 주름이 잡히는지 등을 알아보기 쉽기 때문이다. '맞춤 기본 패턴'이 만들어진 후부터는 최종 만들려고 하는 원단을 사용해 가봉하는 것이 가장 좋고, 원단의 성질에 맞춰(다이마루 또는 직기지) 가봉하면 된다. 원단 재단 후 남은 원단은 가봉용으로 남겨두면 좋다.

## 가봉 원단 재단하기

1. 가봉을 위한 재단을 할 때는 패턴이 다른 패턴 조각과 연결되는 부위에만 시접 분량을 주고, 밑단(몸판, 소매, 바지)에는 시접을 주지 않는다. 만약 목에 연결되는 패턴의 핏을 확인하고 싶다면 목 라인에도 시접을 주어야 한다.

2. 직기 원단으로 가봉을 할 때에는 늘어나지 않는 원단의 특성상 강아지에게 옷을 입힐 수 없기 때문에 등판이나 배판 둘 중 한 곳은 골선이 아니라 두 개로 재단하고 별도의 여밈 분량을 주어 옷을 여민 후 핏을 보면 된다.

3. 바지 패턴은 바지 옆선과 꼬리 주변에 고무줄을 박아 가봉 핏을 확인해야 한다. 시접은 따로 주지 않아도 되고, 고무줄 부위와 박음질 방법은 'PART 3의 바지 디자인 봉제 과정'을 확인한다.

### 시접 분량 예시

| | |
|---|---|
| 민소매 기본 패턴 가봉 시 시접 분량 | 어깨와 옆선, 배판 중심에만 시접이 있고 나머지 부분에는 시접이 없다. 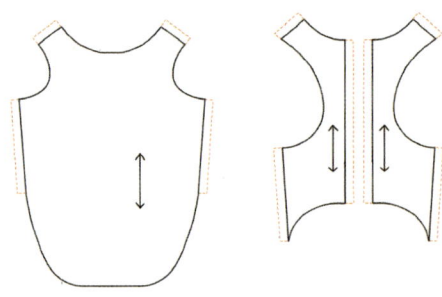 |
| 래글런 패턴 가봉 시 시접 분량 | 진동과 옆선, 배판 중심에만 시접이 있으며, 소매도 진동과 소매통의 옆선에만 시접이 있다. 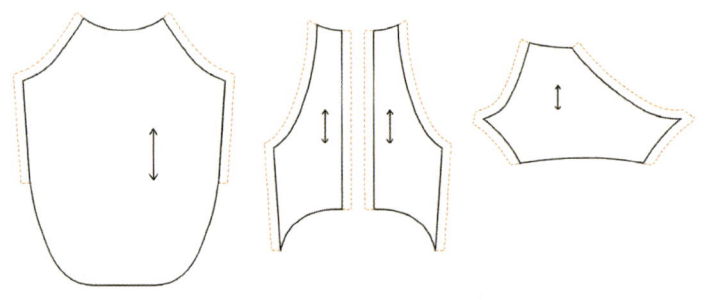 |

# 가봉 시 체크 사항

## 기본 패턴 가봉 시 체크 사항

가봉 상태를 확인할 때에는 강아지가 정면을 보고 서 있도록 한다.

- 가슴둘레는 적당한 여유분이 있는가?
- 목이 조이거나 너무 크지 않은가?
- 등목점에서 등 중심이 시작되고, 배목점에서 배 중심이 시작되었나?
- 앞길이(앞가슴 길이)가 짧거나 길지 않은가?
- 등 길이는 꼬리 직전까지 위치하고 있는가?
- 등 너비가 너무 파여 등 옆이 휑하게 보이지 않는가?
- 진동 둘레가 커서 앞다리 주변이 휑하게 보이지 않는가?
- 진동에 뜨는 부분은 없는가?
- 어깨폭은 적당한가?
- 밑단 옆선 분량이 남아 처지지는 않는가?

- 앞 가슴폭이 남거나 모자라지 않은가?
- 배판의 중심이 너무 배 아래쪽으로 내려와 수컷 강아지의 생식기와 가깝지 않은가?
- 배판의 진동이 다리를 너무 덮고 있거나 반대로 너무 파여 있지 않은가?

tip 강아지는 가슴보다 허리가 가늘어서 옆선 아래쪽 분량이 남게 되므로 가슴둘레 사이즈를 조절하기 전에 '옆선 다트 잡기(P.102 참조)' 과정을 먼저 해본다.

### 소매 패턴 가봉 시 체크사항(래글런 소매, 기본 소매)

소매가 있는 패턴의 경우 다음 항목들을 체크한다.

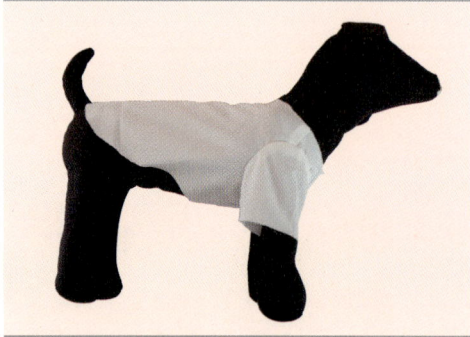

- 소매의 진동 둘레가 커 앞발이 빠지지 않는가?
- 소매의 진동 둘레가 좁아 끼지 않는가?
- 소매통은 적당한 여유가 있는가?
- 소매길이는 적당한가?

### 바지 패턴 가봉 시 체크사항

- 허리 부분이 너무 뜨지 않는가?
- 바지 옆선의 분량이 남아 튀어나오지 않는가?
- 바지통은 적당한 여유가 있는가?
- 바지 길이는 적당한가?

- 꼬리 주변의 고무줄이 너무 당기지 않는가?
- 항문 주변이 적당히 파여 있는가?

↖ tip 바지 패턴을 그린 후 허리선을 줄이지 않고 그대로 가봉하게 되면 허리둘레가 남아 등 부분이 위로 뜨게 되는데, 실제 옷으로 만들 때는 허리선 길이를 조절하면 되므로 크게 문제 되지 않는다.

## 기본 패턴 수정하기

수정이 필요한 부분을 확인했다면 본격적으로 패턴을 수정해 보자. 패턴 수정 후 한 번 더 가봉하여 맞게 수정되었는지 확인하는 것이 좋다.

> tip 패턴 수정을 통해 늘리거나 줄이는 분량은 패턴 길이의 5~10%(약 2~3cm) 내외이다. 그 이상의 치수를 수정해야 한다면 패턴을 새로 그리는 것이 좋다.(단, 가슴둘레 늘리기는 제외)

### 가슴둘레 늘리고 줄이기

**가슴둘레+진동둘레 늘리기**

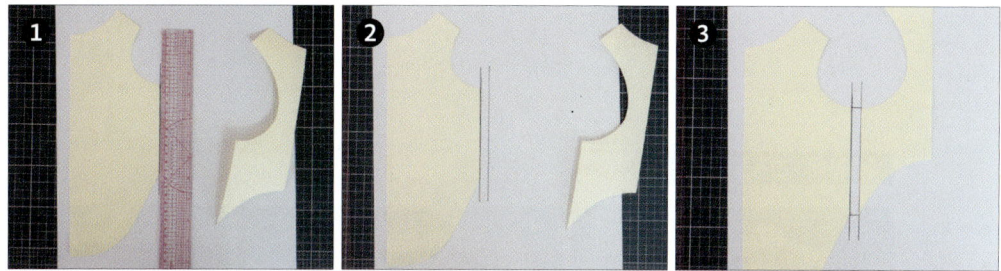

1. 기본 패턴의 옆선을 절개하고 등판 패턴을 새로운 종이에 복사하거나 붙인다.
2. 옆선을 위아래로 연장하고 가슴둘레는 '늘리고 싶은 치수/2'만큼 선을 평행이동하여 그린다.
   tip 패턴이 반쪽이기 때문에 '늘리고 싶은 치수/2'를 하면 골선으로 재단 시 2배만큼 치수가 늘어나게 된다.
3. 진동선과 옆선 끝을 연장하고, 평행이동한 선에 배판 패턴의 옆선을 붙인다.

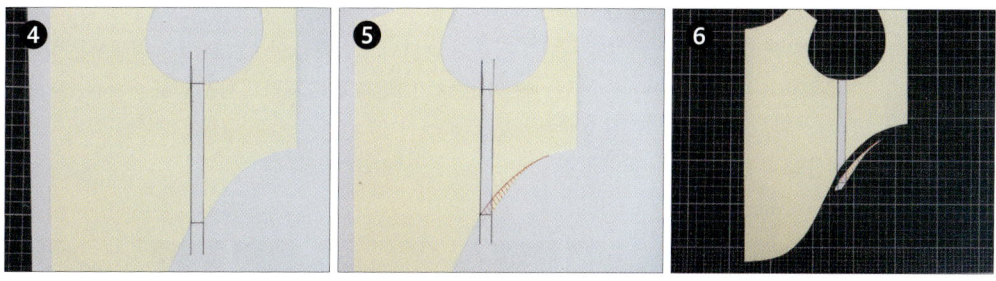

4. 가슴둘레가 확장되면서 패턴이 절개되고 벌어져 밑단선이 맞지 않게 되었다. 이 부분을 수정해 보자.
5. 등판과 배판의 밑단이 자연스럽게 연결되도록 선을 수정한다. 빗금 부분은 선이 수정되면서 사라지는 분량이다.
6. 완성선대로 패턴을 자른 모습을 확인한다.

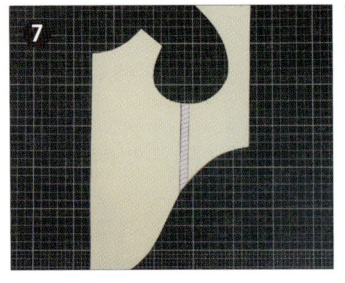

7

가슴둘레와 진동둘레 늘리기 완성!

### 가슴둘레 늘리는 분량 알아두기

- 기본 티셔츠, 원피스 여유분 : 2cm(패턴 한쪽에 1cm 여유를 주면 골선 재단 시 2cm 여유가 생긴다.)

- 원단이 두꺼운 경우 : 모직 원단은 패턴 반쪽에 1.5~2cm 정도의 여유 분량을 준다. 겨울 패딩은 솜 두께나 털 원단의 부피 때문에 많은 여유 분이 필요하다. 패턴 반쪽에 3~4cm 여유분을 주어 만든다. 겨울철처럼 안에 티셔츠를 입고 외투를 입히는 경우라면 추가로 1~2cm의 여유분이 더 필요하다.

- 털이 많은 강아지 : 털이 많은 강아지는 한 치수 크게 입히는 경우가 많은데 이 분량은 총 3~4cm면 된다. 때문에 패턴 반쪽에 2~2.5cm의 여유 분량을 주어 옷을 만든다.

### 가슴둘레+진동둘레 줄이기

1. 기본 패턴의 옆선을 잘라 패턴을 준비한다.
2. '가슴둘레의 줄이고 싶은 분량/4'만큼 등판과 배판의 옆선에서 안쪽으로 선을 평행이동한다.
   tip '줄이고 싶은 분량/4'를 하는 이유는 패턴이 반쪽이기 때문에 2등분을 하고, 등판과 배판에서 분량을 반씩 가져가기 때문에 한 번 더 2등분을 해주는 것이다.
3. 배판의 평행 이동선을 잘라낸다.

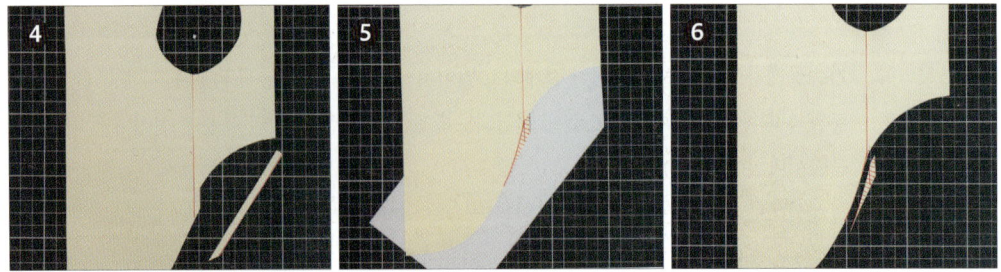

4. 배판 옆선을 등판의 평행이동한 옆선에 붙인다.
5. 등판과 배판의 밑단이 자연스럽게 연결되도록 선을 수정한다. 빗금 부분은 잘려 나가는 분량이다.
6. 완성선대로 패턴을 자른다.

## 가슴둘레 + 목둘레 늘리기

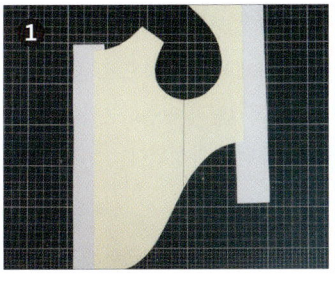 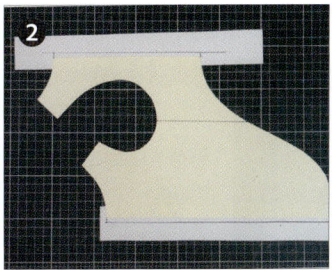 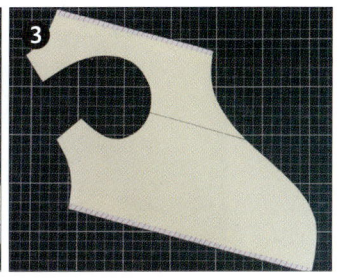

1. 기본 패턴과 종이를 준비한 후 패턴의 등 중심과 배 중심에 종이를 붙인다.
2. 등 중심과 배 중심에 '늘리고 싶은 분량/4'만큼 평행이동한 선을 그리고 목선과 밑단선을 이어서 확장 분량을 만든다.
3. 확장된 빗금 분량을 확인하고, 완성선대로 패턴을 잘라낸다.

## 가슴둘레 + 목둘레 줄이기

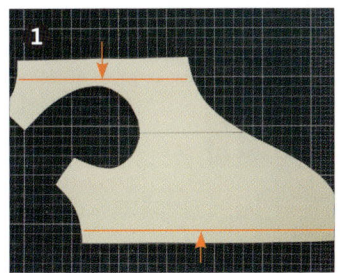

가슴둘레+목둘레를 늘리는 방법과 동일하게 등 중심과 배 중심에 '줄이고 싶은 분량/4'만큼 치수를 패턴 안쪽으로 평행이동하고 이동한 만큼 잘라낸다.

# 목둘레 늘리고 줄이기

## 목둘레 늘리기

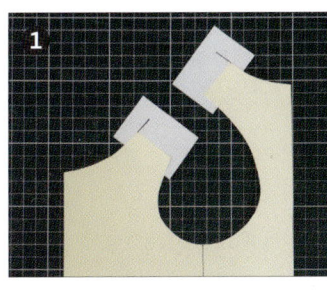 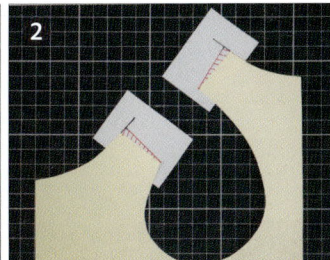 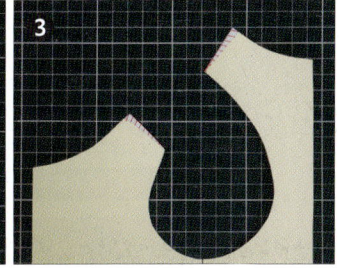

1. 기본 패턴의 등판과 배판의 목 라인 끝에 종이를 붙인다. 등판과 배판의 목 라인을 바깥쪽으로 연장한다.
2. '늘리고 싶은 목치수/4'만큼 연장한 선에 표시하고 어깨점과 연결하는 선을 긋는다.
   tip '늘리고 싶은 치수/4'를 하는 이유는 패턴이 반쪽이기 때문에 2등분을 하고, 등판과 배판에서 분량을 반씩 가져가기 때문에 한 번 더 2등분을 해주는 것이다.
3. 완성선대로 패턴을 잘라내면 목 길이를 늘린 패턴이 완성된다.

### 목둘레 줄이기

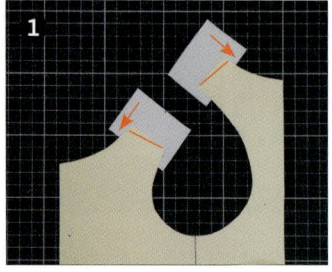

목둘레를 늘리는 방법과 동일하게 패턴 안쪽으로 '줄이고 싶은 목 치수/4'만큼 들어와 표시하고, 어깨점과 연결하는 선을 긋는다. 완성선대로 패턴을 잘라내면 패턴이 완성된다.

### 목둘레+진동 늘리기

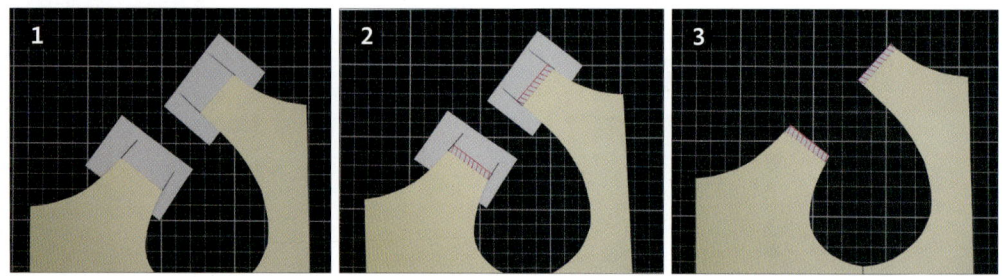

1  기본 패턴의 등판, 배판의 목 라인 끝에 종이를 붙이고 등판과 배판의 목 라인과 진동 라인을 패턴 바깥으로 연장한다.
2  '늘리고 싶은 목둘레/4'만큼 선을 평행이동한다.
3  완성선을 따라 잘라내면 목과 진동의 사이즈가 늘어난 패턴이 완성된다.

> **목둘레와 진동 길이가 늘어나는 분량**
>
> 목과 진동을 같은 치수로 늘리면 진동은 목의 절반 사이즈로 늘어난다. 예를 들어 목을 2㎝ 늘리고자 하는 경우, '1/4'만큼(0.5㎝) 선을 평행이동하면 골선으로 인해 총 목 라인은 2㎝가 늘어난다. 하지만 진동 라인은 골선 재단을 해도 길이에 변화가 없기 때문에 등판에서 늘린 0.5㎝+배판에서 늘린 0.5㎝를 더해 총 1㎝의 진동이 늘어나게 된다.

### 목둘레+진동 줄이기

목둘레를 늘리는 방법과 동일하게 패턴 안쪽으로 줄이고 싶은 목치수/4'만큼 들어와 표시하고, 어깨점과 연결하는 선을 긋는다. 완성선대로 패턴을 잘라내면 패턴이 완성된다.

## 등 길이 늘리고 줄이기

### 등 길이 늘리기

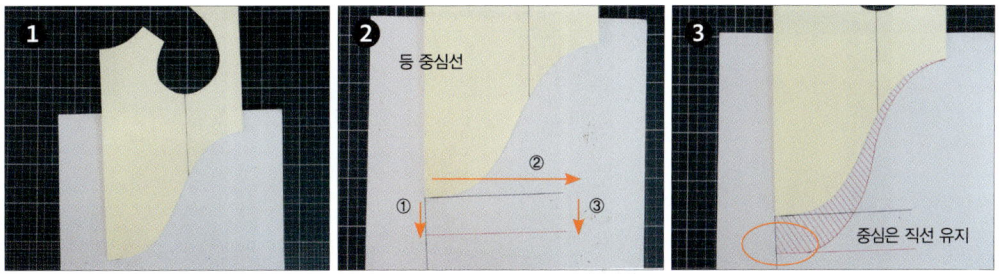

1. 기본 패턴을 준비하고 밑단 아래 새로운 종이를 깔아 패턴을 붙이거나 선을 복사한다.
2. 등 중심선을 연장하여 수직으로 선을 내리고, 밑단선을 가로로 연장한 후 늘리고 싶은 길이만큼 평행이동 한다.
3. 기존의 밑단선 모양처럼(등판은 선이 밖으로 볼록하게, 배판은 안으로 오목하게) 선을 다시 그린다.

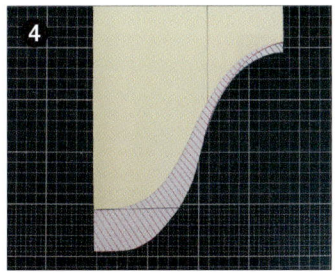

완성선을 따라 패턴을 잘라내면 완성된다.

#### 배 중심 길이 연장

등 길이를 연장하는 경우 앞길이(앞가슴 길이)가 상대적으로 짧아져 밑단 분량에서 뜨는 부분이 생길 수 있다. 배 중심 길이를 1~2㎝ 가량(수컷 강아지는 생식기 위치 확인 필요) 늘려 밑단선을 다시 그려주면 몸에 더 잘 맞는 패턴이 된다. 이때, 옆선 길이도 약간 늘려주면 선의 모양이 예쁘게 그려진다.

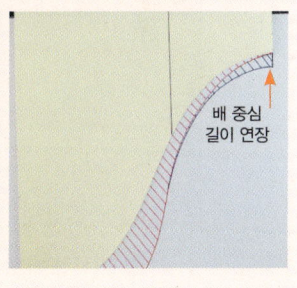

### 등 길이 줄이기

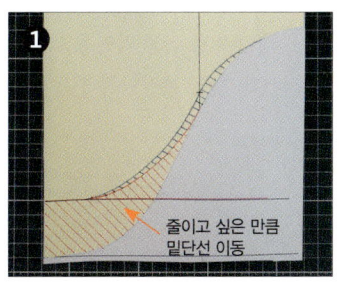

패턴 안쪽으로 밑단선을 올려 새로운 밑단선을 그린 후 패턴대로 자르면 완성된다.

tip 등 길이를 줄이면 상대적으로 옆선의 길이가 길어지게 되므로 옆선을 1㎝ 가량 위로 올려 밑단선을 새로 그리면 된다. 빗금 분량은 모두 잘려 나가게 된다.

## 등 길이 늘리고 줄이기

### 진동깊이 올리기

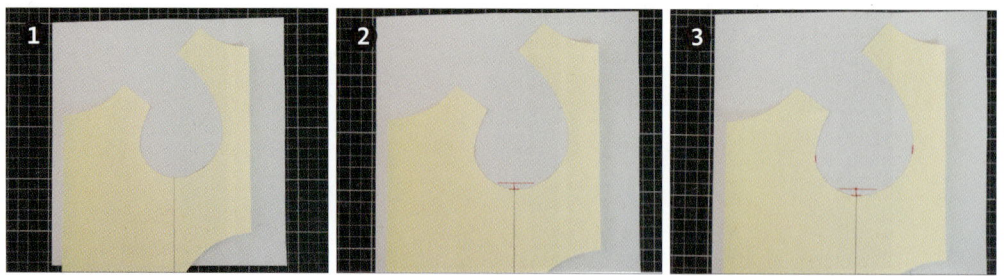

1 기본 패턴을 준비하고 진동 라인 아래 새로운 종이를 깐 뒤 패턴을 붙이거나 선을 복사한다.
2 겨드랑이점을 기준으로 진동을 올리고 싶은 분량만큼 위로 선을 평행이동하여 그리고, 옆선도 수직 위로 연장하여 그린다.
3 등 너비 선과 앞가슴폭 선의 가장 오목한 곳을 표시한다.

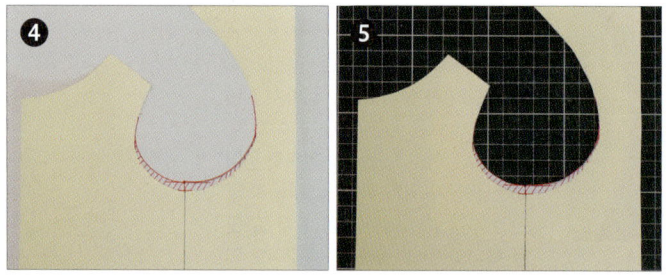

4 새로 이동한 겨드랑이점을 지나도록 진동 라인을 새롭게 그린다.
5 완성선을 따라 패턴을 잘라내면 빗금 분량만큼 패턴이 추가로 생긴다.

### 진동 깊이 내리기

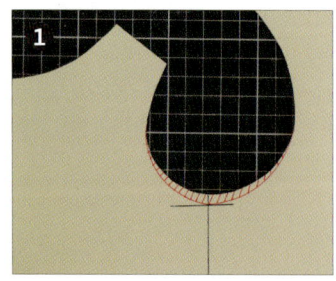

패턴 안쪽으로 겨드랑이 점을 내려 새로 진동 라인을 그린 후 완성선을 따라 잘라내면 완성된다. 빗금 분량만큼 진동 깊이가 깊어진다.

## 등 너비 확장하기

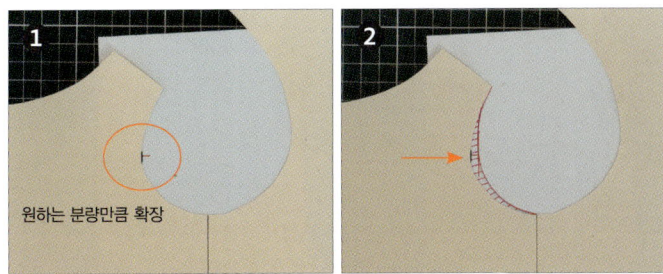

1 기본 패턴의 진동 라인 아래 새로운 종이를 깔고 패턴을 붙이거나 선을 복사한 후 등 너비선의 가장 오목하게 들어간 위치를 표시하고 원하는 만큼 오른쪽으로 확장한다.
2 등 진동선을 새로 그린다. 새로 생긴 빗금 분량이 등을 더 가려주기 때문에 옷이 덜 휑하게 보인다.
   tip 1cm 이상 확장해야 하는 경우에는 어깨선도 함께 확장해 주어야 한다. 수정 방법은 기본 패턴 그리기의 '몸판 변형법'과 동일하다.

## 진동 줄이기

### 등 진동 줄이기(등 너비 뜨는 부분 줄이기)

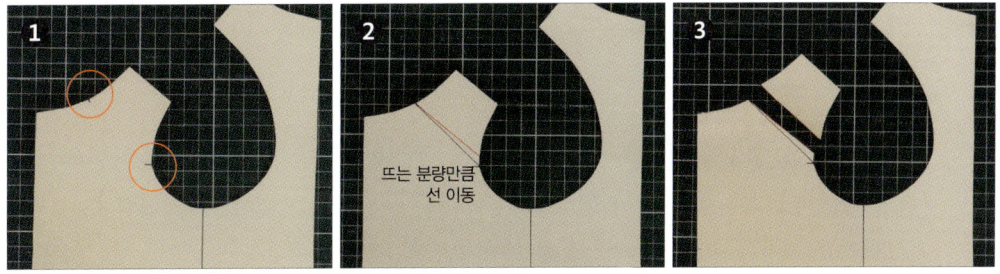

1 수정이 필요한 패턴을 준비하고 등 진동선에 뜨는 분량의 위치를 표시한다.(등 진동의 중간 부분이 뜨는 경우가 많다.) 그리고 등판 목 라인 중심점을 표시한다.
2 두 점을 직선으로 긋고(검은선), 등 진동에서 뜨는 분량만큼 선을 이동하여 목 라인 중심점과 직선을 긋는다.(빨간선)
3 빨간색으로 표시한 선을 잘라낸다.

> **뜨는 분량 확인하기**
>
> 등 너비와 앞가슴 진동 라인의 뜨는 분량은 정면을 바라보고 서 있는 상태에서 확인해야 한다. 앉아 있을 때는 몸에서 옷이 떨어지기 때문에 뜨는 분량이 당연히 생기기 때문이다. 서 있는 상태에서 뜨는 분량이 있다면 그 부분을 손가락으로 꼬집듯이 잡아 분량을 cm로 가늠하면 된다.

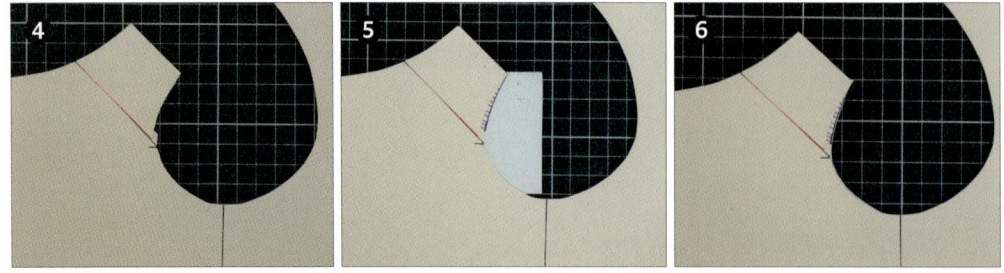

4  잘라 낸 조각을 검은색 선에 붙이면 분량이 겹쳐지면서 뜨는 부분이 사라진다.
5  패턴이 겹치면서 등 진동선이 어긋났다. 패턴 뒤에 종이를 붙이고 등 진동선을 자연스럽게 새로 그린다.
6  완성선대로 패턴을 잘라 수정을 완료한다.

### 배 진동 줄이기(앞가슴 진동 뜨는 부분 줄이기)

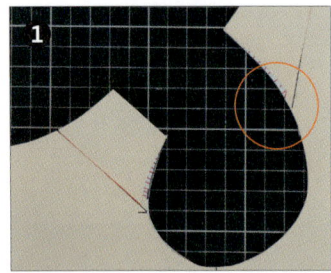

배 진동을 줄이는 방법은 등 진동을 줄이는 방법과 동일하다. 진동선이 자연스럽도록 선을 다시 그려준다.

### 앞길이(앞가슴 길이) 줄이기

배판의 진동만 줄여 뜨는 부분을 잡아주는 방법이다. 만약 앞길이가 길어 손으로 잡힐 정도로 옷이 뜨면 진동만 줄이는 것이 아니라 앞길이 자체를 줄여주어야 한다.

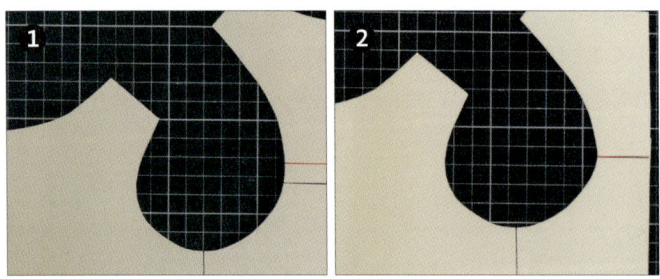

1  배 진동의 가장 오목하게 들어간 곳을 찾아 가로선(검은선)을 긋고, 줄이고 싶은 분량만큼 선을 이동하여 그린다(빨간선).
2  이동한 선(빨간선)을 기준으로 패턴을 자르고 처음 그은 선(검은선)에 맞춰 패턴을 붙여준다.
   tip  진동의 경사가 크거나 잡아주는 분량이 많을 때는 배판의 진동선이 어긋나게 된다. 이때는 새로 종이를 깔고 진동선이 자연스럽도록 새로 그려준다.

## 🐾 밑단 옆선 남은 분량 수정하기

가슴과 허리둘레의 차가 큰 강아지는 밑단 옆선 분량이 남아 처지는 경우가 있다. 이럴 때 수정하는 방법을 알아보자.

### 밑단 옆선 깎아내기

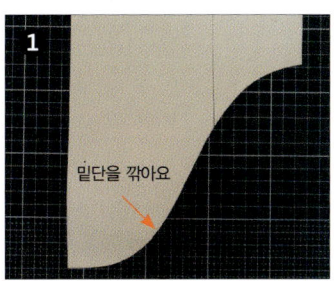

간단하게 밑단 옆선의 남는 분량을 수정하는 방법은 밑단 옆선 분량을 깎아내는 것이다.

tip 밑단 중심은 직선이 유지되도록 그린다.

### 밑단 옆선 다트 잡기

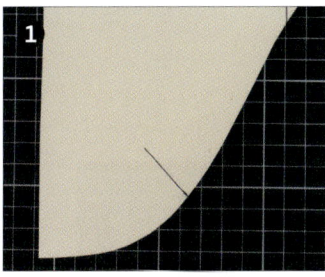 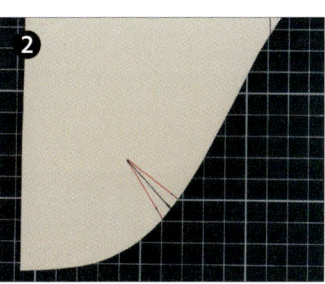

1  밑단 옆선의 남는 분량 중심에서 패턴 안쪽으로 3㎝ 가량의 직선을 긋는다.
   tip 분량이 많이 남는 경우 3㎝보다 더 길게 선을 긋는다. 너무 길게 다트를 잡으면 별로 예쁘지 않다.
2  선을 기준으로 양쪽으로 남는 분량만큼 선을 긋는다. 재단 시 이 선을 옮겨 다트 분량을 박음질한다.

### ↖ 다트 부분 재단 및 박음질하기

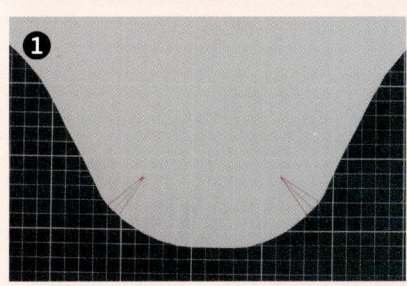 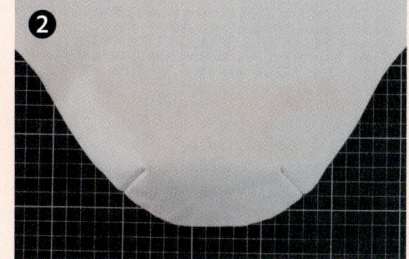

재단 시 원단 안쪽에 다트 분량을 똑같이 복사해 그린다.

검정선을 기준으로 원단의 겉과 겉이 만나게 접으면 빨간선의 겉과 겉이 만나게 된다. 그대로 빨간선을 박으면 남는 분량이 사라지면서 볼록하게 입체감이 생긴다. 이 다트 자체가 디자인이 될 수 있다.

## 소매 패턴 수정하기

### 소매통 늘리고 줄이기

**소매통 늘리기**

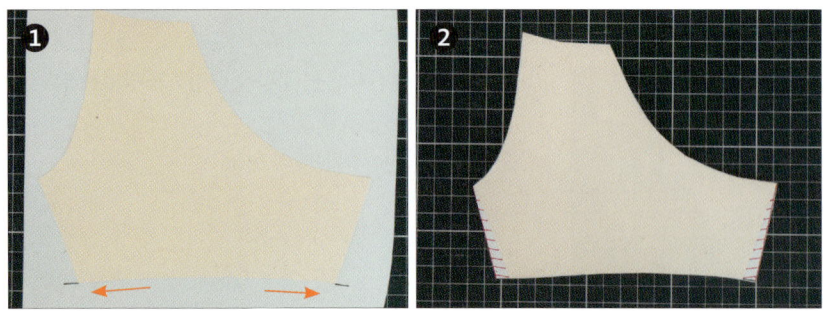

1 소매 밑단에서 늘리고 싶은 소매통 분량의 1/2만큼 패턴 밖으로 선을 연장한다.
2 양쪽 진동 끝점과 연장한 점을 연결하면 빗금 분량만큼 패턴이 확장된다. 완성선대로 패턴을 잘라낸다.

**소매통 줄이기**

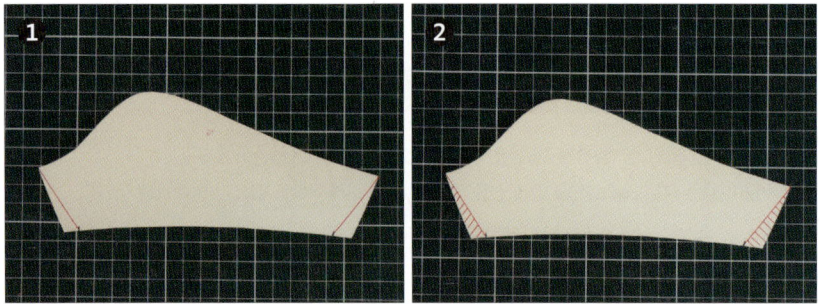

1 소매 패턴을 준비하고 줄이고 싶은 분량의 1/2만큼 밑단에서 안쪽으로 들어와 표시하고, 진동 끝점과 선을 연결한다.
2 빗금 분량은 기존 패턴에서 잘려나갈 분량이다. 빗금 분량만큼 소매의 통이 줄어들게 된다.

## 소매길이 늘리고 줄이기

### 소매길이 늘리기

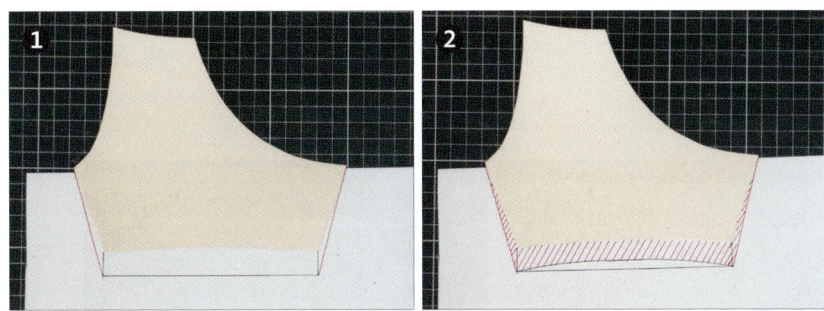

1. 소매 밑단 양 끝점에서 소매를 늘리고 싶은 길이만큼 수직으로 선을 내리고 두 선을 연결한다. 양쪽 진동 라인 끝점과 선을 연결한다.
2. 새로운 밑단 중심을 곡선으로 올려 그린다.(곡선으로 올려 원래 밑단과의 길이를 확인한다. 연장한 소매길이와 동일한 간격이어야 한다.)
3. 새로 생긴 빗금 분량을 확인하고 완성선대로 패턴을 잘라낸다.

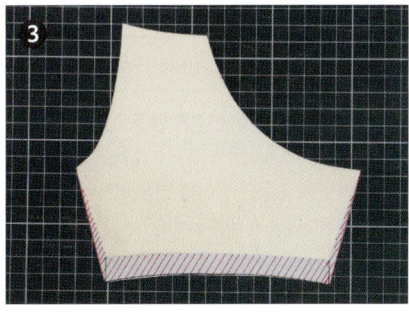

### 소매길이 줄이기

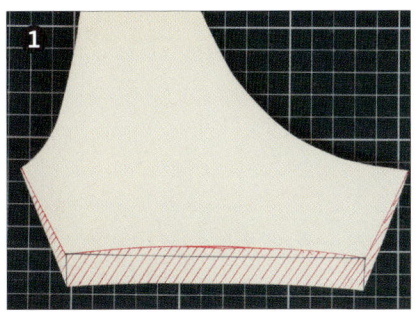

패턴 안쪽으로 줄이고 싶은 만큼 선을 올려 새로운 밑단 선을 그린 후 자르면 완성된다.

## 진동 길이 늘리고 줄이기

진동 길이는 몸판 패턴의 진동 길이와 관련이 있다. 몸판 패턴의 진동 길이가 수정된 경우에는 소매 패턴의 길이도 반드시 수정해야 한다. 몸판 패턴에서 '가슴+진동, 목+진동, 진동 길이, 진동 깊이' 등 진동에 관련된 수정이 생기면 자동으로 변경된 치수만큼 소매 진동도 수정해 주어야 한다.

### 소매 진동 늘리기

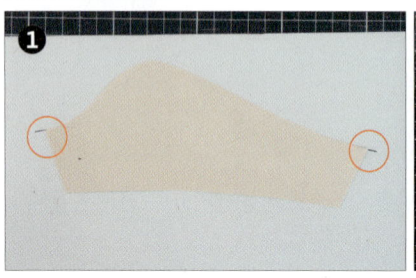
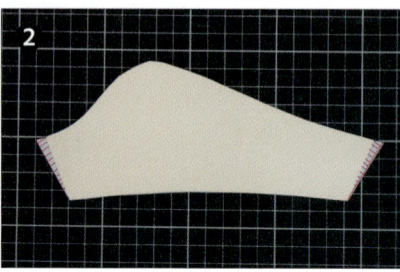

1 소매 패턴을 새로운 종이에 붙이고, '늘릴 진동 길이/2'만큼 패턴 바깥으로 선을 연장한다.
2 밑단선 양 끝과 선을 연결한 후 완성선대로 패턴을 잘라낸다.

#### 한쪽 진동만 수정될 때의 패턴 수정

- 몸판 패턴에서 진동이 변경될 때 등 진동만 변경되기도 하고 배 진동만 변경되기도 한다. 한쪽 진동만 수정될 때에는 소매도 한쪽 진동만 늘려주면 된다. 변경되는 길이가 1㎝ 이상이라면 소매 패턴을 다시 그리는 것이 좋다.
- 소매의 한쪽 진동만 길이를 연장하면 양쪽 소매의 옆선 길이가 차이가 난다. 이럴 때는 소매 밑단도 동일하게 연장하여 소매 양쪽 옆선의 길이를 동일하게 유지시켜야 한다. 진동이 커지면 소매통도 커지게 된다.

### 소매 진동 줄이기

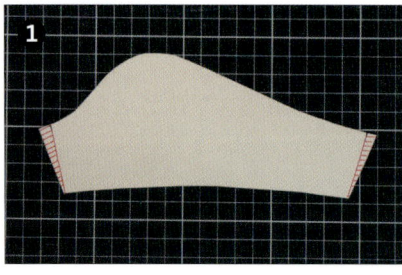

패턴 안쪽으로 진동 끝 분량을 잘라내면 빗금 분량만큼 진동이 줄어들고, 소매통도 조금 줄어들게 된다.

## 🩳 바지 패턴 수정하기

바지 패턴의 수정 방법은 소매 패턴과 동일하므로 완성된 모습으로 확인하자.

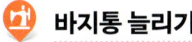 **바지통 늘리기** 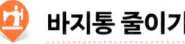 **바지통 줄이기** 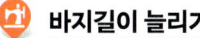 **바지길이 늘리기**

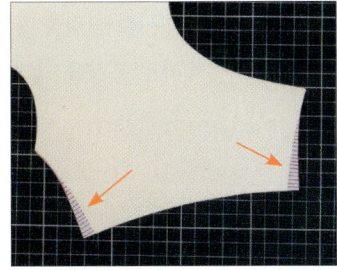 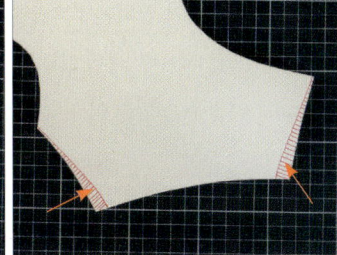 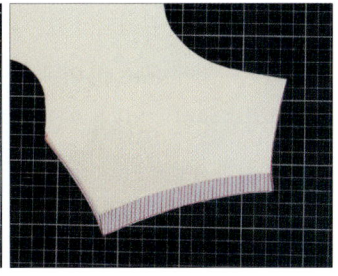

**항문 주변 여유 있게 수정하기**

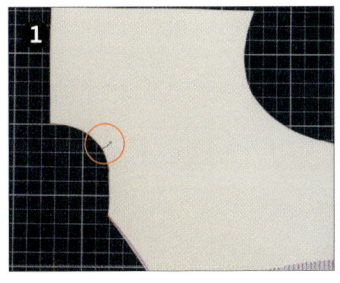 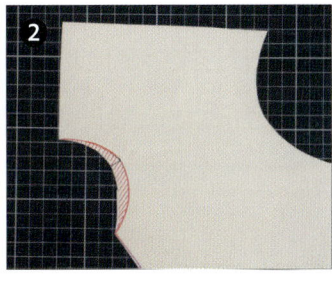

1. 바지 패턴을 놓고 꼬리가 나오는 위치선의 가장 오목한 곳에서 안쪽으로 여유를 주고 싶은 분량만큼 선을 긋는다.
2. '꼬리 중심 - 그은 선 - 허벅지 둘레 시작선'을 지나는 곡선을 그린다. 빗금 분량이 패턴에서 잘려나가면서 여유 분량이 만들어진다.

## 🩳 후드 패턴 수정하기

후드와 몸판 패턴의 목 길이는 사이즈가 동일해야 한다. 항상 패턴의 어느 한쪽이 움직이면 연결되어 있는 다른 패턴도 길이를 함께 조절해야 한다는 것을 기억하고 있어야 한다.

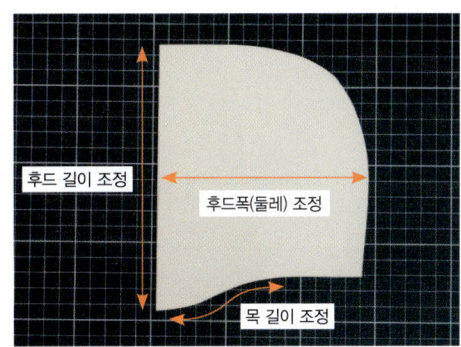

## 패턴 여밈분 주기

다음 두 그림의 배판 패턴의 차이점은 무엇일까? 첫 번째 그림은 배판의 골선 재단이 사용된 하나의 패턴이고, 두 번째 그림은 배 중심이 분리된 두 개의 패턴이다. 즉, 첫 번째 그림은 티셔츠처럼 머리에 씌워 입히는 스타일이고, 두 번째 그림은 팔을 넣어 입혀야 하는 셔츠 스타일이다.

배판 중심이 분리되어 있는 패턴은 단추로 여며 입히는 디자인이기 때문에 '여밈분'이라는 것을 따로 만들어주어야 한다. 이 여밈분은 패턴을 그릴 때 추가해서 그려도 되지만, 재단 시 따로 분량을 그려 사용하기도 한다. 강아지 옷은 배판 중심에 여밈분을 만들어 다는 방식이 가장 많고, 등판 중심을 절개해 여밈을 하기도 한다.

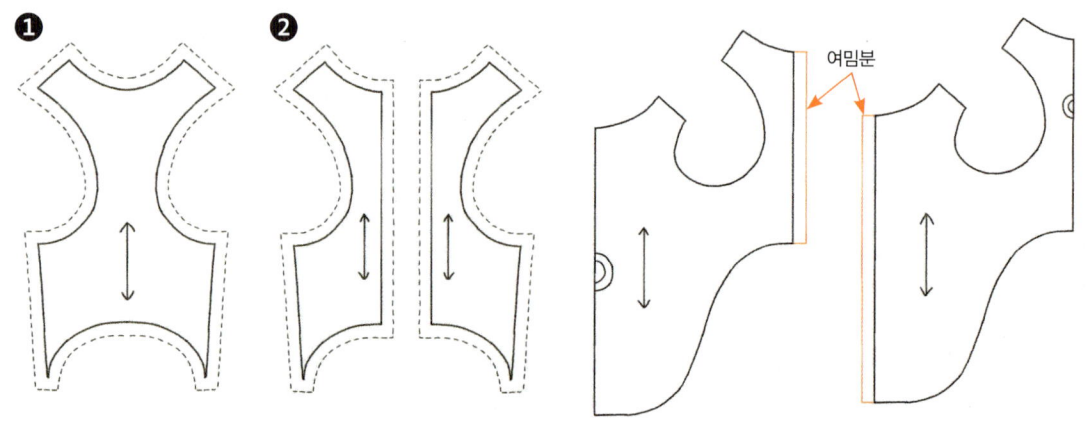

**여밈분 추가**

- 여밈 위치선에서 패턴 바깥으로 달고자 하는 '단추의 사이즈'만큼 선을 연장시킨다.
  등 중심 여밈은 배 중심 여밈보다 조금 더 여유가 필요하므로 0.5~1㎝ 정도 여밈을 더 준다.

단추가 달리는 위치는 완성선에 표시되므로 완성선에 단추의 중심이 오게 달면 된다. 재단 시 여밈분을 추가한 후 시접 분량은 따로 한 번 더 추가해 줘야 한다는 것을 꼭 기억해야 한다. 배 중심에 시접 분량이 있어야 박을 수 있다. (책에서 제공하는 실물패턴은 여밈분이 포함되어 있으므로 시접 분량만 주고 재단하면 된다.)

## 시보리 · 바이어스 분량 계산하기

부록으로 제공되는 실물패턴에는 시보리나 바이어스 패턴이 포함되어 있거나 패턴에 몇 ㎝로 재단하라는 표시가 되어 있다. 하지만 패턴을 직접 그릴 경우에는 분량을 계산하여 시보리와 바이어스를 재단해야 한다. 시보리와 바이어스는 일단 길이만 계산해 두고, 나중에 재단하는 것이 더 편하다. 그림처럼 시보리와 바이어스 분량은 가로와 세로 길이가 필요하며, 시보리는 식서 방향으로, 바이어스는 바이어스 방향으로 재단한다.

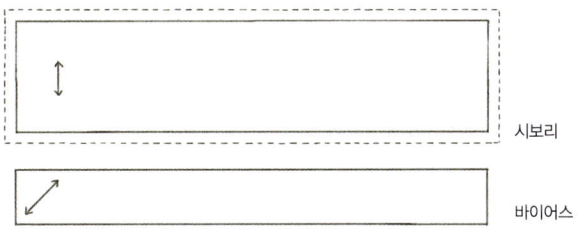

### 시보리·바이어스 가로 길이

> 시보리와 바이어스의 가로 길이 : 달고자 하는 부위의 총 길이의 80%+양쪽 시접 1㎝씩 총 2㎝

80%라는 치수는 통상적인 치수로, 시보리와 바이어스 모두 원단의 스판성에 따라 분량을 조절해야 한다. 시보리를 달고자 하는 위치의 길이를 재서 80%를 길이로 정하고 양쪽의 시접 분량을 1㎝씩 추가해 분량을 잡으면 그 길이가 가로 길이가 된다. 봉제 시에는 시보리와 바이어스의 스판성을 이용해 당겨가며 박음질한다.

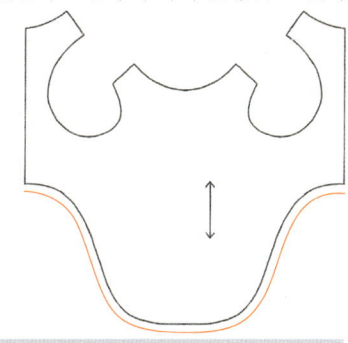

### 시보리·바이어스 세로 길이

> - 시보리 세로 길이 : (완성하고자 하는 시보리의 폭×2) + 위, 아래 시접 1㎝씩 총 2㎝
> - 바이어스 세로 길이 : 최종 완성 사이즈 폭×4

시보리와 바이어스의 가로 사이즈를 정하는 방식은 같고, 세로 사이즈는 차이가 있다. 또 재단 방향도 시보리는 식서 방향, 바이어스는 바이어스 방향으로 재단해야 한다. 참고로 진동 둘레에 시보리나 바이어스를 달 경우는 양쪽 다리 두 개 분량을 재단해야 한다.

# 강아지 옷을 만들 때 특별히 고려할 점

옷을 만들 때는 대상의 신체적 특성을 가장 먼저 고려해야 한다. 기본적으로 강아지의 신체 특성을 이해하고 그것을 옷에 적용시켜 디자인, 패턴, 재단, 봉제가 이루어져야 한다. 여기에 같은 종이라 하더라도 유전자가 어떠한가, 보호자가 어떻게 키우느냐에 따라 크기가 달라지기 때문에 강아지의 개별 신체적 특성 부분도 고려해야 한다.

강아지 몸 구조의 특징이 디자인이나 패턴, 봉제 등의 단계에서 어떻게 고려되어야 할지 생각해 보자.

## 강아지는 유연성이 좋다

**대부분의 동물들이 그런 것처럼 강아지도 유연성이 좋고 활동적이다.** 디자인에 따라 다르겠지만 유연성이 뛰어나고 활동적인 강아지들에게 옷을 만들어줄 때 첫 번째 고려할 사항은 바로 '원단'이다. 사람도 신축성이 있는 옷과 없는 옷에서 느끼는 편안함이 다르듯이 강아지도 마찬가지이다. 오히려 유연성이 더 뛰어나기 때문에 원단에 더 신경을 써야 한다.

**강아지 옷에 많이 사용되는 대표적 원단은 '다이마루'이다.** 신축성이 있는 모든 원단을 통칭하는 다이마루는 눕고, 구르고, 뛰고, 청결활동을 하는 등 활동성이 뛰어난 강아지에게 가장 적합한 원단이다. 신축성이 없는 직기 원단도 강아지 옷으로 사용되지만 이 경우 가슴둘레나 진동둘레의 여유분 등 강아지가 충분히 활동할 수 있도록 패턴에서 고려해야 하고, 단추를 여미는 방식으로 옷을 완성하는 것이 좋다.

# 강아지는 네 발로 엎드린 구조를 가지고 있다

### 1. 부자재의 선택

강아지는 엎드려 있는 신체 구조를 가지고 있으므로 사람만큼 다양한 원단이나 부자재를 사용할 수 없다. 따라서 옷이 바닥으로 처지지 않으면서 핏은 살려줄 수 있도록 디자인 단계, 패턴 그리기, 부자재 선택 시에 고려해야 한다. 다이마루 원단과 시보리는 강아지 몸의 구조상 매우 중요한 부자재로 사용된다.

강아지 옷 중 티셔츠는 다이마루 원단+시보리, 바이어스, 고무줄 등을 주로 사용한다. 밑단에 주로 사용되는 시보리나 바이어스, 고무줄은 옷이 몸에 잘 맞는 동시에 바닥 쪽으로 내려가지 않고 몸으로 모아지게 하는 역할을 한다.

### 2. 장식 · 디자인 포인트의 위치

네 발로 서 있을 때 강아지의 등은 눈에 잘 띄고, 배는 잘 보이지 않는 부분이다. 등과 배가 사람과는 반대 구조로 되어 있으므로 등에 리본이나, 주머니, 코사지 등의 장식을 해주는 것이 좋다. 경우에 따라 디자인의 중요 포인트나 디테일이 등에 있을 때 어색한 느낌을 주는 경우도 있다. 예를 들어 강아지 턱시도의 경우 중요 포인트인 셔츠의 칼라와 재킷의 V존이 등으로 오면 사람에 따라 호불호가 있는 디자인이 될 수 있다. 예전에는 중요한 포인트 요소들을 등판으로 오게 디자인한 옷이 많았다면, 요즘은 사람 옷과 비슷한 형태가 많아지면서 강아지가 앉았을 때 포인트가 되도록 배판을 활용하는 비중도 늘고 있다. 옷의 특성에 따라 부자재를 어디에 다는 것이 좋을지 미리 신중하게 생각해보고 결정하자.

## 강아지는 털이 있다

### 1. 털 길이에 따른 옷의 여유분이 필요하다.

털의 길이와 양에 따라 옷의 여유분이나 디자인을 달리해야 한다. 장모종은 미용 상태에 따라 옷 크기 차이가 커 선택에 어려움이 있다. 신축성이 있는 원단이라면 딱 맞지 않아도 입힐 수는 있겠지만 직기 원단(신축성이 없는 원단)이라면 전혀 입힐 수 없는 옷이 되어 버린다. 이처럼 견종, 미용 상태마다 털의 부피가 달라 일괄 적용하기는 어렵지만 +3~4cm의 여유분을 고려해야 한다. 겨울에는 대부분 털을 기르게 되고 옷 자체의 부피감도 크기 때문에 여유분이 추가로 필요하다. 털이 긴 강아지라면 털 길이에 따라 여러 가슴 사이즈를 체크해 두는 것이 좋다. 털의 부피감을 치수로 잰다는 것이 어렵기 때문에 옷을 입혀보고 얼마나 더 여유를 줘야 할지를 생각해서 사이즈를 결정하면 된다. 직접 만들어 옷을 입히면 이런 부분까지 신경 쓸 수 있어서 좋다.

### 2. 움직임이 많은 부위에 여유분을 준다.

겨드랑이, 머리 뒤, 목 뒤는 움직임이 많은 부분이기 때문에 옷을 입고 있으면 마찰이 심해져 털이 쉽게 엉킬 수 있다. 털을 기른 강아지라면 진동 깊이를 충분히 여유 있게 한다거나, 목 뒤쪽에만 여유분을 더 주어 마찰이 적도록 만들어 주는 것이 좋다. 또한 옷은 너무 장시간 입히지 말고, 옷을 벗겼을 때는 털 정리를 해주어야 한다.

### 3. 강아지 옷의 여밈은 단추가 좋다.

강아지는 털이 있기 때문에 옷에는 지퍼 장식보다는 단추 여밈이 대부분을 차지한다. 털이 짧은 강아지라 하더라도 몸에 밀착시켜 지퍼를 잠글 경우 털이 끼이거나 뽑힐 수 있어 지퍼는 많이 사용되지 않는다. 지퍼를 아예 사용하지 않는 것은 아니지만 덧단(지퍼 이에 털이 끼이지 않도록 막아놓은 부분)이 없는 지퍼 잠금의 옷이라면 선택하지 않는 것이 좋다. 또 벨크로 테이프를 이용하여 여밈을 하기도 한다. 털이 붙을 수는 있지만 가볍고, 사이즈를 조금 크게 사용하면 결합력이 높아져 단단하게 여밈이 되는 좋은 재료 중 하나이다.

## 강아지는 활동성이 좋다

### 1. 도톰한 원단이 좋다.

강아지는 활동성이 좋아 얇은 원단은 쉽게 늘어나고 금방 헤져 옷을 오래 입지 못할 뿐만 아니라 원단의 조직이 약해 봉제도 어렵다. 늘어나는 소재인 다이마루 원단으로 옷을 만들었다면 조금 도톰한 것을 선택하는 것이 좋다. 원단 두께는 '수'의 개념으로 나누며, 30수가 가장 일반적인 두께이고 많이 사용되는 두께이다. 숫자가 낮을수록 원단이 두껍다. 다이마루 싱글 원단을 기준으로 30수보다는 20수 정도의 원단을 선택해야 형태를 더 오래 유지할 수 있다.

### 2. 다리 주변, 허벅지 주변, 꼬리 주변에 여유분을 준다.

다리 주변, 허벅지 주변, 꼬리 주변에 여유분이 많고 넉넉할수록 편안한 옷이 만들어진다. 이러한 부위들은 여유분이 적으면 좀 더 핏감이 있는 옷이 된다. 강아지의 성향이나 보호자의 취향에 따라 여유분을 결정하여 만들면 된다. 옷에 적응을 못하거나 옷을 처음 입는 강아지들은 주요 부위들의 치수를 늘려 여유 있게 만들면 옷에 적응시키기 훨씬 좋다.

### 3. 고무줄이나 시보리를 많이 사용한다.

강아지 옷에는 고무줄과 시보리가 많이 사용된다. 티셔츠에는 시보리가 많이 사용되고, 바지는 주로 고무줄이 사용된다. 특히, 고무줄은 옷의 형태를 예쁘게 잡아주면서도 강아지들의 움직임이 불편하지 않도록 해주는 아주 중요한 부자재이므로 다양한 폭의 고무줄을 상황에 맞게 사용해야 한다. 강아지 옷에 가장 많이 사용되는 고무줄 폭은 0.5㎝, 0.7㎝이다.

고무줄이나 시보리의 사용 분량도 중요하다. 사용하는 분량이 너무 적으면 몸에 옷이 너무 붙어 불편할 수 있고 너무 많으면 헐렁해지기 때문이다. 또 고무줄은 폭에 따라, 시보리는 두께에 따라 힘의 차이가 있으므로 어떤 원단을 사용하느냐에 따라 고무줄과 시보리의 선택도 달라져야 한다. 두꺼운 원단일수록 고무줄의 폭을 넓히고, 좀 더 두꺼운 시보리를 사용해야 한다.

## 옷의 완성도를 높이는 장식법

심플한 원단, 민무늬 원단을 사용할 때 장식이나 부자재의 포인트가 없으면 옷이 조금 허전해 보일 수 있다. 또, 같은 옷이라도 어떤 장식을 해주느냐에 따라 느낌이 달라진다. 많이 사용되는 대표 장식 방법을 알아보자.

### 리본 장식

샤주름이 있는 원피스 디자인은 리본 장식이 가장 잘 어울린다. 시폰 주름 리본과 싱글 와이어 리본이 많이 사용된다.

## 와펜 장식

여러 번 세탁을 해도 변형이 없는 장점을 가지고 있는 와펜은 점퍼나 외투에 잘 어울린다. 와펜은 박음질을 하여 붙일 수도 있고, 패브릭 글루를 이용해 원단에 붙일 수도 있다. 와펜은 등판 오른쪽 위나 등판 중심에 달면 가장 보기 좋다. 소형 강아지들은 작은 사이즈를 사용한다.

## 단추 장식

모양과 색상이 다양하기 때문에 단추 두세 개 만으로도 포인트가 될 수 있다.

## 전사지

전사지는 다리미 열로 원단에 붙여 깔끔하게 완성하는 장식법으로, 와펜과 달리 큰 사이즈를 몸판에 붙여도 어색하지 않다. 전사지는 시중에 판매되는 것을 사서 붙여도 되고, 간단한 레터링은 프린트와 다리미, 전사지를 이용하여 집에서 만들어서 부착해도 된다. 심플한 디자인에 귀여운 느낌의 전사지로만 장식하는 옷도 많으니 전사지 붙이기에 도전해 보자.

**tip** 집에서 다리미로 붙인 전사지는 열과 압력이 다르기 때문에 시중에 판매되는 옷의 전사지보다 내구성이 떨어진다. 전사지를 붙인 옷은 1주일 동안 형태가 안정되도록 세탁하지 않는 것이 좋고, 세탁 시 뒤집어 빨거나 손세탁을 하는 것이 좋다.

가정용 미싱의 지그재그 박기 기능에 무지개색 실을 사용하여 글씨를 쓰거나 간단한 그림을 그려 장식할 수도 있다. 이외에도 자수 놓기, 아플리케 방법도 유용하다. 오른쪽 사진은 장식을 원하는 곳에 무지개색 실을 이용하여 별 모양으로 박음질한 모습이다. 지그재그 박기 패턴을 선택하면 선이 단조롭지 않아 예쁜 장식이 된다.

**tip** 아플리케는 바탕천 위에 다른 천이나 레이스, 가죽 등을 여러 모양으로 오려 붙여 그 둘레를 손이나 미싱으로 봉제하는 것을 말한다. 다른 원단을 덧대서 올리고 테두리를 지그재그 박기로 박음질하면 간단하면서도 예쁜 장식이 된다.

01 PK셔츠

02 인터록 티셔츠

03 카디건

04 셔링 블라우스

05 퍼프소매 블라우스

06 스탠더드 강아지 셔츠

07 호박 스모킹 올인원

08 멜빵 청 올인원 & 원피스

09 안감 올인원

10 스키니 올인원

11 벨크로 여밈 원피스

12 캉캉 프릴 원피스

13 트위드 원피스

14 이지 패딩

15 인조 무스탕

16 바람막이 점퍼

17 트렌치코트

# 강아지 옷 만들기
*sewing dog* 소잉도그의 *handmade*

단정하면서도 귀여운

# PK셔츠

-- 난이도 ★★★ --

1. PK원단을 사용해서 PK셔츠로 불려요. PK원단은 면 원단으로 직조 후 상태가 벌집모양을 나타내고 있어서 피케(PK)라고 해요. 오돌토돌한 표면이 특징이에요.
2. 강아지 티셔츠의 기본 형태에서 칼라 및 단춧단이 추가되는 응용 형태라 손은 좀 더 많이 가지만 기본 티셔츠에서 볼 수 없는 깔끔하고 단정한 느낌이 좋은 옷이에요.
3. 너무 얇은 PK원단은 다루기가 까다로워요. 조금 도톰한 원단을 사용하세요.

### 사용 원단 및 부자재
M 사이즈 기준

**원단** PK원단 20~30수(120×42㎝)
**부자재** T단추 1~2세트, 실크 심지
**실물패턴 번호** 01

## 패턴 확인하기

단위 ㎝

- 등판 1 (소매 맞춤)
- 배판 1
- 주머니 1.5 / 1
- 단춧단 1
- 단춧단-1 1
- 밑단 시보리(시접 포함)
- 소매 1 (등판 맞춤)
- 소매-1 1 (등판 맞춤)
- 칼라 1 (목 라인)
- 칼라-1 1 (목 라인)
- 소매 시보리 (시접 포함)
- 소매 시보리 (시접 포함) 1

## ✂ 원단 재단하기

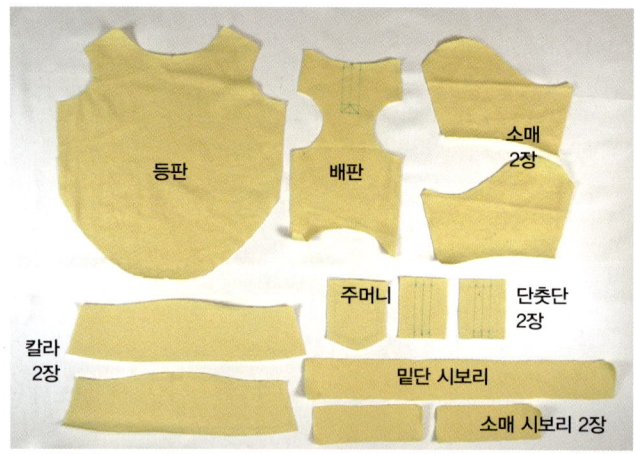
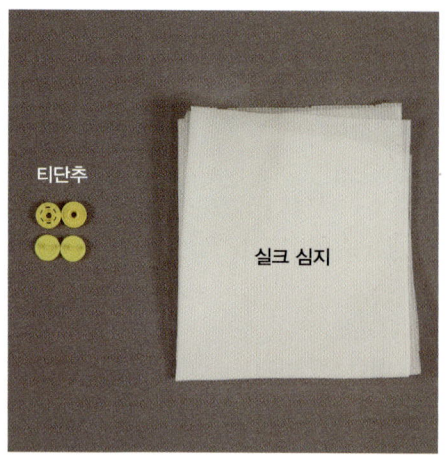

**재단 시 주의사항**

소매는 서로 방향이 다른 2장이 나오도록 1장은 패턴을 뒤집어 재단한다.
밑단과 소매 시보리는 바이어스 방향(대각선 방향) 재단이다.

## 👑 봉제 전 준비

실크 심지 부착하기(주머니, 단춧단 2장, 칼라 1장)

1. 주머니, 단춧단 2장, 칼라 1장을 원단 안쪽이 보이도록 놓고, 그 위에 실크 심지의 까끌한 면(풀이 묻어 있는)이 원단 안과 닿도록 올려 다리미로 꾹꾹 눌러 부착한다. (**심지붙이는 법** P.66)
2. 열이 식도록 잠깐 두었다가 재단된 모양으로 심지를 잘라 준비해 둔다.

   **tip** 등판의 주머니 위치, 배판의 단춧단 연결선, 단춧단의 내부선을 옮겨 그려 놓는다. 등판의 소매 맞춤점, 소매의 등판 맞춤점도 체크해 놓는다.

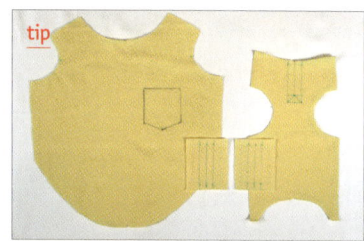

## 👑 주머니 달기

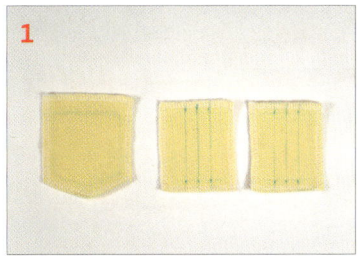

1. 주머니감, 단춧단 2장을 가져와 시접에 오버록 처리를 한다.
2. 주머니는 모양대로 시접을 접어 넣어 다리고, 단춧단 2장은 반으로 접어 다린다.
   tip 주머니 패턴에 마분지 등 두꺼운 종이를 붙여 딱딱하게 만든 후 다릴 때 안쪽에 넣어 시접을 꺾어 다리면 형태가 잘 만들어진다.

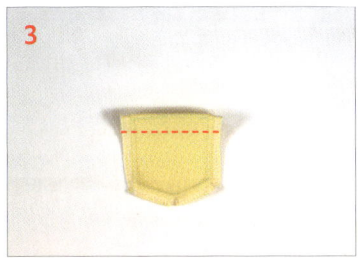
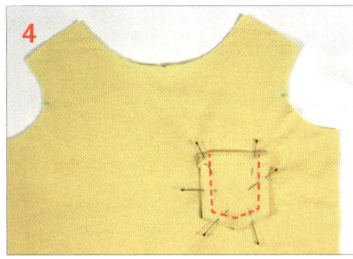
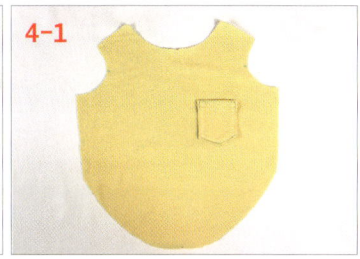

3. 주머니 시접을 펼치고 위쪽 시접만 접은 후 한줄 스티치를 넣는다. 시접의 아래쪽을 박는 것이 예쁘다.
4. 등판에 표시한 주머니 위치에 주머니를 맞춰 올린 후 눌러 박아준다. 시작과 끝 부분에 되돌아박기 하여 고정한다.

## 👑 어깨 · 소매 · 소매 시보리 연결하기

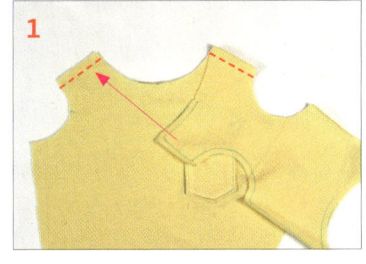
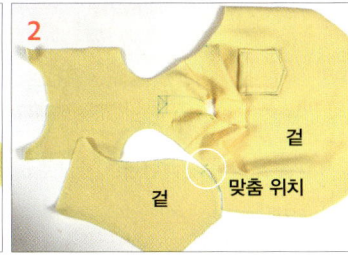

1. 등판은 겉이 보이게 놓고 배판은 안이 보이게 올린 후 양쪽 어깨를 박음질하고 오버록 처리한다.
2. 몸판의 겉이 보이도록 펼치고 소매를 가져와 소매 좌우를 맞춘다. 이때 몸판과 소매의 맞춤 위치를 맞추고 등판 쪽으로 달릴 길이가 비슷한지 확인하여 소매 좌우가 반대로 달리지 않도록 한다.
3. 맞춤 표시점을 기준으로 소매의 안이 보이도록 넘겨 몸판과 겉과 겉이 닿게 한 후 핀을 꽂아 고정하고, 소매가 달릴 시작점과 끝점도 고정한다.

4 옷을 세워 고정하면 양 끝을 맞추기가 더 좋다.
5 박음질 라인을 핀 고정한 후 박음질한다. 곡선 라인이 자연스럽게 박혀야 겉에서 라인이 예쁘게 나온다.
6 반대쪽 소매도 같은 방법으로 박음질하고 양쪽 시접을 오버록 처리한다.

7 겉에서 잘못 박힌 부분은 없는지, 라인이 자연스러운지 확인한다.
8 소매의 겉이 보이도록 놓고 소매 시보리감 2장을 준비해 안과 안이 닿도록 반으로 접어, 소매 겉에 올린다.

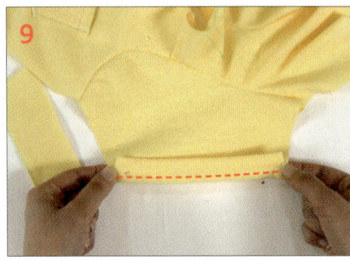  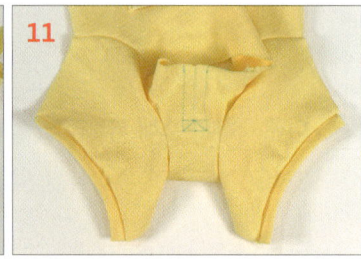

9 끝과 끝을 맞춰 핀 고정하고 소매 시보리감을 소매 밑단 길이에 맞게 당겨서 박음질한다.
10 소매 양쪽에 시보리를 연결하고 시접을 오버록 처리한다.
11 소매와 소매 시보리까지 연결된 모습이다.

## 옆선 연결하기

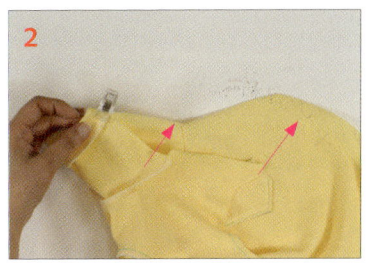

1 등판의 겉이 보이게 놓는다. 배판은 겉과 겉이 닿게 놓고 소매 밑단을 찾아 시보리를 펼친 후 겉과 겉이 닿게 소매를 반 접는다.
2 소매 밑단, 겨드랑이 부분, 옆선 끝을 맞춰 고정한다.

tip 소매 밑단에 달아놓은 시보리를 완전히 펼친 후에 반으로 접어야 한다. 오버록 시접이 보이지 않도록 시보리감을 펼친 후에 겉과 겉이 닿게 반으로 접는다.

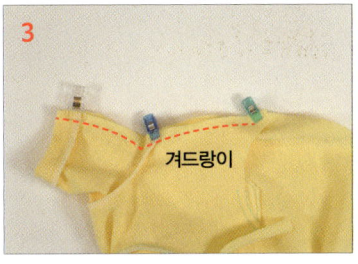

3 고정한 라인을 박음질한다.
4 반대쪽 옆선도 박음질하고 오버록으로 시접처리한다.

tip 한 번에 소매 밑단부터 겨드랑이를 지나 옆선 끝까지 박는 선이지만 실제로는 강아지가 겨드랑이 위치를 기준으로 발을 내려 소매가 꺾인다. 소매 먼저 라인을 맞춰 박고, 겨드랑이 부분에서 바늘을 꽂아 노루발을 들어 옆선 박을 방향으로 각도를 바꿔준 후 박음질하면 일자로 쭉 내려와 박는 것보다 완성도가 더 높다.

## 밑단 시보리 달기

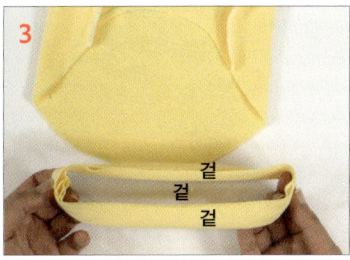

1 밑단 시보리감의 겉과 겉이 닿도록 반을 접고 동그랗게 시보리가 연결될 수 있도록 끝을 박는다(시접 1㎝).
2 박은 시접을 양쪽으로 펼쳐 가름솔하고, 안과 안이 닿도록 반으로 접는다. 반대쪽도 안과 안이 닿도록 반을 접는다.
3 시보리감을 벌려 손을 8자 모양으로 움직여 두 겹의 동그란 시보리를 만든다. 안과 안이 닿도록 동그라미를 만들었으므로 시보리의 모든 면에 원단 겉이 보이게 된다.

4 몸판을 안이 보이게 놓고, 옆선 시접을 배판 쪽으로 보내 잡은 뒤 옷을 살짝 겉이 보이게 젖힌다. 시보리의 동그라미를 만들기 위해 연결한 옆선 쪽을 가지고 와 몸판의 옆선과 겉과 겉이 닿게 하여 첫 번째 점을 고정한다.

5 옆선의 첫 고정점을 기점으로 몸판 밑단에 4등분 점을 표시하고, 시보리도 4등분이 되도록 표시한 후, 서로 맞추어 고정한다. 시보리감이 몸판 밑단 둘레보다 짧기 때문에 시보시를 밑단에 잘 배분해야 한다.

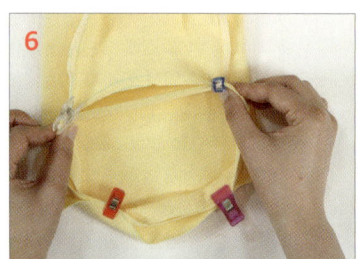 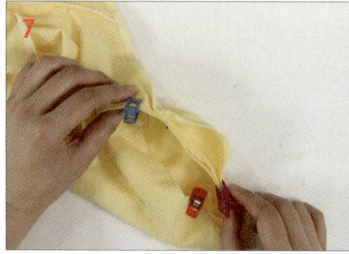 

6 4등분된 각 구간을 사진과 같이 길이가 비슷해질 정도로 당겨보면서 시보리가 어느 쪽이 부족한지, 남는지 체크한다. 시보리가 남거나 부족하면 등분점에서 시보리를 좌우로 움직여가며 전체적으로 비슷하게 분배되도록 조정한다.

7 고정한 상태에서는 사진처럼 시보리가 짧고 몸판의 길이가 더 길다.

8 박음질할 때는 길이가 비슷해질 정도로 당겨 길이를 맞추어 박는다.

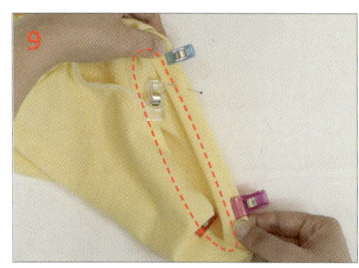  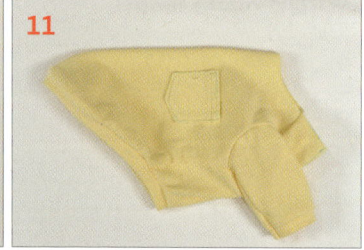

9 시보리의 겉면이 보이게 놓고 한바퀴를 둘러 박음질한다.

10 시접을 오버록 처리한다.

11 시보리가 안으로 들어가면서 밑단에 안쪽으로 꺾임이 자연스럽게 생긴다.

## 👑 칼라 박기

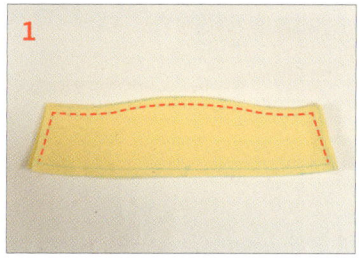  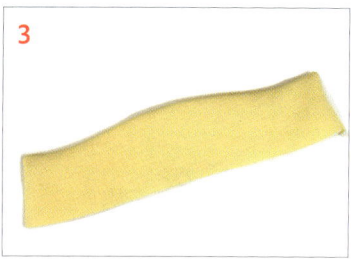

1  칼라감 2장을 준비하고 겉과 겉이 닿게 겹친 후 목라인을 제외하고 박는다.
2  시접을 반 정도 남기고 잘라낸 후 뒤집는다.
3  다리미로 다려 모양을 잡아둔다.

> **tip** 옷이 완성 되었을 때 겉으로 보이고 싶은 쪽을 정할 수 있다. 심지 붙인 쪽이 겉면으로 오게 하면 옷의 형태감이 더 좋아지고, 심지 붙인 쪽이 안면으로 들어가면 좀 더 자연스럽게 형태감이 산다.
> 칼라 2장을 박은 연결선은 겉으로 정한 면에서는 보이지 않도록 살짝 안쪽으로 밀어 넣으면서 다려주면 더 깔끔하게 완성된다.

## 👑 단춧단 연결하기

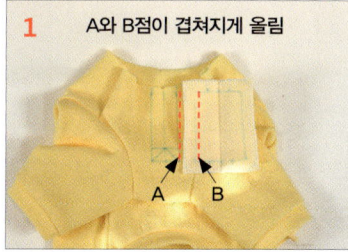  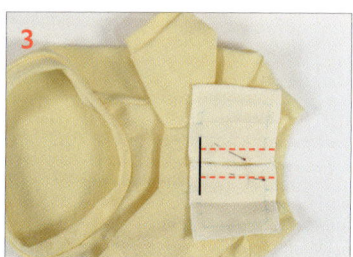

1  단춧단의 안이 보이게 배중심 위에 올린다. 배중심에 미리 그은 선과 단춧단에 표시한 선의 맞춤 위치를 확인한다.
2  A와 B점을 맞추고 겹쳐진 지점까지만 되돌아박기 하며 박아둔다.
    tip  A와 B를 맞추면 배판선보다 단춧단 시접이 1cm 더 내려간다.
3  양쪽 모두 박는다.

 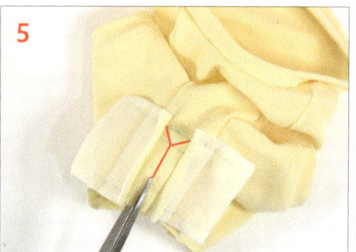 

4  A, B점 겹친 부분까지만 박음질 되어있다.
5  배중심에 표시된 라인을 가위로 잘라낸다. 가위가 들어가는 방향에서 Y자 모양으로 자르되 선에 딱 맞도록 자른다.
6  단춧단에 붙인 심지가 보이게 펼치고, 다림질한 모양대로 반 접는다.

**7** 박은 시접이 안으로 들어가도록 젖힌다.
**8** 반대쪽도 같은 모양으로 준비한다.
**9** 윗부분의 단춧단을 완전히 겹쳐 고정한다.

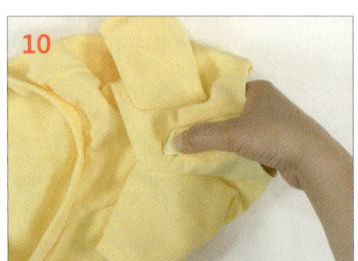 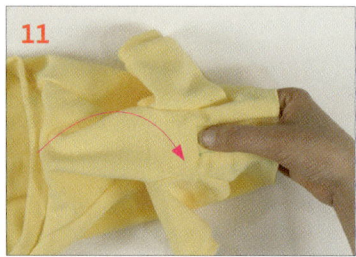 

**10** 아랫부분의 남겨져 있는 시접을 사진과 같이 엄지 손으로 눌러 보이지 않게 옷 안쪽으로 밀어 넣어 정리한다.
**11** 단춧단의 아랫부분을 박아 고정하기 위해 아래쪽을 엄지 손으로 잡은 채로 배판을 걷어 올려 안쪽이 보이도록 한다.
**12** Y자로 자른 삼각형 부분과 겹쳐진 단춧단의 아랫부분을 박는다. 삼각형의 양 끝이 정확히 지나가도록 박는다.
  **tip** 삼각형 양 끝을 지나 위로(옷 쪽으로) 박으면 원단의 몸판 쪽이 집히게 되고, 아래쪽으로 내려 박으면 삼각형 양 끝에 구멍이 생긴다. 라인을 정확히 박아야 한다.

**13** 아래쪽이 박히면서 단춧단이 고정되었다.
**14** 아래쪽을 직사각형 모양으로 한 번 더 박음질해두면 튼튼하게 고정된다.

# 몸판에 칼라 연결하기

1 단춧단에 표시된 단추 달림선을 확인하고, 칼라감을 가져와 겉으로 보이고 싶은 면이 겉이 되도록 올린다.
2 칼라 시작점에 칼라를 맞춰 올리고 고정하되, 단춧단의 다림질된 선을 펼쳐 놓는다.
3 다림질 선을 기준으로 다려놓은 방향의 반대로 꺾어 칼라를 덮고 고정한다.

4 칼라를 목라인에 둘러 고정한다. 칼라와 등판의 목 중심을 서로 맞춰 고정하고 반대쪽 단춧단에도 칼라를 같은 방법으로 고정한다.
5 목라인을 한 바퀴 둘러 박는다. 박음질하면서 칼라 위치가 변경되지 않도록 신경쓴다.
6 목라인 시접을 오버록 처리한다.

7 단춧단 부분의 시접이 두꺼우므로 대각선 방향으로 시접을 잘라 정리한다.
8 단춧단을 원래 모양으로 뒤집으면 칼라 달림 부분이 깔끔하게 정리된다.
9 목라인 시접을 아래로 내리고, 목라인에 스티치를 박아 시접을 누른다.
  tip 스티치는 목 중심부터가 아니라 어깨선 근처에서 시작해 반대편도 같은 위치에서 끝낸다. 이렇게 하는 이유는 칼라가 젖혀 내려와 원래 모양대로 자리를 잡았을 때 스티치를 보이지 않도록 해 깔끔한 느낌을 내기 위해서다.

## 단추 달아 완성하기

1  단춧단 양쪽의 미리 표시된 중심 라인에 단추가 달리게 된다.
2  완전히 겹쳐 라인을 맞춘 후 위에서 1㎝ 떨어진 위치에 송곳으로 구멍을 뚫는다. 아래쪽 단춧단까지 구멍을 낸다.
3  **T단추 다는 법(P.69)**을 참고하여 단추를 단다. 단추는 단춧단 길이에 따라 1~2개 달아둔다.

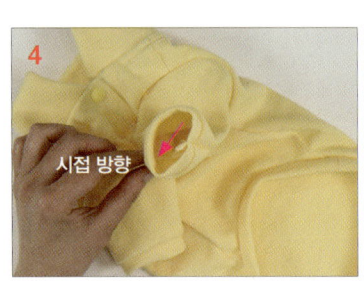 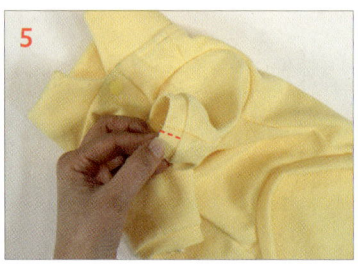 

4  앞발이 나오는 소매 밑단이 보이게 놓고, 시접을 배쪽으로 보낸다.
5  시보리 부분에 짧은 길이로 박아 시접을 눌러둔다. 양쪽 모두 박는다.
6  PK셔츠 완성.

인터록으로 사랑스러운 포인트를 준

# 인터록 티셔츠

-- 난이도 ★★★ --

1. 원단의 신축성이 매우 좋으므로 늘어나지 않도록 박는 것이 중요해요.
2. 인터록 : 재봉할 천의 올이 풀리는 것을 방지하기 위하여 가장자리를 마무리 해주는 바느질로 일반적으로 많이 사용하는 오버록은 재봉 부위가 넓어서 눈에 보이지 않는 제품의 안쪽 부위에 많이 쓰이는 반면, 재봉 부위가 좀 촘촘한 인터록은 외부로 노출되는 부위에 많이 쓰여요.
3. 원단이 잘 늘어나는 특성을 활용해 손목 둘레와 목폴라 끝단에 물결처럼 구불거리는 장식 스티치를 넣어 포인트를 줄 거예요.
4. 오버록 미싱 환경이 개인마다 다르므로 인터록으로 변환하는 방법을 사전에 체크하고 테스트를 해본 후 옷을 만들어보세요.
5. 밑실에 오버록사(날라리사)를 사용하면 옷이 더 부드럽고, 입을 때 실이 터지는 현상을 없앨 수 있어요.

## 사용 원단 및 부자재

M 사이즈 기준

**원단** 골지 다이마루(70×50cm)

**부자재** 오버록사(날라리샤), 테프론 노루발 또는 롤러 노루발, 바이어스 메이커(18mm 빨강)

**실물패턴 번호** 02

## 패턴 확인하기

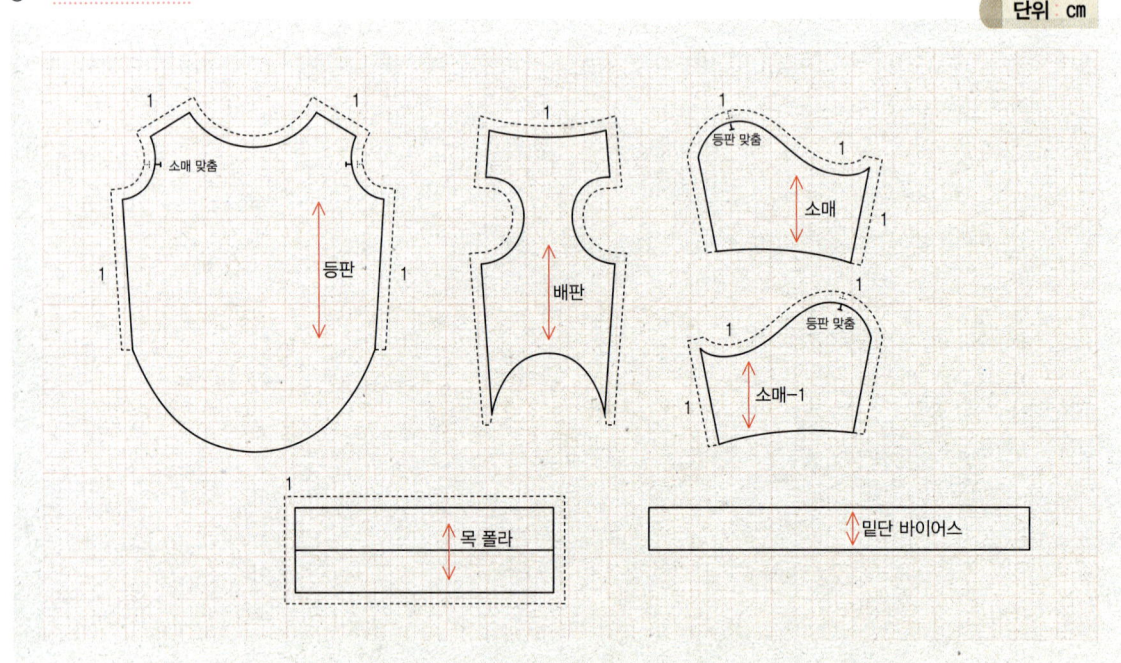

## 원단 재단하기

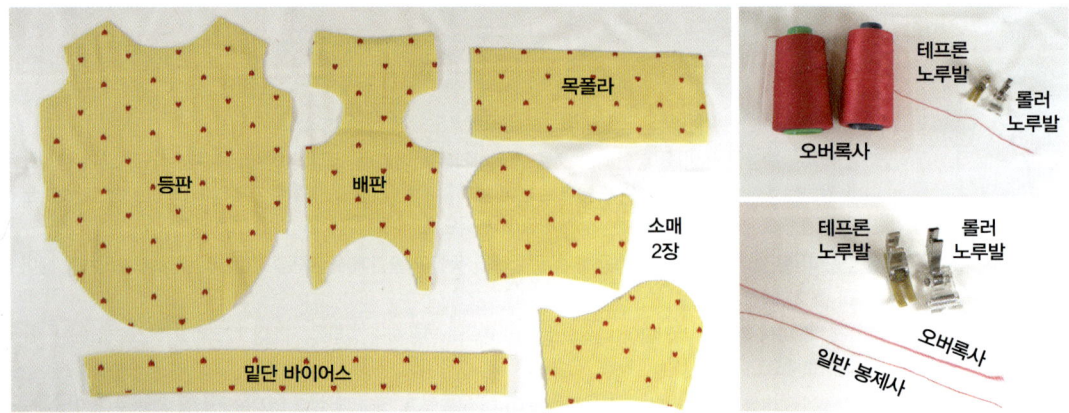

### 필요한 부자재

- **오버록사**(날라리사) : 일반 봉제사와 달리 얇고 부드러운 실가닥이 모인 형태의 실로 다이마루 원단 사용 시 3, 4번 실(아랫루퍼)에 사용하면 시접이 부드럽고 원단의 신축성을 해치지 않는다. 인터록에서는 실가닥이 여러 개인 특성을 이용하여 끝단에 볼륨감을 주고 비워지는 공간 없이 끝이 처리되도록 해준다.
- **테프론, 롤러 노루발** : 원단과 노루발의 마찰력을 줄여 원단이 바늘 뒤로 잘 이동하도록 도와주는 노루발이다. 가죽원단에 많이 사용하며 필수적인 도구는 아니지만 원단이 덜 늘어나는 데 도움이 된다.

### 재단 시 주의사항

소매는 2개를 재단하되, 한 장은 패턴을 뒤집어서 재단하여 같은 방향이 2개 나오지 않도록 한다.

## 어깨·소매 연결하기

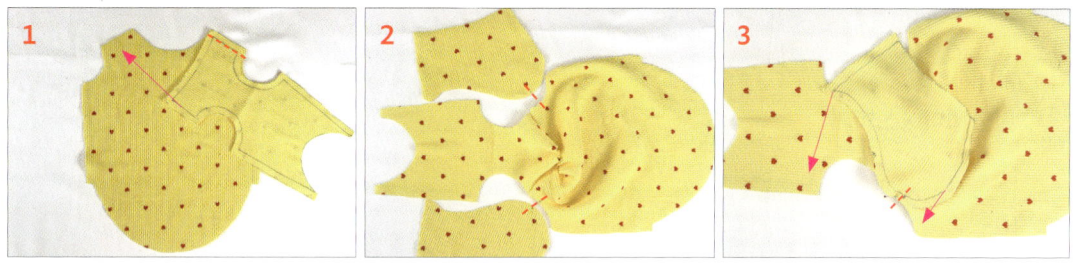

1. 등판은 겉이 보이게 놓고 배판은 안이 보이게 올려 양쪽 어깨를 박고 시접을 오버록 처리한다.
2. 옷의 겉이 보이게 모두 펼친 후 소매를 가져와 맞춤점을 맞추어 소매의 방향을 찾는다.
3. 소매를 겉과 겉이 닿게 뒤집어 소매맞춤 표시점에 맞춰 핀을 꽂고, 소매 양 끝을 몸판의 진동 양 끝에 맞춰 고정한다.

▶ **골지 다이마루 덜 늘어나게 박는 팁!**
- 노루발을 교체한다.(테프론 노루발, 롤러 노루발)
- 박음질 시 종이를 한쪽 노루발에 깔고 박는다.
  박음질 선 바로 옆에 종이를 깔고 박음질하면 늘어남이 거의 없다.

 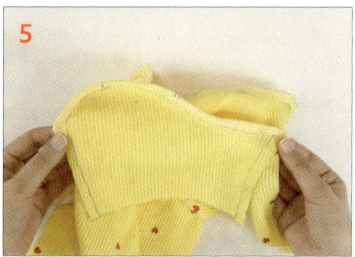 

4. 소매를 세워 중간중간 길이를 맞춰 핀을 추가로 더 꽂고, 진동 라인을 따라 박음질한다.
5. 반대쪽 소매도 동일하게 박음질하고 시접을 오버록 처리한다.
6. 진동은 박음질 시 늘어나기 쉬우므로 겉에서 소매를 봤을 때 구불거리는 부분 없이 매끈하게 박음질되어야 예쁘다.

## 👑 옆선 연결하기

  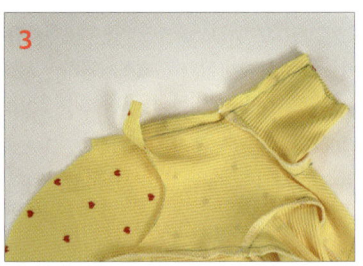

1. 등판과 배판의 겉과 겉이 닿도록 놓은 후 연결한 소매의 밑단 끝을 찾아 겉과 겉이 닿도록 잡고, 겨드랑이 부분과 옆선 끝을 맞춰 고정한다.
2. 고정한 옆선을 박음질하고 오버록 처리한다.
3. 반대쪽 옆선은 옆선 아래쪽 3~4㎝를 남기고 박음질한다. 오버록 처리는 하지 않는다.

## 👑 밑단 바이어스 박기

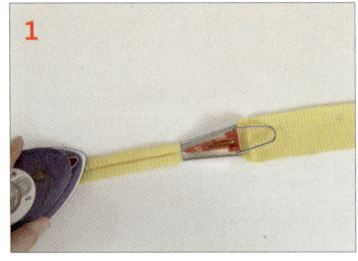 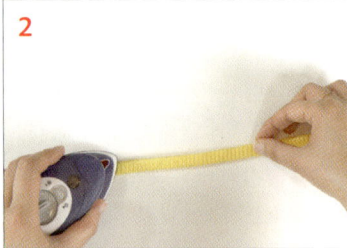 

1. 바이어스감은 안이 보이도록 놓고 바이어스 메이커 뒤쪽에서 앞으로 바이어스감이 빠져나오도록 끼운 뒤, 빠져나오는 부분을 다림질하여 고정한다.
2. 한 번 더 반으로 접고 다려 모양을 잡아둔다.
3. 몸판에서 바이어스감이 달릴 밑단의 시작과 끝 위치를 확인한다. 옆선에서 3~4㎝ 덜 박은 부위가 시작과 끝이 된다.

> 몸판의 길이가 바이어스감의 길이보다 짧아 몸판이 밖으로 튀어나온다.

4. 반대쪽 옆선의 시접은 배 쪽으로 보내고, 튀어나오는 시접을 잘라 정리한다.
5. 밑단의 시작 위치에 다려놓은 바이어스감을 펼치고 그 사이에 몸판을 끼워 핀으로 고정한다.
6. 시작과 끝 부분에 바이어스감을 우선 고정하고, 밑단 전체에 바이어스를 고정한다.

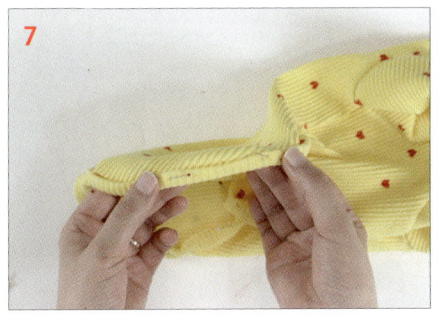 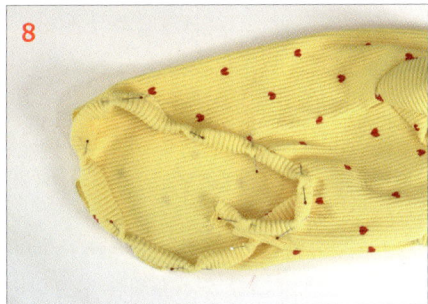

7 바이어스감이 몸판 길이보다 짧기 때문에 전체적으로 등분을 나누어 어느 한쪽이 너무 느슨하거나 타이트하게 고정되지 않도록 한다. 바이어스감의 길이를 좀 더 짧게 하고 바이어스감을 살짝 당기면서 박음질하면 안쪽으로 모여지게 박음질이 되어 강아지들의 등과 배 부분을 예쁘게 감싸준다.

8 전체적으로 고정된 것을 확인한다.

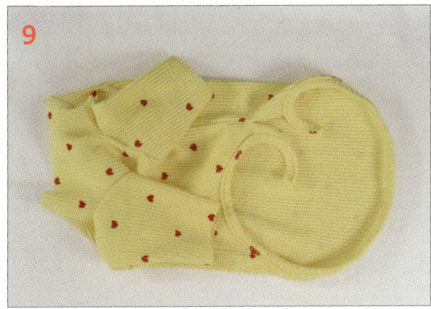 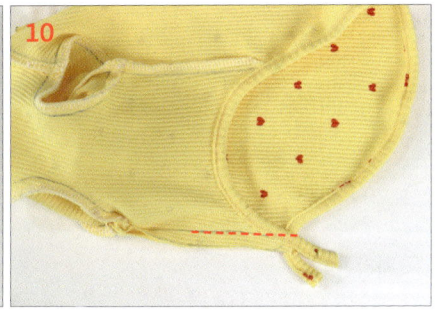

9 겉을 보고 한 바퀴 둘러 바이어스감을 박는다. 아래 고정된(옷 안쪽에) 바이어스감이 박음질되어야 한다.

10 한쪽 옆선에 3~4㎝ 박지 않고 남겨두었던 부분을 마저 박는다. 박은 후 옷을 겉에서 봤을 때 바이어스 연결이 자연스러워야 예쁘다.

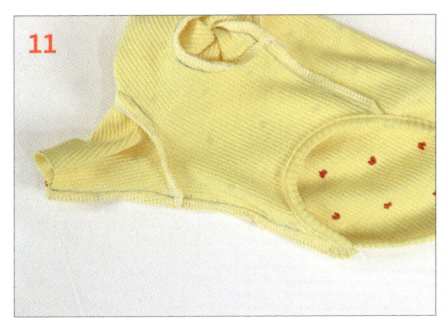 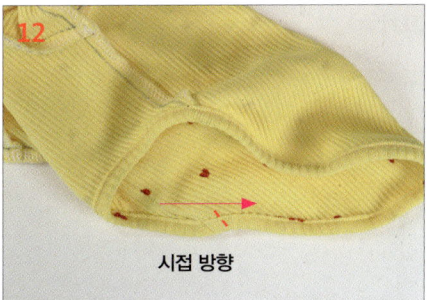

11 옆선을 박은 후 소매부터 옆선까지 한 번에 오버록 처리한다.

12 시접을 등판 쪽으로 보내고 바이어스감 부분에 시접을 눌러 박는다.

## 목폴라 연결하기

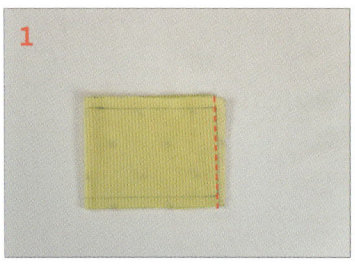
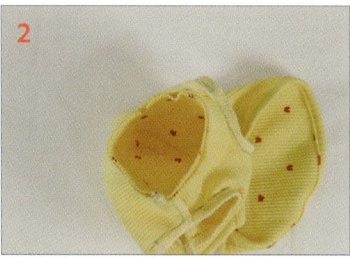

1 목폴라감을 겉과 겉이 닿게 반 접고, 옆선을 박은 후 오버록한다.
2 옷과 목폴라감 모두 안이 보이게 놓고, 목구멍으로 목폴라감을 집어넣는다. 목폴라감의 옆선 연결선을 한쪽 어깨의 선과 맞춰 집어넣는다.
3 몸판의 겉과 목폴라감의 안이 닿는 것을 확인하고 목폴라감이 보이도록 놓은 후 한 바퀴 둘러 박음질한다.

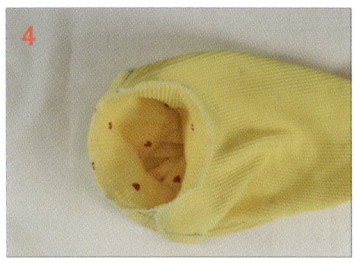
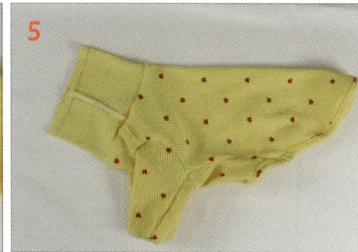
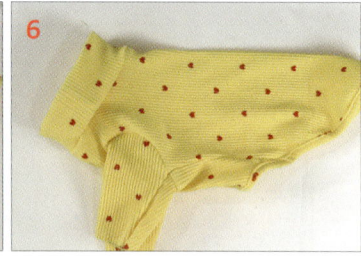

4 목라인을 오버록 처리한다.
5 목폴라가 연결된 모습이다.
6 목폴라를 접어내리면 겉면이 보인다.

## 인터록하여 완성하기

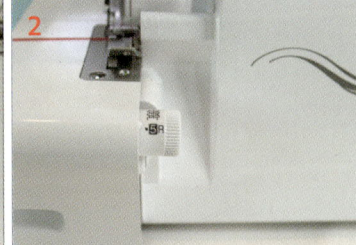

1 왼쪽 바늘과 실을 제거한다.
2 땀폭을 최소로 줄인다.
3 땀길이를 최소로 줄인다.

**One More Step**  인터록

- 인터록은 끝단을 마감하는 봉제 종류 중 하나로 손수건, 스카프 등에 많이 쓰인다. 인터록은 전용 인터록 미싱도 있고, 오버록을 활용해 인터록을 할 수도 있다. 가정용 오버록도 대부분 인터록이 가능하다. 전환 방법은 기종마다 차이가 있으니 설명서를 참고한다.
- **필요 준비물** : 총 3개의 실(오버록사-2개, 일반 봉제사-1개)
- **공통 준비사항** : 왼쪽 바늘 제거, 땀길이 최소(보통 R로 표시됨), 땀폭 최소(보통 R로 표시됨)
- **오버록에서 인터록으로의 전환법** : 침판 교체 또는 레버 전환 또는 부속품 제거(스티치핑거)로 나누어진다.

↖ 책에 사용된 기종은 '부라더 1034D' 모델이다.

4  2번 실걸이에 일반 봉제사를, 3, 4번 실 걸이에 오버록사(날라리사)를 연결한다.

5  테스트를 해본 뒤, 목폴라 끝과 소매 끝단을 인터록 친다.

6  원단이 자연스럽게 늘어나면서 물결장식이 생긴다. 원단을 당겨주면 물결장식이 더 강하게 생긴다.

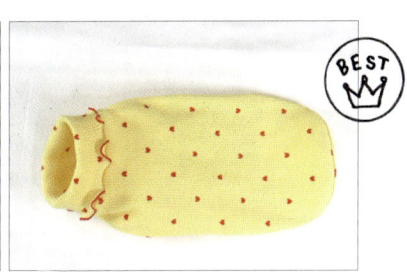

7  목폴라와 소매 끝단에 인터록 장식이 되면서 훨씬 사랑스러운 느낌의 옷이 완성된다.

**Q** 인터록이 끝단에 꼭 차지 않고 듬성듬성하게 돼요.

**A** 신축성이 좋은 원단은 늘어나면서 인터록이 비는 공간이 생겨요. 이럴 경우에 다음과 같은 방법으로 해결할 수 있습니다.
  ❶ 오버록 실의 개수를 늘리는 방법입니다. 4번째 실걸이에 오버록사를 하나 더 추가해 실이 통통하게 감기도록 하는 방법으로, 각각의 실이 하나의 실패걸이를 통과하도록 묶어서 연결합니다.
  ❷ 두 바퀴를 인터록하는 것입니다. 두 바퀴를 인터록하면 비어있는 많은 공간이 메워집니다.
  ❸ 실의 장력을 약간 풀어 조정해봅니다. 실이 너무 타이트하면 강하게 매듭이 생겨 비는 공간이 생길 수 있습니다.

↖ 오버록/인터록 겸용 미싱은 전용 인터록 미싱보다는 마감이나 완성도가 다소 떨어진다.

뜨개질 할 줄 몰라도 괜찮아요!

# 카디건

-- 난이도 ★★★ --

1. 일반적인 카디건은 손목 줄임, 어깨 줄임 등의 knitting 니팅 기법으로 실을 짜서 만들어요. 책에서는 일반적인 옷을 만들 듯이 미싱으로 연결하여 카디건 형태로 보이도록 제작할 거예요.
2. 시보리가 앞 중심, 목 라인, 밑단 등 전체에 사용되기 때문에 원단이 쭈글거리거나 늘어날 수 있어요. 몸판을 도톰한 두께의 원단으로 사용하면 완성도가 더 좋아져요.

## 사용 원단 및 부자재

M 사이즈 기준

**원단**  몸판 면 선염자가드(78×35cm)
　　　　시보리 면 30수 시보리(60×20cm)
**부자재**  가시도트 단추 3~4개 세트, 가시도트 기구, 몰드
**실물패턴 번호**  03

## 패턴 확인하기

단위 cm

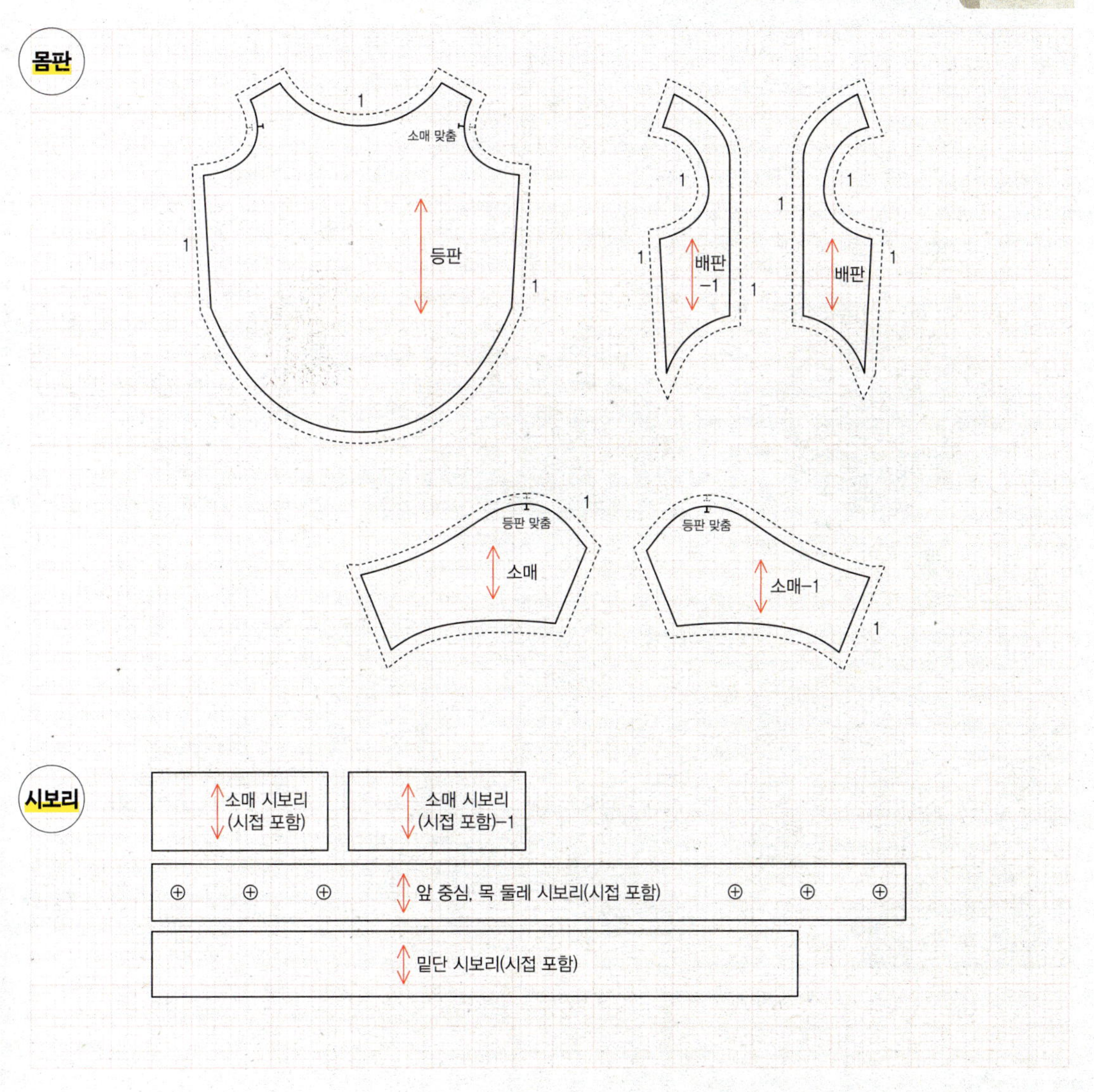

**몸판**

**시보리**

## ✂ 원단 재단하기

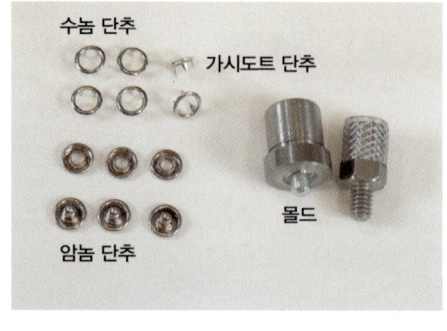

**재단 시 주의사항**

소매는 2개를 재단하되, 한 장은 패턴을 뒤집어서 재단하여 같은 방향 2개가 나오지 않도록 한다.

## 👑 어깨 · 소매 박기

**봉제 전 준비하기:** 패턴에 표시된 위치를 옮겨 표시한다.

1. 등판의 겉이 보이게 놓고, 배판을 안이 보이도록 올려 어깨선을 맞춘다.
2. 양쪽 어깨선을 박고 오버록 처리한다.
3. 몸판은 겉이 보이도록 펼치고,(어깨 시접은 배판으로 보낸다.) 소매를 가져와 겉이 보이게 놓고 맞춤 표시를 맞춘다.

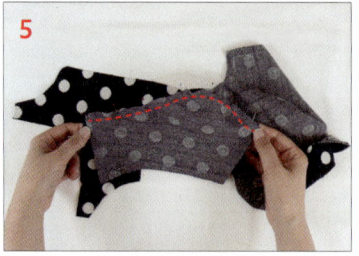

4. 소매를 뒤집어 겉과 겉이 닿도록 하여 맞춤점을 맞춰 고정하고, 몸판과 소매의 진동라인 양 끝을 고정한다.
5. 소매를 세워 중간중간 분량을 나누어 핀을 추가 고정한다.
6. 진동라인을 박고 오버록 처리한다.

7 겉에서 봤을 때 집히거나 모양이 어색하지 않은지 확인하고, 반대쪽 소매도 동일하게 달아준다.
8 소매의 겉이 보이도록 놓고, 소매 시보리감을 준비한다.

9 소매 시보리감의 안과 안이 만나도록 반으로 접는다.
10 반 접은 시보리감을 소매 밑단에 올린다. 시보리의 벌어지는 부분이 소매 아래쪽으로 향해있다.

11 양 끝을 고정하고 시보리를 소매 밑단에 박는다.
12 박은 시접을 오버록 처리하고, 반대쪽도 동일하게 시보리를 단다.

## 옆선 박기

1 등판을 겉이 보이게 놓고, 배판은 안이 보이도록 자리를 잡는다.
2 소매 시보리를 펼쳐 겉과 겉이 닿도록 고정한 후, 겨드랑이와 옆선 끝라인을 맞춰 고정한다.

3 고정한 라인을 박고 오버록 처리한다. 반대쪽 옆선도 동일하게 박는다.
4 양쪽 옆선이 연결되었다.

## 밑단 시보리 박기

1 밑단 시보리감의 안과 안이 만나도록 반으로 접는다.
2 반 접은 시보리감을 배판으로 가져와 고정한다. 시보리의 벌어지는 쪽이 아래쪽으로 향한다.

3 밑단 라인 전체에 분량을 나눠 고정한다.
4 밑단 라인에 시보리를 박고 오버록 처리한다.

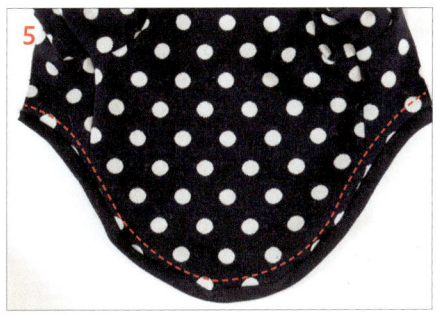 

5 시보리를 펼치고, 시접이 몸판 쪽으로 향하게 한다. 시접을 눌러가며 몸판 쪽에 스티치를 넣는다.
6 스티치를 넣은 모습이다. 시접이 눌러 박히면서 좀 더 정돈된 느낌이 든다.

tip 이렇게 시접을 눌러 박으면 시접이 뒤집어지지 않는다. 다만 박음질하면서 옷이 늘어나 우글거리는 현상이 생기기 쉽다. 늘어나지 않도록 노루발을 들었다 놨다 해주고, 박고 나서 스팀을 주어 다림질을 하면 늘어난 것을 어느 정도 회복시킬 수 있다.

## 앞 중심 · 목 라인 전체 시보리 달기

1. 시보리감에 단추를 달 위치가 표시되어 있는지 확인한다.
2. 시보리 끝을 안쪽으로 1㎝ 접어 넣고, 시보리감을 안과 안이 닿도록 반 접는다.

3. 배판 아래쪽으로 가져가 밑단 시보리 위에 고정한다.
4. 반대쪽 배판 아래쪽에도 고정하고, 시보리를 반 나누어 목 중심에도 고정한다.

5. 한쪽 배판 아래쪽에서 반대쪽 위치까지 한 번에 박음질한다. 밑단 시보리와 마찬가지로 늘어나지 않도록 주의한다. 박음질 후 오버록 처리하고, 밑단 시보리와 같이 스티치를 넣어 시접을 눌러준다.
   tip 시보리감의 길이가 정해져 있을 때는 시작과 끝 위치, 그리고 중간점을 우선 고정해야 시보리가 남거나 모자라지 않는다. 그리고 나서 중간중간 시보리감을 분배하여 추가로 고정한다.
6. 소매의 옆선 시접을 배판 쪽으로 보내고 시보리 부분에 짧은 길이로 시접을 눌러 박는다.
   tip 시접을 눌러 박는 것이 목적이므로 박음질 길이를 길게하면 덜 예쁘다. 시보리 부분에서만 되돌아박기 하면서 시접이 눌러질 정도로 박음질한다.

## 🐻 가시도트 단추달아 완성하기

책에서는 스냅기구를 이용하여 가시도트 단추를 달았다. 단추를 다는 기구는 다른 종류도 있으니 가지고 있는 기구의 사용법을 확인하고 단추를 달도록 한다. 테스트를 미리 해보고 옷에 단추를 다는 것이 좋다.

1. 단추기구(몰드), 단추, 옷을 준비한다. 옷에 단추 달 위치가 표시되어 있다.
2. 겉단추인 가시발을 가져와 옷의 오른쪽(사진 상) 뒤쪽에서 앞으로 튀어나오도록 끼운다.(뾰족한 가시발이 옷의 겉쪽으로 튀어나온다.)
3. 납작한 암놈 단추를 기구의 위쪽 몰드에 끼워준다.
    tip 납작한 암놈 단추의 앞뒤 구멍 중 구멍이 더 작은 쪽이 몰드 위쪽으로 가게 한다.

4. 뒤쪽에서 끼운 가시발이 기구 아래쪽으로 가도록 기구에 집어넣고(옷의 겉이 보이게) 레버를 내려 단추를 달아준다.
5. 납작한 암놈 단추 3개가 달렸다.
6. 왼쪽 앞 중심(사진 상)에는 가시발 단추가 겉면에서 안쪽으로 끼워지고, 튀어나온 수놈 단추가 안쪽에 달리게 된다. 방법은 동일하다.

7. 단추를 달기 전에 사진처럼 똑딱하고 채워질 수 있도록 단추가 배치되어 있는지 확인하고 달아야 한다.
8. 카디건 완성!

hand-made dog clothes

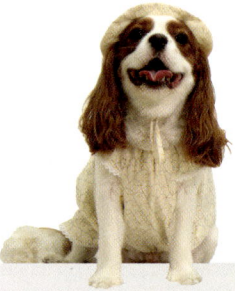

시원하게 바람 통하는

# 셔링 블라우스

-- 난이도 ★★ --

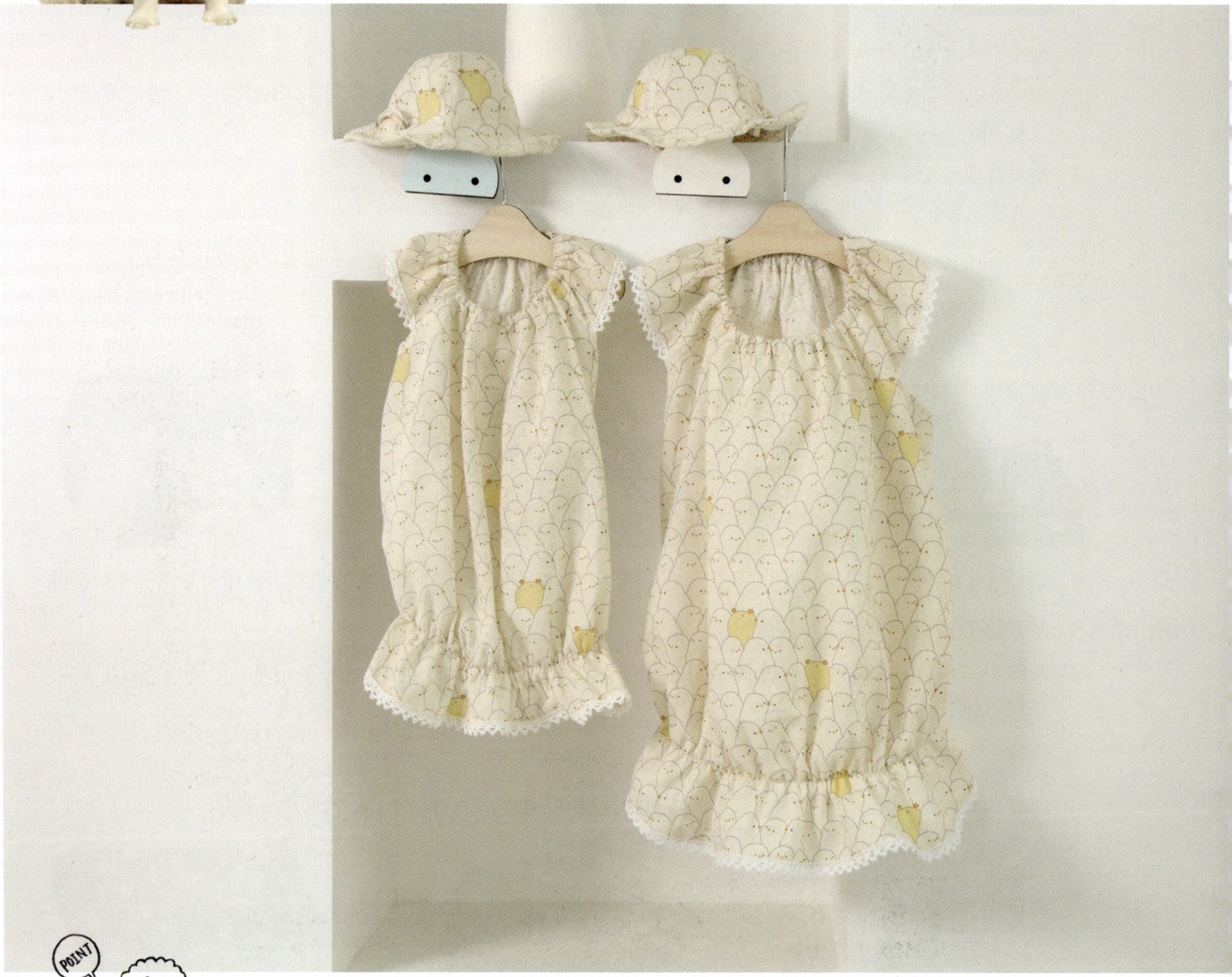

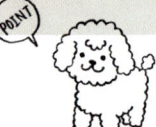

1. 바람이 들어간 것처럼 볼륨감 있는 블라우스입니다.
2. 원단은 무게감이 적은 것이 좋습니다. 두꺼운 원단은 볼륨감이 덜하므로 얇은 원단을 선택하세요.
3. 고무줄은 폭이 두껍지 않은 것을 준비해요. 두꺼우면 고무줄의 힘이 좋아서 고무줄 부위가 너무 쪼그라들 수 있어요.

## 사용 원단 및 부자재

**M 사이즈 기준**

**원단** 면 40~50수(88×40cm)

**부자재** 토숀 레이스(폭 10mm, 100cm),
고무줄(폭 3~5mm, 53cm) – 고무줄 길이(목 : M-26, 밑단 : M-27)

**실물패턴 번호** 04

| 사이즈 | S | M | L | XL | 2XL |
|---|---|---|---|---|---|
| 목 | 22 | 26 | 28 | 31 | 34 |
| 밑단 | 23 | 26 | 28 | 31 | 34 |

## 패턴 확인하기

단위 cm

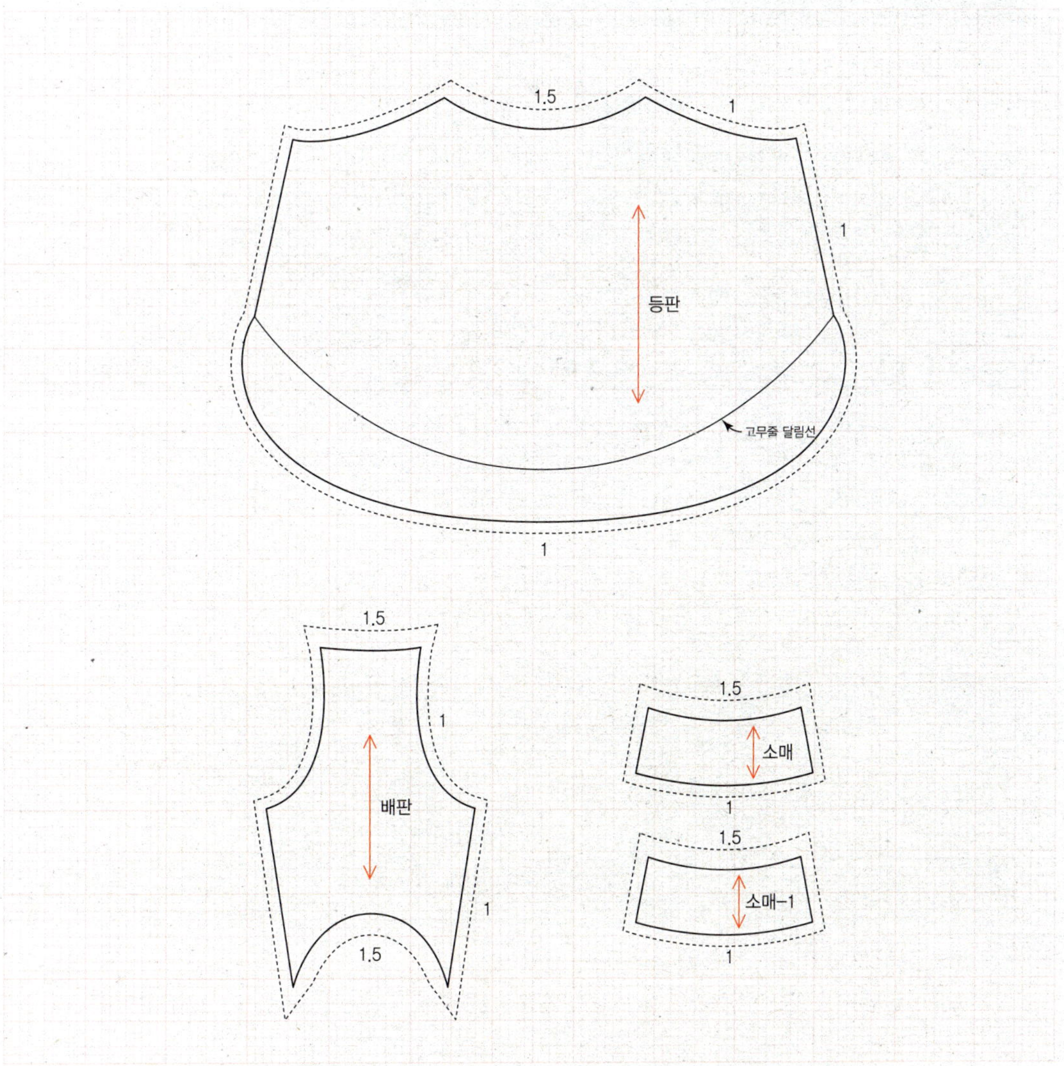

(등판, 배판, 소매, 소매-1 패턴 도면)

## ✂ 원단 재단하기

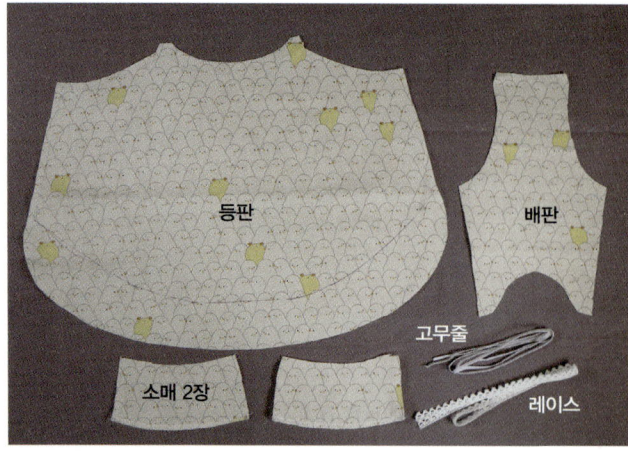

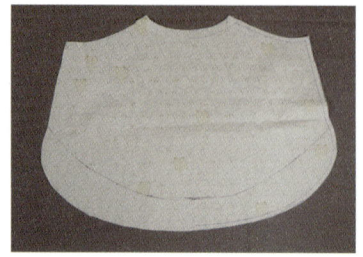

**재단 시 주의사항**
시접이 1.5cm인 곳을 체크해 재단한다.

\* 봉제 전 준비
등판 안쪽에 고무줄 달림선 표시하기

## 👑 소매 밑단 레이스 달기 · 배판 밑단 고무줄 달기

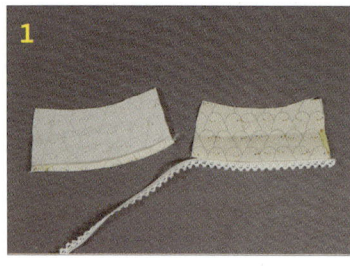

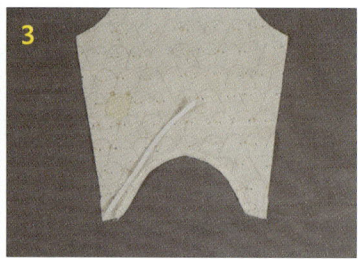

1 소매감 2장의 밑단 시접을 오버록 처리하고, 시접을 안쪽으로 완성선만큼 접고, 겉에 레이스를 올려 박음질한다.
   **tip** 박음질 시 접어 넣은 시접이 눌려져야 하며, 레이스 일부가 소매밑단 밖으로 튀어나와야 예쁘다.

2 배판 밑단을 오버록 처리한 후 고무줄의 필요한 분량을 잡는다.
   **tip** 원단 끝에서 배중심까지 고무줄을 놓고 +2~3cm 더 여유를 주어 자른다.

3 한쪽 끝으로 고무줄을 가져가 완성선 바로 옆에 고무줄을 놓고 끝을 되돌아박기하여 단단히 고정한다.
   완성선 안쪽으로 들어오지 말고 시접 공간에서 고무줄을 박는다.

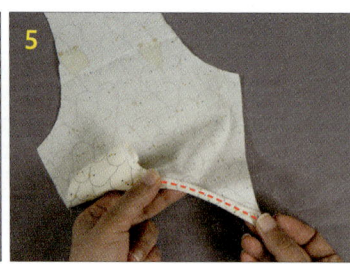
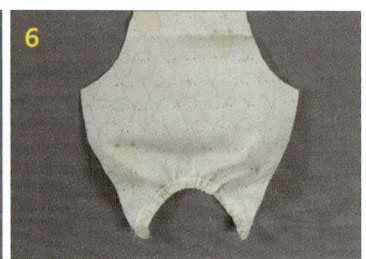

4 반대쪽 끝에도 고무줄을 박는다. 양쪽 끝에 고무줄이 박혔다.

5 완성선 바로 옆에 고무줄이 있는 것을 확인하고, 완성선만큼 시접을 접은 후(고무줄이 뒤집어진다.)
   오버록 라인의 중간선을 박는다. 이때 고무줄이 같이 박히지 않도록 한다.

6 고무줄이 안에 가둬지면서 주름이 생긴다.
   **tip** 고무줄이 박히지 않았는지 고무줄을 늘려본다. 고무줄이 늘어나지 않거나 당기는 느낌이 들면 고무줄이 박힌 것이다.

## 등판·배판 옆선 연결하고 오버록 처리하기

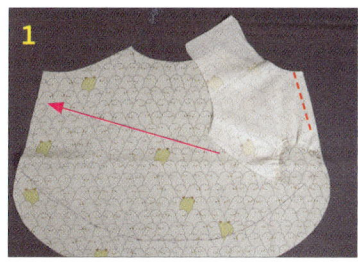 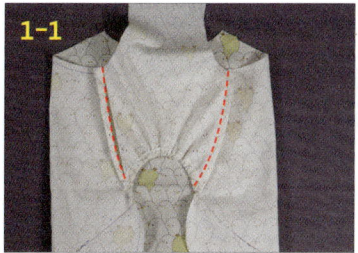 

1 등판과 배판 옆선의 겉과 겉이 닿도록 올려 양쪽 옆선을 맞추고(배 밑단 고무줄을 최대한 편다.) 박음질한다.
2 박은 시접을 오버록 처리하되, 밑단 라인까지 한꺼번에 해준다.

## 허리 고무줄 박기

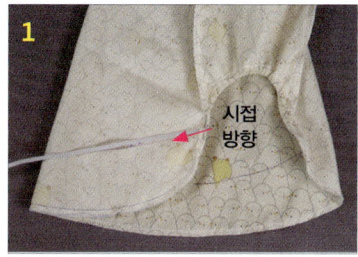 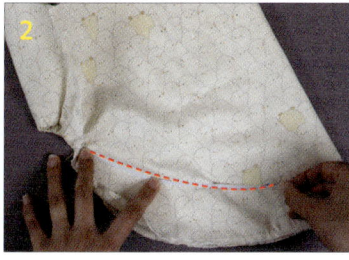 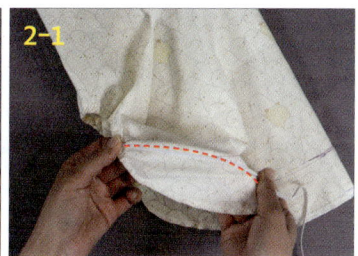

1 분량의 고무줄을 시작점에 올리고 시접을 고무줄 쪽으로 덮어 고정한다.
2 반대쪽 끝에도 고무줄을 고정하고 미리 표시한 선에 맞춰 고무줄을 당겨가며 고무줄 폭의 중심을 박는다.
시작과 끝 부분에 되돌아박기를 단단히 한다.
tip 고무줄이 남거나 모자라지 않도록 고무줄 길이를 고무줄 박을 선에 잘 분배하여 박는다.
등 중심에 고무줄의 절반 위치를 맞춰 핀을 추가로 더 고정하면 좋다.

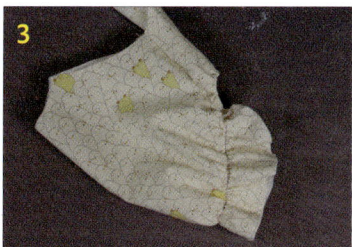  

3 고무줄이 박히면서 자글자글한 주름이 생겨 옷에 볼륨감이 생기게 된다.
4 고무줄이 박힌 모습이다.

## 밑단 레이스 박기

1 레이스가 달릴 밑단 라인을 확인하고 밑단 라인 시접을 안쪽으로 완성선만큼 접은 뒤, 겉에서 레이스를 올려 시접을 눌러 박는다.
2 레이스를 박은 모습이다. **tip** 레이스 양 끝을 안쪽으로 한번 접어 놓고 박음질 한다.

## 소매 달기

 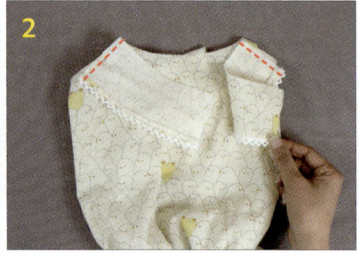 

1 몸판과 밑단에 레이스를 달아둔 소매를 준비한다.
2 등판의 진동라인 시작점에 소매를 가져가 소매길이 끝까지 박음질한다. 소매와 몸판은 겉과 겉이 닿아있다.
3 등판에 소매가 연결되었다.

4 배 진동선에도 소매를 연결한다. 겉과 겉이 닿아야 한다.

 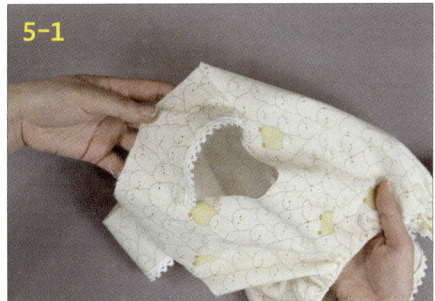

**5** 소매가 연결된 모습이다.

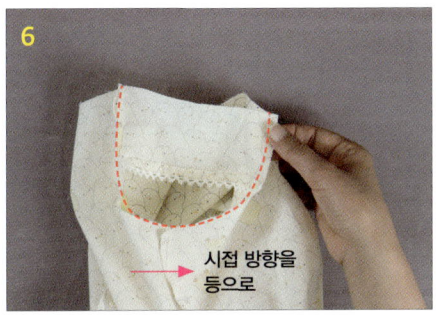 

**6** 진동라인에 오버록 처리한다. 소매와 몸판을 연결한 부분과 아무 것도 연결되어 있지 않은 나머지 진동라인도 모두 오버록 처리한다.

**7** 겉을 보고 시접을 몸판 쪽으로 접어가며 스티치를 넣는다. 오버록 처리한 진동라인 전체를 한 번에 박는다.

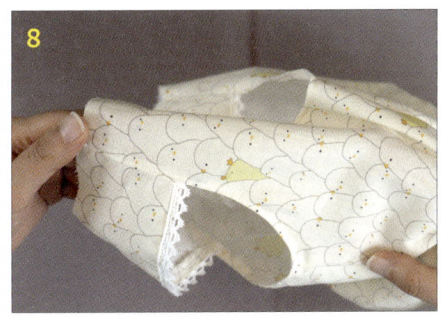 

**8** 스티치를 넣은 모습이다.

### 목라인에 고무줄 넣어 완성하기

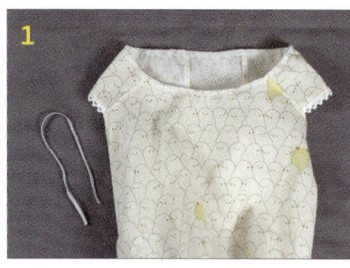 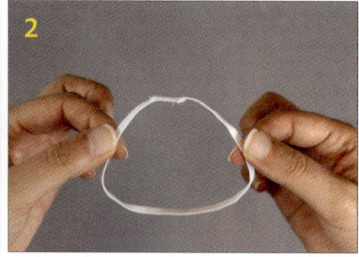 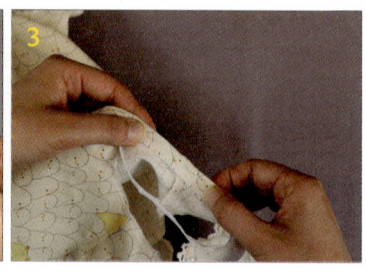

1 목라인에 오버록 처리하여 시접을 정리하고, 분량의 고무줄을 준비한다.
2 고무줄을 1㎝ 정도 겹쳐 미싱으로 단단히 박음질하여 원형으로 만든다.
3 목라인의 완성선에 맞춰 고무줄을 올리고, 시접을 접어 넣은 후 목라인 전체를 한 번에 박음질한다.

> **tip** 고무줄을 박다보면 사진처럼 고무줄은 짧고 목라인은 많이 남게 되는데, 그럴 땐 노루발을 들어 고무줄이 늘어날 수 있도록 공간을 만들고 고무줄을 당겨 목라인과 길이를 맞춰가며 박는다.
>
>

4 시접 안에 고무줄을 가두고, 한 바퀴를 돌아 시작점에 다시 돌아와 되돌아박기를 하며 끝낸다.
5 목에 고무줄이 들어가 주름이 만들어진다.
6 셔링 블라우스 완성.

너무 사랑스러워요.

# 퍼프소매 블라우스

-- 난이도 ★★★ --

1. 귀엽고 사랑스러운 스타일의 블라우스예요. 원피스와 함께 코디하기 좋은 아이템입니다.
2. 질감이 있는 원단을 사용했어요. 단색의 면 원단을 사용해도 좋아요.
3. 원단 두께는 소매의 퍼프량을 잘 살리기 위해서 얇은 것으로 선택하는 것이 좋아요.
4. 단춧구멍을 내고 단추를 다는 디자인이에요. '**단춧구멍 만드는 법과 단추 다는 법(P.73)**'을 참고하세요.

### 사용 원단 및 부자재
M 사이즈 기준

**원단** 면 40~50수(116×43cm)
**부자재** 주름 면레이스(폭 20mm), 고무줄(소매 폭 3mm, 길이 14cm 2개)
진주 단추 4개, 실크 심지
**실물패턴 번호** 05

| 사이즈 | S | M | L | XL | 2XL |
|---|---|---|---|---|---|
| 소매 | 13 | 14 | 15 | 16.5 | 17.5 |

### 패턴 확인하기

단위 : cm

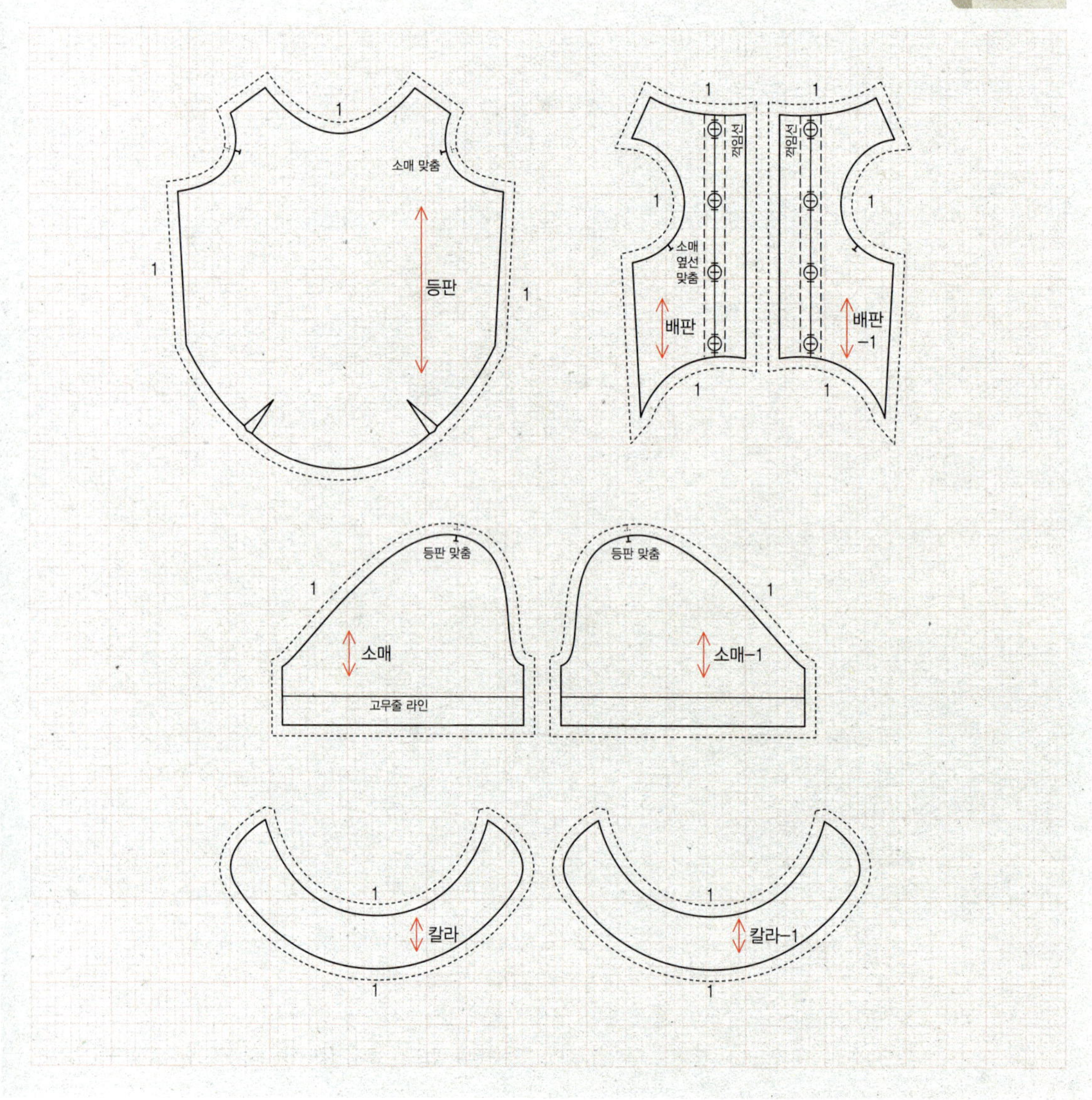

## ✂ 원단 재단하기

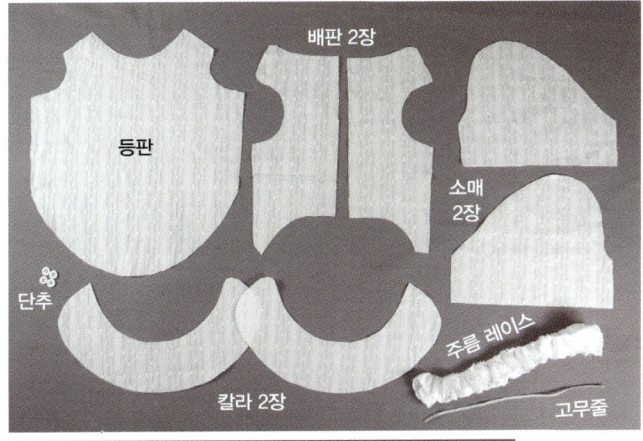

**재단 시 주의사항**
배판과 소매는 2개를 재단하되, 한 장은 패턴을 뒤집어서 재단하여 같은 방향이 2개 나오지 않도록 한다.

**봉제 전 준비**
- 패턴에 표시된 등판 다트, 꺾임선, 단추·단춧구멍 표시, 소매 맞춤점, 등판 맞춤점, 소매옆선 맞춤점 등 모든 위치를 미리 옮겨둔다.
- 배판 단춧단, 칼라 한 장에 실크 심지 붙이기(**심지붙이는 법 P.66**)

  **tip** 모든 원단에 심지를 붙여야 하는 것은 아니다. 얇은 원단에 부분적으로 형태감을 주고 싶을 때 사용하면 된다.

## 👑 등판 다트 박기

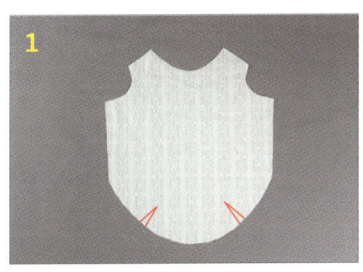 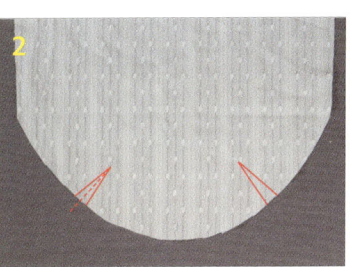 

1. 등판 겉이 보이게 놓고, 등판 아래쪽 다트(삼각형) 표시를 확인한다.
2. 원단 안쪽으로 손을 넣어 중심선을 기준으로 왼쪽과 오른쪽의 다트선이 서로 만나게 꼬집듯이 접어 원단 안쪽을 보고 박음질한다.
3. 다트 위쪽 끝은 실을 길게 남겨 두 번 묶어 매듭을 지어준 후 잘라낸다. 등판 아래쪽에 선이 2개 생긴다.

**One More Step** 이렇게 삼각형으로 다트를 박아놓으면 옷의 뒤쪽이 아래쪽으로 꺾여져 모양이 입체적으로 잡혀요. 강아지가 고개를 숙이거나 할 때 과하게 뒤가 들리는 것을 막아주고, 가만히 서 있을 때도 훨씬 예쁘게 옷이 자리를 잡아요.

## 어깨와 옆선 박기

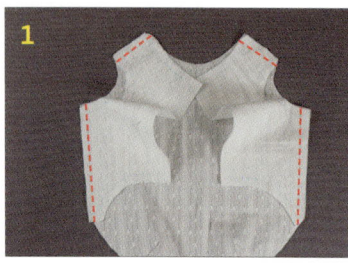 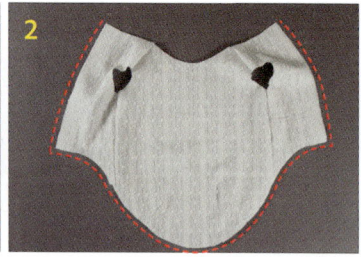 

1 등판의 겉이 보이게 놓고, 배판의 겉이 닿도록 올려 어깨와 옆선을 맞춘 뒤 박음질하고 시접을 오버록 처리한다.
2 배중심과 밑단 라인도 추가로 오버록 처리해 시접을 정리한다.
   tip 등판 아래 다트 시접(원단 안쪽 삼각형)은 옆선쪽으로 향하게 눕힌 채 오버록 처리한다.
3 배중심 양쪽을 패턴에 표시된 꺾임선 표시 기준으로 접어 다린다.

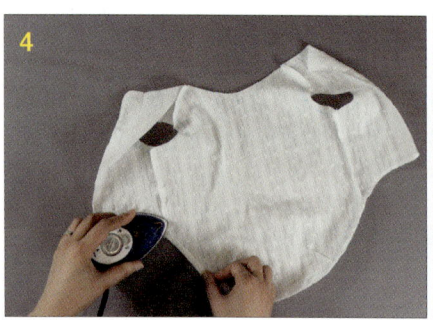 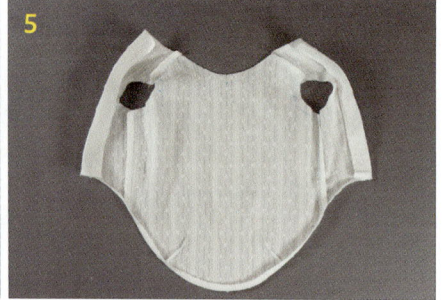

4 밑단 라인의 시접은 완성선만큼 꺾어 다림질한다.
5 시접을 다린 모습이다.

## 소매 달기

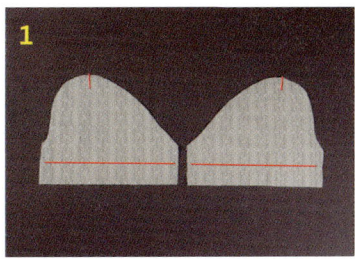  

1 재단한 소매감을 준비한다. 패턴에 표시된 등판 맞춤점, 고무줄 라인이 표시되어 있다.
2 밑단 시접을 오버록 처리한 후, 시접을 완성선만큼 꺾어 접어 다려 놓는다.
3 분량의 고무줄을 준비하여 표시된 고무줄선에 맞추고 고무줄을 당겨서 늘린 채로 박음질한다.
  양끝을 되돌아박기 하여 단단히 박아둔다.

 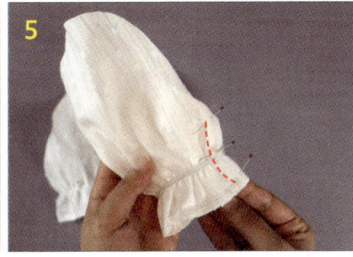 

4 고무줄이 쪼그라들면서 자연스럽게 주름이 만들어진다.
5 소매 옆선의 겉과 겉이 닿게 하여 박음질한다.  tip 고무줄 높이가 나란히 되도록 신경 쓰며 박는다.
6 시접을 오버록 처리한다.

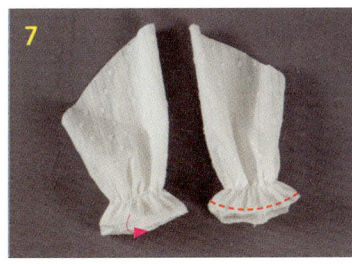  

7 소매의 밑단 시접을 안쪽으로 접어 넣고 눌러 박음질한다.
  tip 미리 시접을 접어 다려 놓았기 때문에 훨씬 더 깔끔하게 봉제할 수 있다.
8 재봉틀 땀수를 가장 크게 하고 소매 진동의 시접 공간에 한 줄을 박음질한다. 이때 시작과 끝 부분에 실을
  10㎝가량 남겨둔다.  tip 완성선 아래쪽으로 박음선이 내려오지 않는다.
9 양끝에 남긴 10㎝ 실의 윗실과 밑실을 분리한 후 밑실을 당겨 주름을 만든다.

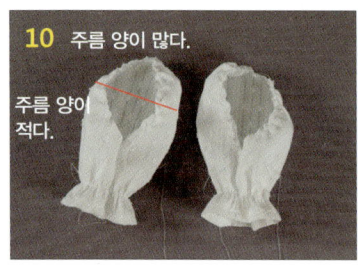 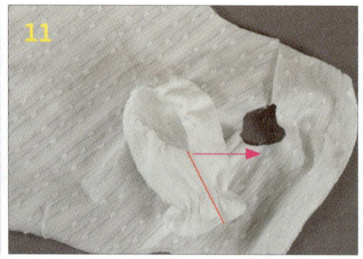 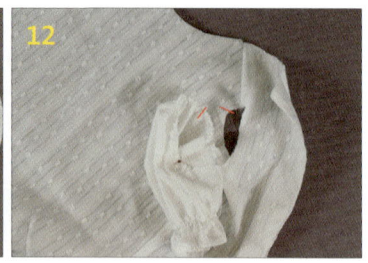

**10** 이때 주름 양은 소매 아래쪽보다 위쪽에 많다. 그래야 퍼프 주름이 풍성하게 만들어진다.

　　tip 어느 정도 주름을 잡아 놓은 후 소매에 고정하면서 주름을 조정하면 된다. 시접에 박아놓은 실은 지저분해도 잘라내지 않아야 주름이 풀어지지 않는다.

**11** 몸판 겉이 보이게 놓고 소매가 달릴 좌우 방향을 찾은 후 소매의 옆선이 배판의 소매 옆선 표시와 닿게 해 고정한다. (겉과 겉이 닿게 고정한다.)

**12** 소매의 등판 맞춤점, 등판의 소매 맞춤점을 맞춰 고정한다.

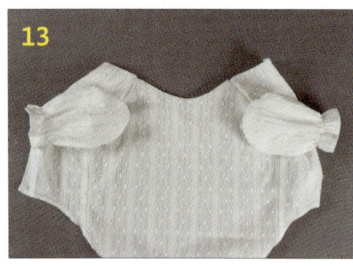 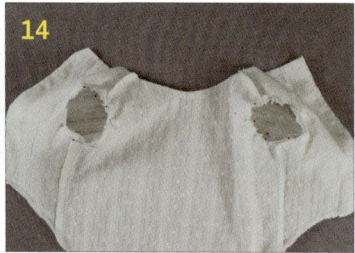 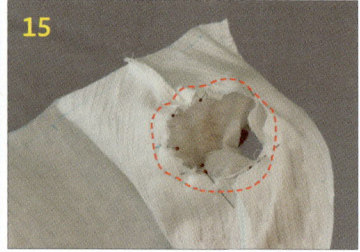

**13** 두 점을 고정한 후 소매가 사진처럼 바깥쪽으로 향하는지 체크한다.

**14** 안쪽을 보고 주름을 잡은 소매와 몸판의 길이가 비슷하도록 주름량을 조절하여 고정한다. 소매의 등판 맞춤 표시 주변이 가장 봉긋하도록 맞춘다.

**15** 진동 양쪽을 완성선만큼 들어와 박음질하고 오버록 처리한다.

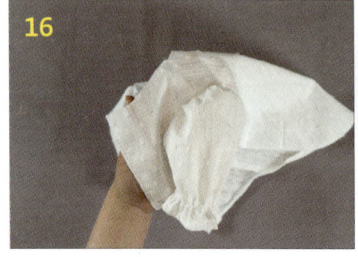 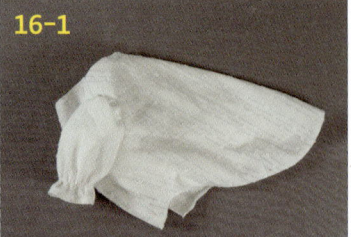

**16** 퍼프 소매가 봉긋하게 달렸다.

## 칼라 달기 · 배 중심 정리하기

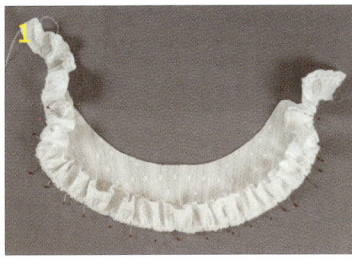 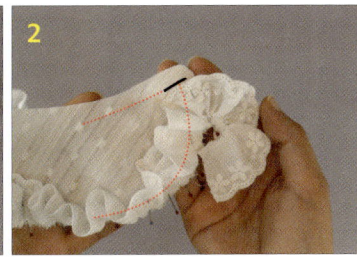 

1 칼라 한 장과 레이스를 준비하고 목을 제외한 곡선 라인에 레이스를 올려 고정한다.
   tip 박음질 시 레이스가 보이지 않게 되므로 촘촘히 고정하고, 핀은 빼기 쉽도록 사진처럼 머리가 바깥으로 나가게 한다.

2 양끝의 꼭지점에 레이스의 아래쪽 끝이 오도록 고정한다. 레이스를 당기면서 고정하지 말고, 주름을 넣어주면서 고정하면 완성 후 당기지 않는다.
   tip 칼라 끝의 튀어나오는 레이스 분량이 서서히 생겨나게 되는데, 이렇게 하면 모양이 더 예쁘다. (5번 사진 참고)

3 남은 한 장의 칼라감을 덮고 목 라인을 제외한 곡선 라인을 박음질한다.

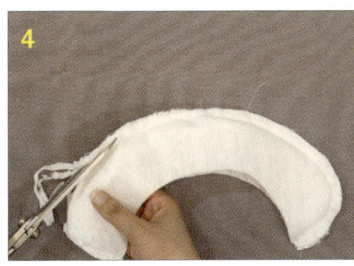 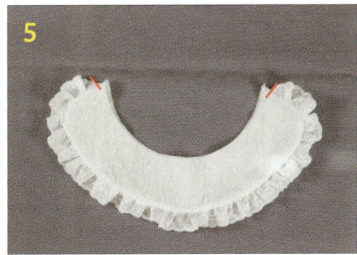 

4 시접을 짧게 잘라내고 뒤집어 모양을 잡는다.
5 표시한 선부터 레이스가 시작되도록 모양이 만들어졌다.
6 칼라의 양끝을 몸판 목 라인의 단추가 달리는 부분에 맞춰 올린다.

 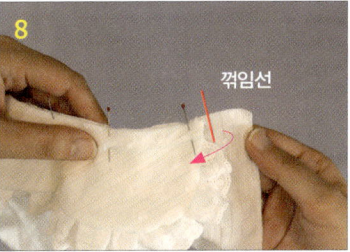 

7 중간중간 핀을 꽂아 칼라를 고정한다.
8 배판에 표시된 꺾임선(다려 놓은 선)을 기준으로 오른쪽 분량을 칼라를 덮듯이 뒤집어 고정한다.
9 양쪽 동일하게 칼라를 덮어 고정하고, 목 라인을 박음질한 뒤 오버록 처리한다.

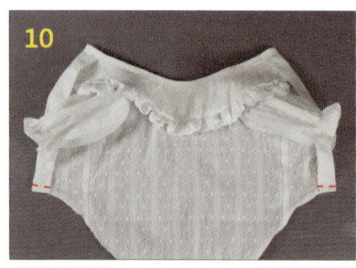  

**10** 배 밑단도 동일하게 꺾임선 기준으로 뒤로 접어 고정하고 표시된 라인을 박는다.

**11** 중심 부분 시접이 두꺼워지지 않도록 시접을 대각선으로 약간 잘라낸다.

**12** 배 중심을 젖혀 원래 모양대로 만든다. 단추 자리 표시가 보인다.

## 밑단 박아 완성하기

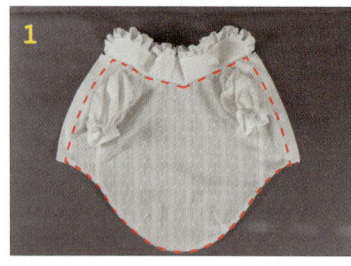 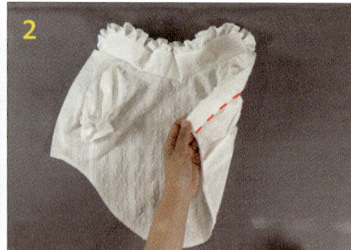 

1 목 라인, 배 중심과 밑단 라인을 'ㅁ자' 모양으로 박는다. 칼라가 달린 목 라인 시접은 몸판 쪽으로 내리고 박는다.

2 배 중심의 박음질 폭은 안쪽의 접혀진 분량의 오버록 실이 있는 라인을 따라 눌러 박는다.

3 전체적으로 라인이 정리되었다.

 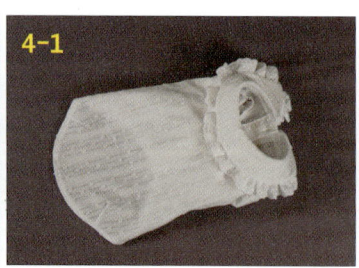 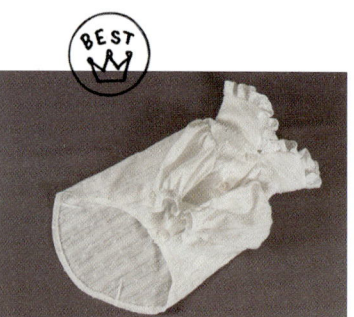

4 단춧구멍을 내고 단추를 달아 옷을 완성한다. **(단춧구멍 만드는 법 P.73)**

디테일을 모두 살린

# 스탠더드 강아지 셔츠

-- 난이도 ★★★★ --

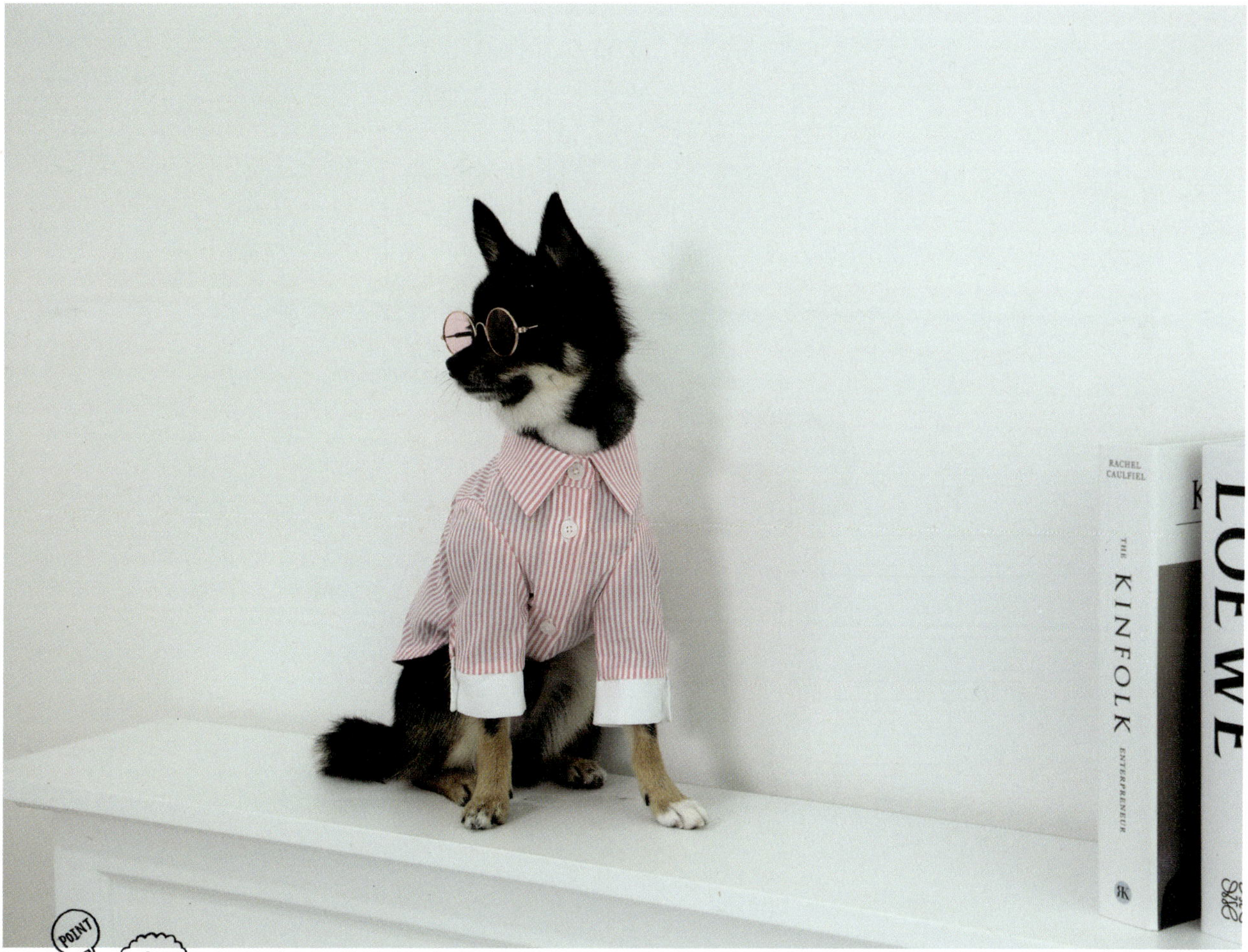

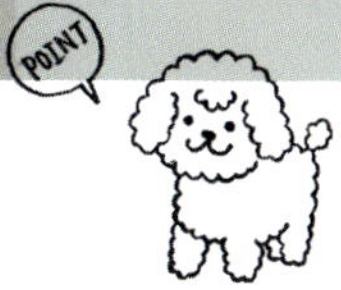

1. 셔츠와 디테일을 모두 동일하게 디자인한 강아지 셔츠예요. 가지고 있는 셔츠와 비슷하게 원단을 맞추면 커플처럼 입을 수도 있답니다.
2. 늘어나지 않는 직기(우븐) 원단을 사용하기 때문에 강아지 몸 사이즈에 잘 맞는 패턴 사이즈를 선택하세요. 미용이나 털 상태에 따라서 옷이 크거나 작을 수 있어요.
3. '**패턴 수정하기**(P.127)'를 참고하여 가슴둘레를 늘리거나 줄일 수 있어요.
4. 땀이 겉으로 보이는 부분이 많아요. 천천히 꼼꼼하게 봉제해야 퀄리티를 높일 수 있어요.

**사용 원단 및 부자재**
M 사이즈 기준

원단  **몸판** 30수 스트라이프 직기(95×70cm)
**소매밑단 배색** 30수 직기(40×9cm)
부자재  실크 심지, 단추 6개
실물패턴 번호  06

**패턴 확인하기**

단위 : cm

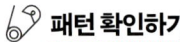

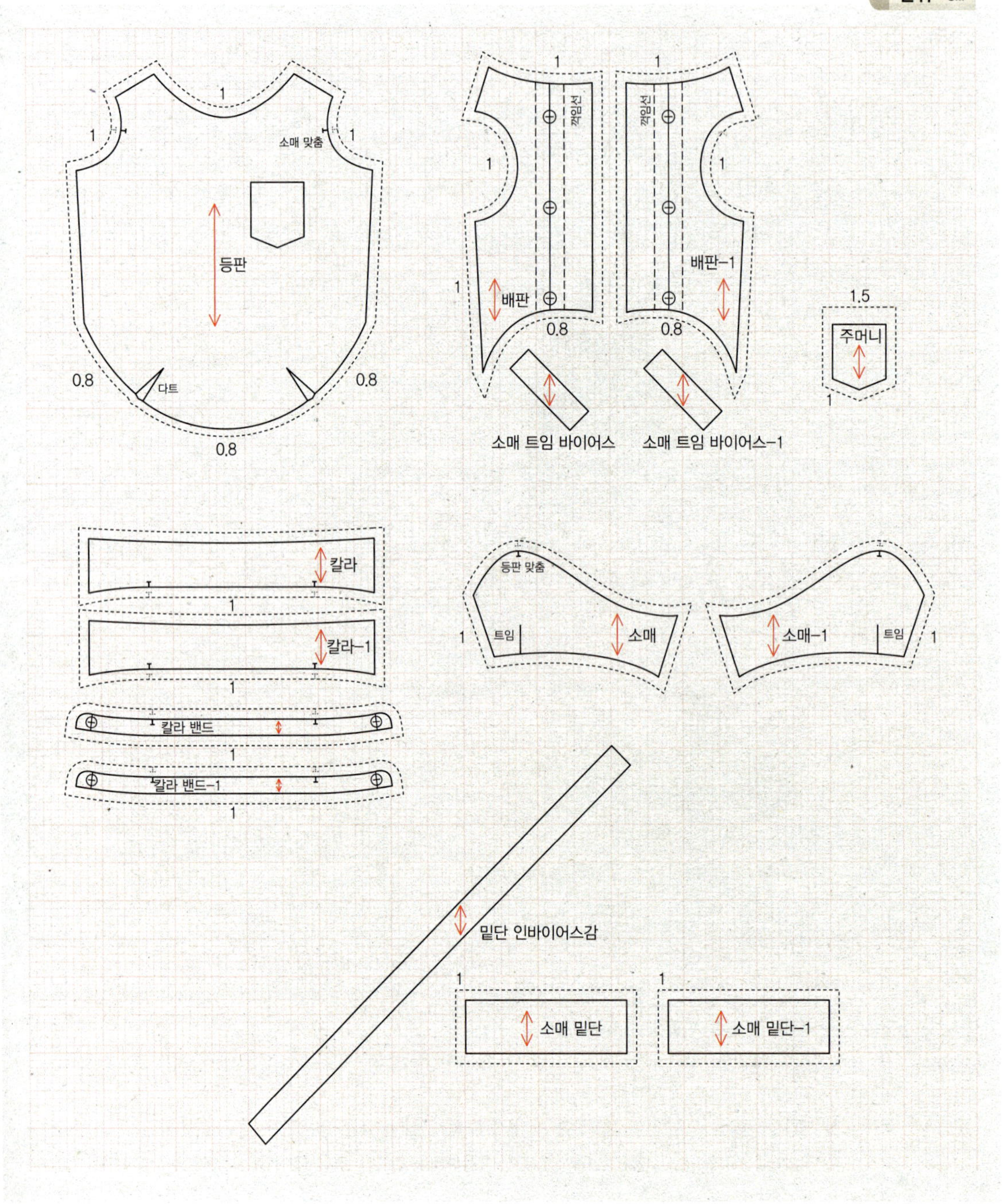

## ✂️ 원단 재단하기

**재단 시 주의사항**

배판과 소매는 2개를 재단하되, 한 장은 패턴을 뒤집어서 재단하여 같은 방향 2개가 나오지 않도록 한다.

**봉제 전 준비**

- 등판 겉 오른쪽에 주머니 위치 표시
- 패턴에 표시된 너치, 맞춤점, 트임 위치 옮기기(등판, 소매, 칼라)
- 배판 겉에 단추 위치, 꺾임선 표시
- 심지 붙이기(심지붙이는 법 P.66) : 배 중심(원단 끝에서 꺾임선까지), 소매 밑단감 2장, 등 주머니감, 칼라 1장, 칼라 밴드 1장

## 👑 등 주머니 달기

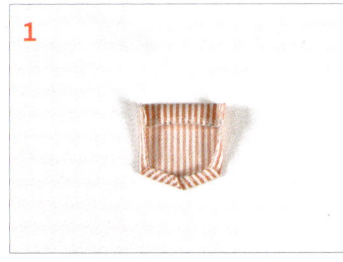
1

2

3

1. 주머니감을 준비하고 전체를 둘러 오버록 처리한 뒤 주머니 시접을 완성선만큼 정확하게 꺾어 다림질한다.
   tip 아래쪽 뾰족한 부분이 주머니의 정중앙선에 있도록 신경 쓴다.
2. 주머니 입구(주머니 윗라인)만 시접을 접은 채로 박음질한다. 오버록 라인이 있는 아래쪽을 박는다.
3. 등판 오른쪽(겉면을 보는 상태에서)의 주머니 위치에 맞춰 고정하고 박음질한다. 시작과 끝부분에 되돌아박기 한다.

## 어깨 · 옆선 박기

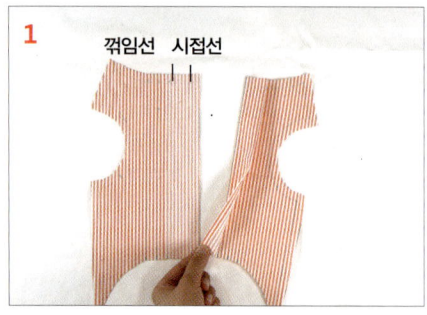
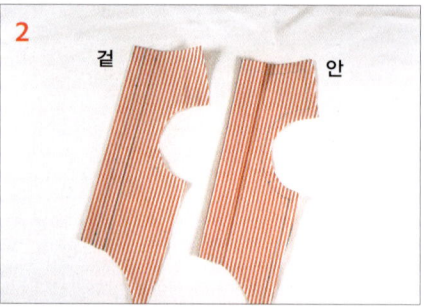

1 배판 중심의 시접을 안쪽으로 접어 다리고, 꺾임선 기준으로 한 번 더 접어 다린다.
2 겉면에는 단추 표시가 보이고, 안쪽은 시접이 깔끔하게 정리되었다.

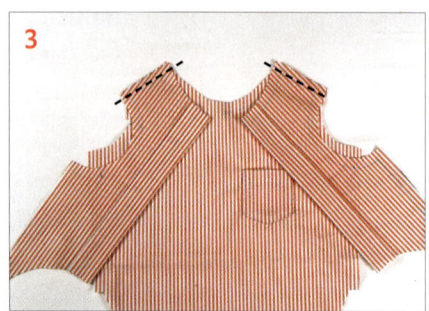

3 등판 겉이 보이게 놓고, 배판의 안쪽이 보이게 해 어깨에 맞춰 올린 후 양쪽 어깨선을 박음질하고 오버록 처리한다.
4 등판과 배판의 양쪽 옆선을 맞추고 박음질 후 오버록 처리한다.

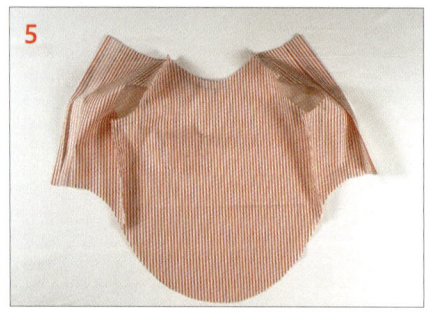

5 어깨와 옆선이 박음질되면서 소매가 달릴 앞발 구멍이 생겨났다.

## 소매 트임에 바이어스 싸기

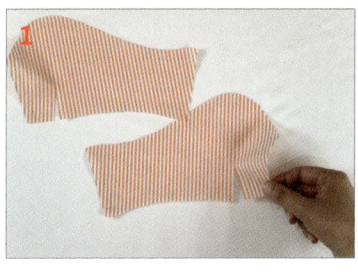 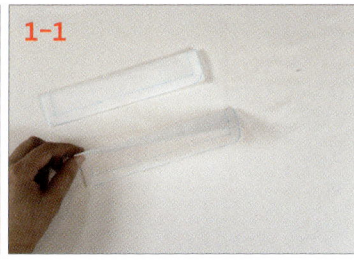 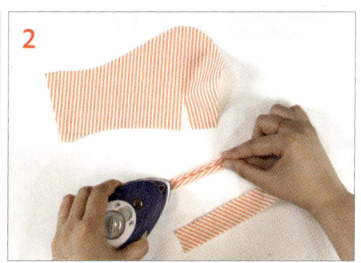

1. 소매 2장, 소매 트임 바이어스감 2장, 소매 밑단 2장을 준비한다. 소매감은 트임선 만큼 자르고, 소매 밑단 2장은 다림질로 안과 안이 닿게 반 접어놓는다.
2. 소매 트임 바이어스감을 안쪽으로 모아 다림질한다.

3. 한 번 더 모아 다림질한다.
4. 소매 트임 위치에 바이어스감을 끼워 고정한다.
5. 바이어스감을 박아 트임 라인을 마감한다.
   tip 바이어스감 뒤쪽이 박히지 않는 실수가 많은 곳이다. 특히 트임 꼭짓점 부분의 바이어스가 빠져서 구멍이 생기기 쉬우니 신경 써야 한다.

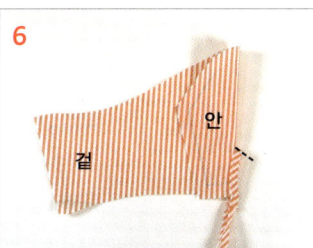  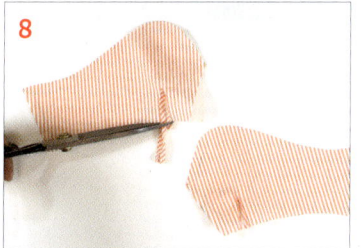

6. 트임선을 기준으로 소매의 겉과 겉이 닿도록 접어 트임 바이어스가 반으로 접히듯이 모양을 잡는다. 표시된 바이어스 위쪽을 사선 방향으로 박음질한다.
   tip 박음선이 소매 쪽으로 넘어가지 않아야 하므로 바이어스감만 사선으로 박는다.
7. 트임 위쪽의 모양이 정리되었다.
8. 소매 밑단의 길이에 맞게 바이어스감 끝을 잘라 정리해둔다.

## 소매 옆선 박기 · 소매 밑단 연결하기

 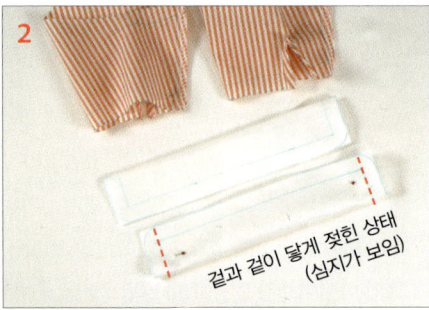

겉과 겉이 닿게 젖힌 상태
(심지가 보임)

1 소매감의 겉과 겉이 닿도록 옆선을 맞춘다. 옆선을 박고, 오버록 처리한다.
2 안과 안이 닿도록 반 접어놓은 소매 밑단감을 가져와 겉과 겉이 닿게 젖힌 후, 양 옆을 박는다.

 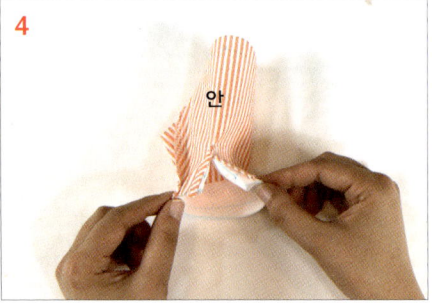

3 시접을 짧게 잘라내고, 처음 다림질한 모양으로 뒤집어 모양을 잡는다.
4 소매 트임 부분이 보이게 놓고, 소매 밑단감을 안쪽으로 집어넣는다. 트임의 시작과 끝에 길이가 딱 맞는다.
  tip 소매 밑단의 시접(벌어지는 부분)이 아래로 향해있다.

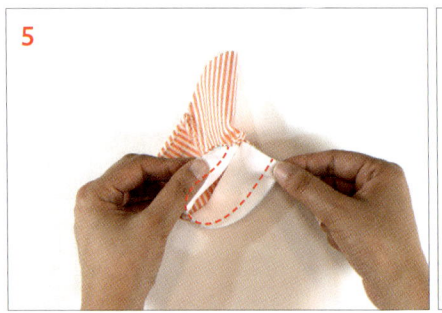 

5 소매와 소매 밑단감을 박아 연결하고, 시접은 오버록 처리한다.
6 소매와 밑단감이 연결되었고, 트임도 깔끔하게 처리되었다.

## 몸판에 소매 연결하기

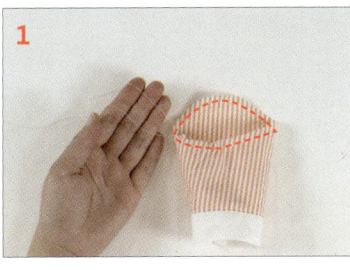 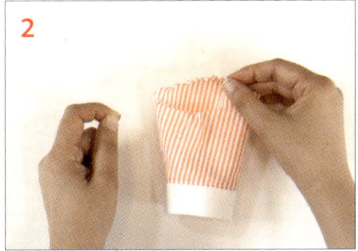 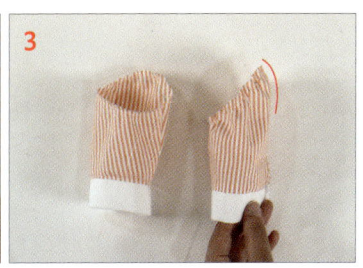

1 소매 진동 라인의 시접 공간에 한 줄 박음질한다. 이때 땀수는 가장 크게 놓는다.
   **tip** 표시된 원형 라인이 진동 라인이다. 시작과 끝 부분에 실을 길게 남기고 큰 땀수로 완성선 위쪽 시접 공간에 박음질한다. 되돌아박기 하지 않고, 박음질해야 한다.
2 밑실을 당겨 진동 라인의 길이를 약간 줄여준다. 완성선에 주름이 생겨날 정도로 당길 필요는 없다.
3 진동 라인 끝이 사진과 같이 약간 오므라들었다.

 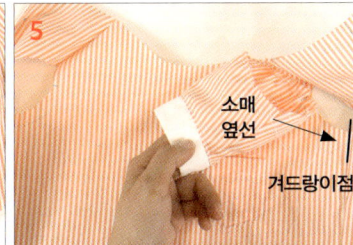 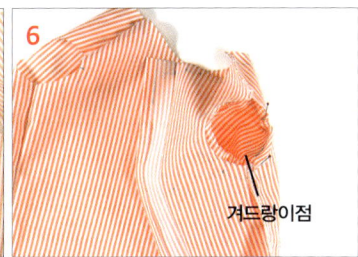

4 등판 겉이 보이게 놓고, 소매의 겉과 겉이 닿도록 올린다. 이때 등판의 소매 맞춤점과 소매의 등판 맞춤점을 맞춰 고정한다.
5 소매 옆선은 몸판의 겨드랑이점과 닿는다.
   **tip** 소매는 방향이 다른 2장으로 재단되므로 소매의 방향이 틀어지지 않도록 다는 것이 중요하다. 잘못 달리게 되면 옷이 불편하고 군주름이 생겨 핏도 예쁘지 않다. 맞춤 표시를 지키도록 한다.
6 배판 안쪽이 보이도록 젖히고, 소매 옆선과 겨드랑이점을 맞춰 고정한다.

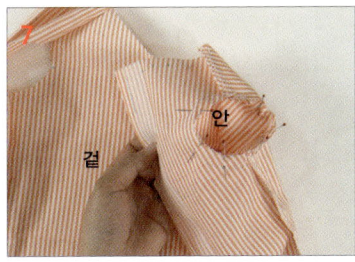  

7 소매 진동 라인에 주름잡아 놓았던 밑실을 조이거나 풀어 몸판의 진동 라인에 맞춰 고정한다.
8 소매가 사진과 같은 모양으로 위치하는지 확인한다.
9 진동 라인 완성선을 한 바퀴 둘러 박음질하고, 시접을 오버록 처리한다.
   **tip** 진동 라인을 박을 때 몸판이 찝히는 경우가 많다. 박음질 시 신경 쓰며 박아야 한다.

## 밑단 다트 박기 · 인바이어스

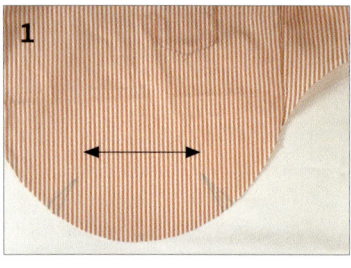  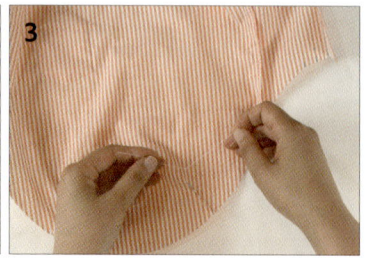

1 등판 아래쪽 다트를 확인한다.
2 몸판의 겉과 겉이 닿도록 삼각형 모양의 다트를 반으로 접고 박음질한다.
  tip 몸판에 표시된 다트를 반으로 접으면 왼쪽과 오른쪽선이 만나게 되고, 박음질은 사선 모양이 된다.
3 다트 위쪽은 실을 남겨 두 번 묶어주고 실을 바짝 잘라내면 풀어지지 않는다.

4 양쪽 다트를 박은 모습이다. 밑단에 입체감이 생겼다.
5 밑단 바이어스감을 가져와 등판 밑단 라인에 겉과 겉이 닿도록 올린다.
6 바이어스감 끝을 배판의 꺾임선 라인에 맞추고 고정한다.

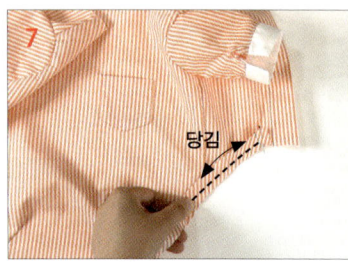  

7 밑단 끝에서 0.7㎝ 들어와 바이어스감과 밑단을 박는다. 이때 바이어스감을 살짝 당겨가며 박는다.
8 반대쪽 배판도 꺾임선까지 바이어스 박음질한다.
9 옷을 안쪽이 보이도록 뒤집고, 바이어스감을 펼친다.

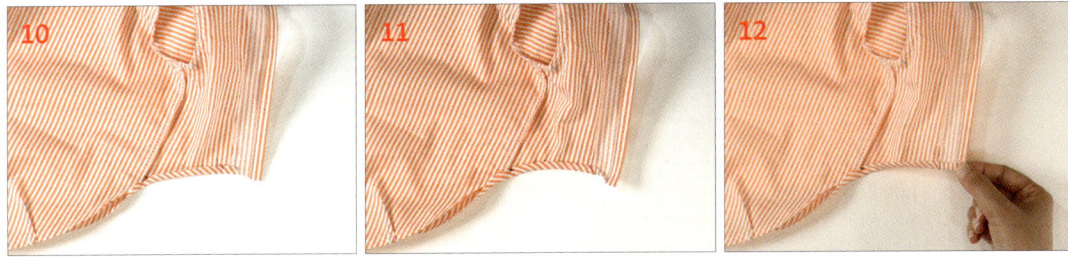

**10** 박은 시접을 감싸듯이 바이어스감을 꺾어 올린다.

**11** 시접을 뒤집듯이 한 번 더 젖혀 모양을 잡는다.
   tip 아랫선에 몸판과 바이어스감을 연결한 선이 보인다.

**12** 처리되지 않은 배판 아래 시접은 사진과 같이 접어올린 후, 꺾임선 기준 안쪽으로 접어 모양을 잡는다.

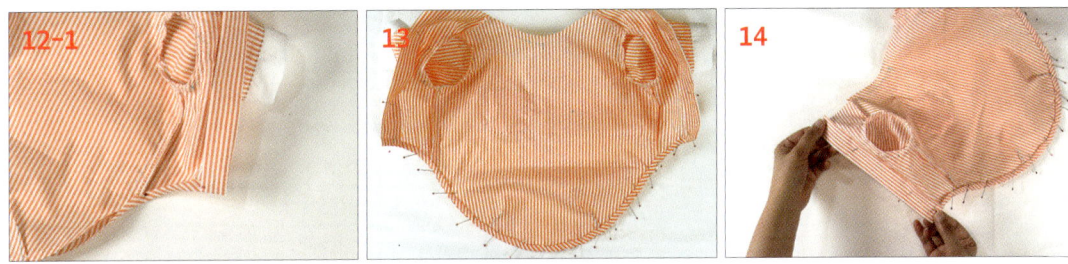

**13** 전체를 같은 방법으로 핀 고정한다. 박음질 시 바이어스감이 박히지 않을 수 있어 촘촘히 고정한다.

**14** 배판 중심의 다려놓은 꺾임 부분 위쪽도 모양을 잡아 고정해둔다.

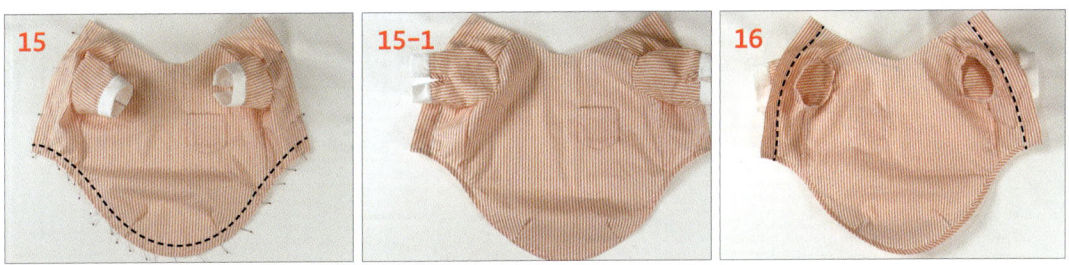

**15** 옷의 겉을 보고 0.6cm 간격으로 표시된 라인을 박는다.
   tip 겉에 땀이 보이게 되므로 균일하게 박아야 예쁘다.

**16** 고정해둔 배중심 꺾임 라인 양쪽도 박음질한다.

## 칼라 만들기

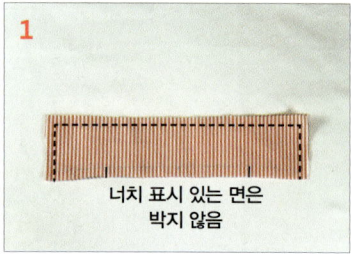  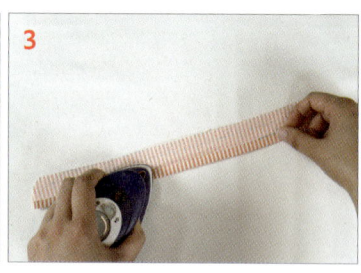

1 칼라감 2장을 겉과 겉이 닿도록 완전히 겹친 후, 표시된 라인을 박는다.
2 시접을 반 정도 잘라내고 뒤집어 모양을 잡는다.
3 심지를 붙인 칼라 밴드감을 가져와 밑단 시접을 꺾어 다림질한다.

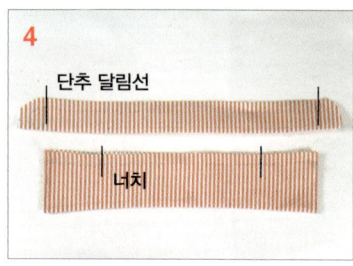 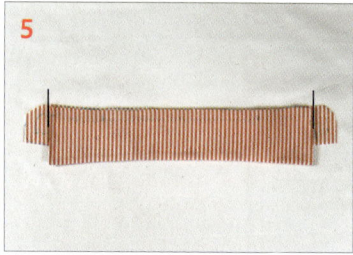 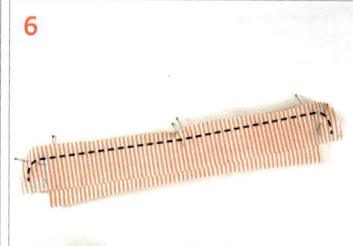

4 심지를 붙인 칼라 밴드의 겉이 보이게 놓고, 단추 달림선 위치를 확인한다.
5 칼라를 칼라 밴드감 위에 올린 뒤 양 끝을 밴드감의 단추 달림선에 맞춰 고정한다.
  이때 심지를 붙이지 않은 면의 칼라가 칼라 밴드감 겉과 닿도록 올려준다.
6 그 위에 심지를 붙이지 않은 칼라 밴드감의 안쪽이 보이도록 완전히 덮어 올리고, 표시된 라인을 박음질한다.

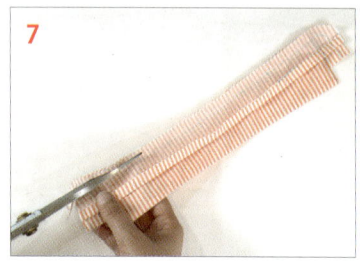 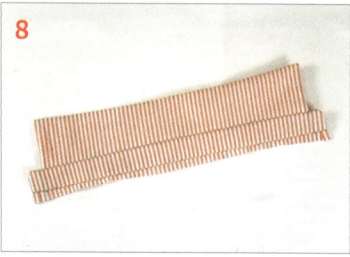 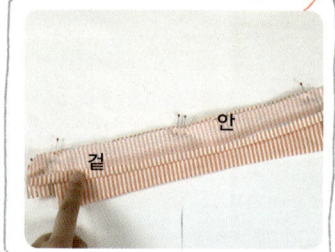

7 박은 시접을 반 정도 잘라내고, 뒤집어 모양을 잡는다.
8 칼라 밴드의 한 쪽은 시접이 접혀있다.

**tip** 바닥에 있는 칼라 밴드의 다려놓은 시접은 그대로 유지한 채 박는다.

## 몸판에 칼라 연결하고 완성하기

1 몸판 안쪽이 보이게 놓고 칼라 밴드는 사진과 같이 올려 맞출 위치를 확인한 뒤 핀고정한다.
2 목 라인과 칼라 밴드감을 박아 연결하되, 시접을 접어 다려놓은 칼라 밴드감은 제외하고 박는다.

3 옷의 겉이 보이게 놓고 칼라 밴드가 보이도록 칼라를 세운다.
4 목라인 시접을 위로 세우고, 다려놓은 칼라 밴드로 덮어 시접을 가린다.
5 끝 라인을 박는다.

 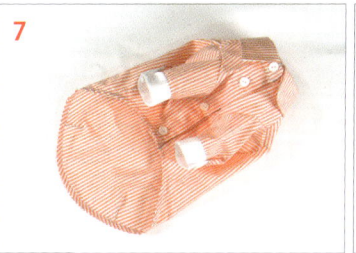 

6 칼라를 젖혀 내리면 칼라가 예쁘게 몸판에 달리게 된다.
7 단추를 달아 완성한다. (단춧구멍 만드는 법과 단추 다는 법 P.73)

빵빵한 엉덩이가 너무 귀여운

## 호박 스모킹 올인원

-- 난이도 ★★★★ --

1. 바람이 들어간 것처럼 원단을 띄우려면 얇고 부드러운 원단을 사용해야 해요.
2. 스모킹 주름은 미싱 환경에 따라 주름 양이 다르게 나와요. 옷을 만들기 전에 주름 양에 대한 테스트를 한 후 진행하세요. 가정용 미싱에서는 주름이 너무 심하게 생기거나, 주름이 거의 생기지 않거나 조절이 되지 않는 경우도 있으므로 가정용 미싱으로 할 수 있는 스모킹 주름 모양을 따라하는 방법도 소개하도록 할게요.

## 사용 원단 및 부자재

M 사이즈 기준

**원단** 면 50~60수, 아사면(몸판 170×50cm, 끈 8×73cm)

**부자재** 실고무줄, 고무줄(폭 3~5mm, 길이 57cm, 코딩 노루발, 바이어스 메이커(필요에 따라))

**실물패턴 번호** 07

| S | M | L | XL | 2XL |
|---|---|---|---|---|
| 52cm | 57cm | 60cm | 64cm | 68cm |

## 패턴 확인하기

단위 cm

**몸판**

1

스모킹 주름

등판, 바지

스모킹 주름

1

1

스모킹 주름

배판

1

1

**끈**

끈(시접 포함)

겨드랑이 맞춤선

끈(시접 포함)-1

겨드랑이 맞춤선

203

## ✂ 원단 재단하기

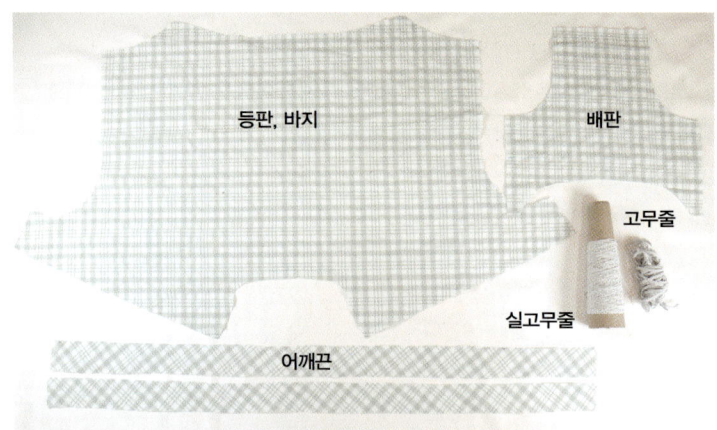
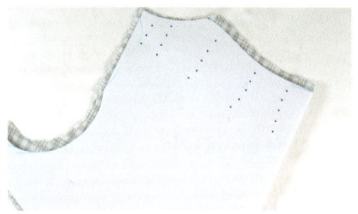

**봉제 전 준비**
- 스모킹선 원단(등판, 배판) 겉면에 옮기기.
- 패턴에 구멍을 뚫고 점을 찍어 표시하면 된다.

## 👑 목라인 시접 정리하기

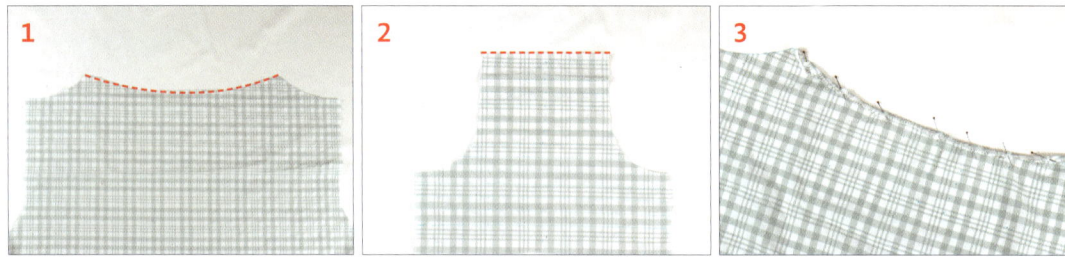

1. 등판 목 라인을 확인하고 오버록 처리한다. 시접이 균일한 양으로 남아있도록 신경 써서 박는다.
2. 배판 목 라인도 오버록 처리한다.
3. 시접을 완성선만큼 원단 안쪽으로 꺾어 핀으로 고정하고 박음질한다.

4. 배판 목 라인도 시접을 꺾고 시접을 눌러 박음질한다.
5. 시접이 눌러 박음질된 모습이다.

## 스모킹 주름잡기

 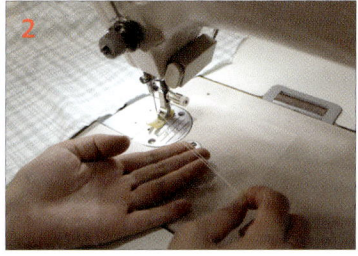 

1 등판과 배판에 스모킹 주름선이 표시되어 있다. 실고무줄을 밑실에 감아 준비한다.
2 밑실을 장착하고 실을 끌어올려 윗실과 밑실 두 가닥이 보이도록 한다.
3 실을 뒤로 당겨 실이 늘어나도록 한 후 노루발을 들어 박음 시작 위치를 잡는다. 옷의 겉면이 보이도록 하여 밑실에 실고무줄이 박히도록 한다.

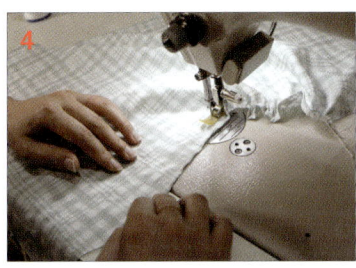  

4 박음질을 시작하면 실을 놓고 표시된 스모킹 주름선을 따라 박음질한다. 묶어주는 되돌아박기는 하지 않는다.
5 한 줄이 끝나면 원단 끝에서 실을 10㎝ 가량 더 당겨 잘라낸다. 역시 되돌아박지 않는다.
6 이 과정을 반복하여 등판과 배판에 스모킹 주름을 잡는다. 주름진 원단을 펼쳐가며 박음질을 반복한다.
   tip 실고무줄은 실이 일반실보다 굵기 때문에 밑실이 많이 감기지 않는다. 밑실을 확인하여 중간에 실이 부족하지 않도록 한다.

 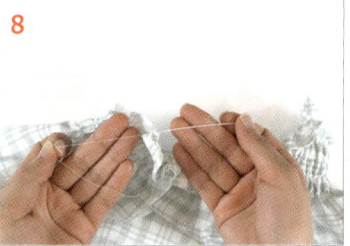 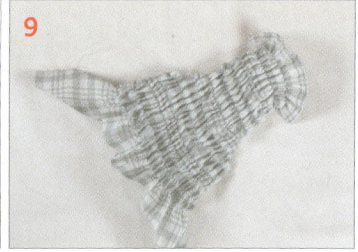

7 등판에 스모킹 주름이 생긴 것을 확인한다.
8 한 줄씩 박고 나면 시작과 끝에 윗실과 밑실 두 가닥이 생긴다. 이 두 가닥을 서로 묶어 매듭을 짓고 남은 실을 잘라준다.
9 배판도 동일한 방법으로 주름을 잡는다.
   tip 이렇게 해두면 손은 좀 더 가지만 스모킹 주름이 풀어지지 않는다. 다만 이후 과정에서 오버록 처리를 할 때 이 매듭을 잘라내지 않는 것이 좋다.

## One More Step

스모킹 주름을 가정에서 만들기는 쉽지 않아요. 기성복에서는 스모킹 주름을 잡는 별도 미싱으로 여러 줄의 주름을 한 번에 잡지만 책에서는 스모킹 선을 한 줄씩 박음질하여 주름을 만들 거예요. 스모킹 주름은 주름이 생긴 후 길이가 몇 ㎝가 되었느냐가 중요한데, 미싱 환경에 따라서 차이가 많이 나요. 주름 양은 보통 땀 길이와 실의 장력으로 조절하는데 같은 브랜드의 미싱이라도 결과 값이 다르기도 하고, 무엇보다 원단에 따라서 값이 달라져요.

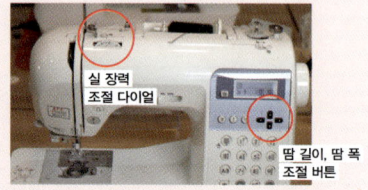

땀 길이를 가장 크게, 실의 장력을 가장 높게 했을 때 주름이 가장 많이 생긴다는 것을 기억하고, 이 값들을 조정하여 내가 원하는 만큼 줄어들도록 맞춰 사용해야 해요. 스모킹 주름옷은 주름이 너무 많이 잡히면 몸에 옷이 붙어서 불편할 수 있고, 주름이 느슨하면 핏이 예쁘지 않게 돼요. 주름이 잡힌 후 강아지 가슴둘레보다 3~5㎝ 작은 정도로 주름이 잡히면 무난하게 입을 수 있어요. 패턴의 등판과 배판의 가로 길이만큼 원단 조각을 잘라놓고 주름 후 몇 ㎝로 줄어드는지 확인하고, 땀 길이와 실의 장력을 조정하여 원하는 양으로 줄어들도록 맞춰 보세요.

주로 사용하는 가정용 미싱(수평가마)은 공업용과 구조가 달라 밑실이 쉽게 풀어지고, 실의 장력과 땀길이를 조정해도 원하는 길이가 나오지 않기도 해요. 실고무줄 사용 횟수가 많아지면 미싱에 무리가 가기도 하죠. 이런 경우에 정석적인 스모킹 주름 방법은 아니지만 모양을 비슷하게 만드는 방법을 소개할게요.

### 코딩 노루발과 지그재그박기로 스모킹 주름 만들기

1 코딩 노루발 홈의 가운데 실고무줄을 끼우고 노루발 뒤쪽으로 실고무줄을 당겨 길이를 여유 있게 둔다.
2 미싱에서 지그재그박기 기능을 이용하여 실고무줄이 박히지 않고 지그재그선 박음질 사이에 가둬지도록 박는다.
 tip 지그재그박기의 폭은 땀 폭 조절 버튼으로 조정할 수 있다.

3 고무줄을 당기면 고무줄이 실 사이에 가둬져 있어서 주름이 생긴다.
 tip 시작 부분의 고무줄이 당기며 빠질 수 있으니 시작 부분은 윗실과 밑실을 매듭지어놓고 끝에서 당기도록 한다.
4 주름이 생긴 모습이다. 지그재그로 박음질되어도 주름이 생기면 박은 모습이 보이지 않게 되어 스모킹 주름과 같은 느낌을 낼 수 있다. 실을 당겨 원하는 가슴둘레로 조정할 수 있어서 좋다.

## 양쪽 옆선 연결하기

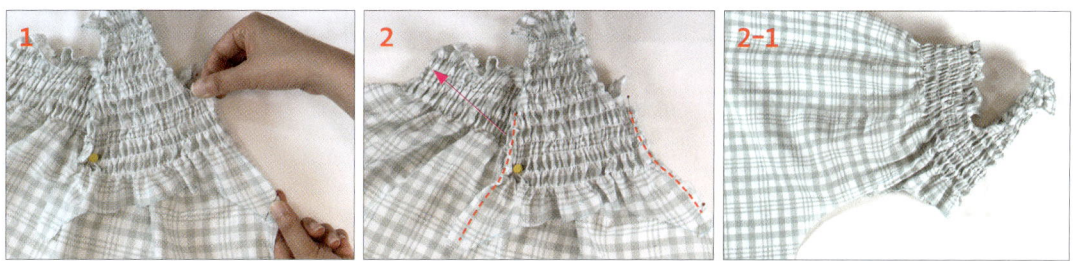

1  배판과 등판의 겉과 겉이 닿도록 놓고 양쪽 옆선을 맞춰 박음질한다.
   tip 주름이 잡혀있어 불편하므로 주름을 펴가며 천천히 박는다.
2  등판과 배판의 가슴둘레 부분 스모킹선이 맞춰지면 예쁘다.

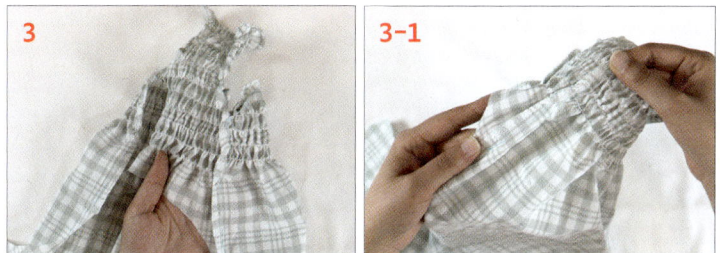

3  박은 양쪽 라인을 오버록 처리한다. (스모킹 실의 끝 매듭이 잘리지 않도록 한다.)


## 전체 시접 정리하기

1  오버록 처리할 부위를 확인한다. 옷의 겉을 보고 스모킹 주름선 아래 모든 시접을 오버록 처리한다.
2  이때 옆선 시접은 배쪽으로 보내진다.
3  오버록 친 모습이다.

## 바지 완성하기

1 바지 쪽의 스모킹 주름선을 확인하고 위 과정과 동일하게 주름을 잡는다.
2 주름이 잡힌 모습이다.

3 바지 옆선의 겉과 겉이 닿도록 하여 박음질한다.

4 옆선에 이미 오버록 처리되어 있으므로 박음질만 해둔다.
5 바지 밑단 시접을 원단 안쪽으로 접어넣고 박음질한다. 바지 옆선 시접은 몸판의 옆쪽으로 향하게 둔다.

## 호박 주름 만들기

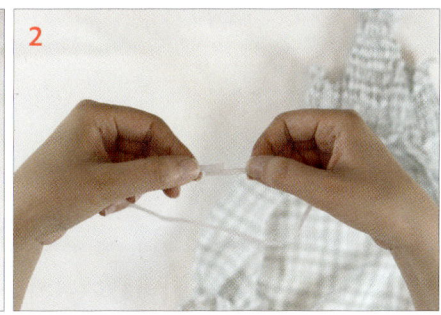

1  고무줄이 들어가 주름을 만들어내는 부위를 확인한다.
2  분량의 고무줄을 준비하고 양 끝 1㎝를 겹쳐 박아 고무줄이 동그라미가 되게 만든다. 단단히 박음질해야 한다.

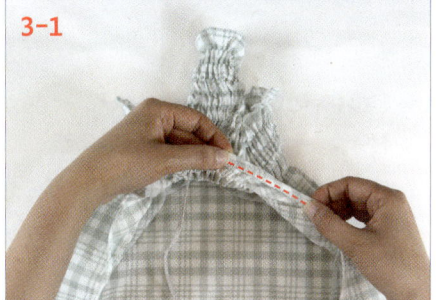

3  원단 안쪽 완성선에 고무줄을 올리고, 시접을 안쪽으로 접어 넣어 오버록 처리된 끝을 박음질한다.
   tip 고무줄은 박히지 않아야 한다.

4  고무줄의 길이가 더 짧기 때문에 고무줄이 가둬지면서 주름이 생겨난다. 고무줄을 가두면서 전체적으로 핀 고정하면 박기가 더 좋다.
5  원단을 펴가며 박음질한다. 고무줄을 박지 않기 때문에 고무줄은 시접 안에서 이동이 가능하다. 고무줄이 짧아 원단을 펴기 힘들면 노루발을 들어 고무줄을 이동시켜주면 된다.
   tip 박음질 후 고무줄이 전체 길이에 비슷하게 분배되도록 전체를 훑어가며 모양을 잡아준다.

## 어깨끈 만들어 달고 완성하기

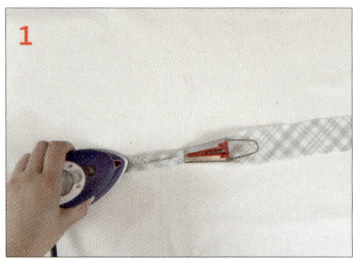  

1 바이어스 메이커 뒤쪽으로 어깨끈감을 집어넣어 앞으로 빠져나오는 원단을 다려준다.
2 통과된 끈감을 한 번 더 모아 다려준다.
3 패턴에 표시된 겨드랑이 맞춤 위치를 확인한다.

  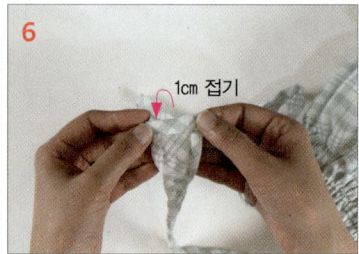

4 등판과 배판이 연결된 옆선 끝 겨드랑이 부분에 끈감을 끼워 고정한다.
5 등판과 배판의 팔 라인에 촘촘하게 핀을 꽂아 고정한다.
6 끈감의 양 끝은 안쪽으로 1cm 접어 넣는다.

 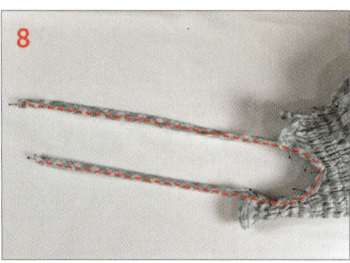 

7 다시 원래 모양대로 접어 끝 시접을 정리한다.
8 끈의 한 쪽 끝에서 시작하여 되돌아박기 하고 고정된 라인을 따라 박음질한 뒤 반대쪽 끝에서도 되돌아박기 하여 완성한다.

세트로 만들어 봐요!

# 멜빵 청 올인원 & 원피스

-- 난이도 ★★★★ --

1. 일반 봉제사보다 좀 더 굵은 청바지용 실로 멋스러운 스티치를 넣어 볼 거예요! 윗실은 청바지실, 밑실은 일반 봉제실로 준비해 보세요.(실이 굵어지면 바늘도 굵은 호수로 바꿔서 봉제해야 해요. 16호 또는 18호 바늘이면 적당해요.)
2. 청 원단은 너무 힘이 있거나 두꺼우면 강아지들이 불편해할 수 있으므로 두껍지 않고, 스판기가 있는 스판 청이 좋아요.
3. 청 원단은 세탁 시 물 빠짐과 수축 현상이 일어나기 때문에 선 세탁 후 사용하면 좋아요.

### 사용 원단 및 부자재
M 사이즈 기준

**원단** 30수 두께 스판 청(올인원 : 90×60cm / 원피스 : 85×50cm)
**부자재** 청바지실, 16 또는 18호 바늘, 고무줄(폭 7㎜, 길이 10㎝ / 폭 10㎜, 길이 20㎝), 장식가죽라벨
**실물패턴 번호** 08

### 패턴 확인하기

단위 cm

상의

등 주머니
등판
배판
배판 안단
어깨 끈 (시접 포함)
어깨 끈-1 (시접 포함)
허리벨트 고리 (시접 포함)
등판 안단
스티치
등 주머니
고리 → 허리벨트
주머니
주머니-1

치마
치마

바지
고무줄 끝
바지(옆)
고무줄 끝
바지(중심)
고무줄 끝
바지(중심)-1
고무줄 끝
바지(옆)-1

## ✂ 원단 재단하기

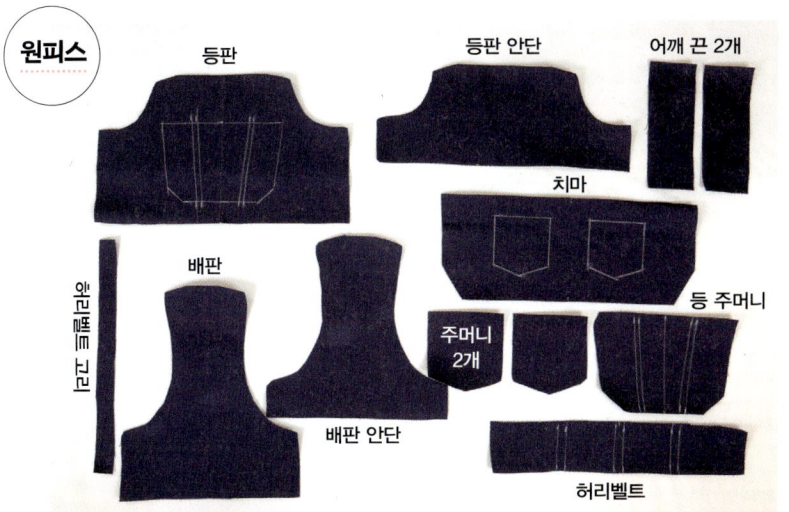

**재단 시 주의사항**

바지(중심)과 바지(옆)은 2개를 재단하되, 한 장은 패턴을 뒤집어서 재단하여 같은 방향이 2개 나오지 않도록 한다.

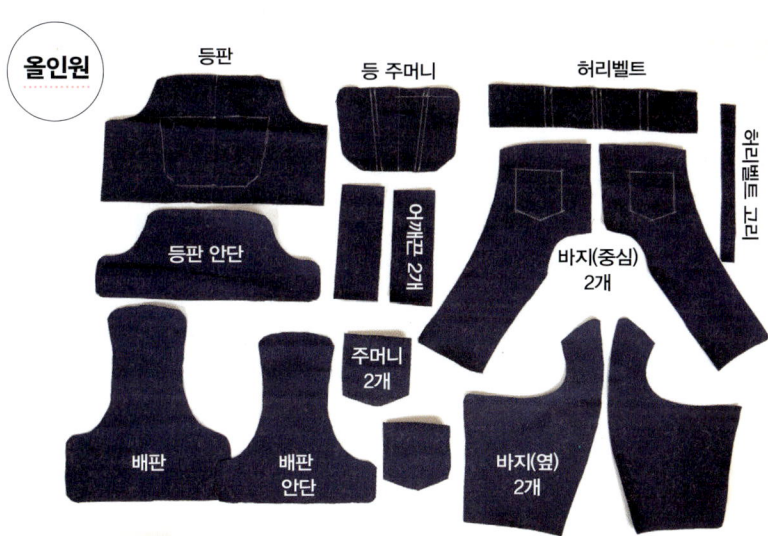

**봉제 전 준비**

패턴에 표시된 스티치 라인, 주머니 위치, 벨트 고리 등을 표시한다.

원피스

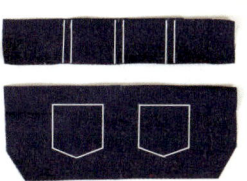

올인원

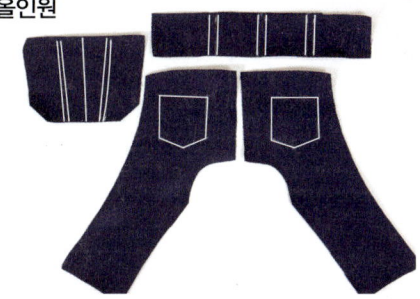

## 상의 : 주머니 모양 만들기

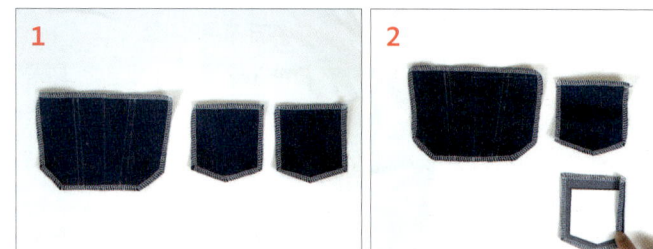

1. 등주머니, 주머니감(치마, 바지용)의 테두리를 오버록 처리한다.
2. 오버록 친 시접 부분을 다리미로 꺾어 다림질한다. 이때 패턴 모양대로 정확히 접어 다려야 주머니의 완성도가 높아진다.
3. 주머니 위쪽만 접어놓은 상태에서 스티치를 넣어 시접을 눌러 박는다. 이때 안쪽의 접힌 시접이 같이 박혀야 한다.(주머니 위쪽 시접 1.5㎝)

## 상의 : 어깨끈 만들기

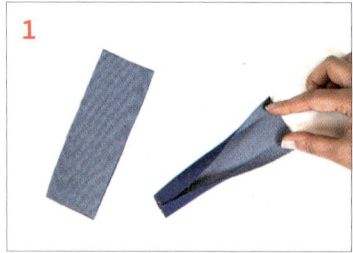

1. 어깨끈 2장을 준비하고 사진과 같이 안쪽으로 모아 접어 다린다.
2. 한 번 더 접어 다려 어깨끈 모양을 만든다.
3. 양쪽에 스티치를 넣어 끈 모양으로 완성한다.

## 상의 : 등판에 주머니 박기

1. 등판에 등주머니감을 올려 핀으로 고정하고 표시된 라인을 박음질한다.

## 상의 : 등판 안단 & 배판 안단 연결하기

1. 등판 겉이 보이게 놓고 어깨끈을 맞춰 올린다. 어깨끈의 위치는 모서리쪽 사선 부분에 달리게 되어 어깨끈 끝이 중심쪽으로 향하게 된다.
   tip 어깨끈을 올릴 때 어깨끈 스티치 선의 밑실이 보이게 올리면 완성 시 예쁜 겉땀이 밖으로 보이게 된다.
2. 등판 안단을 가지고 와 안이 보이게 올려 덮고 고정한 후 표시된 부분을 박음질한다.
3. 시접을 반 잘라 정리한다.

4. 안단을 젖혀 등판 겉이 보이게 놓으면 어깨끈이 보이게 된다.
5. 배판 겉이 보이게 놓고 준비한 등판을 가져와 겉과 겉이 닿게 놓은 후 배판에 어깨끈을 고정한다.
6. 배판 안단의 안이 보이도록 덮어 올린다. 배판과 배판 안단 사이에 등판이 있는 상태로 고정한 후, 표시한 라인을 박음질한다. 이때 등판이 같이 박히지 않도록 해야 한다.

 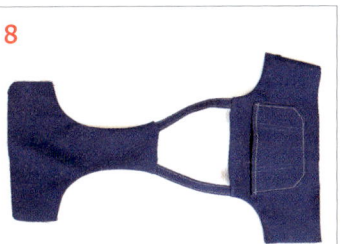

7. 시접을 반 잘라내 정리한다.
8. 등판을 천천히 당겨 배판을 뒤집고, 등판과 배판 모두 겉이 보이게 놓아 모양을 정리한다.

## 👑 상의 : 배판 밑단 고무줄 달기

1. 등판 안단, 배판, 배판 안단 세 군데를 오버록 처리한다.
2. 배판 밑단에 달 고무줄은 폭 7㎜에 '가로 길이의 절반+2~3㎝'로 준비한다.
3. 고무줄을 완성선에 맞춰 올리고, 양쪽 시접 부분에 고무줄을 눌러 박는다. 되돌아박기를 해가며 여러 번 튼튼히 박음질한다.  tip 시접 공간에서 고무줄을 박음질한다.

4. 오버록 친 시접을 접어 올려 원단 끝 쪽에 가깝게 박음질한다. 고무줄을 박지 않도록 주의한다.
5. 시접이 가둬지면서 주름이 생겨난다.

## 👑 상의 : 허리벨트 연결하고 스티치 넣기

1. 등판 겉에 허리벨트감을 올려 겉과 겉이 닿도록 한 후 박음질한다.
2. 박은 시접을 오버록으로 정리하고, 허리벨트를 내린다.
3. 허리벨트에 스티치를 넣는다. 시접이 같이 박음질되어 눌러진다.

## 👑 원피스 : 치마 주머니 달기

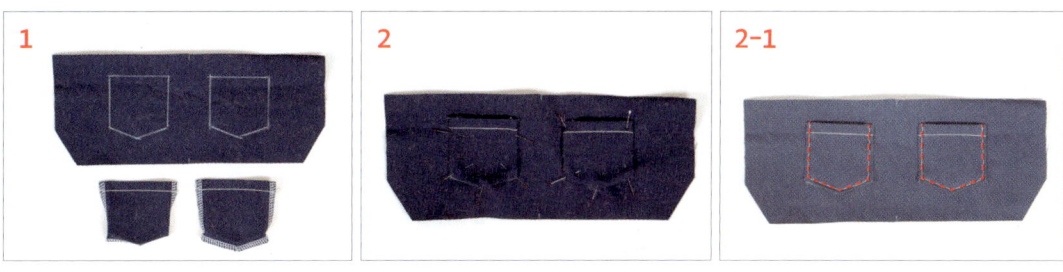

1. 치마감과 주머니를 준비한다.
2. 주머니 위치에 주머니감을 올려 고정한 후 박음질한다.

## 👑 원피스 : 상의와 치마 연결하기

1. 상의와 치마를 겉이 보이게 놓고, 치마를 젖혀 상의와 치마의 겉과 겉이 닿게 놓은 후 박음질하여 연결한다.
2. 시접을 오버록 처리한다.
3. 시접을 허리벨트 쪽으로 올린 후 스티치를 넣는다.

## 👑 원피스 : 옆선 연결하고 전체 시접 정리하기

1. 상의의 겉이 보이게 놓고, 배판이 상의의 겉과 겉이 닿게 올린다. 이때 등판의 안단을 펼쳐 겉이 보이게 놓는다.
2. 배판 안단도 펼쳐 등판의 옆선에 맞추고, 옆선을 박음질한다.

**tip** 이렇게 안단을 펼쳐 한 번에 박으면 안단을 꺾어 내렸을 때 연결이 예쁘다.

 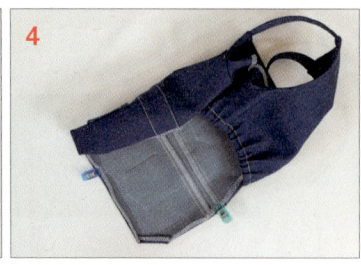 

3 안단 시작점부터 반대쪽 안단 시작점까지 오버록으로 시접정리를 한다.
4 치마 밑단 시접을 접어 다려 놓는다.   tip 과정마다 다림질을 해두면 옷의 완성도가 높아진다.
5 옆선 시접을 등쪽으로 보낸다.

  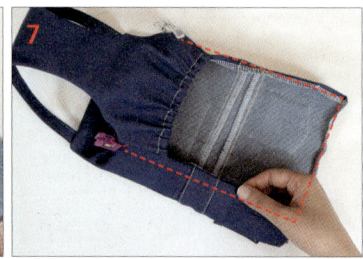

6 안단을 접어내려 고정한다.
7 옆선 아래쪽으로 연결된 나머지 시접도 등쪽으로 보내고 등판 쪽에 스티치를 넣어 눌러 박는다.
   옆선부터 반대쪽 옆선까지 한 번에 스티치를 넣는다.
   tip 원단의 겉면을 보고 박으면 스티치를 더 균일하게 박을 수 있어 완성도가 높아진다.

8 스티치를 넣으면 전체적으로 시접이 한 번에 정리가 되어 깔끔하게 마감이 가능하다.

## 올인원 : 바지 연결하기

1. 바지(중심)과 주머니를 준비하고, 표시된 위치에 맞춰 올린 후 박음질한다.
2. 바지(중심)을 겉과 겉이 닿게 완전히 겹친 후 바지 중심을 박는다.
3. 연결된 바지(중심)을 펼치고 바지(옆)감을 가져와 겉과 겉이 닿게 놓고 박음질한다.

  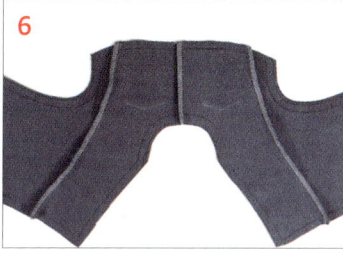

4. 곡선이기 때문에 바닥에 놓고 길이를 맞추는 것보다 사진처럼 세워서 곡선을 맞추는 것이 더 좋다.
5. 양쪽의 바지(중심)과 바지(옆)을 연결한다.
6. 바지 중심과 연결한 양쪽 바지 옆을 오버록 처리하여 시접을 정리한다.

> 쌍침 바늘을 이용하면 두 줄을 한 번에 박음질할 수 있다. 윗실 두 개를 준비하여 각각의 바늘 구멍에 실을 꿰어 사용한다.

7. 겉면을 보고 시접을 누르며 스티치를 넣는다. 청바지 느낌을 내기 위해서 두 줄 스티치를 넣으면 더 멋스럽다.

## 👑 올인원 : 상의와 바지 연결하기

 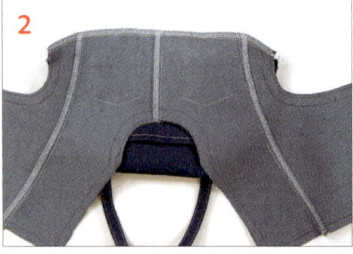 

1. 상의와 바지의 겉이 보이게 놓고, 바지를 뒤집어 허리벨트의 겉과 겉이 닿게 하여 고정하고 박음질한다.
2. 오버록으로 시접정리한다.
3. 바지를 겉이 보이게 내리고 오버록 친 시접은 허리벨트 쪽으로 올린 후 스티치를 넣는다.

## 👑 올인원 : 옆선 연결하고 전체 시접 정리하기

1. 등판 겉이 보이게 놓는다. 이때 등판 안단도 겉이 보이도록 펼쳐 올린다.
2. 배판과 등판의 겉과 겉이 닿게 올린다. 이때 배판 안단도 펼쳐 잡는다.
3. 안단을 펼친 채로 등판의 옆선과 맞춰 고정하고 양쪽 옆선을 박는다.

 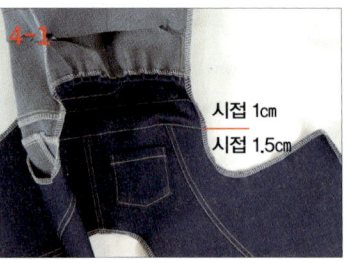 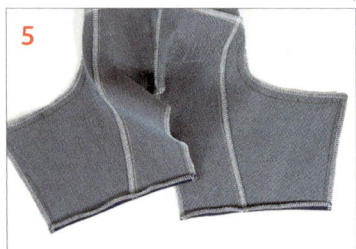

4. 안단 시작점부터 반대쪽 안단의 시작점까지 전체를 둘러 시접을 오버록 처리한다.
   tip 상의의 옆선 시접은 1cm, 바지의 옆선 시접은 1.5cm로 시접 양이 다르다. 오버록을 치면서 1.5cm 시접 부분을 약간 깎아내며 자연스럽게 오버록 치면 된다. 바지는 고무줄이 들어갈 공간이 필요해 좀 더 넓은 시접이 필요하다.
5. 바지 밑단 시접을 접어 다린다.

### 올인원 : 바지 고무줄 박기

1. 고무줄이 달릴 부위에 맞춰 고무줄을 올린다. 고무줄은 바지 옆선 양쪽과, 꼬리 중심에 달리게 된다. (1cm폭 고무줄) 시접 공간(1.5cm)에 고무줄을 놓아야 한다.

   tip 고무줄의 분량은 고무줄이 박히는 길이의 절반 정도가 필요하나, 미리 분량대로 잘라 사용하면 봉제 시 길이가 짧아 불편하다. 고무줄이 달리는 길이를 확인하고 길게 그대로 사용하는 게 좋다.

2. 미싱에서 고무줄을 박음질한다. 시작 부분에 고무줄을 올려 되돌아박기를 여러 번 하여 단단히 고정한 후 고무줄을 당기면서 고무줄을 박는다. 끝 지점에서도 되돌아박기 한다.
3. 고무줄이 박히면 자글자글하게 주름이 생긴다. 고무줄을 많이 당길수록 허벅지 안쪽이 감싸진다. 너무 당기면 불편할 수 있으니 당기는 정도를 조절하도록 한다.

4. 주름이 생긴 부분을 당겨 펼쳐보면 고무줄이 박혀있다.

**One More Step**

**허벅지, 꼬리 부분 전체에 고무줄을 박지 않는 이유?**

고무줄이 전체 꼬리나 옆선에 박히게 되면 고무줄 힘 때문에 강아지가 불편할 수 있고, 바지통이 허벅지 안쪽으로 기울어지는 현상이 나타나 핏이 다소 떨어지기 때문이다.
그러나 다리가 짧거나 허벅지에서 바지가 빠져버리는 경우에는 옆선과 꼬리 전체 부분에 고무줄을 박는 것이 낫다.

### 올인원 : 바지통 연결하고 밑단박기

1  바지통의 겉이 보이게 놓고, 겉과 겉이 닿게 바지통을 접는다.
2  옆선을 박음질한다.
3  시접을 가름솔한다.   tip 시접을 가름솔하면 시접의 두께감을 줄일 수 있다.

4  미리 다려놓은 밑단 시접을 접어 올린다.
5  밑단 시접을 한 바퀴 둘러 박는다. 다려놓은 시접이 눌러지도록 박아야 한다.

### 올인원 : 전체 시접 정리하기

  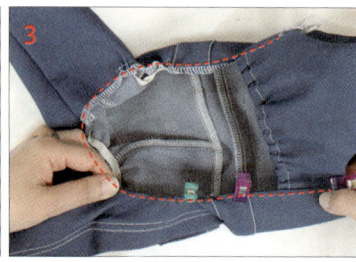

1  옆선 시접을 등판 쪽으로 넘기고 안단 시접을 꺾어 내려 모양을 잡는다.
2  옆선의 시접을 등으로 접으면 허벅지, 꼬리 등 연결된 시접 부위가 모두 옷 안쪽으로 접히게 된다.
3  한쪽 겨드랑이부터 반대쪽 겨드랑이까지 시접을 눌러가며 박음질한다.

 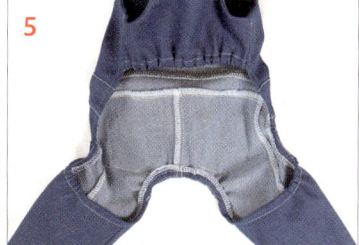 

4  옷의 안쪽이 보이게 놓고 미리 박아놓은 고무줄이 박히지 않도록 한다. 박은 땀이 옷의 겉으로 보이게 되므로 땀 간격이 균일해야 예쁘다.

5  박은 모습이다. 시접이 깔끔하게 정리되고 고무줄 부분의 주름도 정리가 되었다.

## 마무리 : 등 주머니 고정하기

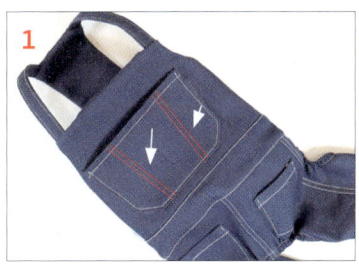  

1  등 주머니에 미리 표시한 스티치 라인을 확인한다.

2  스티치 라인을 박음질하되 반드시 등판의 안단을 아래로 내려 같이 박음질한다.

3  박은 모습이다.

## 마무리 : 안단 고정용 스티치 넣기

1  스티치 넣을 라인을 확인한다. 시작점 겨드랑이부터 반대쪽 겨드랑이까지 한 번에 박아야 깔끔하다.

2  박은 모습이다.

**마무리 : 벨트 고리 박아 완성하기**

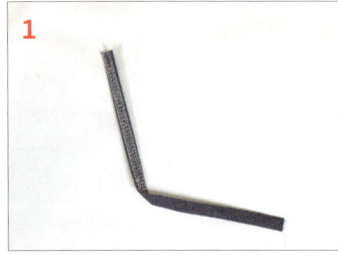

1. 벨트 고리감을 준비해 양끝에 좁은 오버록을 치고 안쪽으로 접어 다린다.
2. 양끝 라인에 스티치를 넣어준다.
3. 허리벨트 폭보다 양끝으로 1㎝ 정도 더 길게 자른 후 양끝을 안쪽으로 1㎝ 접는다.

**One More Step** 좁은 오버록 치기

좁은 오버록은 폭이 좁은 오버록을 말한다. 벨트 고리감의 폭이 좁기 때문에 오버록도 폭을 좁혀 친다. 미싱에서 왼쪽 바늘을 제거하면 폭이 좁아지게 된다.

왼쪽 바늘을 제거한 상태     일반 오버록과 좁은 오버록 비교

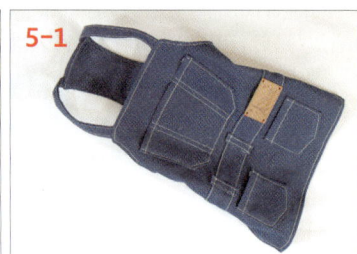

4. 허리벨트의 스티치 라인과 나란하게 양끝을 눌러 박는다.
5. 장식용 가죽라벨을 손바느질하여 달아주면 더 멋스럽다.

따뜻하고 포근해요. 추위 걱정 끝!

# 안감 올인원

-- 난이도 ★★★★ --

1. 옷 전체에 털안감이 들어가는 디자인으로 가볍고 따뜻하게 입을 수 있는 올인원입니다.
2. 앞발과 뒷발은 길이감을 길게 해 접었을 때 털안감이 보이도록 디자인했어요.
3. 안감으로 사용한 덤블링 원단은 약하고 몽글한 조직 때문에 박은 땀이 잘 보이지 않아서 뜯기가 까다로워요. 쉽게 늘어나기 때문에 신경 쓰면서 박아야 해요. 늘어나면 겉감과 길이가 맞지 않아요.
4. 부피감이 있는 옷이라서 겨울에 하네스를 착용하기 불편해요. 사용하는 하네스의 고리 위치를 확인하여 옷의 해당 부위에 단춧구멍을 만들어주면 하네스를 입고 옷을 입을 수 있어서 좋아요. (단춧구멍 만드는 법 P.73)

### 사용 원단 및 부자재
M 사이즈 기준

**원단** 겉감 삼단쭈리(104×55cm)
안감 덤블링(104×55cm)

**부자재** T단추(11.5㎜) 5개, 고무줄 폭(1cm), 길이 52cm(사이즈별 고무줄 길이)

**실물패턴 번호** 09

| S | M | L | XL | 2XL |
|---|---|---|---|---|
| 46.5 | 52 | 56.5 | 60 | 70 |

### 패턴 확인하기

단위 cm

겉감/안감 동일

등판, 소매 옆선, 배판, 배판-1, 소매, 등 진동, 소매-1, 바지, 바지-1, 칼라, 목 라인

## ✂ 원단 재단하기

**재단 시 주의사항**
배판, 바지, 소매는 2개를 재단하되, 한 장은 패턴을 뒤집어서 재단하여 같은 방향이 2개 나오지 않도록 한다.

**봉제 전 준비**
단춧구멍 위치, 배판의 소매 옆선 표시, 소매의 등 진동 표시

## 👑 겉감 : 옆선 박고 소매 달기

1. 겉감의 등판 겉이 보이도록 놓고, 그 위에 배판의 겉과 겉이 닿도록 올리고 옆선을 박은 후 시접을 약간 잘라낸다.
   tip 전체 안감이 들어가는 디자인으로 시접을 오버록 처리하는 부분이 없다. 시접은 적게 남는 것이 좋으므로 박음질 후 시접을 약간 잘라내면 좋다.

2. 소매 2장을 준비하고 등진동 표시를 확인한 후 소매를 반 접어 옆선을 박는다.

3. 뒤집어 겉이 보이게 하고 옆선을 박은 등판의 겉이 보이도록 놓은 뒤 소매를 올려 방향을 찾는다.

**↖ 소매 방향 찾기**
소매의 옆선은 배판에 표시된 소매 옆선 맞춤 표시와 겉과 겉이 닿도록 놓고, 소매에 표시된 등진동 표시가 몸판의 등진동과 사진처럼 닿는지 확인하면 된다. 방향이 맞지 않는 반대쪽 소매가 오면 등진동 표시가 반대쪽에 가있다.

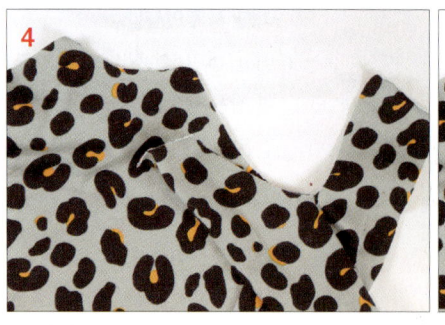 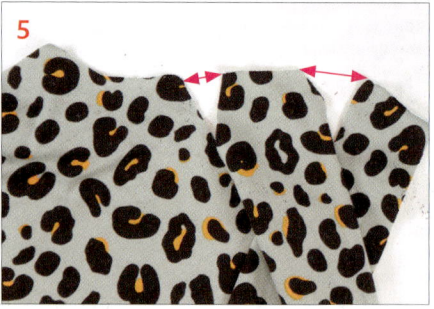

4 소매 옆선과 배판에 표시된 소매 옆선 맞춤 표시를 맞춰 핀을 꽂는다.

5 사진과 같이 양쪽을 핀으로 고정한다. 소매와 몸판의 겉과 겉이 닿게 핀 고정한다.

6 핀을 고정한 안쪽에 U자 모양으로 라인이 생긴 것을 확인하고, 이 라인을 따라 박음질한다.
tip 소매가 보이게 놓고 박으면 좀 더 박음질이 편하다.

7 시접을 반 정도 잘라 정리한다.

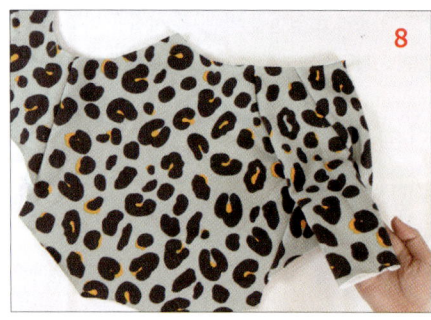 

8 반대쪽에도 같은 방법으로 소매를 달아준다.

## 👑 겉감 : 칼라 연결하기

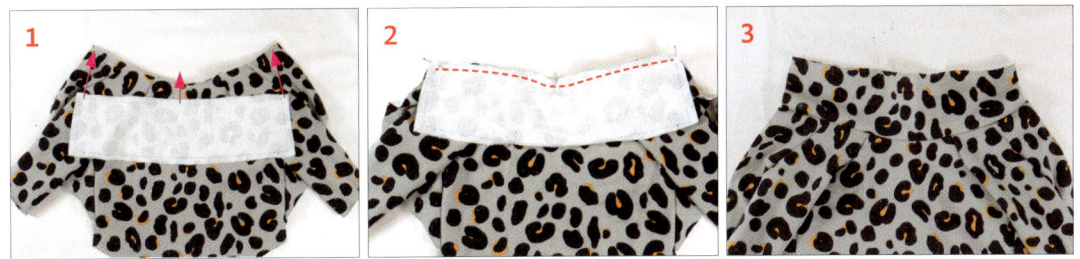

1. 몸판이 보이도록 놓고 칼라감을 가져와 목 라인을 맞춰 겉이 닿도록 놓은 뒤 양 끝과 중간을 맞춰 고정한다.
2. 목 라인을 박음질하고 시접을 반 정도 잘라낸다.
3. 칼라가 달린 모습이다.

## 👑 겉감 : 바지 연결하기

1. 꼬리 쪽에 바지감을 가져가 사진처럼 배치한다. 바지 옆선의 길이가 긴 쪽이 바깥으로 향한다.
2. 몸판과 바지감의 겉과 겉이 닿게 바지를 뒤집어 박음질한다.
3. 바지를 겉과 겉이 닿도록 반 접어 옆선을 박음질한다.

## 👑 안감 : 옆선 박기

1. 안감의 등판 겉이 보이도록 놓고, 그 위에 배판의 겉과 겉이 닿도록 올린 후 겉감과 동일하게 양쪽 옆선을 박되, 한쪽에는 창구멍을 내준다.  tip 창구멍으로 옷 전체를 뒤집게 되므로 너무 구멍을 작게 내지 않도록 한다.
2. 창구멍이 생겼다.
3. 이후 과정은 겉감 박음 과정과 동일하다. 안감의 전체 형태가 만들어지도록 한다.

## 👑 겉감·안감 합치기

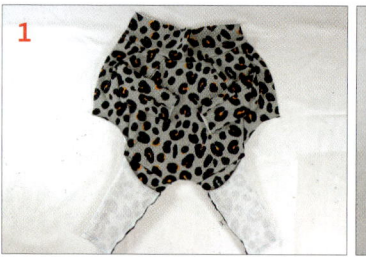 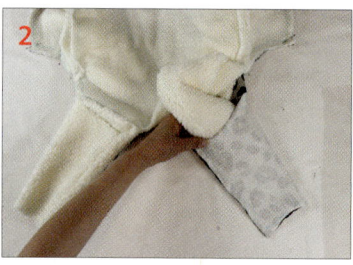 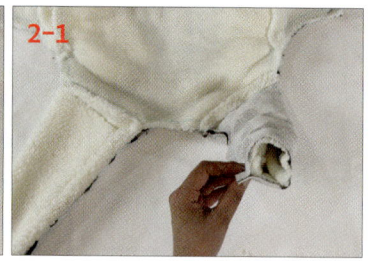

1. 겉감의 겉이 보이도록 놓고, 사진과 같이 소매를 안으로 접어 넣는다. 바지는 안쪽이 보이도록 뒤집어 놓는다.
2. 안감을 겉이 닿도록 올려 겉감과 완전히 겹친 후 바지 안감은 겉감 바지 사이로 집어넣어 발목 부분까지 완전히 겹친다.

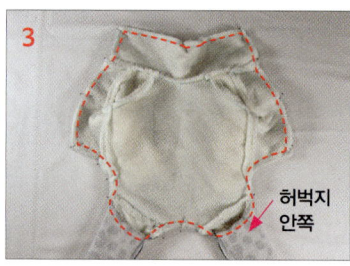 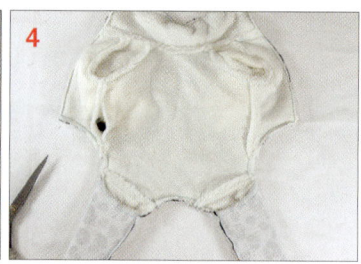

허벅지 안쪽

3. 박음 라인을 확인하여 박음질한다. 겉감과 안감이 같이 박힌다.
   **tip** 안감을 보고 박음질을 시작하면 되고, 허벅지 안쪽은 박음 라인을 따라 자연스럽게 옷을 돌리며 안감에 그려진 완성선을 박으면 된다.
4. 박음질 후 시접을 반 정도 잘라낸다. 안감에 창구멍이 나있다.

## 👑 고무줄 박기

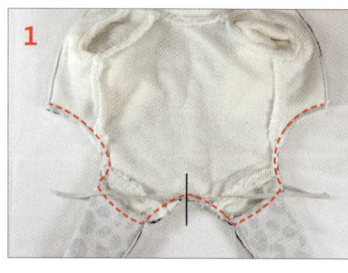 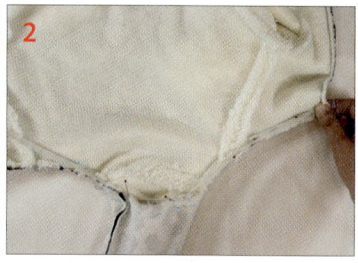 

1. 분량의 고무줄을 준비하고, 고무줄의 중심을 꼬리 중심 시접 부분에 고정한다.
2. 고무줄 끝이 배판 끝에 오도록 당겨 필요하면 고정하고, 고무줄이 당겨진 채로 고무줄 가운데를 박음질한다. 시접에 박음선이 생기게 된다.
3. 고무줄이 박히면 사진과 같이 주름이 생긴다.
   **tip** 고무줄은 바지가 허벅지에서 빠지지 않게 잡아주는 역할을 한다. 고무줄의 길이를 늘리거나 줄여 조임의 정도를 조절할 수 있다. 타이트하면 빠지지는 않지만 강아지들이 불편해할 수 있다.

## 🐻 소매 부리와 바지 부리 박아 완성하기

 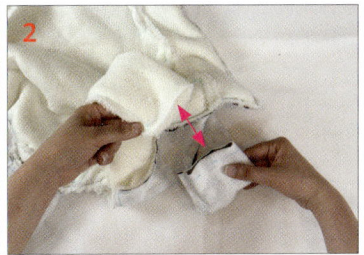 

1. 겉감 소매와 안감 소매 모두 빼내 펼친다.
2. 겉감과 안감의 소매 부리가 서로 맞닿도록 모아준다.
3. 소매가 꼬이지 않는지 확인하고, 겉감과 안감 모두 겉이 보이도록 살짝 젖힌 후, 겉감의 옆선과 안감의 옆선을 겉과 겉이 닿도록 모아 고정한다.

 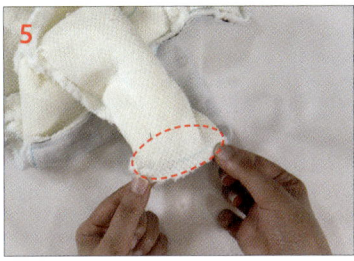 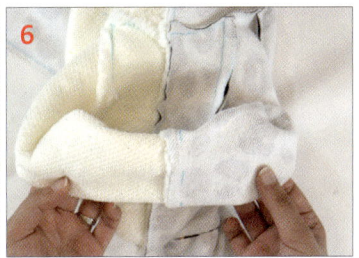

4. 겉감과 안감 옆선 라인의 겉과 겉이 닿도록 고정된 상태이다.
5. 이제 미싱으로 소매 부리의 동그란 라인을 박는다. 겉감과 안감의 겉과 겉이 닿도록 계속 소매 부리를 끄집어내며 한 바퀴를 둘러 박는다. 겉감 또는 안감의 안쪽 면을 보면서 박는다.
6. 겉감과 안감의 소매 부리가 연결된 모습을 확인한다.

> **One More Step**
> 소매 부리 연결은 동그란 소매 부리를 돌려가며 박기 때문에 소매가 꼬이고, 박음 라인이 잘 보이지 않아 헷갈리기 쉽다. 겉감과 안감의 소매 부리를 겉과 겉이 닿게 계속 박는다는 생각으로 소매 부리를 계속 끄집어내는 느낌으로 박아나가면 시작점에 되돌아오게 되고 되돌아박기 하여 끝낸다. 심하게 당기면 부리가 늘어나니 당기지 말고 끄집어내듯이 맞춰본다. 박고 난 후 꼬인 소매를 풀어주면 된다.

 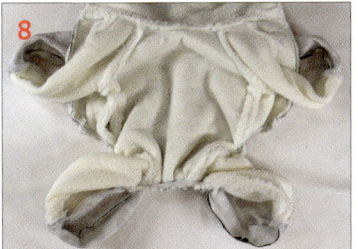 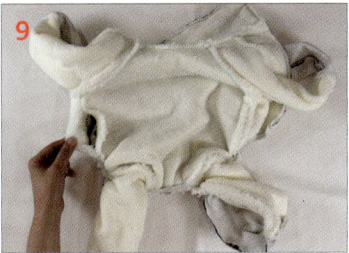

7. 바지 부리는 사진과 같이 겉감과 안감을 분리시켜 떨어뜨린다. 모두 안쪽이 보이는 상태다.
8. 바지 부리도 소매 부리와 같은 방법으로 연결한다.
9. 안감 옆선에 만들어둔 창구멍으로 옷 전체를 뒤집어 준다. **tip** 구멍이 터질 수 있으니 천천히 뒤집는다.

 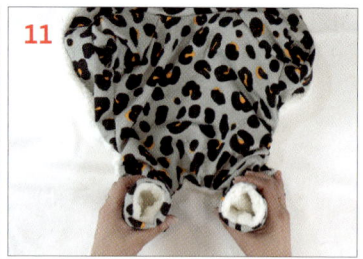 

**10** 칼라부터 먼저 모양을 정리하고 아래에 손을 넣어 바지를 끄집어낸다.

**11** 사진처럼 모양을 잡아준다.

**12** 소매도 동일하게 끄집어내 모양을 잡는다.

**tip** 손을 넣어보고 바지나 소매가 꼬여서 손이 통과되지 않으면 안쪽에서 부리를 맞춰줄 때 겉감 안감 소매가 자연스럽게 놓이지 못하고 꼬인 채로 고정된 것이다. 이때는 뒤집어서 뜯고 다시 박아주면 된다. 털이 많이 늘어나므로 주의해서 뜯는다.

 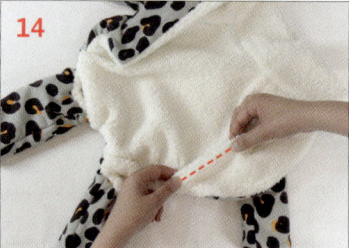 

**13** 목라인에 1~2㎝ 정도 칼라 연결선을 그대로 박아 겉감과 안감을 고정해준다.

**14** 뒤집은 창구멍은 겉감을 치우고 털안감끼리 시접을 모아잡고 구멍을 막으며 박음질한다.

박은 폭이 넓으면 두껍게 시접이 생겨 예쁘지 않으니 구멍은 막되 박는 폭이 넓지 않도록 한다.

**15** 봉제가 마무리 되었다. 배판 중심의 미리 표시해둔 단추 자리에 T단추를 달아 완성한다. **(T단추 다는 법 P.69)**

**16** 소매와 바지를 접으면 따뜻하고 귀여운 느낌이 살아난다. 칼라도 접어 연출할 수 있고, 단추를 풀면 칼라가 젖혀서 멋스럽다.

활용도 높은 베이직 아이템

## 스키니 올인원

-- 난이도 ★★★★ --

1. 가장 많이 사랑받는 기본에 충실한 올인원을 만들어볼 거에요.
2. 다리까지 감싸지는 디자인으로 따뜻하지만 불편할 수 있기 때문에 부드러운 원단을 사용하는 것이 좋아요.
3. 올인원은 허벅지 주변과 배 아래쪽을 예쁘게 모아줘야 완성도가 좋아요. 립시보리를 사용해 형태감이 좋게 만들어볼게요. 원단이 도톰하며 시보리도 20수 정도로 두께감이 있는 것이 좋으나, 가정용 미싱에서 사용하기에는 두꺼울 수 있으니 바늘이 부러지지 않도록 조심해야 해요.

### 사용 원단 및 부자재
M 사이즈 기준

**원단** 10수 후라이스 원단(80×50cm)
**부자재** 20수 립시보리(40×15cm)
**실물패턴 번호** 10

## 패턴 확인하기

단위: cm

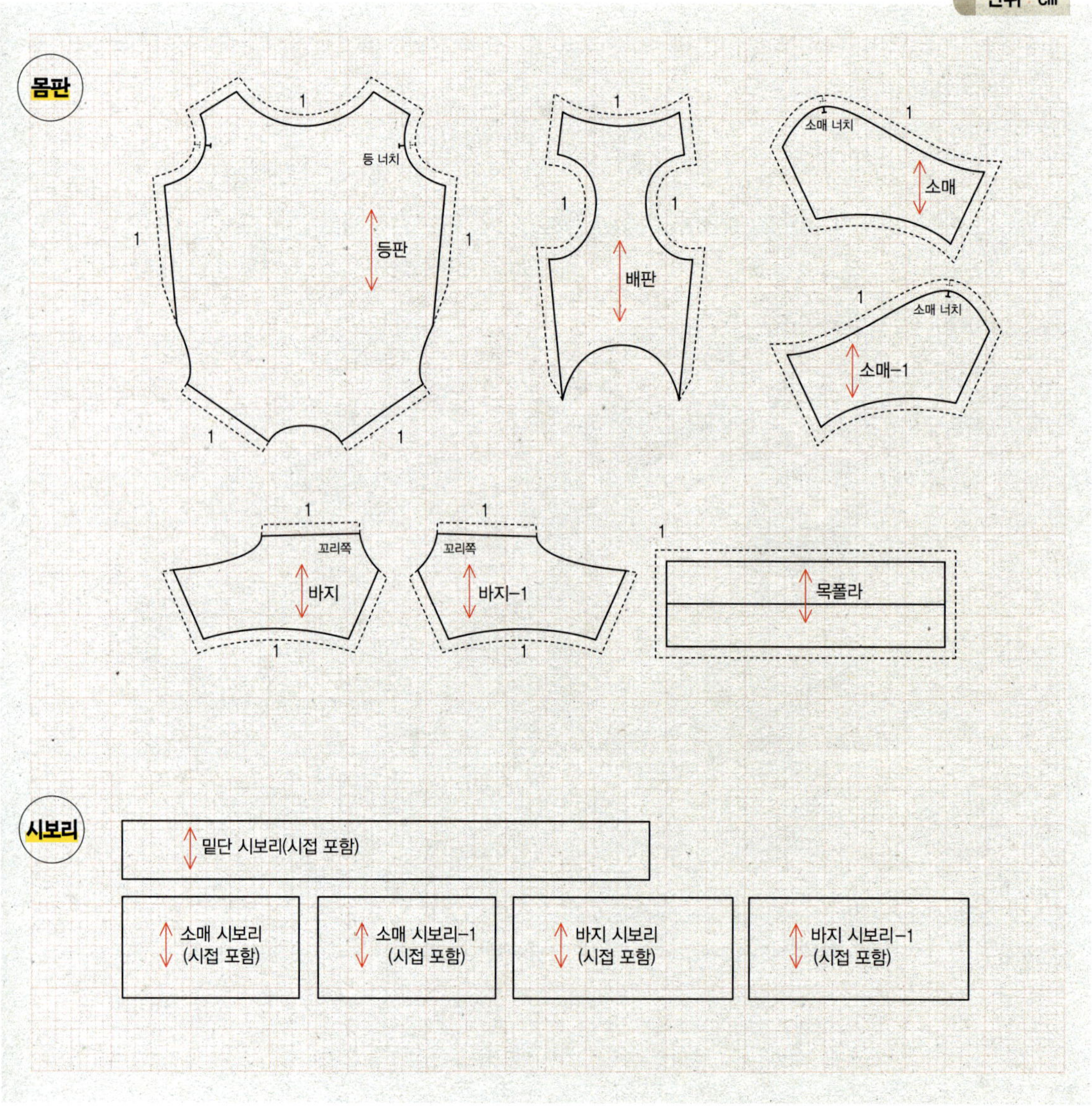

**몸판**
- 등판 (등 너치)
- 배판
- 소매 (소매 너치)
- 소매-1 (소매 너치)
- 바지 (꼬리쪽)
- 바지-1 (꼬리쪽)
- 목폴라

**시보리**
- 밑단 시보리(시접 포함)
- 소매 시보리 (시접 포함)
- 소매 시보리-1 (시접 포함)
- 바지 시보리 (시접 포함)
- 바지 시보리-1 (시접 포함)

## 원단 재단하기

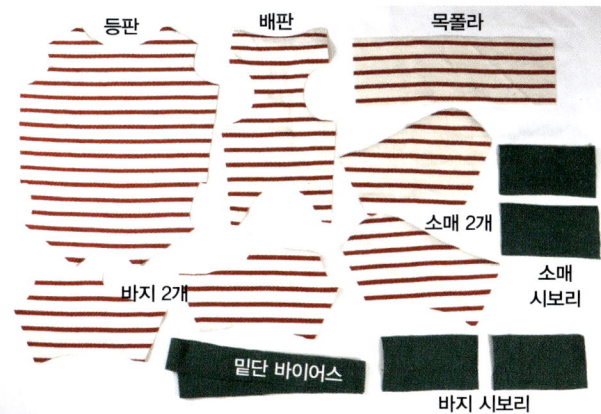

**재단 시 주의사항**
바지와 소매는 2개를 재단하되, 한 장은 패턴을 뒤집어서 재단하여 같은 방향이 2개 나오지 않도록 한다. 시접이 없는 부분을 미리 체크 해둔다.

**봉제 전 준비**
등판 너치·소매 너치 표시하기

## 어깨·소매 연결하기

1 등판 겉이 보이게 놓고, 배판 안이 보이게 올려 양쪽 어깨를 박음질한다.
  tip 목라인과 꼬리를 반대로 놓지 않도록 목라인을 한 번 더 체크한다. 패턴에서 위쪽이 목라인이다.
2 박은 시접은 오버록 처리한다.
3 몸판의 소매라인이 보이도록 놓고 소매를 가져와 소매 방향을 맞춘다.
  tip 소매에 표시된 너치를 등판의 너치와 맞춘다고 할 때 소매 너치점을 기준으로 길이가 짧은 오른쪽 분량이 등판을 향해 있도록 맞춘다. 반대쪽을 맞출 때도 방법은 같다.

4 소매를 뒤집어 몸판 위에 올리고 너치점을 맞춰 고정한 뒤 소매 진동 양 끝을 몸판 끝과 맞춰 고정한다.
5 길이를 맞춰 핀을 추가하고 진동라인 완성선에 맞춰 박음질한다.
6 반대쪽 소매도 같은 방법으로 연결하고 시접은 오버록 처리한다.

## 👑 바지 연결하기

1. 등판 겉이 보이게 놓고 바지 두 장을 가져온다. 꼬리라고 표시된 부분이 꼬리로 향하도록 놓는다.
2. 바지의 안이 보이도록 몸판쪽으로 걷어 올리고, 바지 연결선 양쪽을 박음질하고 오버록 처리한다.
3. 바지 양쪽이 연결되었다.

## 👑 소매 · 바지 시보리 연결하기

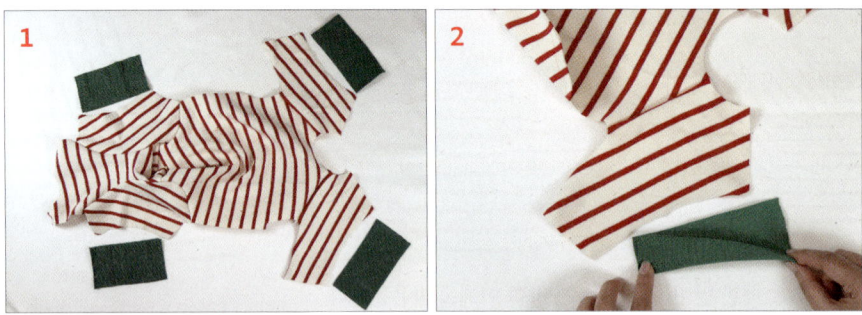

1. 몸판의 겉이 보이도록 펼치고 바지, 소매 시보리를 가져온다.
2. 시보리의 안과 안이 닿도록 반으로 접는다.

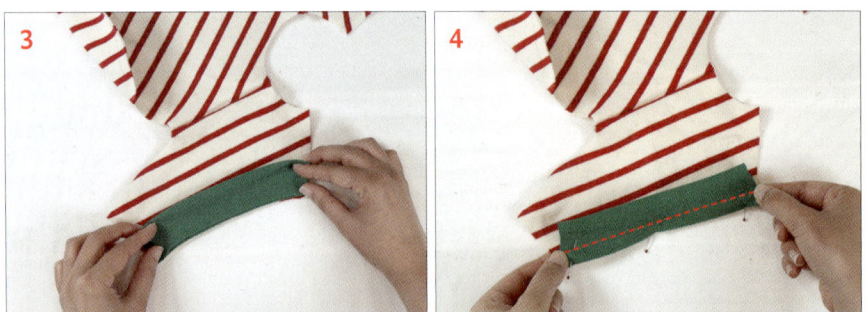

3. 벌어지는 부분이 아래쪽으로 향하게 하여 바지에 올린다.
4. 핀으로 고정하고 박음질한다. 시보리를 당겨 길이를 맞추고 고정한다.

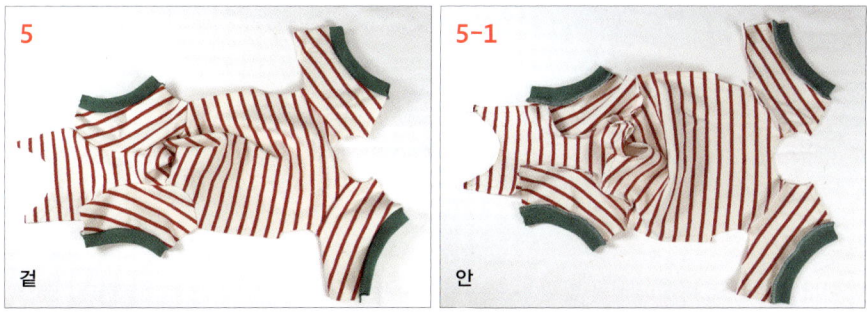

**5** 나머지 부분에도 시보리를 연결하고 시접은 오버록 처리한다.

## 옆선 연결하기

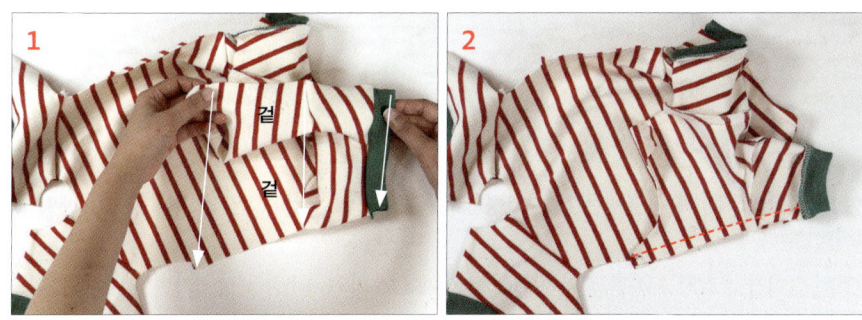

**1** 등판 겉이 보이게 한 뒤 배판과 소매도 겉이 보이도록 잡고 시보리 끝 - 겨드랑이점 - 옆선 끝 라인을 맞추어 고정한다.

**2** 시보리부터 옆선 끝까지 박음질한다. 시접은 오버록 처리한다.

**3** 반대쪽 옆선도 동일하게 맞춰 고정하되, 옆선 끝에서 3~4㎝ 정도 박음질하지 않고 끝낸다.

tip 양쪽 옆선 중에 어느 쪽을 다 박고, 어느 쪽을 3~4㎝ 덜 박는지는 관계없다. 양쪽 중 한쪽만 덜 박히게 두면 된다. 덜 박은 쪽 시접은 오버록 처리하지 않고 그냥 둔다.

## 바지통 연결하고 밑단 바이어스 달기

 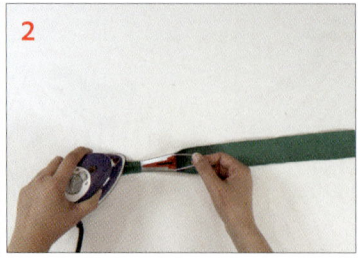 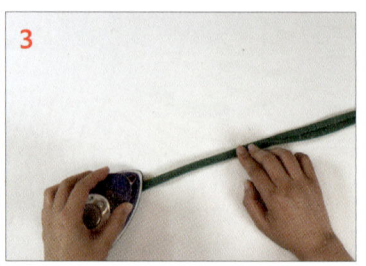

1. 바지를 겉이 보이도록 펼치고, 바지 옆선을 맞춰 반으로 접어 박음질한 후 시접을 오버록 처리한다.
2. 패턴대로 자른 바이어스감을 안으로 모아 접으며 다린다. 바이어스 메이커가 있으면 편하다.
3. 한 번 더 접어 테이프 모양으로 만든다.

4. 겉이 보이게 놓고 바이어스 테이프를 몸판에 끼워 고정한다. 옆선에서 덜 박아 트임을 만든 부분이 테이프를 끼우는 시작과 끝이 된다.
5. 바이어스 테이프의 길이가 둘러지는 몸판 길이에 비해 짧기 때문에 바이어스감을 당겨가며 모자라지 않도록 고정한다.
6. 고정하면 사진과 같이 몸판 분량이 튀어나오게 된다.

7. 바이어스 테이프를 당기며 벌려 그 안으로 몸판이 끼워지게 한 후 박음질하면 된다.
8. 트임 시작부터 트임 끝까지 바이어스 테이프를 당기며 박음질한다.
9. 3~4㎝ 덜 박은 옆선을 마저 박음질하고, 소매 시보리 끝 - 겨드랑이점 - 옆선 끝의 시접을 오버록 처리한다.

## 목폴라 연결하여 완성하기

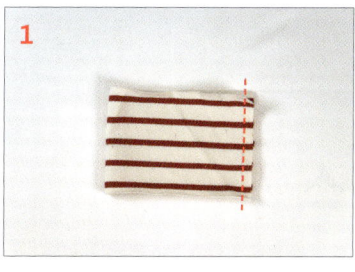 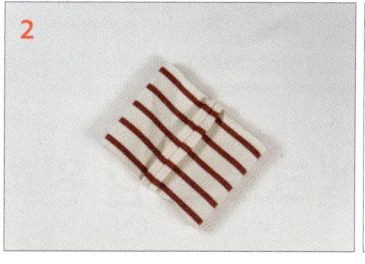 

1. 목폴라감의 겉과 겉이 닿도록 놓고 옆을 박음질하여 원통형으로 만든다.
2. 시접은 벌려 가름솔한다. 시접이 덜 두꺼워진다.
3. 시접을 가리듯이 반 접는다.

4. 아래 원단도 반 접어 올린다.
5. 두 겹의 원통형이 만들어졌다.
6. 몸판의 목 라인이 보이도록 놓고, 목폴라감의 연결선을 몸판의 한쪽 어깨에 맞춰 집어넣는다.

 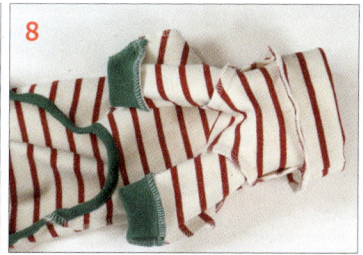

7. 몸판 목라인에 목폴라감을 나눠 고정하고 박음질한다.
8. 시접은 오버록 처리한다.

레이어드해서 세트로 입히기 좋은

# 벨크로 여밈 원피스

-- 난이도 ★★★ --

1. 멜빵 끈에 있는 두 개의 단춧구멍으로 등 길이를 조절하여 입힐 수 있어요.
2. 멜빵의 길이를 더 길게 하면 추가로 등 길이를 조절할 수 있어요.
3. 허리에 있는 벨크로 여밈은 둘레를 조절할 수 있어서 이너가 두껍거나 얇은 정도에 따라 여밈량을 조절할 수 있어요.
4. 스판기가 없는 원단을 사용하도록 해요. 스판기가 있는 원단은 늘어나 박음질이 더 까다로워요.
5. 단춧구멍은 재단하고 남은 원단에 미리 테스트를 하는 것이 좋아요. 단추를 노루발에 끼우면 적당한 사이즈로 단춧구멍을 만들 수 있어요.

## 사용 원단 및 부자재

M 사이즈 기준

**원단** 면 20~30수(110×40cm)

**부자재** 단추(18mm) 2개, 벨크로 테이프(폭1.5cm, 길이 6cm), 단춧구멍 노루발

| | S | M | L~2XL |
|---|---|---|---|
| | 15mm, 2개 | 18mm, 2개 | 20mm, 2개 |

| 사이즈 | S | M | L | XL | 2XL |
|---|---|---|---|---|---|
| 폭 | 1 | 1.5 | 2 | 2.5 | 2.5 |
| 길이 | 2 | 3 | 3.5 | 3.5 | 4 |
| 갯수 | 2세트 | 2세트 | 2세트 | 2세트 | 2세트 |

**실물패턴 번호** 11

## 패턴 확인하기

단위 cm

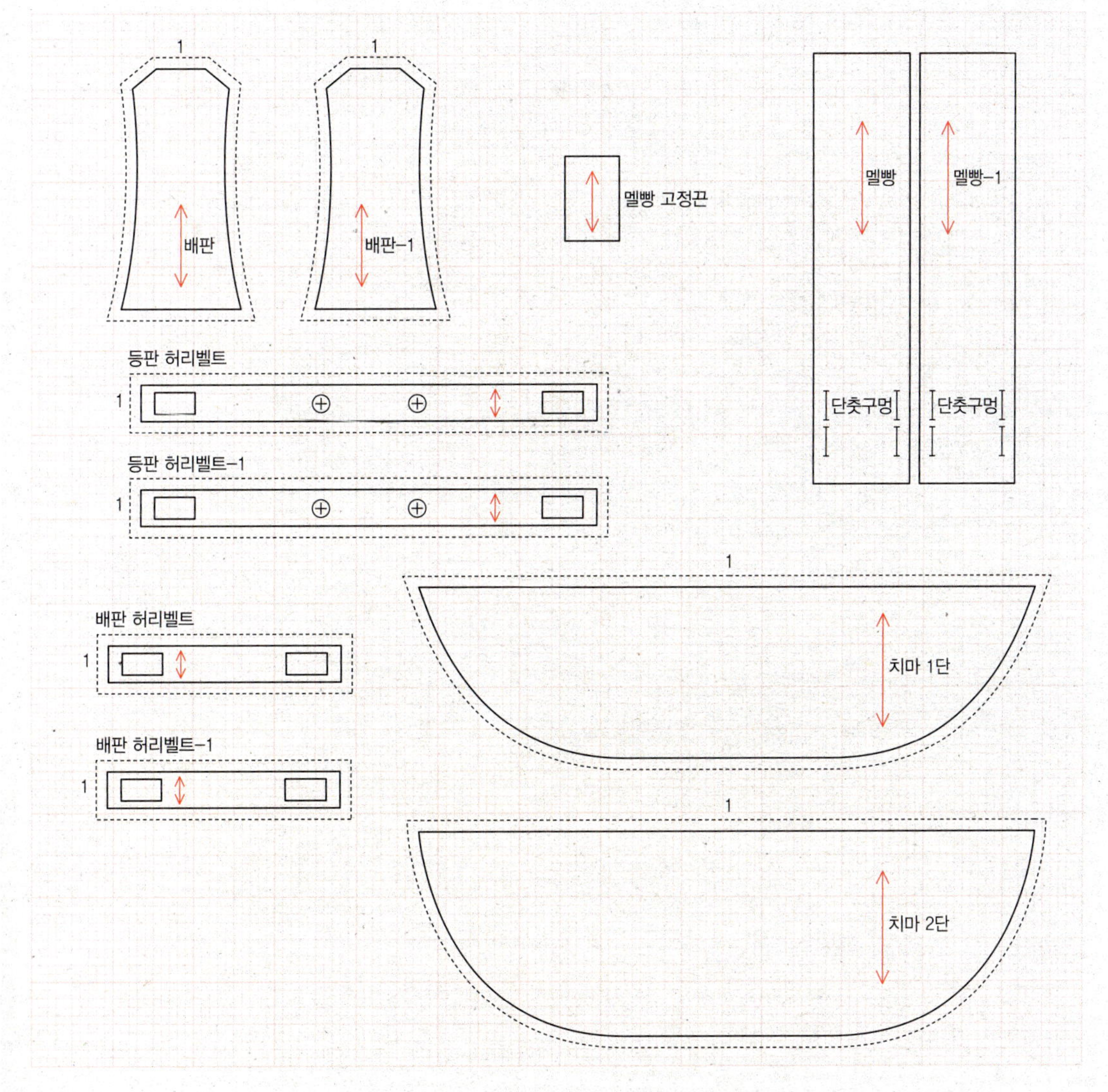

- 배판 (1)
- 배판-1 (1)
- 멜빵 고정끈
- 멜빵 (단춧구멍)
- 멜빵-1 (단춧구멍)
- 등판 허리벨트 (1)
- 등판 허리벨트-1 (1)
- 배판 허리벨트 (1)
- 배판 허리벨트-1 (1)
- 치마 1단 (1)
- 치마 2단 (1)

## ✂ 원단 재단하기

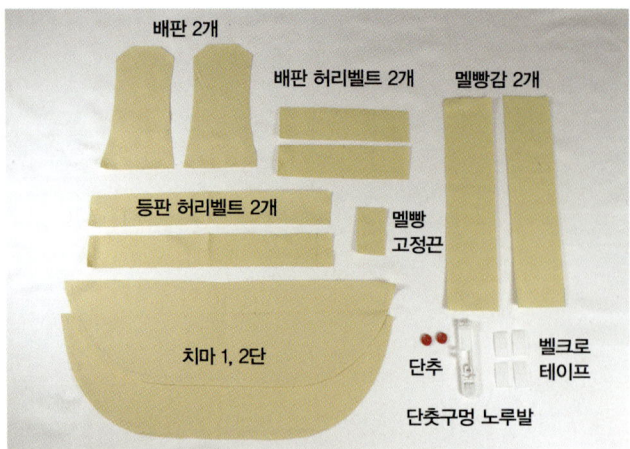

**재단 시 주의사항**
단추 위치, 단춧구멍 위치,
벨크로 테이프 위치 표시

## 👑 멜빵 만들기

1. 멜빵감 두 장, 멜빵 고정끈감을 안으로 향해 반을 접어 다리고, 한 번 더 반을 접어 다려 끈 모양으로 만든다.
   tip 끈의 한쪽 끝에 단춧구멍 위치가 표시되어 있다.
2. 멜빵감 두 개는 단춧구멍 표시가 있는 쪽 끝을 1㎝ 안쪽으로 접어 넣고 다린 모양으로 다시 접어 집게로 고정한다.

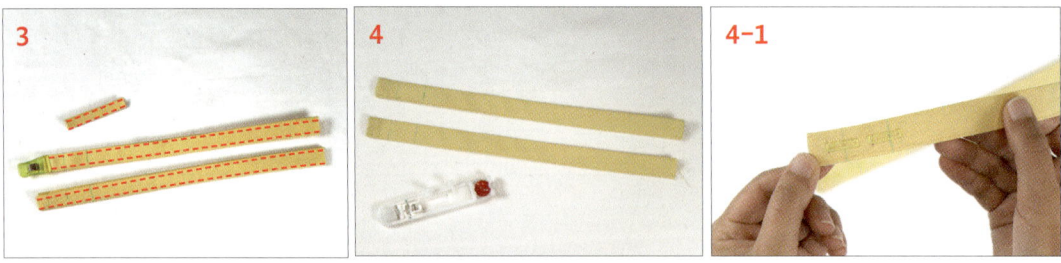

3. 표시된 양쪽을 박아 끈 모양으로 만든다.
4. 단춧구멍 노루발 뒤쪽에 단추를 끼우고 표시된 위치에(한쪽 끈에 두 개씩) 단춧구멍을 만든다.
   (단춧구멍 만드는 법 P.73)

## 👑 배판 준비하기

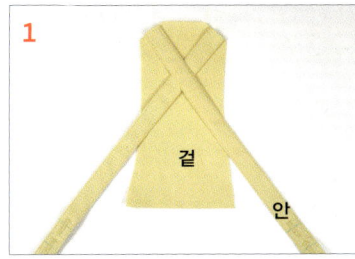  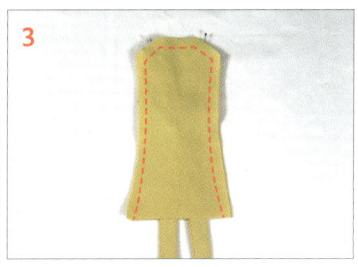

1. 배판감 중 한 장을 겉이 보이도록 놓고, 위쪽 사선에 맞춰 멜빵의 안이 보이도록 올려 핀으로 고정한다.
   tip 멜빵의 모양을 보고 더 예쁜 쪽을 겉으로 정하면 된다. 보통 윗실이 박힌쪽 땀이 더 예쁘다.
2. 나머지 배판감은 바닥의 배판과 겉면이 서로 닿도록 그 위에 놓는다.
3. 멜빵 끈이 박히지 않도록 가운데로 모아주고, 표시된 부분을 박음질한다.

  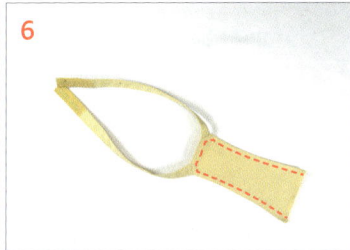

4. 시접을 반 정도 잘라 정리한다.
5. 박지 않은 아래쪽으로 배판을 뒤집어 어깨끈과 배판 모양을 잡아준다.
6. 배판에 스티치를 넣는다.  tip 스티치를 넣으면 모양도 고정되고 깔끔하다.

## 👑 허리벨트 만들기

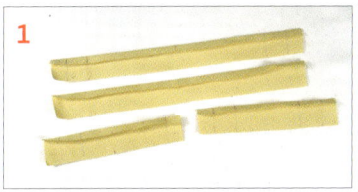 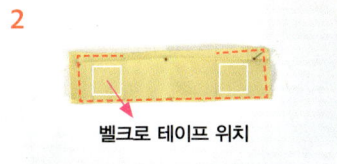 

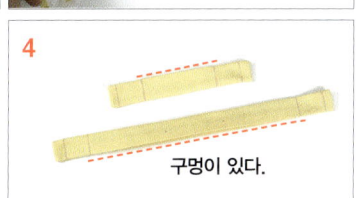

1. 등판, 배판 허리벨트감 모두 한쪽 시접(1㎝)를 접어 다린다.
2. 배판 허리벨트감의 겉과 겉이 닿도록 겹쳐 놓고, 벨크로 테이프 위치의 시작점부터 박음질을 시작해 반대쪽 벨크로 테이프 위치의 시작점까지 박는다.  tip 시작과 끝에 모두 되돌아박기 한다.
3. 시접을 반 정도 자르고 뒤집어 모양을 정리한다. 박지 않은 곳은 구멍이 뚫려있다.
4. 같은 방법으로 등판 허리벨트도 동일한 모양을 만든다.

## 배판에 허리벨트 끼우기

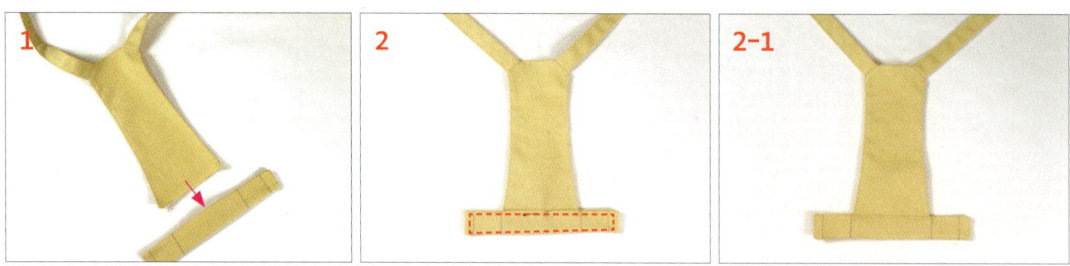

1. 허리벨트의 구멍이 배판 아래쪽으로 향하게 한 후 배판 허리벨트 구멍에 시접 1cm만큼 배판을 끼운다.
2. 스티치를 넣어 고정한다.

## 치마 준비하기

1. 치마 1, 2단의 밑단을 오버록 처리한다.
2. 밑단 시접을 완성선만큼 접어 다린다.
3. 치마 1, 2단 모두 밑단을 박음질한다.

4. 치마 1, 2 단의 위 쪽을 맞춰 놓고 치마단에 주름을 잡는다. 미싱의 가장 큰 땀수로 시접 공간에 박음질한다. 되돌아 박지 않고 양쪽 실은 길게 남도록 한다.
   tip 원단이 두꺼우면 두 줄 박음질한다. 이때 박음실끼리 만나지 않도록 평행하게 박는다.
5. 실 한 가닥을 당기며 원단을 안쪽으로 보내주면 주름이 생긴다. 전체적으로 주름이 생기도록 양쪽 끝에서 실을 당겨 주름을 잡는다.
6. 주름을 잡은 치마의 길이는 등판 허리벨트의 구멍 너비와 같다.

## 등판 허리벨트에 치마 끼우기

1  주름 잡은 치마를 등판 허리벨트의 구멍에 끼워 고정한다.
2  허리벨트 전체에 스티치를 넣으며 끼워진 치마를 고정한다.
   tip  벨트 뒤쪽이 같이 박음질되는지 확인하며 박음질한다.

## 벨크로 테이프 박기

1  치마 안쪽이 보이게 놓고 벨크로 테이프(거친)를 위치에 올려 박는다.
2  배판 겉이 보이게 놓고 벨크로 테이프(부드러운)를 위치에 올려 박는다.
3  벨크로 테이프를 부착해 모양을 확인한다.

## 마무리하여 완성하기

1  등판 허리벨트의 표시된 위치에 단추를 달고(단추 달기 P.75), 단춧구멍을 만든 곳은 가운데를 실뜯개로 조심히 찢어 구멍을 낸다.
2  단추를 채워 멜빵끈이 자연스럽게 교차되는 지점을 확인하고 멜빵 고정끈을 가져와 안쪽으로 1cm씩 접어 눌러 박아 완성한다.
3  퍼프 블라우스와 코디한 모습이다. 이너로 블라우스나 티셔츠, 셔츠 등과 같이 코디하면 예쁘다.

티셔츠처럼 편하게 입는

## 캉캉 프릴 원피스

-- 난이도 ★★★★ --

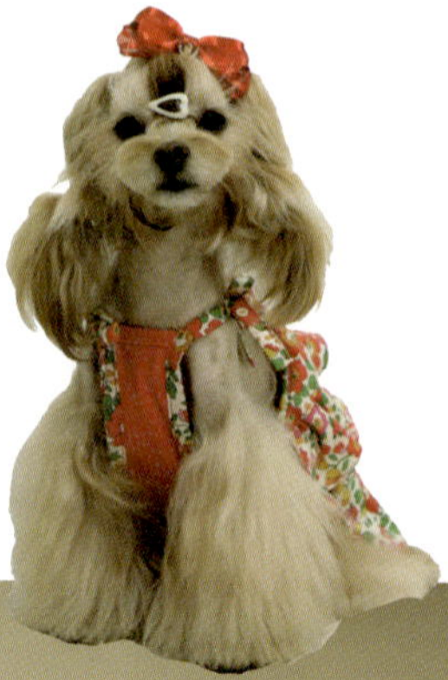

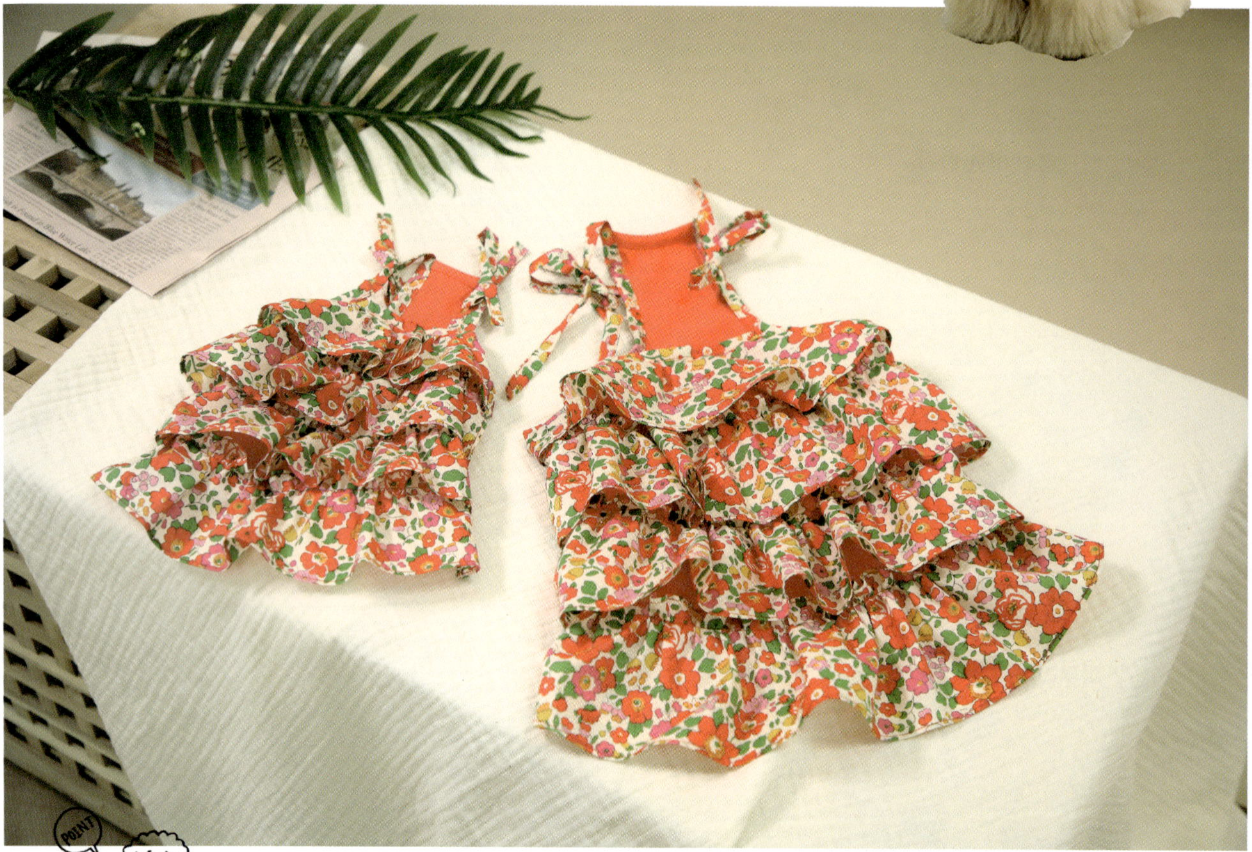

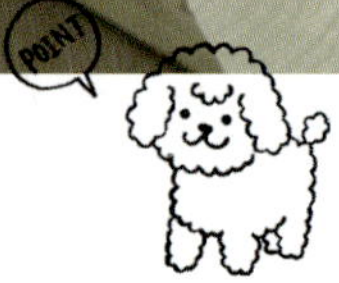

1. 기본 틀은 티셔츠 원단으로 만들어서 편하게 입을 수 있고, 등에 프릴감을 달아 원피스처럼 보이는 러블리한 느낌의 옷입니다.
2. 티셔츠 원단은 프릴을 박을 때 늘어나지 않아야 해서 너무 얇거나 신축성이 좋은 원단은 사용하지 않아요. 프릴감도 두께가 두껍거나 무거우면 주름량이 적어지거나 프릴이 쳐지게 됩니다.
3. 프릴감 끝은 모두 말아박기 해 마감하기 때문에 말아박기 노루발이 필요합니다. 미싱 구입 시 대부분 기본으로 제공되는 노루발이에요.
4. 어깨끈과 등판목, 배판목을 감싸는 바이어스 원단은 원단의 배색을 고려해 티셔츠 원단으로도, 프릴감 원단으로도 만들 수 있어요. 티셔츠 원단으로 만들면 옷이 부드럽고, 프릴감으로 만들면 형태감은 단단하게 잡아주지만 입힐 때 조금 불편할 수 있어요.

## 사용 원단 및 부자재

M 사이즈 기준

**원단**  **몸판** 20수 싱글 다이마루(50×37cm)
　　　　**프릴감** 40~60수 면직기(100×40cm)
**부자재** 말아박기 노루발(완성 3mm), 바이어스 메이커(빨강)
**실물패턴 번호** 12

## 패턴 확인하기

단위 cm

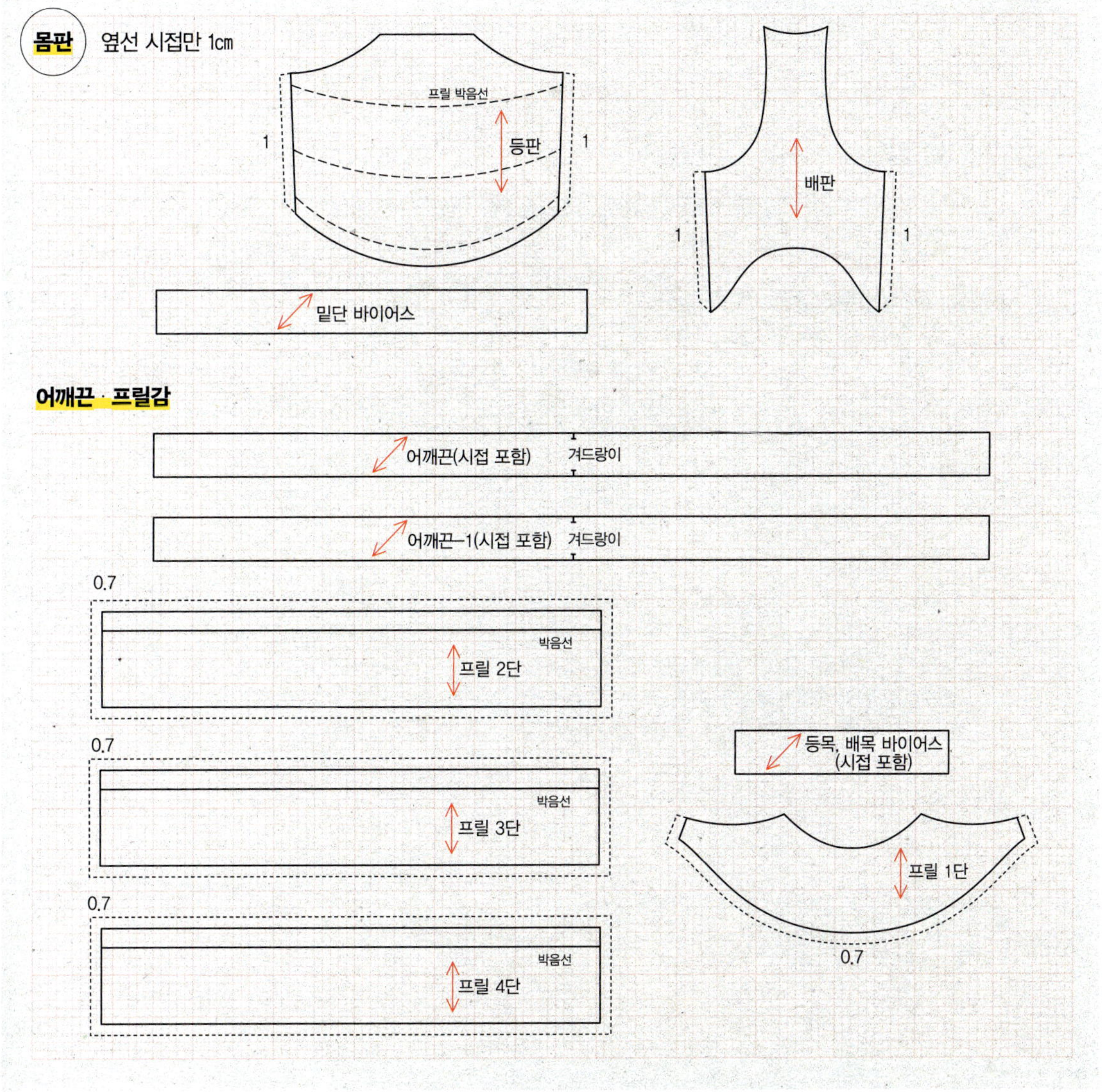

**몸판** 옆선 시접만 1cm

프릴 박음선 / 등판 / 배판 / 밑단 바이어스

**어깨끈 · 프릴감**

어깨끈(시접 포함) 겨드랑이
어깨끈-1(시접 포함) 겨드랑이

0.7
박음선
프릴 2단

0.7
박음선
프릴 3단

등목, 배목 바이어스
(시접 포함)

프릴 1단
0.7

0.7
박음선
프릴 4단

## 🎀 원단 재단하기

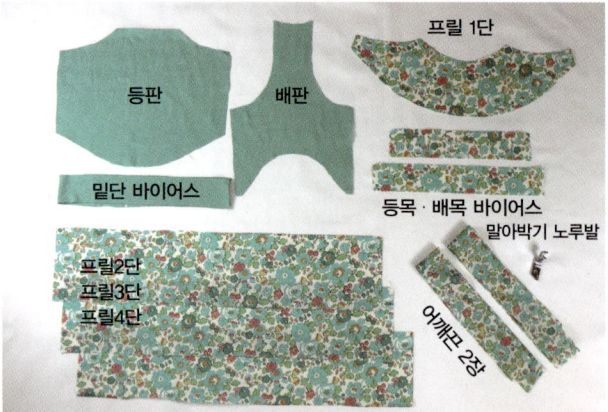

**봉제 전 준비**
- 등판 프릴 달림선 표시하기
- 프릴감 등판에 박을 선 표시하기

## 👑 프릴감 시접 정리하기

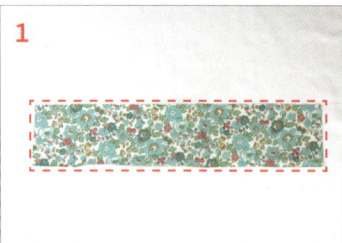

1. 프릴감 2, 3, 4단의 사각형 전체 시접을 말아박기로 정리한다.
2. 원단의 안이 보이도록 놓고, 노루발의 회오리 부분에 원단을 넣어 모양을 잡고 박아나간다.
3. 프릴감 2, 3, 4단을 말아박기 한 모습이다.

> **tip**
> - 길이가 긴 위, 아래 시접은 말아박기 노루발을 이용해 시접을 정리하고, 길이가 짧은 양 옆 시접은 시접 0.7㎝를 반씩 두 번 접어 안으로 넣고 박음질하면 예쁘게 완성된다. 길이가 긴 부분을 말아박기 하면 양 끝 시접이 두꺼워서 짧은 길이 쪽 시접을 말아박기 노루발로 처리하기 까다롭다.
> - 말아박기를 할 때 말리는 부분의 분량이 적으면 중간에 말아박기가 되지 않는다. 말아지는 양을 눈으로 체크하며 풀어지지 않도록 해야 한다. 밑실도 충분히 있는치 체크 해 중간에 끊어지지 않도록 한다.

4. 프릴감 1단은 표시한 부분과 아래쪽 시접을 말아박기로 정리한다.

## 프릴 주름잡기

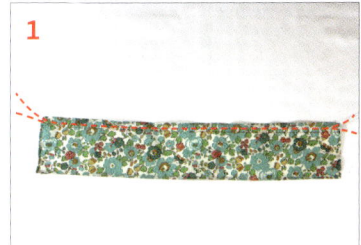  

1. 등판과 시접 정리한 프릴감 4장을 준비한다. 땀 길이를 최대로 놓고, 프릴감 2, 3, 4단에 표시된 등판의 박음질선 보다 조금 위로 한 줄을 박음질한다. 양 끝에 실을 길게 남기고, 되돌아박기를 하지 않는다.
2. 밑실을 잡고 원단을 안쪽으로 밀어주면 주름이 생긴다. **tip** 길이를 맞춘 후에는 주름 양이 어느 한쪽에 모이지 않도록 조절한다.
3. 주름을 어느 정도 잡고 등판에 올려 양쪽 옆선의 시접량을 뺀 길이와 비슷하게 주름 길이를 맞춘다. 프릴감 2, 3, 4단을 동일하게 준비한다.

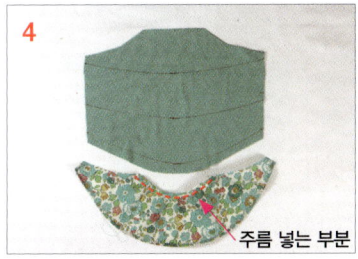  

4. 프릴 1단은 표시된 목라인에만 큰 땀으로 박고 실을 당겨 주름을 잡는다. 실을 당겨 등판의 목길이와 맞춘다.
5. 등판에 프릴 1단을 올려 고정하고 임시로 원단 끝에 큰 땀수로 박아 프릴감을 몸판에 고정해둔다.
   **tip** 옆선 쪽의 시접을 제외하고 프릴 끝을 맞춰야 한다.

## 등목 · 배목 바이어스 싸기

1. 등판과 배판 그리고 바이어스감(등목, 배목 바이어스)를 준비하고 바이어스 메이커에 바이어스감을 통과시켜 가운데로 모아 다려준다.
2. 한 번 더 접어 다려준다.
3. 다린 바이어스감을 등목과 배목 라인 원단을 감싸듯이 끼워 고정한다.

4 바이어스가 벌어지지 않도록 박음질한다. 이때 뒤쪽의 바이어스감도 같이 박혀야 한다.
5 배목도 바이어스감을 끼워 박음질한다.
6 바이어스로 감싼 모습이다. 배목은 프릴감 원단 또는 티셔츠 원단 중 더 어울리는 것으로 사용하면 된다.

### 등판·배판 한 쪽 옆선박기·밑단 바이어스 싸기

1 등판의 겉이 보이도록 놓고 그 위에 배판 안이 보이도록 올린 뒤 옆선을 맞춰 박는다.
   tip 이때 안쪽의 프릴 1단 끝이 같이 박히지 않도록 신경 쓴다.
2 시접을 오버록 처리한다. 우선 한쪽 옆선만 박아둔다.
3 배판도 겉이 보이도록 펼치면 연결된 밑단선이 보인다. 밑단 바이어스감을 가져와 밑단에 바이어스를 감싼다.
   tip 바이어스 박는 법 ❶ 바이어스 테이프 모양으로 다려 원단에 끼워 박기 : 위쪽 등목, 배목과 같은 방법
   ❷ 바이어스 원단에 박은 후 겉으로 넘겨 두 번 접어 박기 : P.59
   ❸ 바이어스 랍빠 : 바이어스 테이프 모양으로 원단이 빠져나오도록 도와주는 도구 : P.61

### 등판에 프릴감 달기

1 등판에 표시된 선과 프릴감 2, 3, 4단에 표시된 선을 맞춰 올려 고정하고, 프릴을 등판에 눌러 박는다.
2 오른쪽은 옆선 연결선에 프릴을 붙여 고정하고, 왼쪽은 시접을 띄우고 완성선에 고정한다.
3 프릴감이 모두 연결되면 주름을 잡기 위해 큰 땀수로 박아놓았던 실을 한 가닥 잡고 당겨 뽑아낸다.
   tip 주름실을 없애면 옷이 더 깔끔해 보인다.

## 한쪽 어깨끈 연결하기

진동라인은 바이어스감 당기며 고정

1  옷의 겉이 보이게 펼치고, 어깨끈 2장을 목 바이어스와 같이 테이프 모양으로 만들어 둔다.
   한쪽 끝을 1㎝ 안쪽으로 접어 넣어 시접을 숨기고 끝을 모아 고정한다.
2  표시된 겨드랑이 위치를 맞춰 고정하고 이어 진동라인에 바이어스를 감싼 후 등 배 어깨끈 분량도 고정한다.
   tip 배 어깨끈 끝도 안쪽으로 1㎝ 접어 넣어 시접을 숨긴다.
3  등 어깨끈부터 배 어깨끈까지 한 번에 박음질한다. 양 끝은 되돌아박기 한다.

## 남은 옆선과 어깨끈 연결하여 완성하기

1  등판과 배판의 겉과 겉이 닿도록 놓고 남겨둔 옆선을 맞춰 박음질한 뒤 시접을 오버록 처리한다.
   tip 프릴감이 박히지 않도록 신경 쓴다.
2  옆선이 연결되었다. 프릴감이 박히지 않아 끝이 모두 눈에 보인다.
3  다려둔 남은 어깨끈을 가져와 동일한 방법으로 어깨끈을 박아 연결하면 완성!

단정하고 고급스럽게

# 트위드 원피스

-- 난이도 ★★★★ --

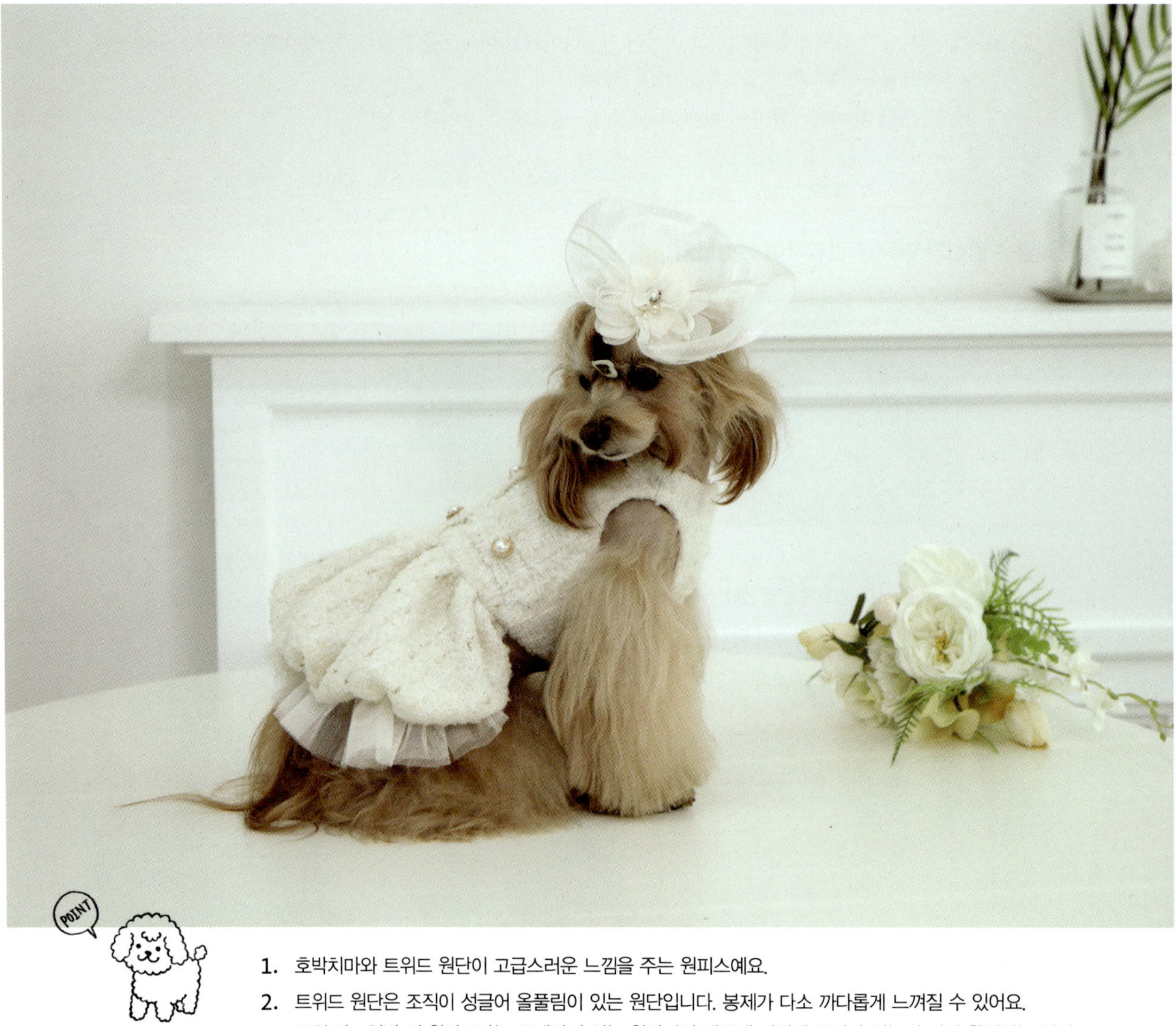

1. 호박치마와 트위드 원단이 고급스러운 느낌을 주는 원피스예요.
2. 트위드 원단은 조직이 성글어 올풀림이 있는 원단입니다. 봉제가 다소 까다롭게 느껴질 수 있어요. 트위드는 일반 면 원단보다는 두께감이 있는 원단이기 때문에 미싱에 무리가 없는지 미리 확인하는 것이 좋아요. 책에서는 약간 도톰한 트위드 원단을 사용했어요.
3. 별도의 트위드 트리밍(장식)으로 포인트를 줄 수도 있는데, 책에서는 같은 원단으로 장식을 해볼 거예요.

## 사용 원단 및 부자재

M 사이즈 기준

**원단**  겉감 트위드 원단(75×60cm)
         안감 면 40수(57×47cm), (필요시)샤원단 1야드
**부자재**  T단추(11.5mm) 4개, 장식단추 5개
**실물패턴 번호**  13

## 패턴 확인하기

단위 cm

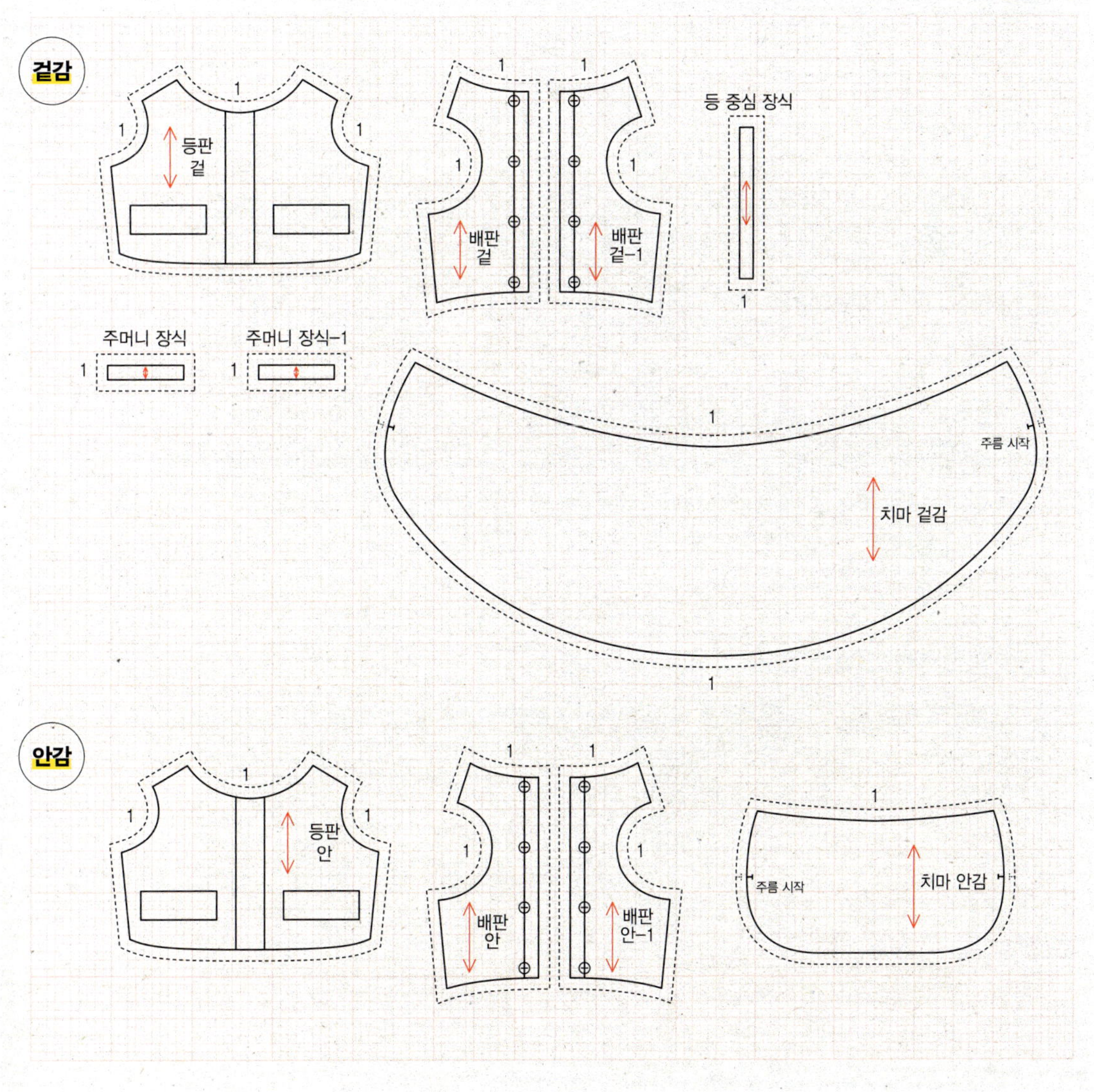

**겉감**

- 등판 겉 1
- 배판 겉 1, 배판 겉-1 1
- 등 중심 장식 1
- 주머니 장식 1, 주머니 장식-1 1
- 치마 겉감 1 (주름 시작)

**안감**

- 등판 안 1
- 배판 안 1, 배판 안-1 1
- 치마 안감 1 (주름 시작)

## ✂ 원단 재단하기

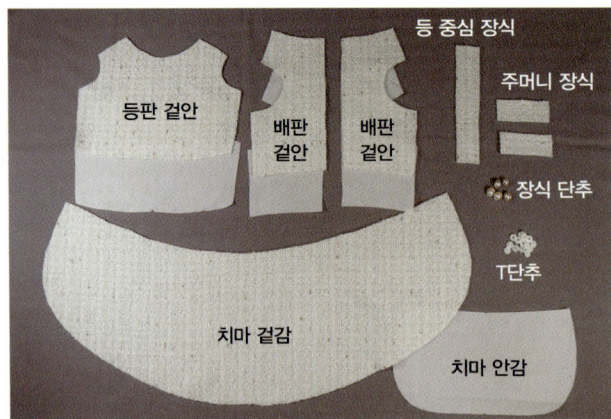

**재단 시 주의사항**
배판은 2개를 재단하되, 한 장은 패턴을 뒤집어서 재단하여 같은 방향이 2개 나오지 않도록 한다.

**봉제 전 준비**
- 단추 위치 표시
- 치마의 주름 시작점 표시

## 👑 장식단 고정하기

1 등판 겉이 보이게 놓고, 등 중심과 주머니 장식단을 올린 뒤 완성선을 박음질한다.
2 목 라인과 등 밑단에 맞춰 길이를 잘라 정리한다. 이 장식단에 장식 단추가 달린다.

## 👑 등판·배판·어깨 연결하기

1 등판 겉이 보이게 놓고, 그 위에 배판 안이 보이게 올린다. 어깨를 맞춰 박음질한다.
2 시접은 가름솔한다. 안감도 동일하게 양쪽 어깨를 연결한다.

## 등판·배판 합치기

 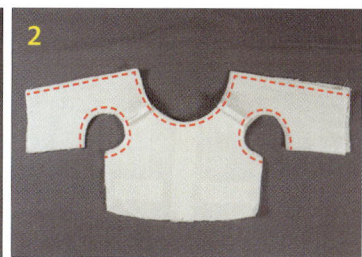 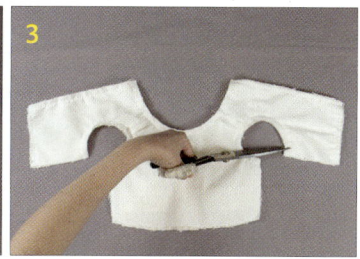

1. 등판의 겉이 보이게 놓고, 그 위에 안감의 겉이 닿도록 올려 완전히 겹친다.
2. 배 중심 - 목 라인 - 배 중심 라인을 박고, 진동 양쪽도 박음질한다.
3. 진동 라인과 목 라인에 1cm 간격으로 가위집을 낸다.

## 전체 뒤집기

1. 아래쪽으로 손을 넣어 어깨구멍을 손가락으로 벌리고, 배판을 어깨구멍 사이로 집어넣어 뒤집어지도록 당긴다.
2. 모양을 잡고 다림질한다. **tip** 원단이 도톰하기 때문에 다림질로 모양을 잡는 것이 좋다. 합성원단 온도에 맞춰 사용한다.

## 옆선 연결하기

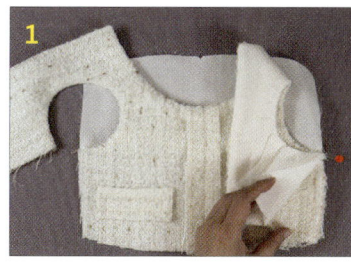  

1. 등판 겉감과 안감을 분리시킨 후 등판과 배판의 겉과 겉이 닿도록 옆선을 맞추고 겨드랑이점을 고정한다.
2. 안감은 위로 올려진 안감쪽으로 보내 옆선을 맞춘다.
3. 반대쪽도 동일하게 고정하고 위에서 아래까지 한 번에 박음질한다.

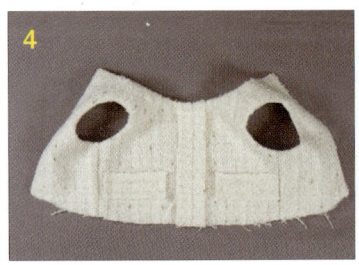 

4 안감을 걷어 내리고 진동라인의 모양을 정리한뒤 다림질한다. 상의가 준비되었다.

## 치마 만들기

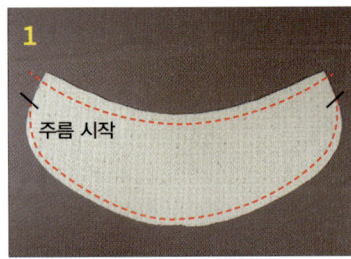  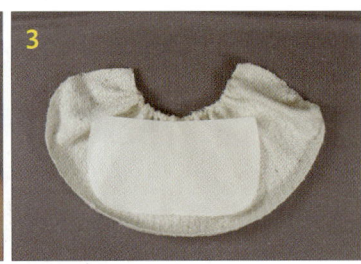

1 치마 겉감을 놓고, 위와 아랫라인에 주름을 잡는다. 아랫라인은 주름 시작부터 주름선을 박는다.
   tip 미싱 땀수를 가장 크게 놓고, 시접 공간에 박음질한다. 시작과 끝 라인에 실을 길게 남겨둔다. 되돌아박지 않는다.
2 밑실을 당기며 원단을 안쪽으로 밀어 주름을 만든다.
   tip 원단 두께 때문에 실이 잘 움직이지 않으면, 실에 바늘을 꿰어 시침질하고 주름을 잡도록 한다.
3 안감 치마의 윗라인과 아랫라인의 길이가 비슷하도록 겉감의 윗라인과 아랫라인의 주름을 잡는다.

4 겉치마의 주름을 잡은 모습이다. 옆라인의 주름시작 전까지는 주름이 없다.
   tip 주름이 어느 한쪽으로 치우지지 않도록 모양을 잡아주면 더 예쁘다.
5 겉감와 안감 치마의 겉과 겉이 닿도록 겹친 뒤 윗라인을 제외하고 아랫라인을 박는다.
6 치마를 뒤집어 주름 모양을 정리한다.

**One More Step**

- 샤(망사) 원단을 이용해 치마를 좀 더 예쁘게 만들 수 있다. 겉감과 안감 치마를 겉과 겉이 닿게 해 박음질을 할 때 샤 원단을 끼워서 같이 박음질하면 더 풍성해 보이는 치마를 만들 수 있다.
- 샤 원단의 원단폭을 그대로 이용해 가로로 잡고, 세로 폭은 6~8㎝ 정도 잘라 주름을 만든다. 이 주름을 치마 사이에 껴서 박으면 되며, 박은 후 끝을 둥글게 잘라 모양을 잡는다.

## 상의와 치마 합치기

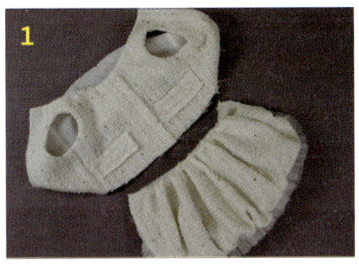 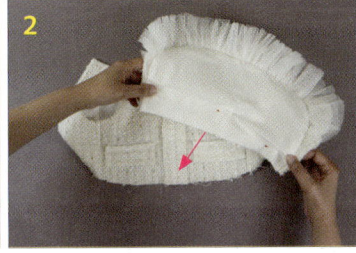 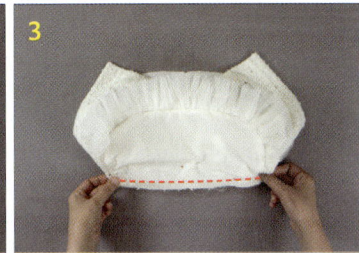

1. 상의는 겉이 보이게 놓고 안감은 걷는다.
2. 상의와 치마의 겉과 겉이 닿도록 허리선에 맞춰 올린다. 치마는 등판에만 달린다.
3. 허리선을 맞춰 박음질한다.

 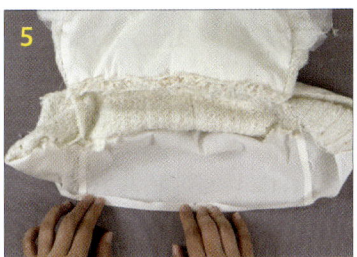 

4. 허리선이 연결되었다. 안쪽은 마감되지 않은 상태이다.
5. 안감 허리선 시접을 1㎝ 접어 자국을 낸다.
6. 배판의 겉감과 안감이 겉과 겉이 닿도록 원피스를 살짝 뒤집고, 배판 아래 밑단을 박음질한다.
7. 원피스의 겉이 보이게 모두 뒤집는다. 안감의 허리선에 창구멍이 생겨났다. 이 구멍은 손바느질로 공그르기 하여 막는다.(P.51)

## 등판 장식단 올풀기

1. 등판의 중심과 주머니 장식단 시접에 송곳을 넣고 올을 끌어올려 풀어진 느낌을 낸다.
   tip 안쪽에 박음질을 해두었기 때문에 완성선 안쪽으로는 풀어지지 않는다. 시접 공간에서만 올풀림 느낌을 내주면 된다.
2. 주머니 장식단 좌우가 느낌이 다르다. (오른쪽이 올을 풀어낸 곳)
3. 등 중심과 주머니 장식 모두 올을 풀어낸다.

## 완성

1. 장식단에 단추를 손바느질로 달아준다. (P.67)
2. 배 중심의 단추표시 위치에 T단추를 달아 완성한다. (P.69)

간단하게 만들고, 쉽게 입히는

# 이지 패딩

-- 난이도 ★★★ --

1. 목과 가슴에 벨크로 테이프로 여밈을 해 빠르게 입히는 패딩으로, 벨크로 테이프는 길이를 조절할 수 있어 이너로 도톰한 두께의 옷을 입어도 패딩을 입을 수 있어요.
2. 원단과 솜의 두께에 따라서 패턴 사이즈가 영향을 받으니 비슷한 두께감의 원단을 사용하는 것이 좋아요.
3. 등 중심에 단춧구멍을 내어 하네스 리드줄을 연결할 수 있도록 했어요. 위치는 사용하는 하네스의 고리 위치에 따라 조절하여 사용하면 돼요.

## 사용 원단 및 부자재

M 사이즈 기준

**원단** <mark>겉감</mark> 4온스 솜 누빔 원단(84×48cm)(겉감 코듀로이 원단)
　　　<mark>안감</mark> 벨로아 원단(84×48cm)

**부자재** 폭 벨크로 테이프(폭 2cm, 길이 8~10cm), 단춧구멍 노루발

**실물패턴 번호** 14

| 사이즈 | S | M | L | XL | 2XL |
|---|---|---|---|---|---|
| 폭 | 2 | 2.5 | 3 | 3 | 3.5 |
| 길이 | 4.5 | 4.5 | 5.5 | 5.5 | 6.5 |
| 갯수 | 2세트 | 2세트 | 2세트 | 2세트 | 2세트 |

## 패턴 확인하기

단위 cm

**겉감**

칼라 끝 / 벨크로 테이프 / 단춧구멍 / 몸판 / 벨크로 테이프 / 칼라

**안감**

칼라 끝 / 벨크로 테이프 / 단춧구멍 / 몸판 / 벨크로 테이프 / 칼라

260

## ✂ 원단 재단하기

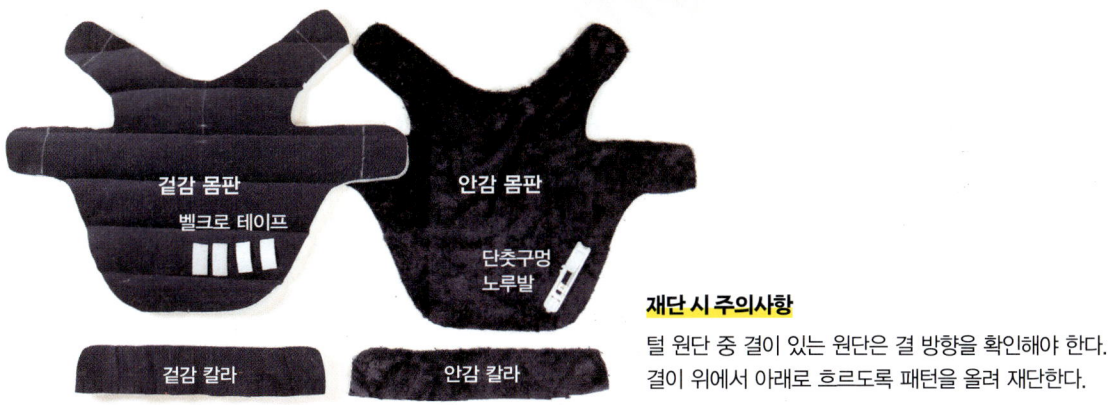

**재단 시 주의사항**
털 원단 중 결이 있는 원단은 결 방향을 확인해야 한다.
결이 위에서 아래로 흐르도록 패턴을 올려 재단한다.

## 👑 칼라 만들기

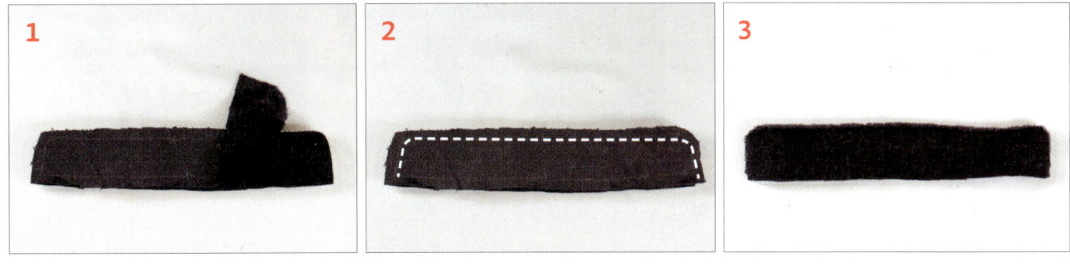

1 칼라의 겉감과 안감의 겉면이 닿도록 겹친다.
2 목 라인을 제외하고 완성선을 박음질한다.  **tip** 털 원단은 늘어나거나 밀리기 쉬우므로 부분부분 고정한 후 박는 것이 좋다.
3 뒤집어 모양을 잡는다.

## 👑 겉감에 칼라 고정하기

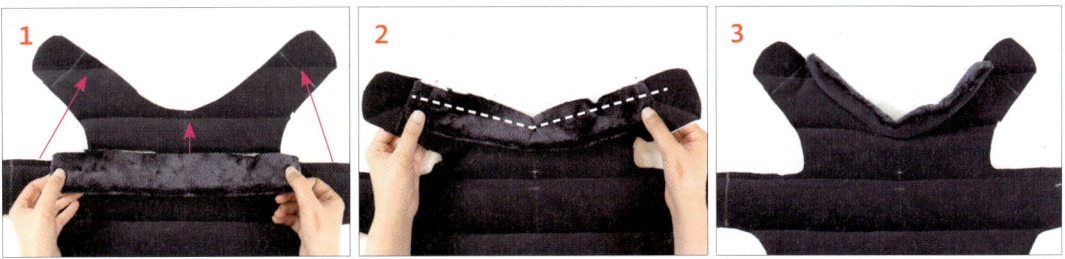

1 겉감은 겉이 보이도록 놓고, 칼라 끝 표시에 맞춰 칼라를 고정한다.
2 땀 수를 가장 크게 놓고, 1㎝ 시접 공간에 박아 칼라를 임시로 고정한다.  **tip** 완성선으로 박음질이 넘어오지 않는다.
3 박음질 후 칼라를 눕혀 겉에서 솜이 보이지 않는지 확인한다.

## 겉감·안감 합치기

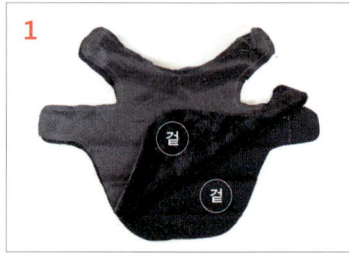 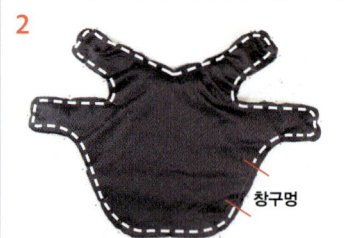 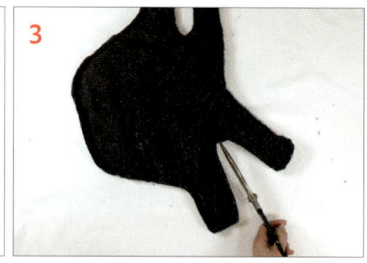

1 겉감과 안감의 겉면이 서로 닿도록 겹친다. tip 목 라인에 고정한 칼라는 겉감과 안감의 사이에 있다.
2 핀으로 고정한 후 창구멍을 제외하고 전체를 둘러 박음질한다.
  tip 목 라인에는 칼라가 끼워져 있어 두께가 있으므로 천천히 박음질한다.
3 곡선 커브가 심한 부분은 1㎝ 간격으로 가위집을 낸다.

  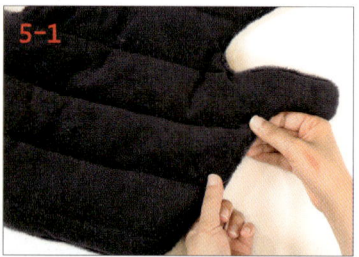

4 창구멍으로 뒤집고, 목과 허리 여밈 부분을 끄집어내 모양을 잡는다.
5 뒤집은 창구멍 부분은 손으로 공그르기하거나(P.51) 시접을 접어 넣고 모양을 잡아 끝을 박아준다.

## 벨크로 테이프 박기

1 옷의 겉이 보이게 놓고 오른쪽 목과 허리에 벨크로 테이프(거친 면)를 올려 박음질한다.
2 옷을 안으로 뒤집어 안감의 오른쪽 목과 허리에 벨크로 테이프(부드러운 면)를 올려 박음질한다.
3 양쪽에 모두 벨크로 테이프가 박음질된 모습이다.

## 등에 단춧구멍 내고 완성하기

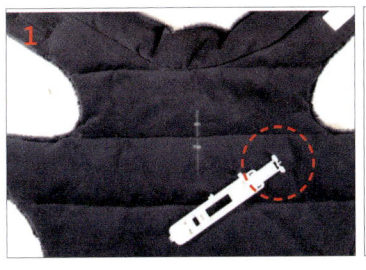  

1 등판에 표시된 단춧구멍 위치를 확인하고, 단춧구멍 노루발의 뒤쪽 단추를 놓는 공간을 가장 넓게 열어둔다.

2 미싱에서 단춧구멍 만들기 기능을 설정하고 여분의 원단에 테스트로 박음질한다. (**단춧구멍 만들기** P.73)
   tip 단춧구멍의 가로와 세로 사이즈를 재고 몸판에서 단춧구멍 낼 위치를 정한다. 단춧구멍을 낼 때 박스의 오른쪽 아래 꼭짓점에서 박음을 시작하는 경우가 많다. 미리 확인해보고, 위치를 맞춘 뒤 시작한다.

3 단춧구멍을 만들고, 실뜯개로 가운데를 찢어 구멍을 만든 뒤 주변 실을 정리한다
   tip 박스의 위아래 끝까지 너무 바짝 찢지 않도록 한다.

## 이지 패딩 완성!

지퍼와 목벨트로 시크함 장착!

# 인조 무스탕

-- 난이도 ★★★★ --

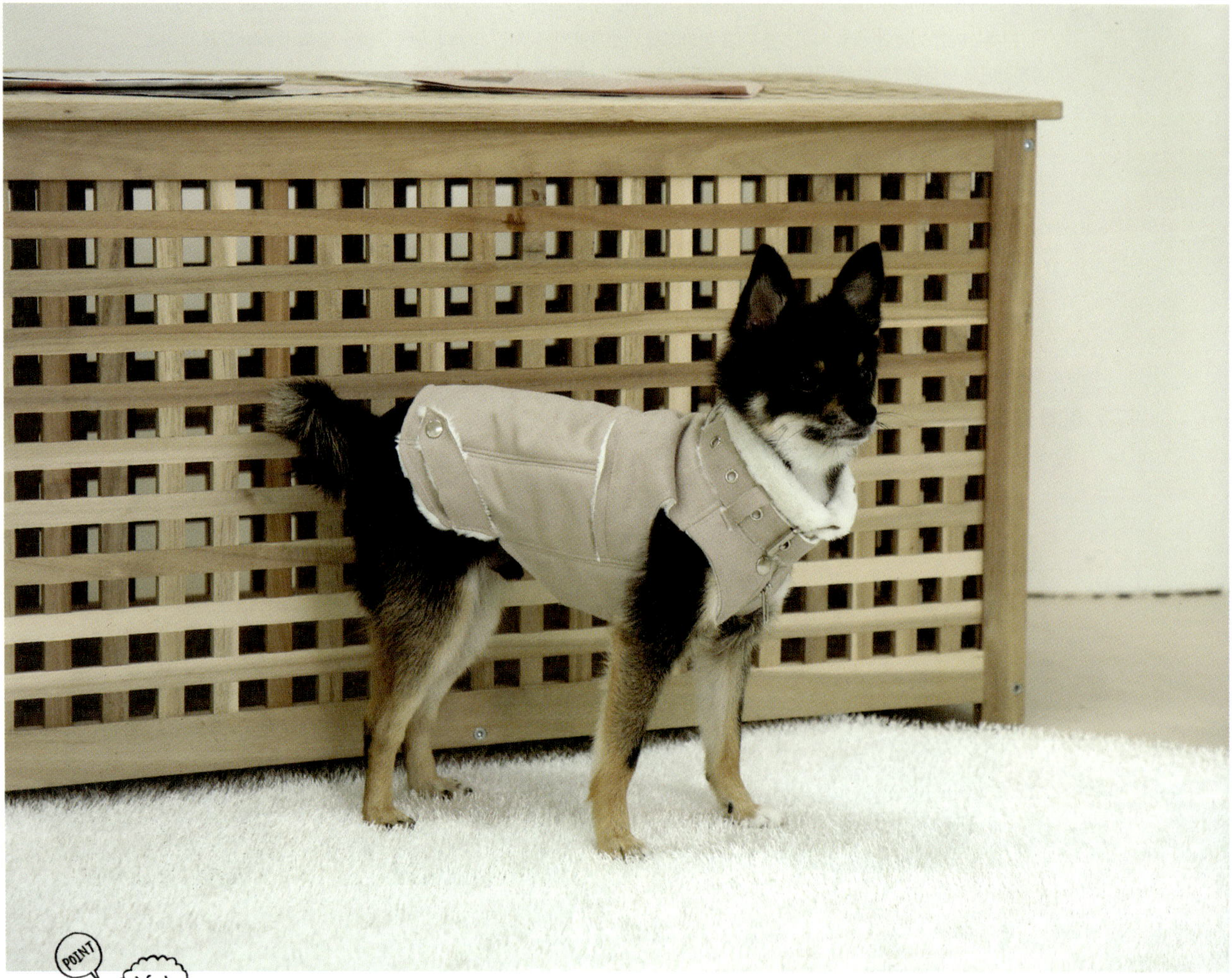

1. 지퍼, 목벨트, 쇠단추 등 기본 무스탕보다 좀 더 디테일을 가미한 무스탕이에요. 쇠 장식이 들어가므로 무게가 가벼운 재료들이 좋아요.
2. 가정용 미싱의 힘을 고려해서 원단은 두껍지 않은 것으로 준비하고, 두꺼운 바늘을 사용하세요.
3. 여러 겹이 겹쳐지는 두꺼운 부분에서는 봉제 속도를 낮추어 미싱에 무리가 가지 않도록 하세요.
4. 털의 결이 있는 원단은 재단 시 결 방향을 맞춰주어야 합니다.

### 사용 원단 및 부자재

M 사이즈 기준

**원단** 인조 무스탕 원단(75×49㎝)

**부자재** 16 또는 18호 바늘, 3 또는 5호 점퍼 지퍼(30㎝ 이하), 호수에 맞는 지퍼 상지 2개, 스프링 도트 단추(13㎜) 3세트, 3호 아일렛 6세트, 쇠버클 1개

**도구** 가정용 가죽용 롤러 노루발, 지퍼 노루발, 펀칭 도구, 스프링 도트 몰드, 스프링 도트 기구, 아일렛 몰드, 아일렛 펀칭기, 롱노즈, 니퍼

**실물패턴 번호** 15

### 패턴 확인하기

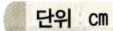

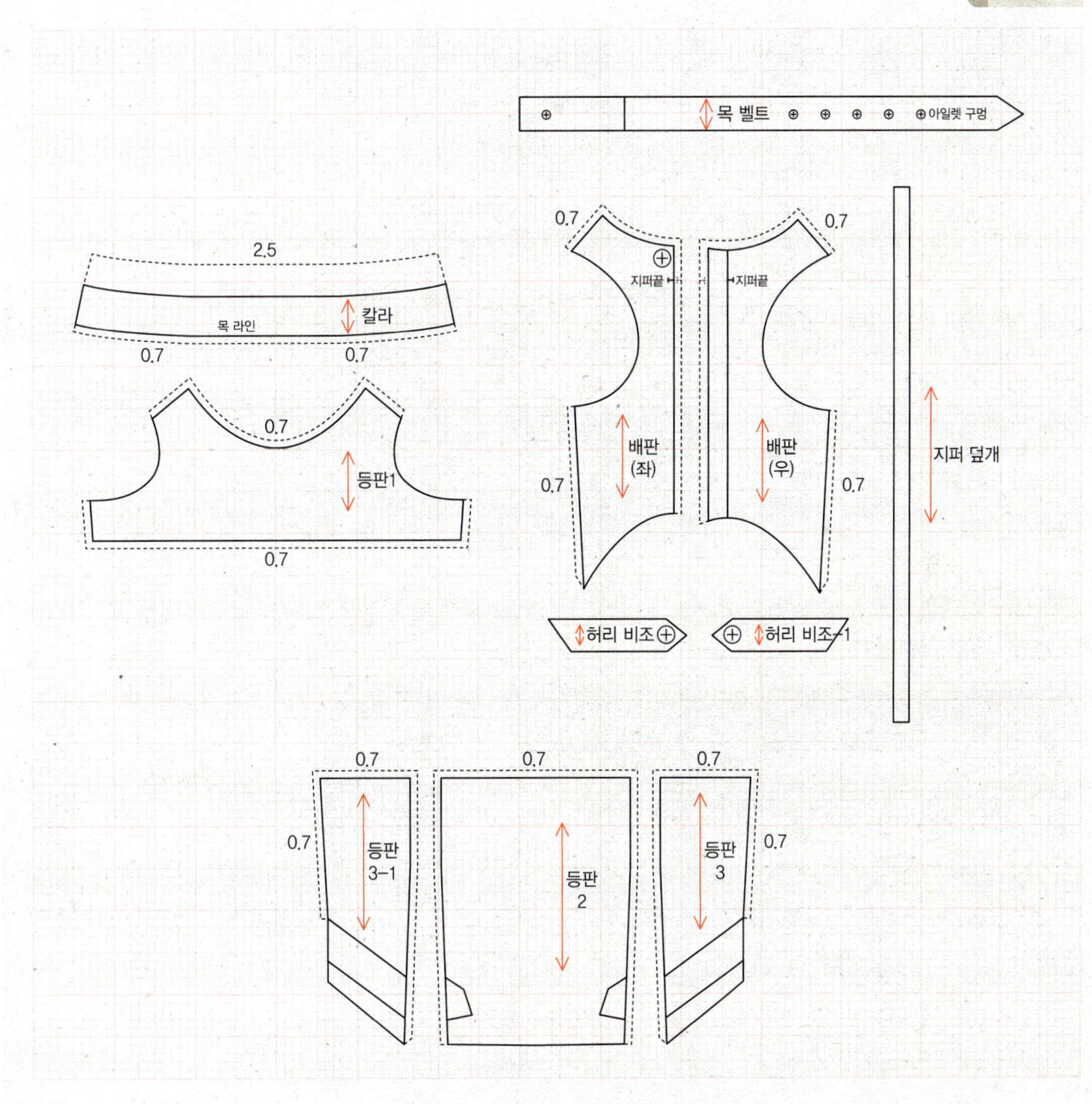

## ✂ 원단 재단하기

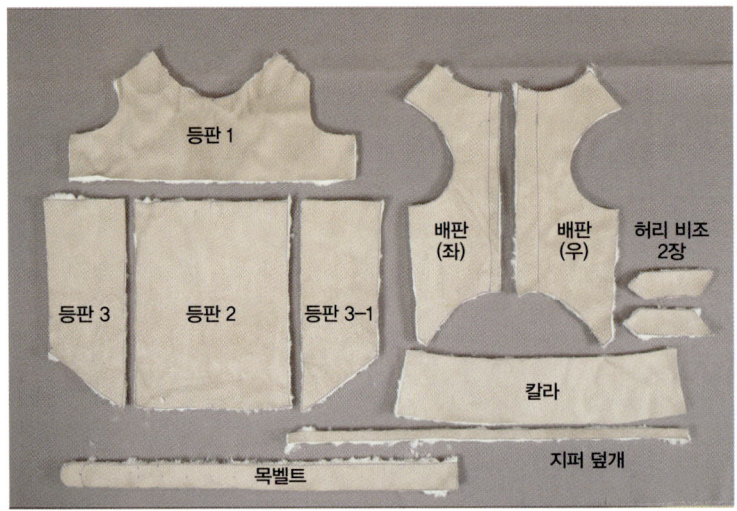
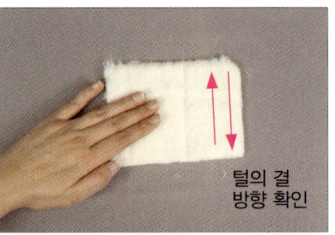
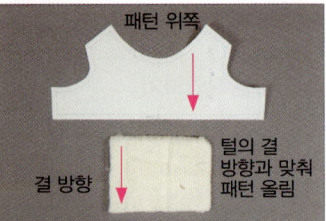

### 재단 시 주의사항
- 등판 3과 허리 비조는 2개를 재단하되, 한 장은 패턴을 뒤집어서 재단하여 같은 방향이 2개 나오지 않도록 한다.
- 털의 결 방향과 패턴 맞추기 : 재단 전에 원단 안쪽을 보고 털을 아래, 위 방향으로 쓸어내려 보자. 털 결의 차이가 있다면, 자연스럽게 털이 자리를 잡는 방향을 체크하여 패턴을 털이 흐르는 방향으로 놓아야 한다.

### 봉제 전 준비
- 패턴에 표시된 지퍼선, 지퍼 끝 위치, 허리 비조 위치, 목벨트 아일렛 위치를 표시한다.
- 허리 비조 2개, 목벨트감은 더 이상 털이 풀어지지 않도록 하기 위해 겉을 보고 모양을 따라 스티치를 넣어둔다.

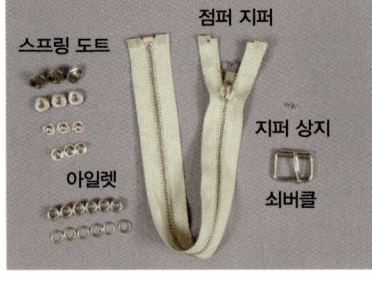
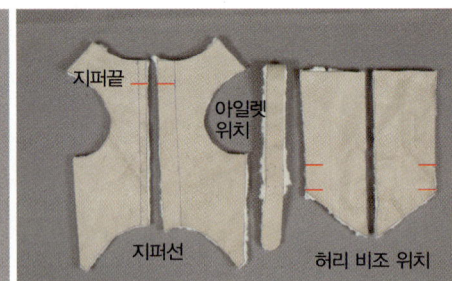

## 👑 등판 · 배판 연결하기

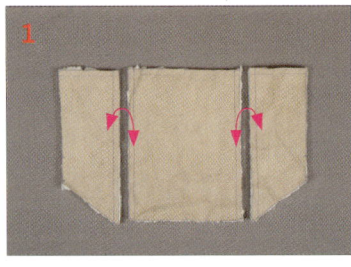

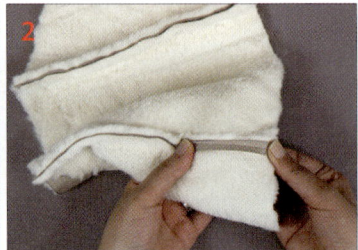

1. 등판 2, 3 원단을 사진처럼 배치하고 등판 3을 등판 2 위에 겉과 겉이 닿게 올려 박는다.
2. 시접을 벌려 가름솔하고 겉을 보고 양쪽 시접을 눌러 박아 스티치를 넣는다. 시접이 반드시 눌러져야 하므로 스티치 간격을 미리 확인한다.

   **tip** 무스탕은 오버록 등 시접처리 과정이 따로 없기 때문에 시접이 서 있으면 피부에 닿아 불편하다. 최대한 시접을 납작하게 처리한다.

 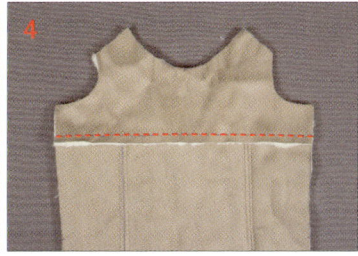 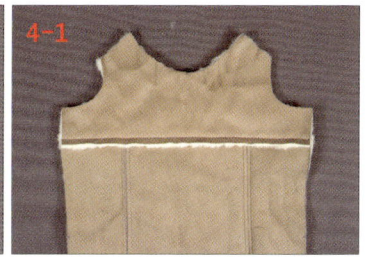

3  등판 1과 연결한 등판 아래 조각을 놓되, 완성선이 나란하도록 겹쳐 올린다.
4  등판 1에 보이는 완성선을 박는다. 아래쪽에 등판 2, 3의 완성선도 같이 박히게 된다.
   tip 이렇게 완성선끼리 나란히 겹쳐 박으면 무스탕 안쪽의 털이 밖으로 보이게 되어 장식이 된다.
   앞의 등판 2, 3 조각 연결 시에도 이러한 방법으로 봉제할 수 있다.

  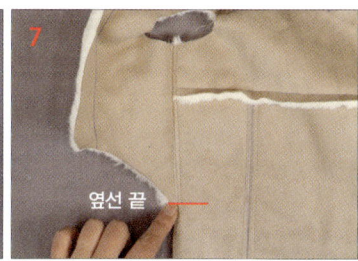

5  등판과 배판의 어깨와 옆선을 박는다. 이때 등판과 배판은 겉과 겉이 닿은 상태로 봉제된다.
6  마찬가지로 시접을 가름솔하여 겉을 보고 양쪽에 스티치를 넣어 시접을 눌러준다.
7  이때 스티치는 옆선 끝 지점 까지만 박는다.

 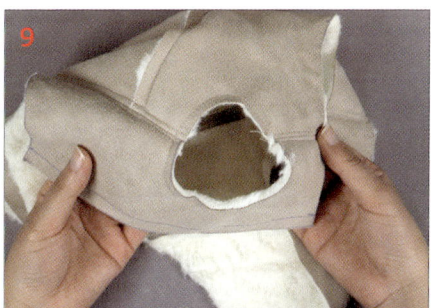

8  어깨와 옆선에 스티치를 넣은 모습이다.
9  어깨와 옆선을 연결하면 진동(앞발 나오는 구멍)이 생겨나게 되는데, 이 진동 라인에도 스티치를
   한 바퀴 둘러 박는다.
   tip 이렇게 스티치를 넣어 놓으면 장식 효과도 있고, 털이 더 이상 풀리거나 빠지지 않는다.

## 허리 비조 연결 · 밑단 스티치 넣기

 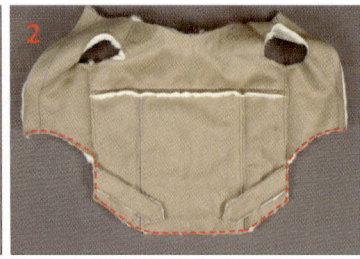 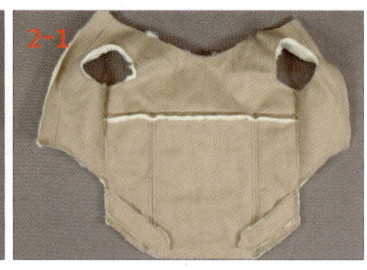

1 허리 비조감 2개를 놓고 겉을 보며 스티치를 넣는다.
2 등판의 허리 비조 위치에 비조감을 올려 고정하고, 밑단 라인 전체에 스티치를 넣는다.

## 지퍼 준비하기

 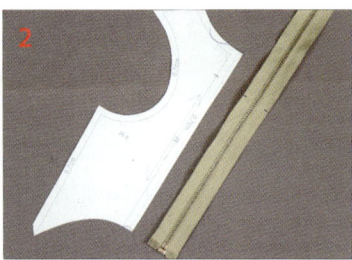 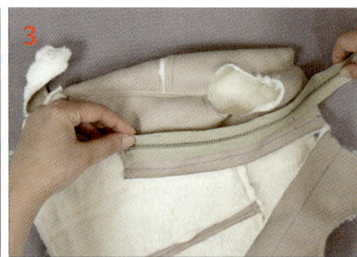

1 지퍼와 지퍼상지, 니퍼, 롱노즈를 준비한다.
2 필요한 지퍼 길이를 확인(지퍼 끝 표시까지의 길이)하고 길이에 맞춰 지퍼 테이프에 표시한다.
3 지퍼 라인에 올려 길이가 비슷한지 확인한다.

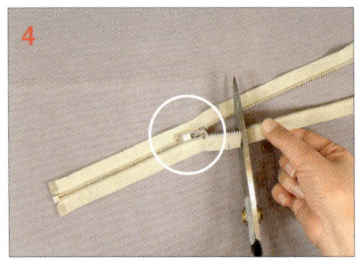  

4 지퍼 길이 표시 위로 1~2㎝ 올라가 지퍼 이빨을 피해 지퍼 테이프를 자른다. 이때 지퍼 손잡이는 아래로 내려와 있어야 한다.
5 니퍼를 이용해 지퍼 끝 표시보다 한 칸 아래쪽까지 지퍼 이빨을 뽑아낸다. 지퍼 테이프가 손상되면 지저분해지므로 최대한 지퍼 이빨만 뽑아내는 것이 좋다.
6 지퍼 이빨을 하나 더 뽑은 공간을 상지로 마감한다.

 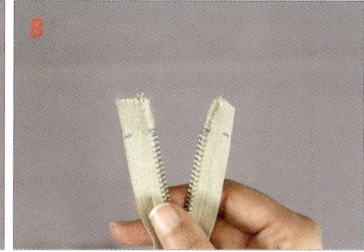 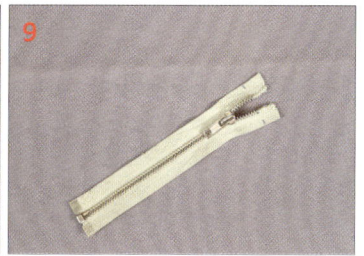

7 상지의 막힌 부분이 안쪽으로 오게 잡고, 이빨을 하나 더 뺀 공간에 끼워 꽉 눌러준다.

8 양쪽 다 상지가 마감된 모습이다.

9 지퍼가 준비 되었다. **tip** 지퍼 길이를 맞추기 위해 이빨을 뽑아 낸 후에 상지 마감을 하지 않으면 지퍼 슬라이더가 빠져버려 지퍼를 전혀 사용하지 못하게 된다. 지퍼 상지는 지퍼 슬라이더가 빠지지 않도록 막아주는 역할을 한다.

## 지퍼 달기

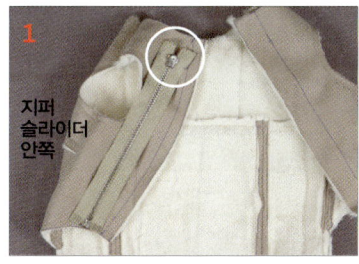 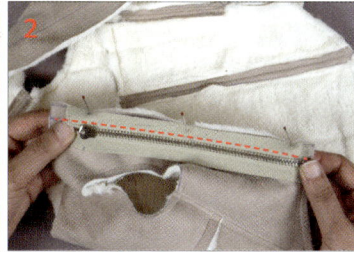 

1 배판의 왼쪽에 지퍼의 안이 보이도록 뒤집어 올린다.

2 옷에 표시된 지퍼 끝과 지퍼에 표시된 지퍼 끝 위치를 맞추고 전체 라인을 따라 고정한다.

3 노루발을 지퍼 노루발로 교체하고, 노루발의 발바닥을 지퍼 이빨과 딱 붙여 놓는다.

**tip** 노루발 발바닥을 이빨과 딱 붙여보면 발바닥의 패인 홈 부분에 바늘이 위치하게 된다. 바늘은 이빨과 딱 붙지 않아야 지퍼 슬라이더가 잘 움직일 수 있다. 이빨과 바늘이 가깝다면 땀 폭 조절 버튼을 좌우로 움직이면서 바늘대를 움직여 원하는 위치로 이동시키면 된다. (가정용)

 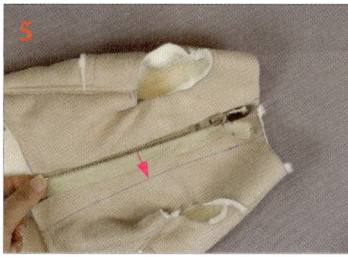 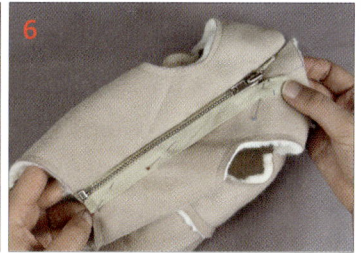

4 지퍼 끝점과 아래쪽에 단단히 되돌아박기 하면서 지퍼 이빨 옆을 박아준다.

**tip** 박음질 전에 박으려는 라인 아래쪽 원단에 표시해 놓은 라인이 위치해 있는지 확인한다.

5 옷의 오른쪽 지퍼는 지퍼 겉이 보이게 그대로 이동하여 오른쪽 지퍼 선에 덮어 올린다.

6 왼쪽과 마찬가지로 지퍼 끝을 맞춰 고정하고, 전체 라인을 고정한다.

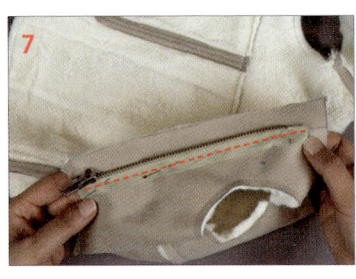  

7 지퍼를 박기 전 지퍼를 열어 좌우를 분리시키고 고정한 라인을 박는다.
8 지퍼가 문제없이 열고 닫히는지 확인한다.
9 지퍼 덮개감을 가지고와 털을 바짝 깎아 잘라낸다.

 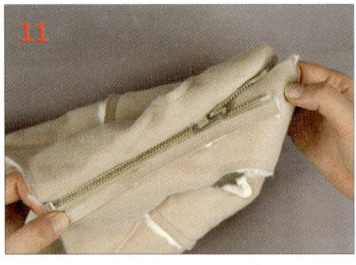 

10 지퍼의 이빨을 뽑아낸 오른쪽 지퍼 테이프 끝을 뒤로 접는다.
11 그 위에 지퍼 덮개를 올려 지퍼 테이프를 가린다.
12 사각형 모양으로 지퍼 덮개를 박아 고정하고, 남은 지퍼 덮개는 따로 둔다.

  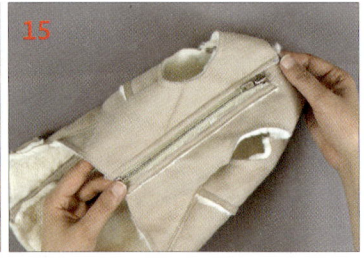

13 왼쪽 지퍼의 상지 마감 위쪽을 삼각형으로 꺾어 접는다.
14 시접을 뒤로 넘겨 겉을 보고 시접이 눌러지도록(지퍼 테이프도 같이) 스티치를 넣는다.
   이때 너무 좁은 간격으로 스티치를 넣으면 시접이 덜 눌러져 뒤집어질 수 있으니 간격을 확인하고 박는다.
15 지퍼 부분이 마무리되었다.

## 칼라 연결하기

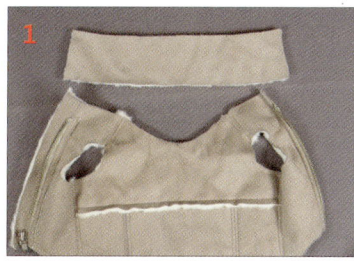 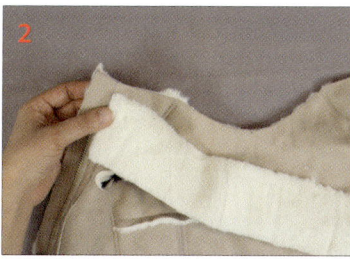 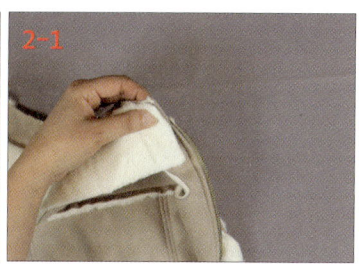

1  칼라감을 준비하고 겉과 겉이 닿게 올린다.
2  칼라의 왼쪽은 지퍼 라인에 맞추고, 오른쪽 끝은 원단 끝에 맞춰 올린다.

 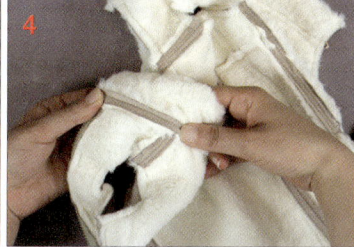 

3  전체를 고정하고 목 라인을 박음질한다.
4  목 라인 시접도 벌려 가름솔하고 겉에서 시접을 각각 눌러 상침한다.
5  이때 왼쪽 지퍼는 지퍼선을 더 지나 원단 끝까지 시접을 눌러 박는다.

6  목벨트를 칼라에 올리고 칼라 위쪽을 털이 보이도록 시접만큼 뒤로 접어 목벨트와 약간 여유 공간을 두고 맞닿게 한다.
7  뒤집어진 시접 끝을 박아 털이 보이도록 고정한다.

## 아일렛 달기

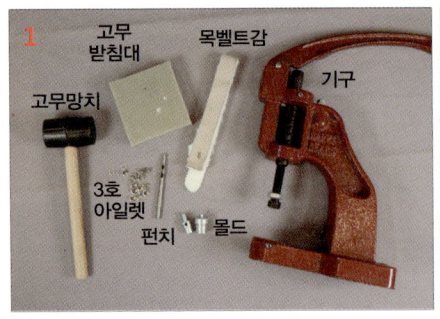 

1. 목벨트감과 아일렛, 구멍을 뚫을 도구를 준비한다.

    tip 위 기구는 T단추, 스프링 도트, 가시 도트, 아일렛, 리벳, 싸개단추 만들기 등 다양한 종류의 단추를 몰드만 변경하면 사용할 수 있는 단추이다. 몰드만 따로 추가하면 돼서 호환성이 좋으나 가격이 높은 편이다. (사진의 제품은 해피베어스 컴바인 기구) 아일렛 펀칭기 / T단추 기구 / 가시 도트 기구 같은 별도의 기구도 있다.

2. 펀치의 구멍 부분을 표시된 아일렛 위치에 올리고, 고무망치로 때려 구멍을 낸다.

3. 아일렛의 숫놈을 겉에서 끼우고, 안쪽에 아일렛 암놈을 올린다.

 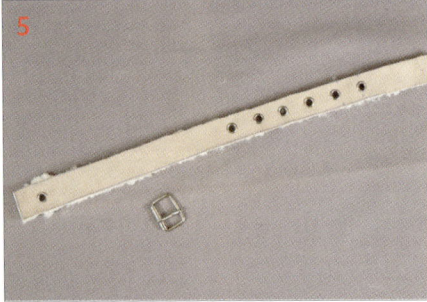

4. 기구에 몰드를 끼워 준비하고, 털 부분이 위로 가도록 끼워 넣은 뒤 레버를 눌러 아일렛을 단다.
5. 아일렛을 표시한 부분에 전부 아일렛을 달아준다.

## 버클 연결하기 · 벨트 고정하기

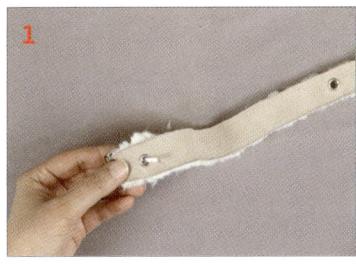  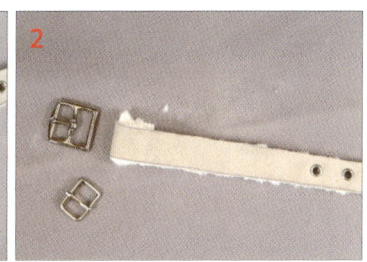

1. 목벨트와 버클을 준비하고 구멍의 뒤쪽으로 버클을 통과시킨 후 왼쪽 남는 원단을 뒤로 접어 고정한다.
2. 버클 중 가운데가 나뉘어져 있는 것도 있다. 이런 버클은 따로 아일렛 구멍이 필요치 않고,
   원단을 버클에 통과시켜 고정해 놓으면 된다. 다만 이런 버클은 무게가 더 무거워 목벨트가 처질 수 있다.

  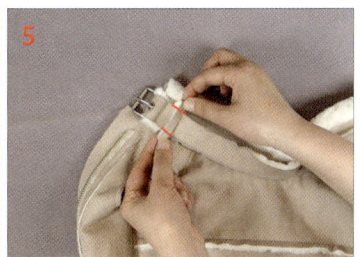

3. 고정한 벨트를 옷의 오른쪽으로 가져와 아일렛 구멍이 지퍼와 나란하도록 놓고,
   아래에 있는 칼라와 같이 핀고정한 부분을 되돌아박기 하며 단단히 박는다.
4. 사용하고 남은 지퍼 덮개를 가져와 벨트를 고정하는 끈으로 사용한다. 2~3개의 분량으로 잘라놓는다.
   벨트 폭보다 여유가 있어야 한다.
5. 버클 옆쪽에 분량의 끝을 가져와 올리고 양끝을 접어 넣고 눌러 박는다.

 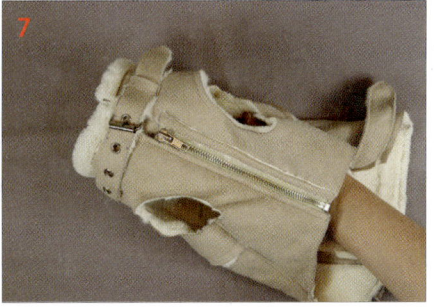

6. 칼라 중심 부분에도 고정끈을 달아주고, 오른쪽 끝에도 필요에 따라 추가로 달아준다.
7. 버클을 채워 잠근 모습이다.

## 스프링 도트 달아 완성하기

  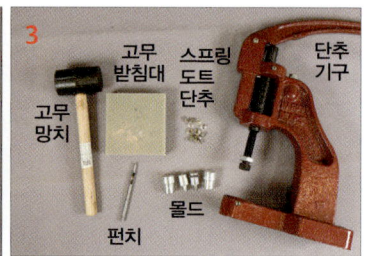

1 오른쪽 지퍼의 왼쪽 분량이 왼쪽으로 넘어와 있다. 지퍼 왼쪽의 단추 자리를 확인하고, 넘어온 오른쪽 분량까지 같이 송곳으로 뚫어 단추 위치를 표시한다.
2 등판의 허리 비조에도 펜이나 송곳으로 자국을 낸다. 몸판 안쪽까지 같이 표시한다.
3 스프링 도트 달기에 필요한 도구를 준비한다.

  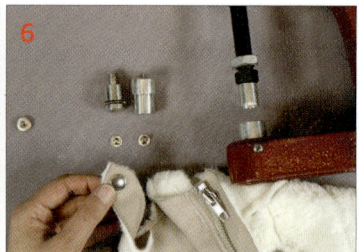

4 단추를 달 자리에 고무 받침대를 깔고 고무망치로 때려 구멍을 낸다.
5 몰드에 끼워져야 하는 단추를 확인한다.
6 (겉단추 달기) 달릴 부분의 겉에 겉숫놈 단추를 끼우고, 안쪽에는 겉암놈을 올린다.

 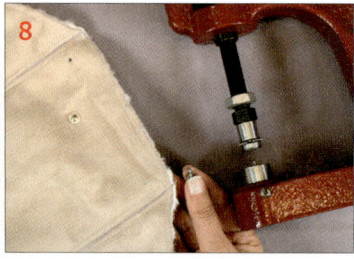

7 안쪽이 위로 보이도록 올리고 레버를 꾹 눌러 단추를 고정한다.
8 (안단추 달기) 안숫놈을 옷의 뒤에서 뚫린 구멍으로 통과시키고, 겉에서 안암놈을 올린다.

**9** 안감놈이 보이도록 기구에 집어넣고, 레버를 눌러 단추를 달아준다.

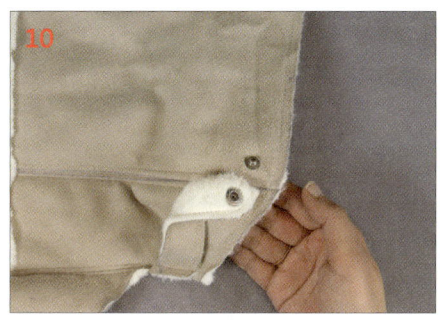 

**10** 단추가 달린 모습이다.
**11** 허리 비조 두 군데, 배판 위쪽의 한 군데에 모두 스프링 도트 단추를 달아준다.

**12** 인조 무스탕 완성!

생활방수도 돼요.

# 바람막이 점퍼

-- 난이도 ★★★★ --

1. 바람막이 원단은 나일론 또는 폴리에스터 중 구입하면 돼요. 책에서는 비치지 않는 정도의 두께가 있는 원단을 사용했어요. 비치는 얇은 바람막이 원단을 사용한다면 실색을 잘 맞춰 시접이 도드라지지 않게 해야해요.
2. 모자 안감을 겉감보다 두께가 더 얇은 원단을 사용하면 모자가 좀 더 부드러운 느낌으로 완성돼요.
3. 모자에 스트링이 나오는 아일렛 구멍은 가정용 미싱에서 단춧구멍을 만들어 대체할 수도 있어요. 아일렛과 뚫는 기구(**아일렛 달기** P.272)가 없다면 단춧구멍(**단춧구멍 만들기** P.73)을 만들어보세요.
4. 바람막이 원단은 일반 원단에 비해 매끈거려 봉제 시 땀이 뜨는 현상이 있을 수 있어요. 바늘 호수를 더 작은 것으로 교체하거나 장력을 조정해서 미리 세팅하고 봉제를 시작하세요.

### 사용 원단 및 부자재

M 사이즈 기준

**원단** 바람막이 원단(130×55cm)
**부자재** 고무줄(폭 2cm, 길이 80cm), 스토퍼 2개, 스트링(폭 3mm, 길이 40cm), 3호 아일렛 2개(아일렛 기구), T단추(11.5mm) 5세트

| 사이즈 | S | M | L | XL | 2XL |
|---|---|---|---|---|---|
| 폭 | 1.5 | 2 | 2 | 2 | 2 |

**실물패턴 번호** 16

### 패턴 확인하기

단위 cm

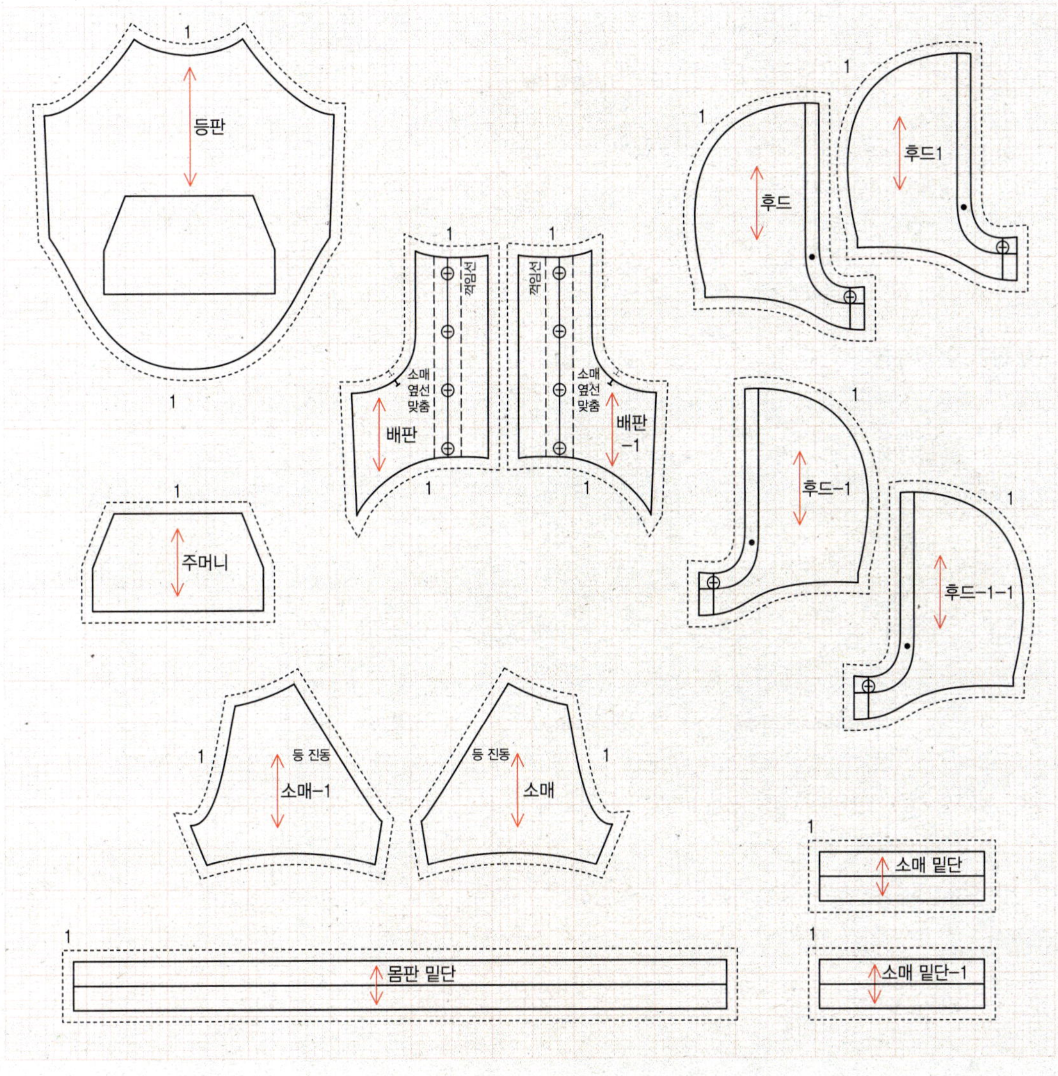

277

## ✂ 원단 재단하기

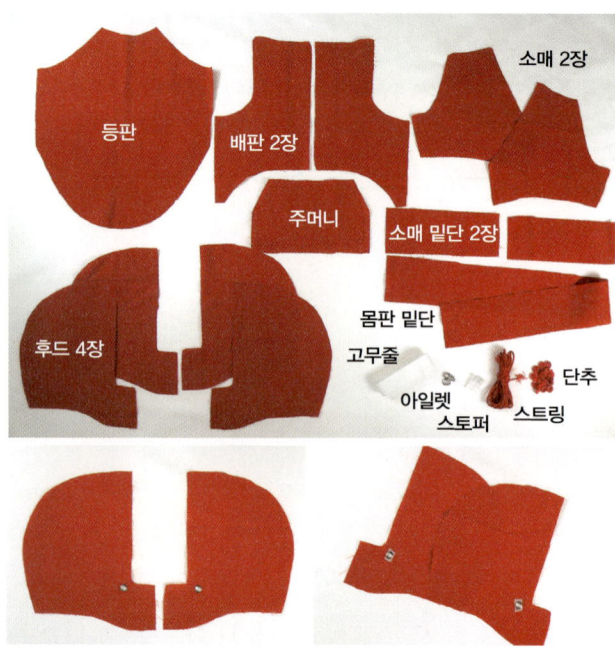

### 재단 시 주의사항
- 배판, 소매는 2개를 재단하되, 한 장은 패턴을 뒤집어서 재단하여 같은 방향이 2개 나오지 않도록 한다.
- 후드 패턴도 뒤집어 재단하여 겉감 2장, 안감 2장 총 4장을 재단한다.

### 봉제 전 준비
- 패턴에 표시된 등판의 주머니 위치, 배판의 단추 및 꺾임선 표시, 후드의 아일렛 위치 및 스티치 라인 등을 옮겨 표시.
- 후드 아일렛 뚫기
아일렛 달기(P.272)를 참조하여 겉감 2장에 아일렛을 달아 놓는다.
안쪽에 심지를 붙이면 좀 더 단단하게 달린다.

## 👑 등판에 주머니 달기

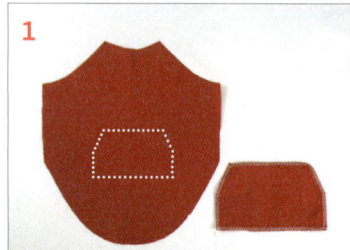
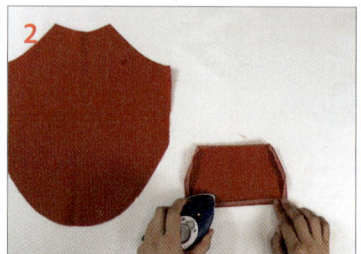
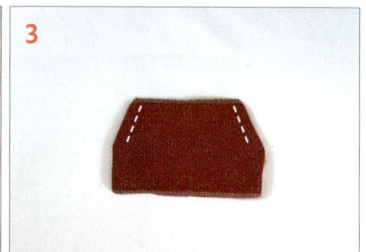

1. 등판에는 미리 주머니 위치를 표시해두고, 주머니감은 테두리를 모두 오버록 처리한다.
2. 주머니감의 오버록 처리한 시접을 모두 접어 다린다. **tip** 바람막이 원단은 합성섬유로 다림질 온도가 일반 면보다 낮다. 다리미 온도는 120~130℃가 적당하며 위에 천을 올리고 다림질하면 다림질 후 원단이 번쩍거리지 않는다.
3. 표시된 사선 부분만 시접을 접어 넣고 시접이 눌러지도록 0.7㎝ 간격으로 박음질한다.
4. 등판 위에 주머니 위치를 맞춰 올리고 고정한 후 박음질한다.

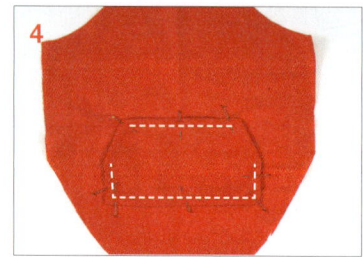
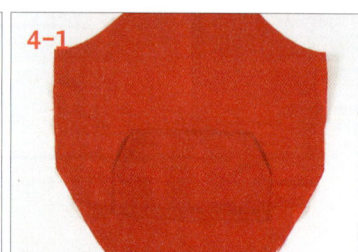

## 옆선 연결하기

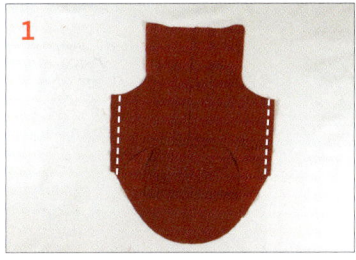  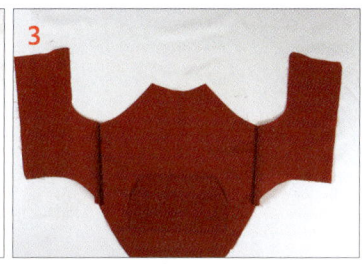

1 등판과 배판 모두 겉이 보이게 놓고, 배판의 안이 보이도록 뒤집어 옆선을 맞추고 박음질한다.
2 시접을 오버록 처리한다.
3 등판과 배판의 옆선이 연결되었다.
4 배판의 꺾임선을 기준으로 시접을 안쪽으로 접어 다림질한다.

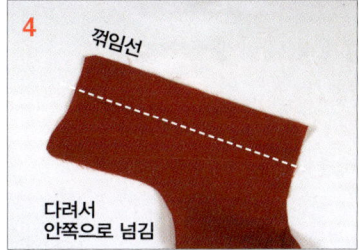 

## 소매 만들기

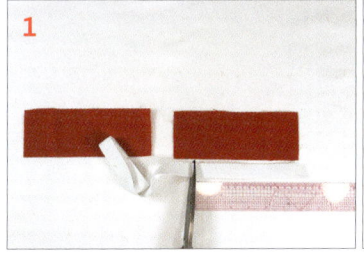  

1 소매 밑단감 길이보다 4~5㎝ 짧게 고무줄을 잘라 2개 준비한다.
2 고무줄을 원단 중심에 맞춰 올리고 원단을 반 접어 고무줄과 함께 한쪽 끝을 박는다. 고무줄은 바짝 위로 올려져 있다.

3 반대쪽 끝에 고무줄을 당겨 가져와 끝을 박는다. 고무줄은 원단 중심 쪽으로 향해있다.
4 소매 2장을 가져와 고무줄을 당겨 밑단 길이와 맞춰 고정하고 박음질한다.
5 양쪽 모두 연결하고, 시접은 오버록 처리한다.

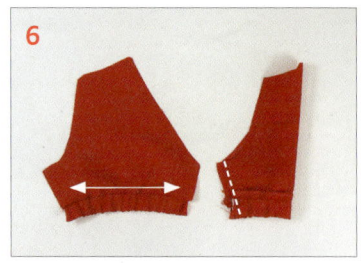  

6 소매를 세로로 반 접어 옆선을 맞추고 박음질한다.
7 시접을 오버록 처리한다.
8 소매를 뒤집으면 방향이 반대인 소매 2장이 만들어진다.

## 소매 연결하기

 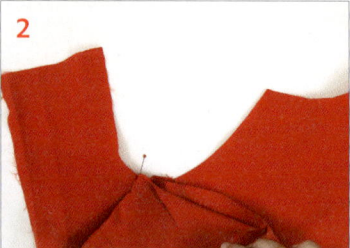 

1 몸판을 놓고 소매 한쪽을 가져와 사진과 같이 소매 옆선과 배판의 소매 옆선 달림 표시를 맞췄을 때, 소매의 등 진동 표시가 등판과 닿아 있는지 확인한다.
2 소매 옆선과 배판의 소매 옆선 달림 표시를 맞춰 고정한다.
3 소매의 목과 몸판 등목, 배목과 맞춰 고정한다. 이때 원단은 겉면과 겉면이 닿도록 고정해야 한다.

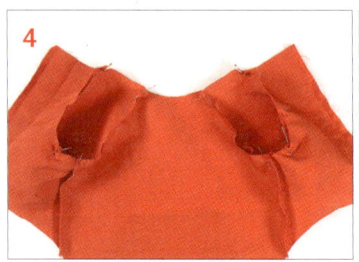  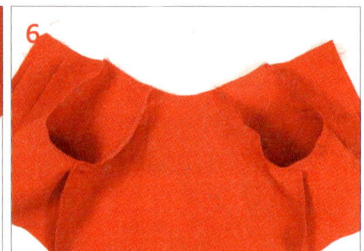

4 안쪽에서 본 고정한 모습이다.
5 진동 라인을 박음질한다. 소매 안쪽을 보면서 완성선을 박는다.
6 양쪽 진동 라인을 박고, 시접은 오버록 처리한다.

## 몸판과 밑단 연결하기

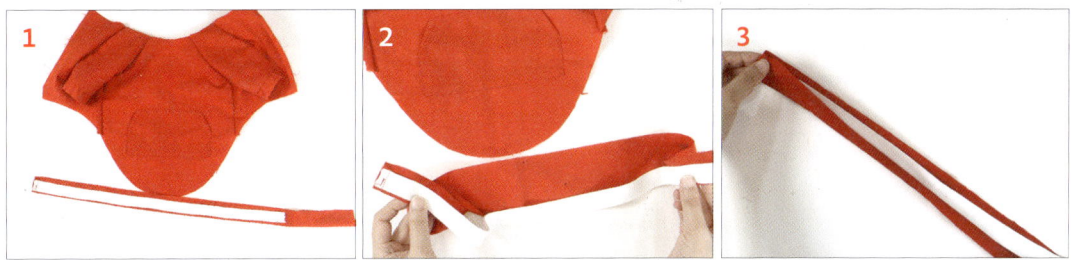

1. 몸판과 몸판 밑단감, 밑단감 길이에서 -10㎝ 길이의 짧은 고무줄을 준비한 뒤 밑단감의 겉면과 겉면이 닿도록 반 접고 그 위에 고무줄을 원단 중심에 닿게 올린다.
2. 고무줄을 원단 양끝에 맞추고 양쪽 끝에서 1㎝ 들어와 완성선을 고무줄과 함께 박는다.
3. 원단을 뒤집으면 고무줄이 안으로 들어가게 된다. 양 끝을 모양을 잡아 정리한다.

4. 고무줄을 당긴 채 원단 끝을 박아 고무줄이 빠져나오지 않도록 정리한다.
   tip 고무줄만 고정되도록 큰 땀수로 놓고 원단 끝을 박는다.
5. 고무줄이 가둬지면서 주름이 생겼다.
6. 밑단 끝을 배판의 꺾임선 라인에 맞춰 고정한다.

7. 양 끝을 고정하고 중심도 맞춰 고정한다.
8. 몸판의 밑단과 고무줄을 넣은 밑단감을 맞춰 완성선을 박음질하고 시접은 오버록 처리한다.
   오버록은 원단 끝부터 끝까지 모두 처리한다.
   tip 양 끝 길이가 맞춰져 있으므로 길이에 딱 맞게 박음질해야 한다. 밑단감이 쭈글거리는 상태이므로 쫙 펴서 당기는 느낌으로 박아야 길이에 맞게 박을 수 있다. 지퍼 노루발을 사용하면 고무줄 바로 옆에 바짝 박을 수 있다.
9. 몸판에 밑단감이 연결되었다.

## 후드 만들기

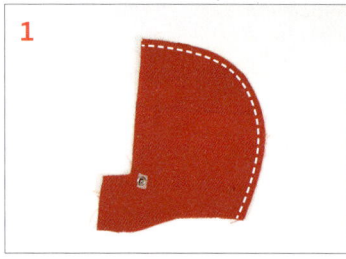  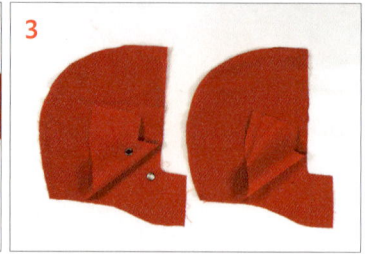

1  방향이 반대인 겉감 후드감 2장(아일렛을 달아둔)을 준비하고 겉면이 서로 닿도록 놓은 뒤 뒤통수 라인을 박음질한다.
2  곡선 시접에 가위밥을 낸다.
3  안감 후드도 동일하게 준비한다.

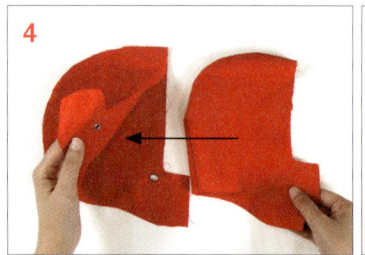  

4  겉감 후드는 안이 보이게, 안감 후드는 겉이 보이게 뒤집어 놓고 겉감 후드 한 장을 들어 안감 후드를 집어넣는다.
5  후드감을 완전히 겹쳐 얼굴 라인을 맞추고 박음질한다.
   tip 얼굴 라인을 박을 때 노루발 사이즈가 크면 아일렛 옆을 박기 어려우므로 좁은 노루발을 사용하거나 지퍼 노루발을 사용해 완성선 라인을 정확하게 박는다. 이때 바늘이 아일렛을 박지 않도록 주의한다.
6  시접을 반 정도 잘라내고, 곡선 라인에 가위밥을 낸 후 모두 겉이 보이도록 뒤집어 모양을 잡는다.


## 몸판에 후드 연결하여 완성하기

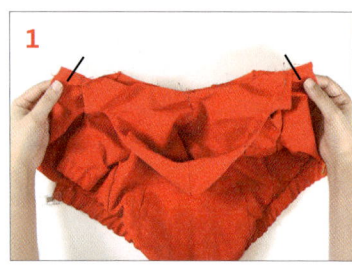  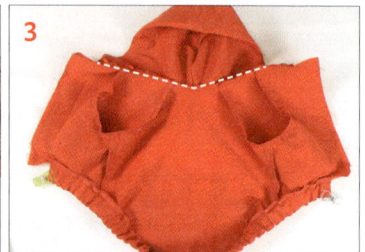

1  몸판은 겉이 보이게 놓고 후드감은 안이 보이게 올려 꺾임선 끝과 중심을 맞춰 고정한다.
2  목 라인을 박음질한다.
3  목 라인의 원단 끝부터 끝까지 시접을 오버록 처리한다.

4  후드가 몸판에 연결된 것을 확인하고 배판의 겉이 보이도록 펼친다.

5  꺾임선을 기준으로 원단을 겉쪽으로 젖혀 목 라인과 밑단감을 연결한 시접을 덮고 완성선을 박는다.
   tip 기존의 후드 연결 박음선, 밑단의 밑단감 연결 박음선과 동일 라인을 박아야 연결이 자연스럽다.

6  끝 시접을 대각선으로 잘라 시접을 얇게 만들어주고, 다시 뒤집어 모양을 잡는다.

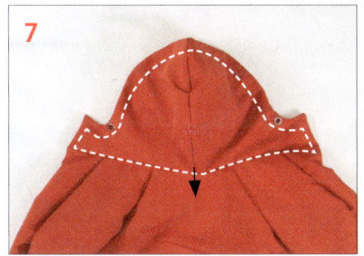 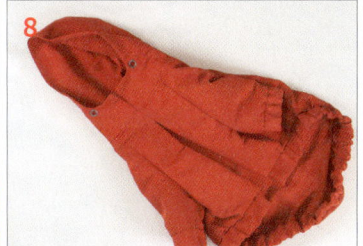 

7  후드를 연결한 목 라인 시접을 아래쪽으로 내리고 목 라인과 후드에 스티치 선을 넣는다.
   tip 스티치 선을 박을 때 노루발 사이즈가 크면 아일렛 옆을 박기 어려우므로 좁은 노루발을 사용하거나 지퍼 노루발을 사용해 완성선 라인을 정확히 박도록 한다. 바늘이 아일렛을 박지 않도록 주의한다.

8  배판과 후드에 표시된 위치에 T단추를 단다. **(T단추 다는 법 P.69)**

9  여유 있는 길이로 스트링을 준비하고 스트링 끝에 옷핀을 꽂아 아일렛으로 넣은 뒤 반대쪽 아일렛 구멍으로 스트링을 끄집어낸다.

10 스토퍼에 스트링을 통과시키고 끝을 매듭지어 완성한다.
   tip 스토퍼는 후드를 조이는 역할을 한다.

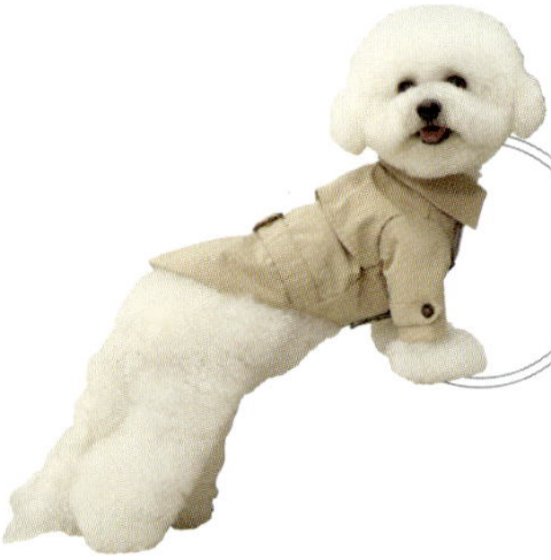

멋스럽게 툭! 분위기 있는

# 트렌치코트

-- 난이도 ★★★★★ --

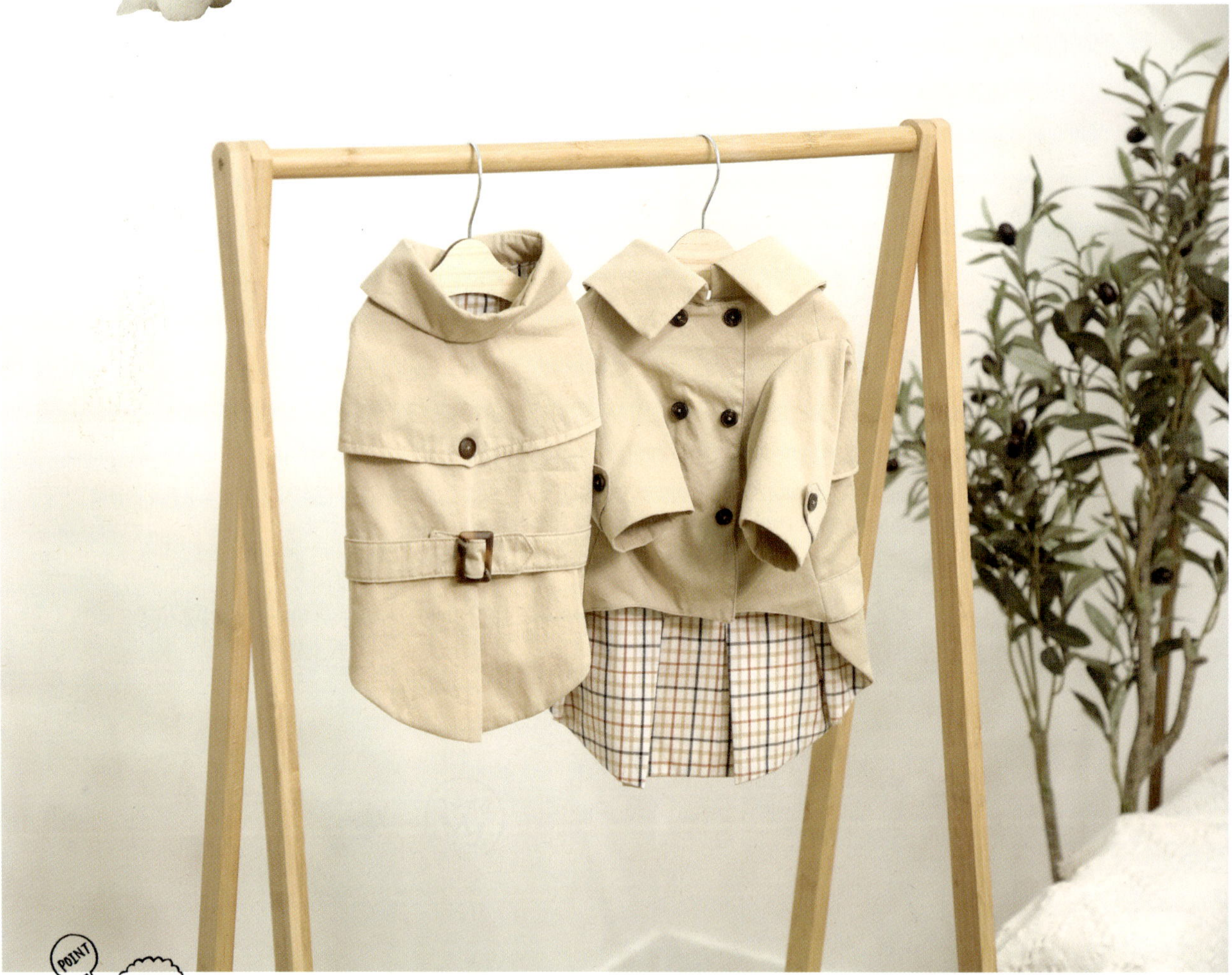

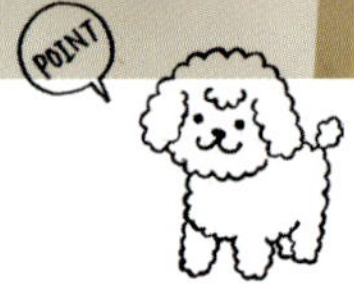

1. 입고 벗기기 편하게 여밈은 벨크로 테이프로 완성하고, 겉면에 단추를 장식으로 달아 실용성 있게 완성할 거예요.
2. 재단 조각과 봉제 과정이 많으니 차근히 하나씩 따라오며 꼼꼼하게 봉제 해보세요.
3. 하의 부분은 기본형과 치마형 중 골라서 만들 수 있어요.
4. 원단과 컬러가 맞는 실을 준비하세요.

## 사용 원단 및 부자재

M 사이즈 기준

**원단**  **겉감** 트렌치 코트 원단 20수 트윌지(123×56cm)
　　　  **안감** 면 50~60수(112×33cm)

**부자재** 실크 심지, 벨크로 테이프(폭 1cm, 길이 30cm), 사각뿔 버클(내경 25mm),
　　　　  소뿔 단추(11mm) 8개, (13mm) 1개, 훅앤아이 1쌍

**실물패턴 번호** 17

## 패턴 확인하기

단위 : cm

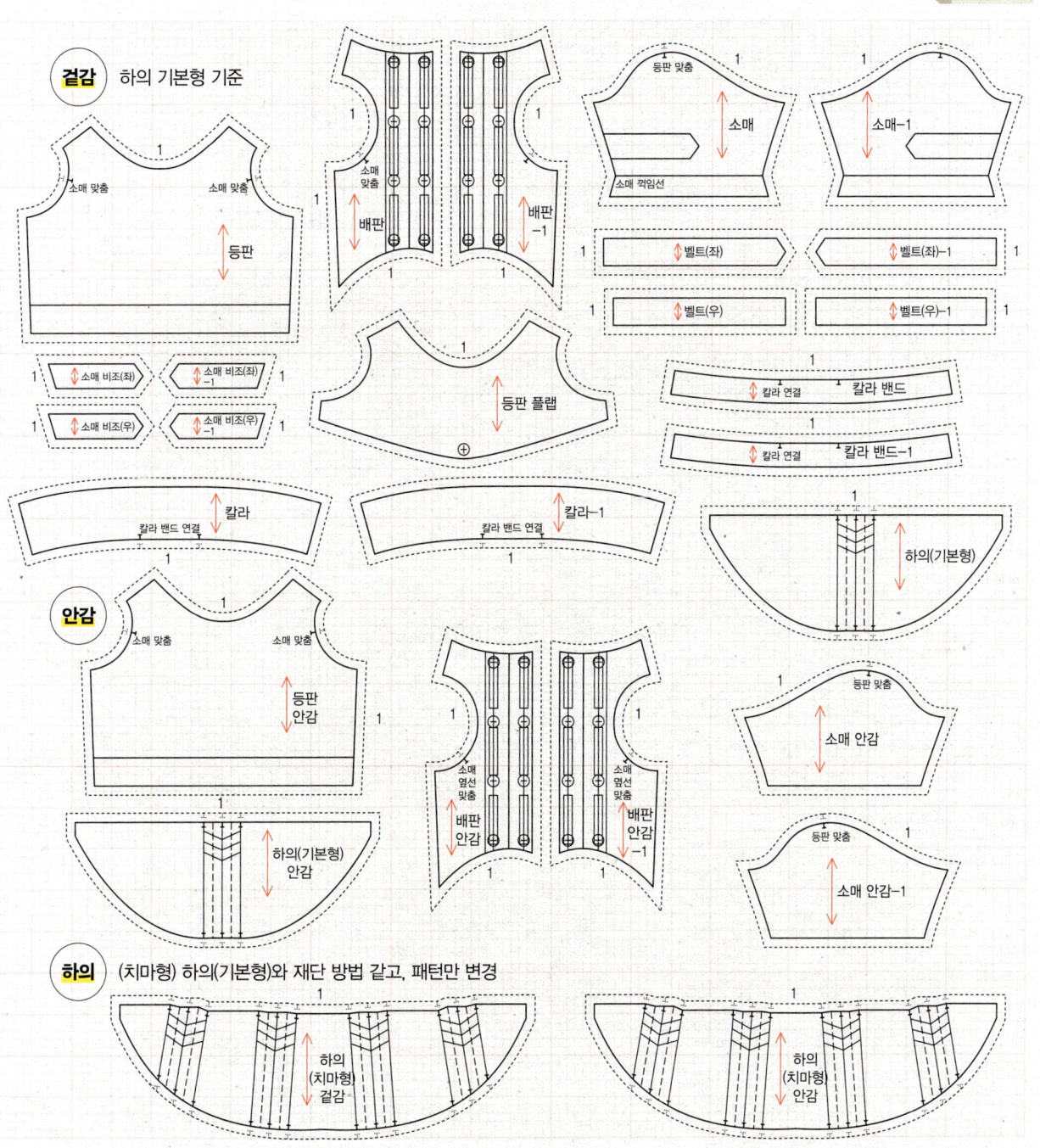

## ✂ 원단 재단하기

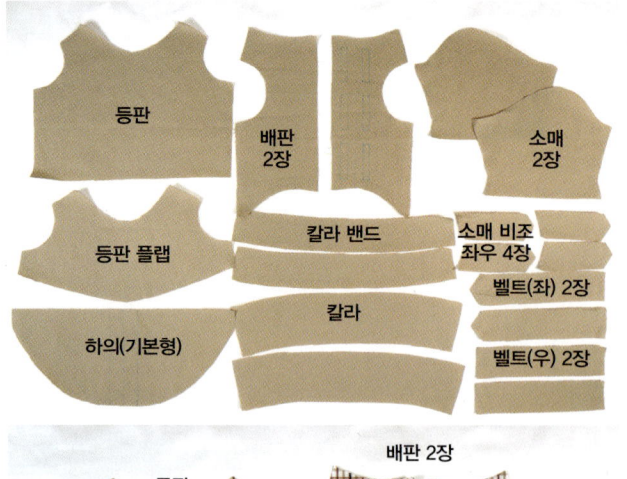

**재단 시 주의사항**

- 배판, 소매, 소매 비조, 벨트(좌), 벨트(우)는 2개를 재단하되, 한 장은 패턴을 뒤집어서 재단하여 같은 방향이 2개 나오지 않도록 한다.(안감 동일)
- 하의 모양은 기본형 또는 치마형 중 선택하되 재단 방법은 같다.
- 패턴에 표시된 선, 위치 표시 등은 재단 시 모두 표기한다.

하의 치마형 겉감 1장

하의 치마형 안감 1장

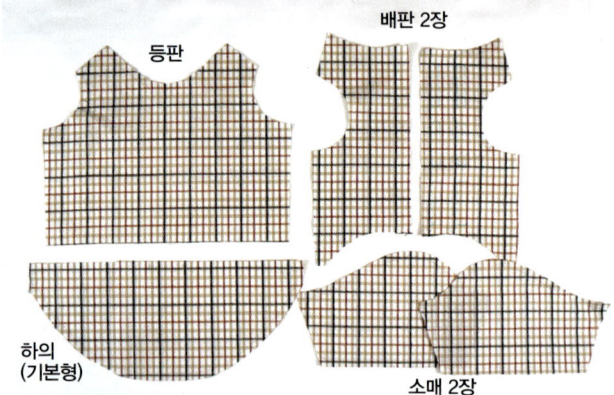

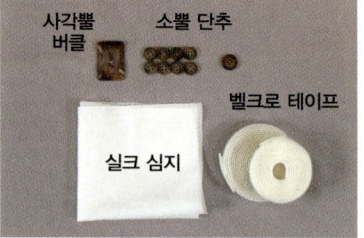

## 봉제 전 준비

- 배판을 모두 겉이 보이게 놓고 배 중심선 표시.
- 겉감 왼쪽에 단추 위치 표시, 겉감 오른쪽에 벨크로 테이프 위치 표시.
- 안감 오른쪽에 벨크로 테이프 위치 표시.
- 소매 밑단, 칼라, 칼라 밴드 1장에 심지 붙이기:
  실크 심지의 풀이 묻은(까끌한 면)을 원단 안쪽과 닿게 올려 다리미로 꾹꾹 눌러 심지를 부착한다. 칼라와 칼라 밴드에는 전체 심지를 붙이고, 소매는 소매 꺾임선 기준으로 아래쪽만 심지를 붙인다.

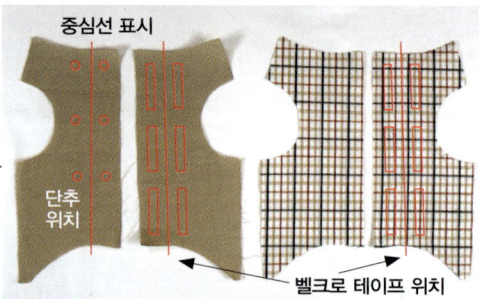

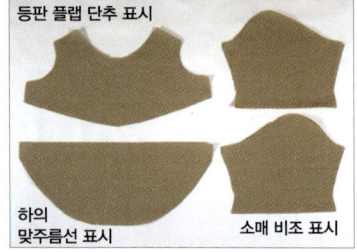

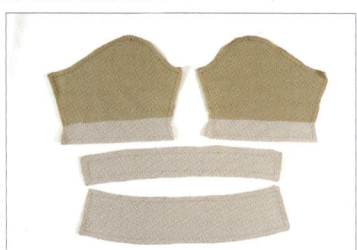

## 밑작업 하기

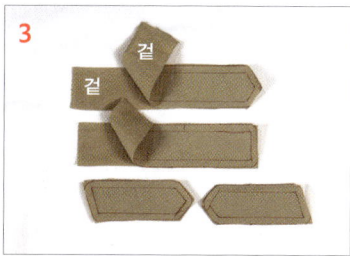

1 등판 플랩의 밑단선의 시접을 오버록 처리하고 안쪽으로 완성선만큼 시접을 꺾어 다린다.
2 겉을 보고 시접이 눌러지도록 스티치를 넣는다.
3 벨트(좌, 우)와 소매 비조(좌, 우)를 가져와 겉과 겉이 닿게 겹친다. 벨트 좌, 우는 한 쌍, 소매 비조는 두 쌍이 나온다.

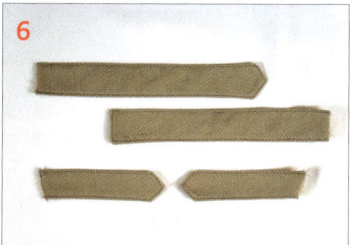

4 표시 선대로 박는다. 시작과 끝 부분에 되돌아박기 한다.
5 시접을 반 잘라 정리하고, 박지 않은 창구멍 부분으로 뒤집는다.
6 다리미로 눌러 모양을 정리하고 스티치를 넣는다.
 tip 벨트와 소매 비조는 서로 대칭이 되도록 놓고 스티치를 넣는다. 창구멍이 서로 멀어지도록 해야 예쁜 겉땀이 옷을 입었을 때 보인다. 미싱은 겉땀의 모양이 더 예쁘다.

## 어깨와 옆선 연결하고 벨크로 테이프 박기

1 등판을 겉이 보이게 놓고, 그 위에 밑단을 정리한 등판 플랩을 올려 고정한다.
 아래쪽에는 미리 준비해둔 허리벨트 좌, 우를 올려 고정한다. 미싱 큰 땀수로 시접에 박아 고정해도 좋다.
2 배판 양쪽을 올려 어깨와 옆선을 맞춰 고정한 후 박음질한다.
3 어깨와 옆선을 박으면 동그랗게 팔 구멍이 생긴다.

4  박은 시접을 반대 방향으로 벌려 손으로 자국을 낸다. 이렇게 하면 시접이 덜 두꺼워진다.
5  안감도 어깨와 옆선을 박되, 한 쪽 옆선에는 창구멍을 낸다.
6  펼쳐보면 창구멍이 나 있다. 이 창구멍은 마지막에 옷 전체를 뒤집는 자리가 된다.

7  길이에 맞게 자른 벨크로 테이프를 겉감과 안감의 테이프 위치 표시한 곳에 거친면과 부드러운 면을 나누어 올린 후 사각형 모양으로 박아 고정한다.
8  이때 원단 컬러가 아닌 벨크로 테이프와 같은 색의 실로 박음질해야 박은 부분이 튀지 않고 자연스럽다.

## 소매 달기

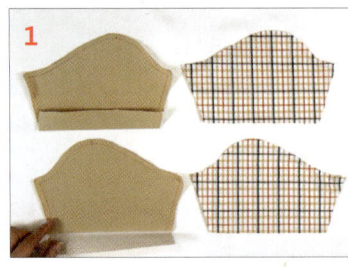 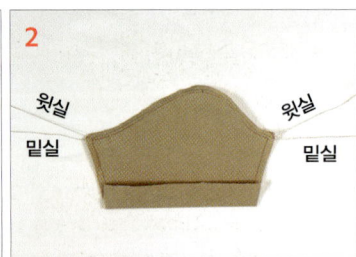 

1  겉감과 안감 소매를 준비하고 겉감 소매는 소매 꺾임선을 기준으로 꺾어 다린다.
2  소매의 안이 보이게 놓고 시접 공간 안에서 가장 큰 땀수로 한 줄 박는다. 이때 시작과 끝 부분에 실의 길이를 남겨두고 되돌아박기 하지 않는다.
3  밑실(안쪽면을 보고 박았으므로 겉면에 박힌 실이 밑실이다.)을 잡고 원단을 소매 안쪽으로 밀어주면 주름이 생긴다.

  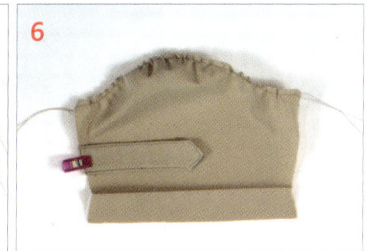

4 소매를 옆으로 놓았을 때 시접 부분은 살짝 안쪽으로 꺾임이 생긴다. 완성선 라인에는 주름이 없어야 한다. 주름을 많이 잡으면 완성선에도 주름이 생겨버린다.

5 소매 겉, 안감 모두 동일하게 만든다.
   tip 이렇게 주름을 만드는 것은 몸판과 소매의 길이차(이즈분) 때문이다. 시접에 주름을 잡아 몸판에 연결하면 소매 모양도 예쁘게 자리 잡고 봉제하기도 더 좋다. 박음질 후 완성선 라인에 주름이 없어야 한다는 점에 주의해야 한다.

6 소매 겉감의 겉이 보이게 놓고, 소매 비조를 방향에 맞게 올려 고정한다.

7 소매를 겉과 겉이 닿게 반으로 접어 옆선을 맞추고 박음질한다.

8 안감도 동일하게 옆선을 박는다.

9 등판의 겉이 보이게 놓고, 소매를 가져와 등판의 소매 맞춤점, 소매의 등판 맞춤점에 맞춰 고정한다. 이때 소매 옆선이 아래쪽으로 내려와 있지 않으면 다른 소매를 가져와 다시 맞춘다.
   tip 소매를 방향이 다른 2장으로 재단했기 때문에 왼쪽과 오른쪽에 달릴 방향이 정해져 있다. 소매 옆선이 아래쪽으로 내려와 있지 않으면 소매가 반대로 달리게 되므로 주의해서 맞춰봐야 한다.

  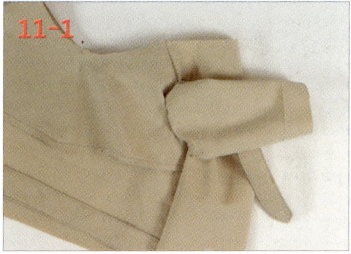

10 배판 안이 보이도록 젖혀 진동 라인의 안쪽이 보이도록 하고, 배판의 소매 옆선 맞춤점과 소매의 옆선을 맞춰 고정한다.

11 시접에 주름 잡은 실을 풀거나 조여서 몸판의 진동과 소매의 진동을 맞춰 핀 고정한 뒤 소매 안쪽을 보면서 한 바퀴 둘러 박는다.   tip 박기 전에 소매 겉이 보이도록 젖혀 소매 모양을 전체적으로 확인한다. 소매는 배판 쪽으로 향해 있다. 만약 소매 끝이 등 쪽으로 놓이면 방향이 잘못된 것이다.

  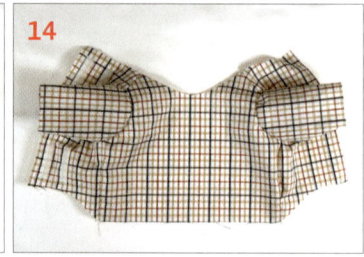

**12** 소매가 자연스럽게 자리 잡히게 하기 위해 시접에 1㎝ 간격으로 진동 라인을 따라 가위집을 낸다.
**13** 소매가 연결된 모습이다.
**14** 안감 소매도 동일하게 연결한다.

## 칼라 준비하기

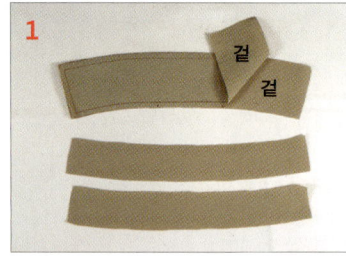 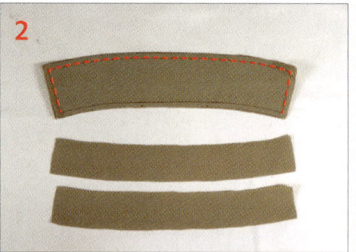 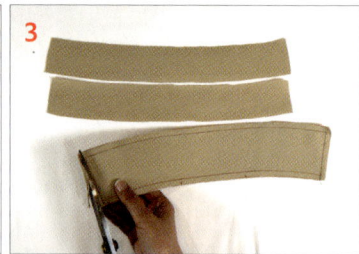

**1** 칼라와 칼라 밴드감을 준비하고, 칼라감 2장을 겉과 겉이 닿게 겹친다.
**2** 칼라 밴드연결 부분을 제외하고 박음질한다. 시작과 끝부분에 되돌아박기 해둔다.
**3** 시접을 반 잘라 정리하고, 칼라를 뒤집어 모양대로 다려둔다.

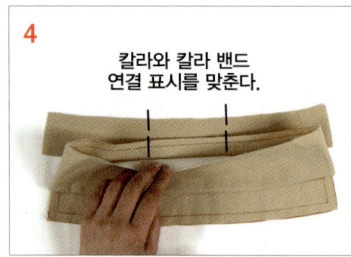 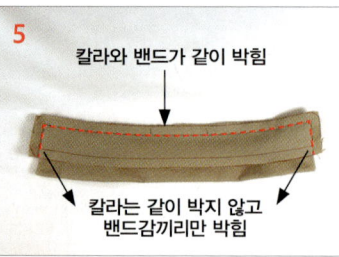 

**4** 심지를 붙인 칼라 밴드감을 겉이 보이게 놓고, 그 위에 칼라의 심지를 붙이지 않은 면이 닿도록 올린다. 그 위에 남은 칼라 밴드감의 안이 보이도록 올려준다.
**5** 표시선에 박음질한다. 옆 부분은 칼라가 같이 박히지 않아야 한다.
**6** 시접을 반 정도 잘라 정리하고 칼라 밴드를 젖혀 모양을 잡아둔다.

## 하의 준비하기 (기본형과 치마형의 봉제법은 동일)

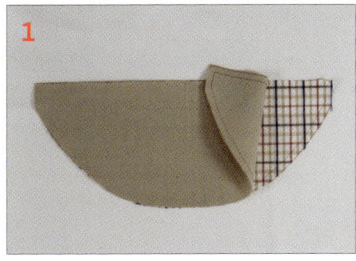  

1. 하의 안감의 안이 보이게 놓고 그 위에 겉감의 겉이 보이게 올린다. (안과 안이 닿게)
2. 미리 표시되어 있는 맞주름 선의 양 끝을 꼬집듯이 잡고, 중심선에 붙이듯이 접어 고정한다.

  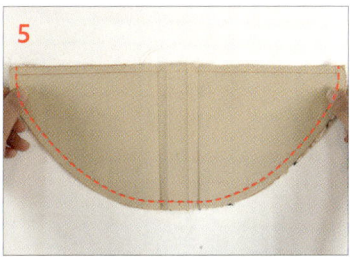

3. 반대쪽 선도 양 끝을 잡고 중심선 쪽으로 접는다.
4. 다리미로 눌러 맞주름을 고정시킨다.
5. 하의 안감의 겉이 보이게 놓고, 겉감 겉이 닿게 올려 고정한 뒤 다려놓은 주름을 펼친 채로 표시된 라인을 박음질한다.

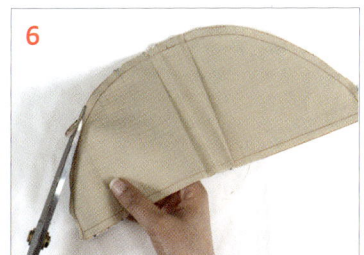 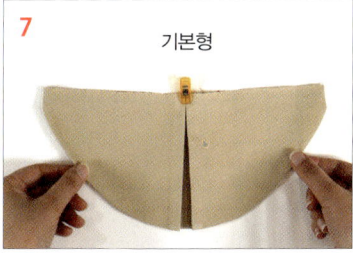 

6. 시접을 반 정도 남기고 잘라 정리한 후, 뒤집어 모양을 잡는다.
7. 다리미로 끝 라인을 눌러 고정한다. 이때 아랫부분의 흐릿해진 맞주름을 모양대로 다시 다려둔다.
   tip 치마형도 같은 방법으로 만든 모습이다. (7-1)

## 겉감과 안감 합치기

  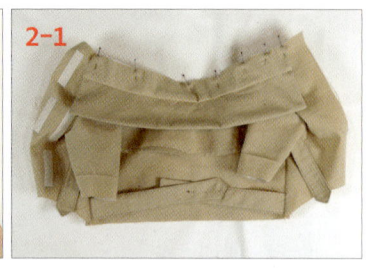

1 겉감 겉이 보이게 놓고, 허리벨트를 살짝 위쪽으로 올려 핀으로 임시 고정해둔다.
2 칼라 밴드의 심지가 없는 면은 몸판과 겉과 겉이 닿게 올리고, 칼라 밴드의 양쪽 끝은 배판의 표시해둔 배 중심에 맞춰 핀고정한다.

  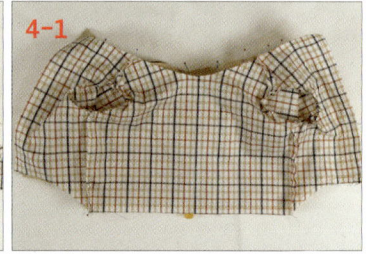

3 준비한 하의의 겉이 보이게 놓고, 상의와 겉과 겉이 닿도록 하의감을 뒤집어 허리선에 맞춘다.
4 안감과 겉감의 겉과 겉이 닿도록 올리고 완전히 겹쳐 고정한다.

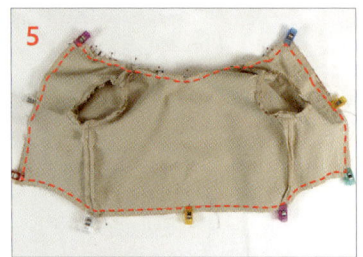  

5 외곽 라인 전체를 박음질한다. 이때 허리벨트, 소매가 같이 박히지 않도록 주의하고, 칼라 밴드는 몸판 목 라인을 박을 때 같이 박히게 된다.
6 안감 옆선에 만들어놓은 창구멍으로 옷 전체를 뒤집어 잘못 박힌 부분이 없는지 확인한다.
7 다시 안쪽이 보이게 뒤집고 시접이 두꺼운 부분을 잘라 정리한다. 목 라인은 곡선이 심한 중심 부분에 가위집을 내어둔다.

## 소매부리 박기

1 옷의 안이 보이게 하고 겉감과 안감의 소매를 자연스러운 방향으로 펼친다. 안감 소매도 겉감과 같은 방향으로 나란히 놓여있다.
2 겉감과 안감의 소매 옆선 시접을 가름솔하여 펼친다.
3 겉감, 안감 소매를 모아 소매 옆선의 겉이 보이도록 만들어 준다.

  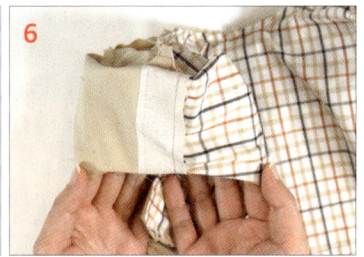

4 겉감과 안감의 옆선을 겉과 겉이 닿도록 붙여준다.
5 겉과 겉이 닿도록 붙여 고정하고 이 고정점을 시작으로 소매 부리를 따라 조금씩 원단을 돌리며 한 바퀴 박아준다.
6 연결된 모습이다.
   tip 부리를 박을 때 공간도 좁고 꼬여있는 것처럼 느껴져 봉제가 까다롭다. 소매 겉감과 안감 부리 부분의 겉과 겉이 닿아있다면 조금씩 원단을 끄집어내는 느낌으로 시작점에 돌아올 때까지 계속 박는다.

7 반대쪽도 같은 방법으로 소매 부리를 연결한다.
8 안감 옆선의 창구멍으로 옷을 뒤집는다.
9 소매 부리는 다려놓은 소매 꺾임선을 기준으로 잡고 소매를 살짝 당겨가며 모양을 잡는다. 소매 꺾임선이 옷의 최종 끝선이 된다.

## 마무리하여 완성하기

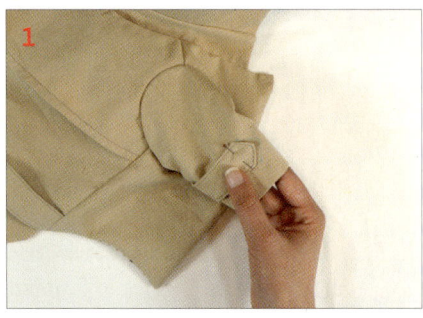
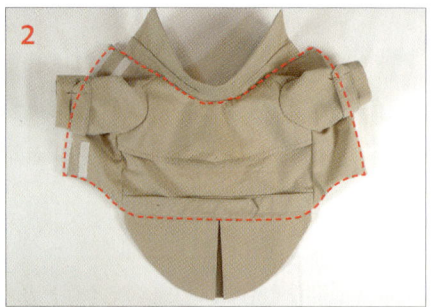

1  소매 비조는 미리 표시한 위치로 가져와 핀을 고정한다. 이때 표시한 선에 조금 모자라게 끝을 맞춰 여유감을 주면 좋다.
2  겉을 보고 외곽 라인에 스티치를 넣어 겉감과 안감을 고정한다. 밖으로 보이는 스티치이므로 균일한 간격으로 박도록 신경 쓴다. 허리 라인을 박을 때는 허리벨트를 치워 같이 박히지 않도록 한다.

3  등판 플랩과 소매 비조에 단추를 올려 손바느질로 달아준다.
4  버클을 가져와 양쪽 구멍에 오른쪽 벨트를 통과시킨다.

5  버클을 가운데로 옮긴 후 옆 부분을 살짝 박음질하여 몸판과 허리벨트를 고정한다.
6  왼쪽 벨트도 버클 구멍 양쪽에 통과시킨다. 안쪽, 오른쪽 벨트감에 몸판과 고정하는 박음을 해두어 벨트가 움직이지 않고 고정된다.

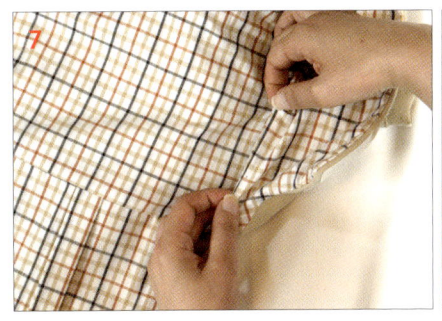 

7 안감 옆선의 창구멍은 시접을 접어 넣고 마주잡아 고정한 뒤 얇게 박아 창구멍을 막는다. 이때 겉감은 같이 박히지 않는다. **공그르기(P.51)**를 하면 더 깔끔하게 마무리할 수 있다.

8 배판은 벨크로 테이프를 붙여 옷을 잠근 후, 겉감에 표시된 단추 위치를 확인한다.

9 단추를 올려 손바느질로 단추를 연결한다. 단추 위치와 벨크로가 서로 맞닿아 있는 곳은 겉감 한 장에만 단추를 달고, 벨크로가 없는 곳은 두 겹을 통과시켜 단추를 달아 완성한다.

tip 벨트로 테이프 부분에 단추 실이 지나가면 벨크로 테이프를 붙이고 떼어낼 때 단추 실이 같이 뜯어질 수 있다. 이렇게 단추가 많은 디자인의 옷은 입히고 벗기는데 시간도 걸리고 불편하기 때문에 벨크로 테이프로 여밈을 하면 입히고 벗기기 좋다.

01 강아지 장난감

02 프릴 스카프

03 체크 칼라 케이프

04 벙거지 모자

05 비치가운

06 강아지 풉백

07 강아지 침대

08 산책 가방

09 강아지 카시트

Sewing dog 소잉도그의 handmade

강아지 옷 만들기의 실제
# 소품 및 액세서리

입던 옷을 재활용해 만드는!

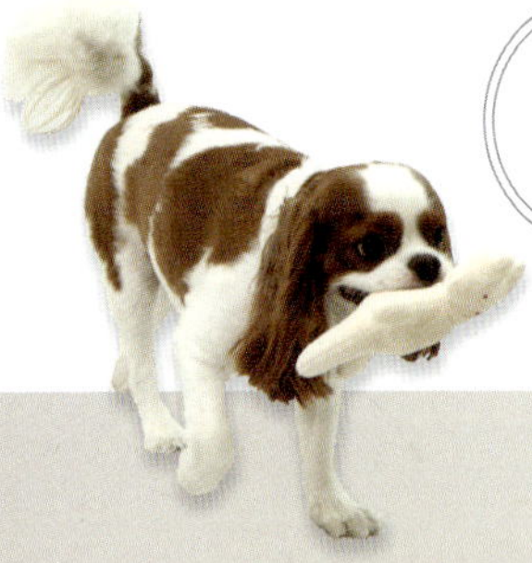

# 강아지 장난감

-- 난이도 ★★ --

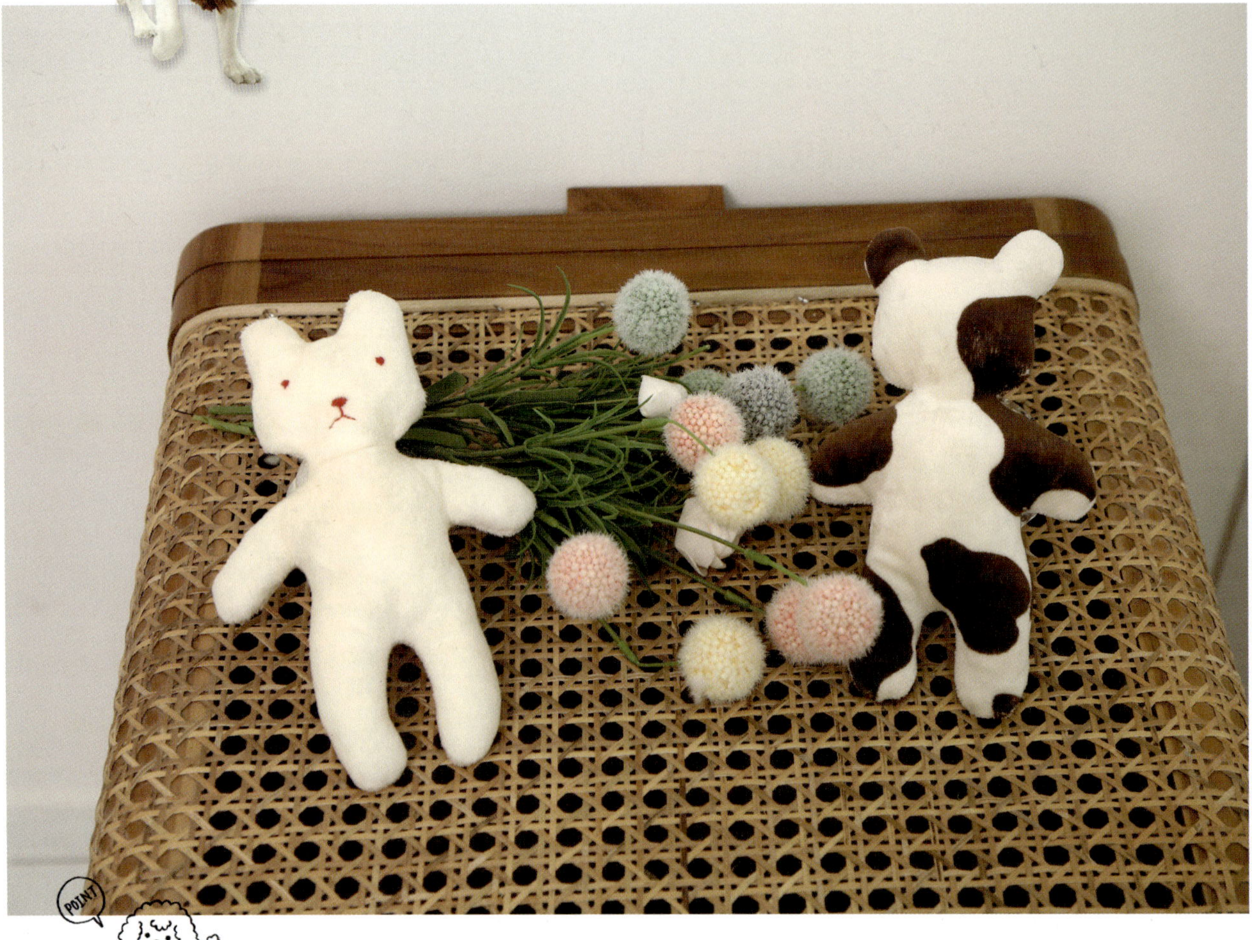

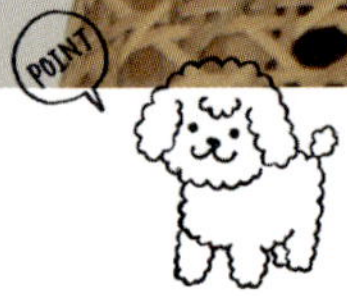

1. 오래 입어 색이 바래거나, 얼룩이 묻어 입히지 않는 옷을 활용해 강아지 장난감을 만들어 볼게요. 강아지가 입던 옷은 체취가 있어 강아지들이 훨씬 친근하게 느낄 수 있어요.
2. 강아지의 사이즈가 작다면 여러 개의 옷을 연결하여 원단으로 활용해도 재미있는 느낌을 낼 수 있어요. 책에서는 티셔츠 두 장을 사용해 양면으로 완성했어요.
3. 원단은 티셔츠 원단(다이마루), 셔츠 원단(직기) 모두 사용 가능해요.
4. 원단에 무늬가 있다면 봉제만으로 끝내도 좋고, 단색 원단이라면 바느질로 눈, 코, 입을 만들면 좀 더 완성도 있게 마무리 할 수 있어요.

## 사용 원단 및 부자재

M 사이즈 기준

**원단**  강아지가 입던 옷 2개 (티셔츠 기준, 최소 원단 필요량 18×25㎝ 2장)
**부자재**  색깔 실(레드), 방울솜, 삑삑이
**실물패턴 번호**  18

### 패턴 확인하기

단위 cm

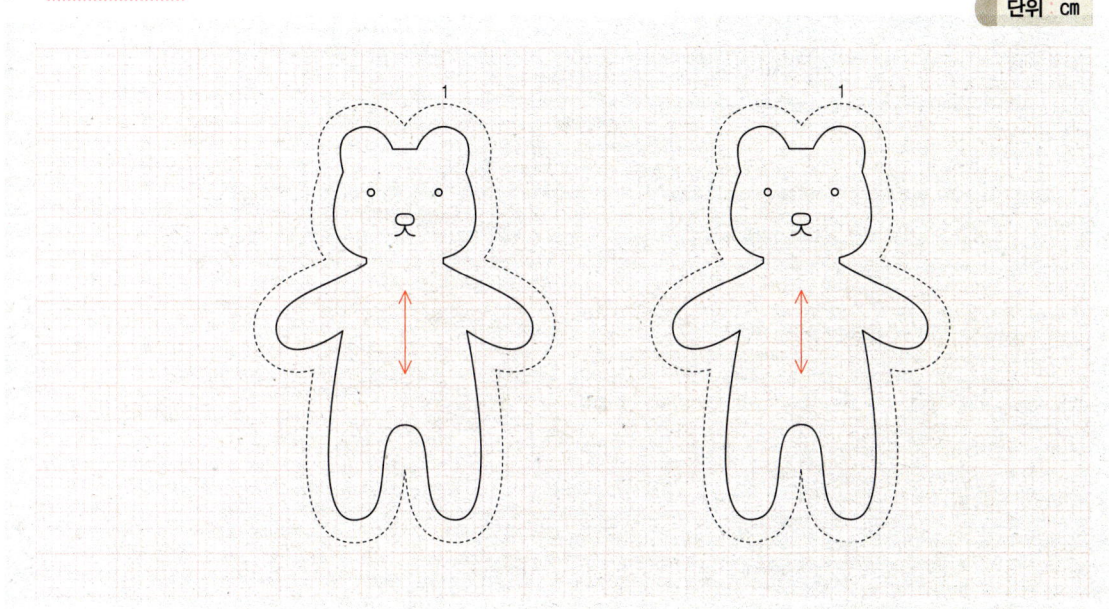

### 원단 재단하기

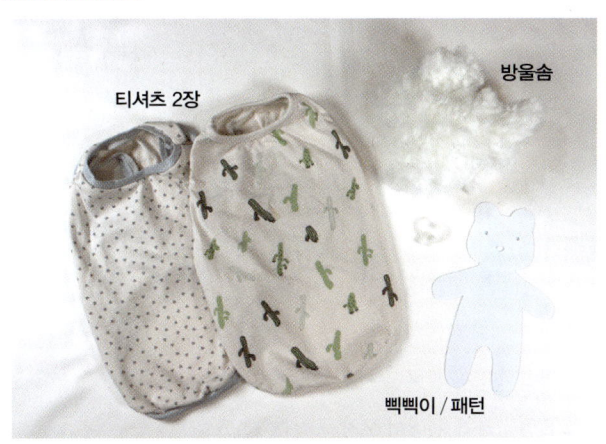

티셔츠 2장
방울솜
삑삑이 / 패턴

**봉제 전 준비**
- 눈, 코, 입을 미리 그려둔다.

## 원단 형태로 만들어 재단하기

1. 등판과 배판을 분리하기 위해서 티셔츠 양옆을 잘라낸다.
2. 시보리, 바이어스 등을 잘라내 원단이 어느 정도 평평해지도록 만든다.
3. 원단의 안쪽에 패턴을 올리고, 완성선을 그린다.
   tip 강아지 옷은 등판이 크기 때문에 등판을 활용하면 원단이 부족하지 않다.

4. 시접선은 따로 그릴 필요 없이 완성선 주변을 대략 잘라 정리한다.
5. 다른 티셔츠도 등판을 분리하고 겉면이 보이도록 놓은 후, 완성선을 그려놓은 원단 조각을 겉면이 닿도록 놓는다.

## 봉제하기

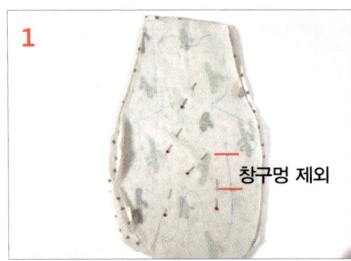  

1. 봉제하기 편하도록 주변 원단을 정리한 뒤 창구멍을 제외하고 박음질한다.
2. 원단을 완성선에 바짝 잘라 정리하고 곡선이나 꺾임이 심한 부분은 가위집을 낸다.
3. 창구멍 부분은 시접을 1㎝ 정도 만들어 주고 창구멍을 통해 뒤집어 모양을 잡는다.

## 👑 솜 채우기

  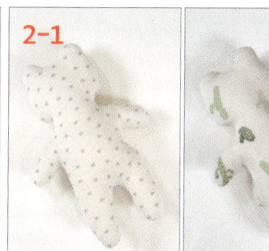

1   솜을 전체적으로 채우고 배 부분에 삑삑이를 집어넣는다.   tip 이빨에 쉽게 찢어지지 않도록 중앙에 위치시킨다.
2   창구멍은 공그르기(P.51)로 마무리하면 양면이 서로 다른 인형이 완성된다.


## 🐻 눈, 코, 입 만들어 완성하기

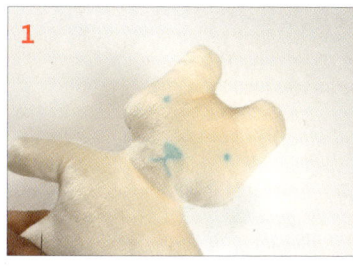 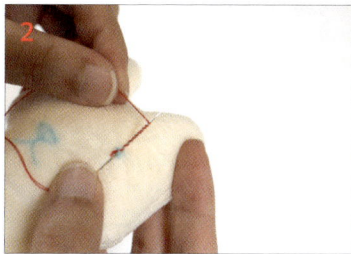 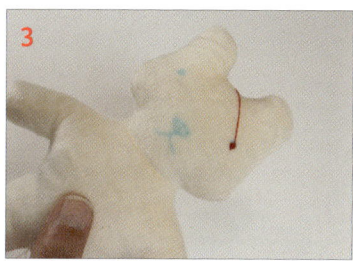

1   수성펜으로 눈, 코, 입을 그린다.
2   실에 매듭을 지어 눈 중앙에 매듭을 걸어준 후 바늘을 반만 통과시키고 실을 7~8회 감아준다.
3   바늘을 통과시키면 실기둥이 생기는데 이 기둥이 옆으로 눕도록 바늘을 꽂아주면 동그란 눈의 형태를 만들 수 있다.

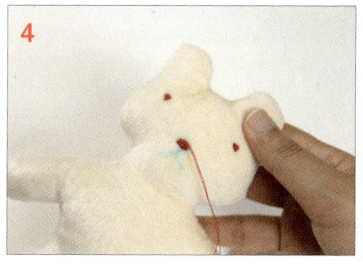  

4   코는 동그란 공간에 실을 채우는 느낌으로 가로로 빨간 실을
    채우고, 세로로 다시 실을 채워 공간을 메워준다.
5   코 아래쪽은 실로 라인을 만드는데 원하는 길이만큼 나가 바늘을 꽂고
    다시 반 정도 돌아온 후, 다시 원하는 길이만큼 나가는 것을 반복한다.

하나로도 충분히 포인트가 되는

# 프릴 스카프

-- 난이도 ★★ --

1. 스카프류는 의류와 다르게 봉제 땀이 겉으로 드러나기 때문에 봉제가 깔끔하고 균일해야 더 예뻐 보입니다. 원단이 얇을수록 봉제는 까다로워져요.
2. 좀 더 형태감을 원한다면 한쪽 면 또는 양쪽 면에 심지를 부착해요. 원단이 도톰하다면 생략해도 좋습니다.
3. 프릴감은 말아박기 노루발을 사용하면 좀 더 간편하게 시접 정리를 할 수 있어요. 보통 미싱을 구매하면 기본으로 제공되는 노루발이고 따로 구입할 수도 있습니다. 끝단을 말아 넣으면서 박음질되도록 하는 노루발인데 연습이 필요한 노루발입니다. 책에서는 노루발이 없는 분들을 위해서 다림질로 모양을 잡아서 완성할 거에요.

## 사용 원단 및 부자재

M 사이즈 기준

**원단** 면 직기 30~40수(92×22㎝)
**부자재** T단추(11.5㎜) 1세트, 실크 심지
**실물패턴 번호** 19

## 패턴 확인하기

단위 ㎝

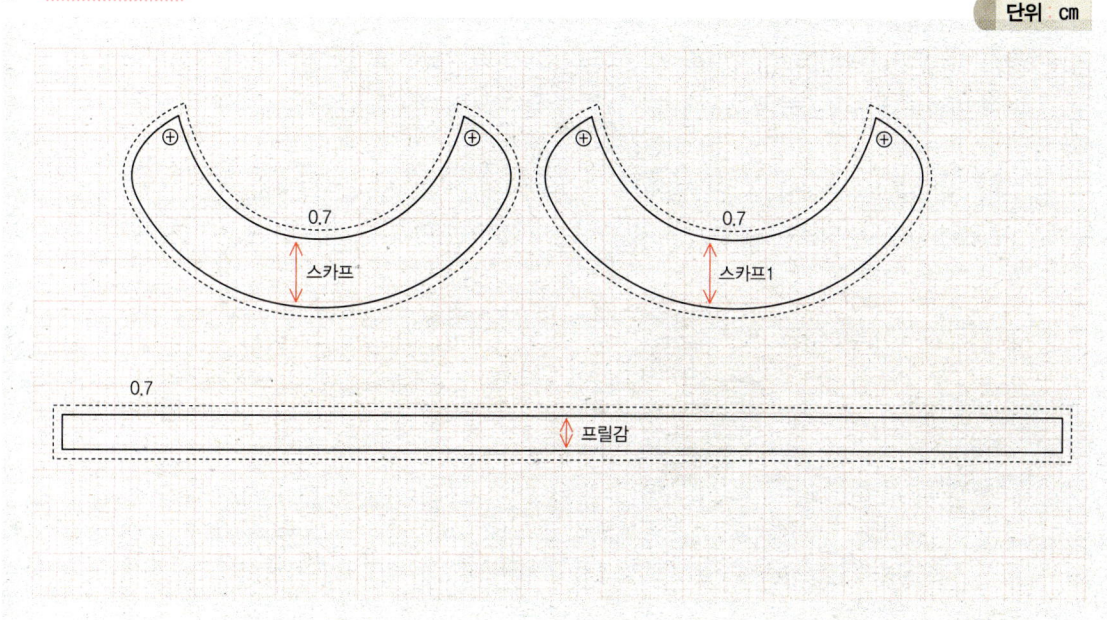

## 원단 재단하기

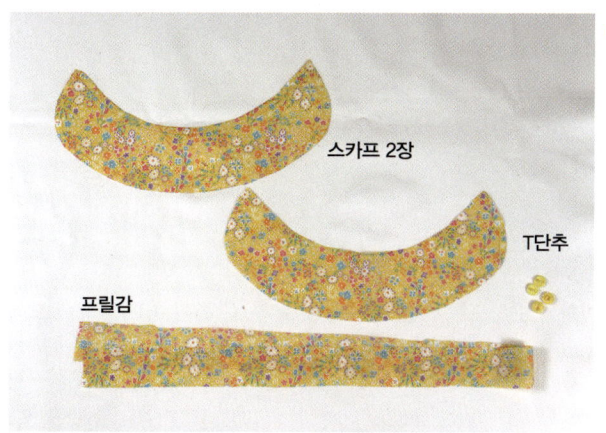

### 봉제 전 준비

- 단추 위치 표시하기
- 심지 붙이기(심지붙이는 방법 P.67)

## 밑단 프릴 만들기

1. 프릴감의 밑단 라인을 시접만큼(0.7㎝) 접어 다린다.
2. 접힌 0.7㎝ 시접 중 다시 반을 접어 넣으며 다림질한다. 시접이 0.3㎝ 가량 두 번 접히게 된다.
3. 다린 시접을 눌러 박는다.
    tip 말아박기 노루발을 사용하면 다림질 과정 없이 노루발에 프릴감을 끼워 밑단을 바로 말아 박을 수 있다.

윗실, 밑실 분리

4. 겉에서 봤을 때 땀이 균일하고 고르게 박혀야 예쁘다.
5. 프릴감 윗라인에 주름을 잡기 위해서 땀수를 가장 크게 세팅하고, 양옆에 실을 길게 남겨 시접 공간에 한 줄 박음질한다.

 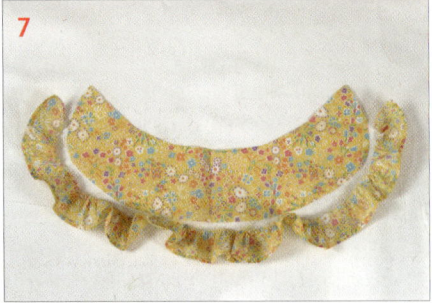

6. 밑실을 힘 있게 잡고 원단을 안쪽으로 밀어 주름을 만든다. 반대쪽에서도 주름을 잡아 들어온다.
7. 일차적으로 스카프 밑라인과 프릴감의 길이가 비슷하도록 주름 길이를 맞춘 후, 주름이 어느 한쪽에 모이지 않도록 주름을 움직여 주름 양을 맞춰준다.

## 프릴감 연결하고 완성하기

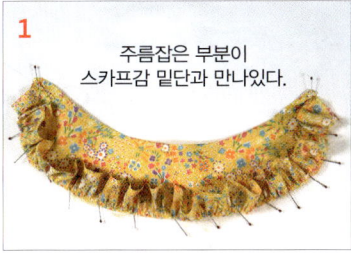  

1  프릴감 한 장을 가져와 겉이 보이게 놓고, 프릴감 안쪽이 보이게 올려 길이를 맞춰 핀 고정한다.
2  이때 프릴이 달리는 시작과 끝점은 스카프감 밑단과 프릴감 밑단이 만나도록 위치를 이동한다.
3  이렇게 고정하면 프릴감 양끝의 주름 잡은 부분이 스카프 밖으로 튀어나오게 된다.

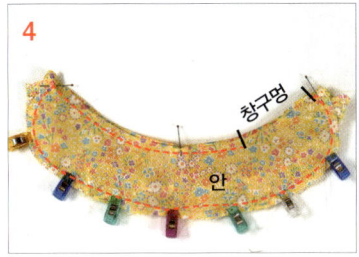  

4  이제 나머지 한 장의 스카프감 안이 보이도록 덮어 고정한 뒤 창구멍을 제외하고 박음질한다.
   tip 안쪽에 들어있는 프릴감이 같이 박히게 된다. 자잘하게 주름이 생겨나듯 박혀야 예쁘기 때문에 프릴이 접히듯 박히지 않도록 손을 넣어 살짝 주름을 잡아당기며 모양을 잡아주면서 박으면 더 예쁘게 완성할 수 있다.
5  튀어나온 프릴감을 잘라내고, 곡선커브가 큰 부분은 가위집을 1㎝ 간격으로 낸다.
6  창구멍을 통해 뒤집는다.

 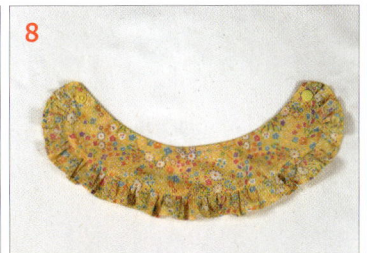 

7  다리미로 다려 스카프 모양을 예쁘게 정리하고 공그르기 하여 구멍을 막는다. (공그르기 법 P.51 참조)
8  T단추를 달아 완성한다. (T단추 다는 법 P.69)

단정하고 고급스럽게

# 체크 칼라 케이프

-- 난이도 ★★★ --

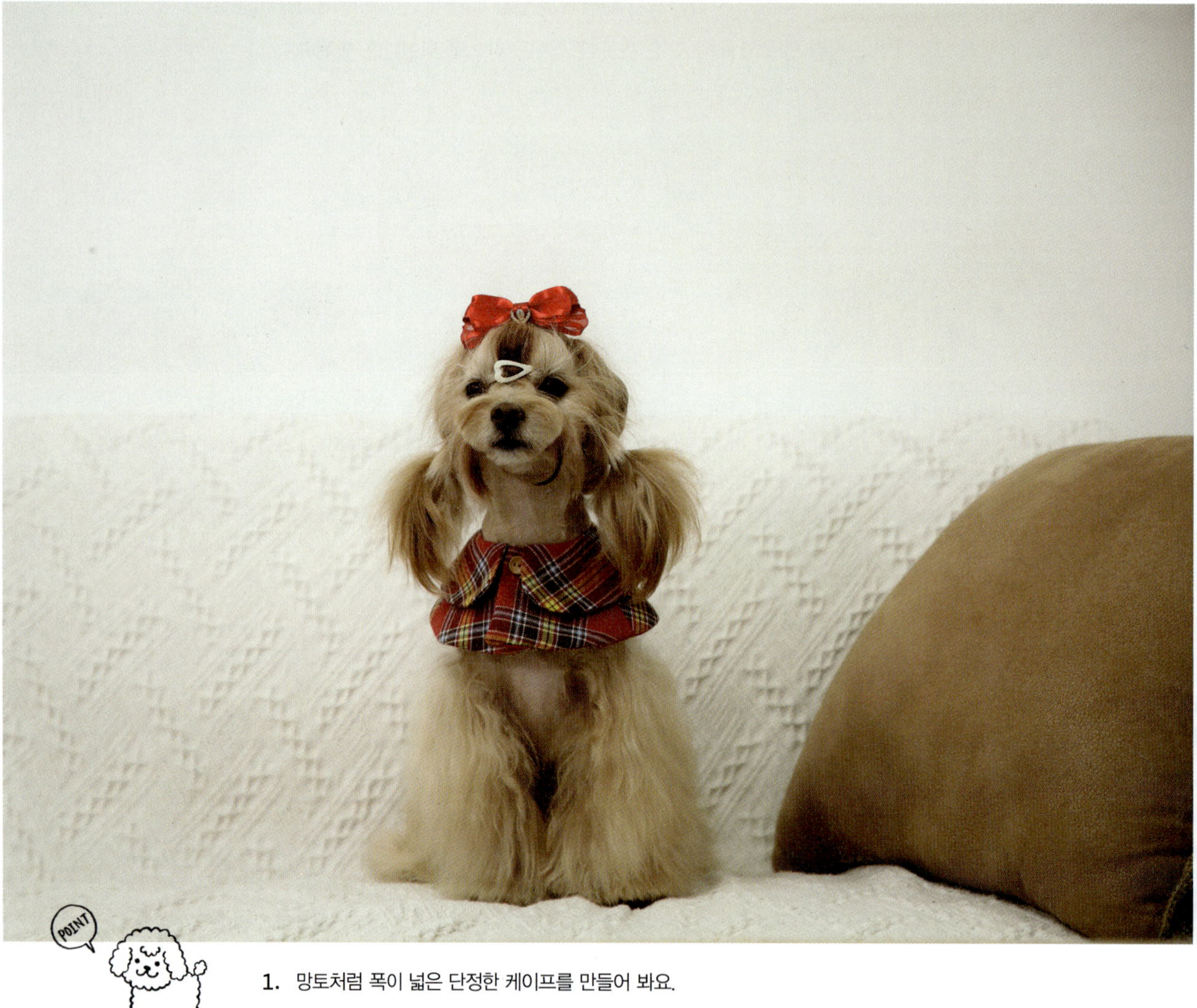

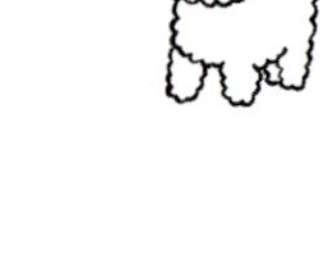

1. 망토처럼 폭이 넓은 단정한 케이프를 만들어 봐요.
2. 겉감 한 겹에 심지를 부착하면 형태감이 좋아지고 더 단정한 느낌이 나요.
3. 체크 원단의 무늬를 맞추기 위해서 케이프 겉감을 두 개의 패턴으로 나누었고, 안감은 한 개의 패턴으로 연결되어 있어요. 사용하는 원단이 무늬가 없거나 연결이 중요하지 않은 무늬라면 안감 두 장을 재단하여 완성하면 돼요.

## 사용 원단 및 부자재

M 사이즈 기준

**원단** 20~30수 체크원단(80×40cm)
**부자재** 나무 단추(13㎜), 실크 심지, 단추 구멍 노루발, 단추 노루발
**실물패턴 번호** 20

### 패턴 확인하기

단위 cm

- 케이프 겉(등 중심) 0.7
- 케이프 겉(배 중심) 0.7 카라 끝
- 케이프 겉(배 중심1) 0.7 카라 끝
- 둥근 칼라1 0.7
- 둥근 칼라2 0.7
- 둥근 칼라3 0.7
- 둥근 칼라4 0.7
- 케이프 안감 0.7

### 원단 재단하기

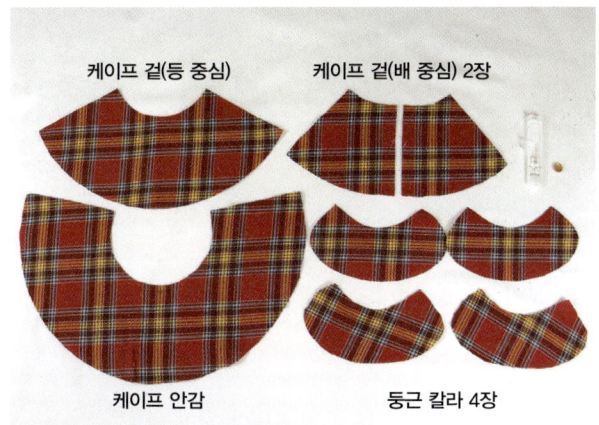

케이프 겉(등 중심) / 케이프 겉(배 중심) 2장 / 케이프 안감 / 둥근 칼라 4장

**재단 시 주의사항**

케이프 겉(배 중심) 패턴은 2개를 재단하되, 한 장은 패턴을 뒤집어서 재단하여 같은 방향이 2개 나오지 않도록 한다.

**봉제 전 준비**

- 칼라 2장, 겉감(등 중심, 배 중심) 재단물에 실크 심지 부착하기(P.67 참조)
- 단추 위치 표시하기

## 칼라 만들기

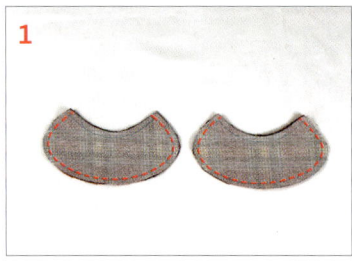  

1 칼라감 2장씩 겉과 겉이 닿게 겹친 후 목 라인을 제외하고 박음질한다.
2 칼라의 곡선 라인에 가위집을 낸다.
3 뒤집어 모양을 잡고 다림질한다.

## 케이프 겉 연결하기

  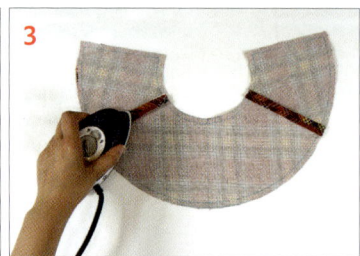

1 케이프 등 중심의 겉이 보이게 놓고, 그 위에 배 중심의 안이 보이도록 올린다.
  tip 배 중심은 단추 위치 표시가 중심으로 오도록 놓는다.
2 연결선을 박음질한다.
3 시접을 벌려 가름솔하고 시접을 눌러 다린다. tip 가름솔하면 시접이 얇아져 완성도가 더 높아진다.

## 케이프 겉감 · 안감 박기

1 케이프 겉감을 준비하고 심지를 붙인 면이 눈에 보이도록 칼라를 올려 고정한다. 칼라 끝 표시와 케이프 중심에 잘 맞춰 고정하도록 한다. tip 칼라의 심지가 없는 면이 케이프 겉감과 닿아있다.
2 안감을 케이프 겉감의 겉과 겉이 닿도록 올려 완전히 겹친다.
3 창구멍을 남겨두고 박음질한다. 고정한 칼라가 움직이지 않도록 신경 쓰며 박는다.

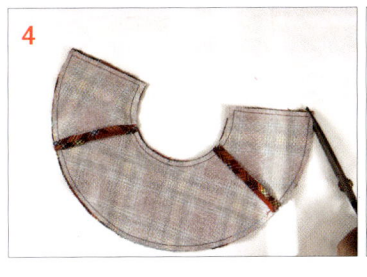  

**4** 모서리를 대각선으로 잘라내 정리한다.
**5** 창구멍으로 뒤집어준 후 모양을 잡고 다려준다.  tip 창구멍의 시접도 자연스럽게 정리한다.
**6** 창구멍은 공그르기 손바느질로 막아준다. (**공그르기 하는 법** P.51)
   tip 스티치를 넣으며 박음질로 막을 수도 있다. 사진의 표시를 참고한다.

##  단추 달아 완성하기

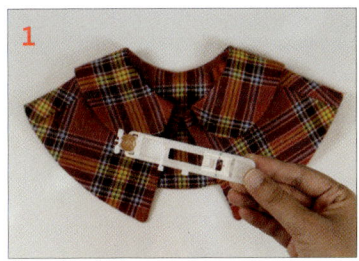  

**1** 단춧구멍 노루발에 사용할 단추를 뒤쪽에 끼우고 단춧 구멍을 만든다. (**단춧구멍 만들기** P.73)
**2** 실뜯개로 중심을 찢고 지저분한 실을 정리한다.
**3** 단춧구멍의 중심에 맞춰 단추를 달아 완성한다. (**단추 달기** P.75)

**One More Step** 단춧구멍 내기 전 꼭 미리 사이즈를 체크한다.

사용하는 단추나 미싱 기종에 따라 단춧구멍 크기 차이가 있으므로 미리 테스트해 본 후 단추 위치를 조정해야 한다.

셔링 블라우스와 코디템

# 벙거지 모자

-- 난이도 ★★★ --

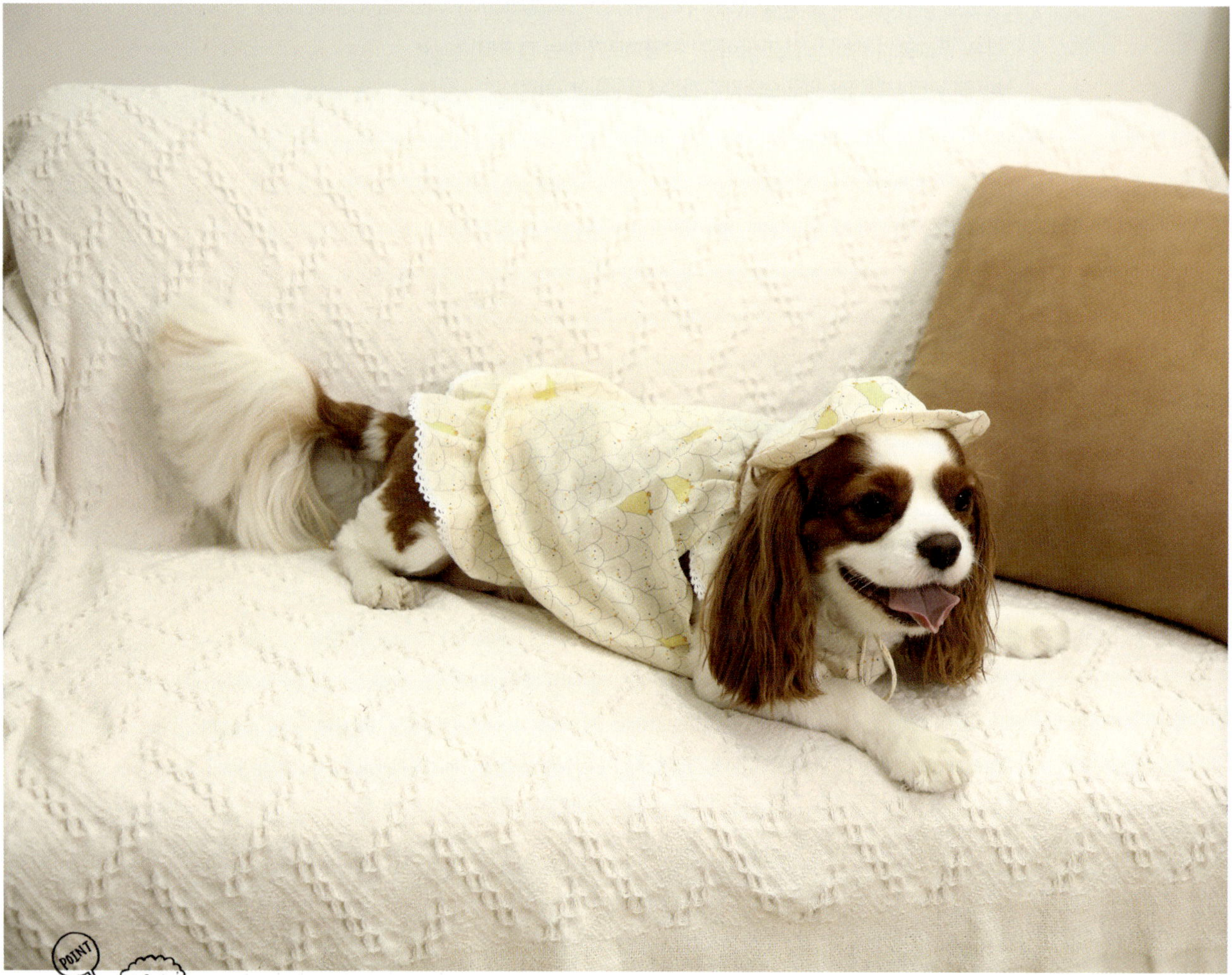

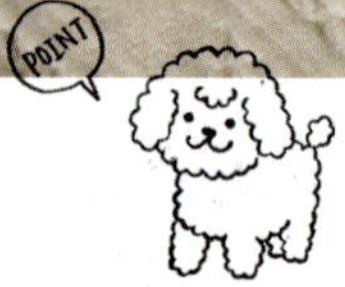

1. 모자 디자인은 패턴의 선대로 정확하게 박는 것이 중요해요. 박음선에 따라 모자 모양이 달라지니까요.
2. 셔링 블라우스와 코디템으로 가볍고 얇은 원단을 사용했어요. 원단이 두껍거나 성질이 많이 바뀌면 모자의 핏이 달라질 수 있어요. 책에서는 가벼운 느낌으로 모자에 심지를 붙이지 않았어요. 좀 더 단단한 형태감을 원하시면 실크 심지를 겉감이나 안감 한쪽에만 붙여 사용해도 좋아요.

### 사용 원단 및 부자재
**M 사이즈 기준**

**원단** 40~50수 면(모자: 60×27cm, 끈: 4×64cm)
**부자재** 아일렛 3호 4개, 스토퍼 1개
**실물패턴 번호** 21

### 패턴 확인하기

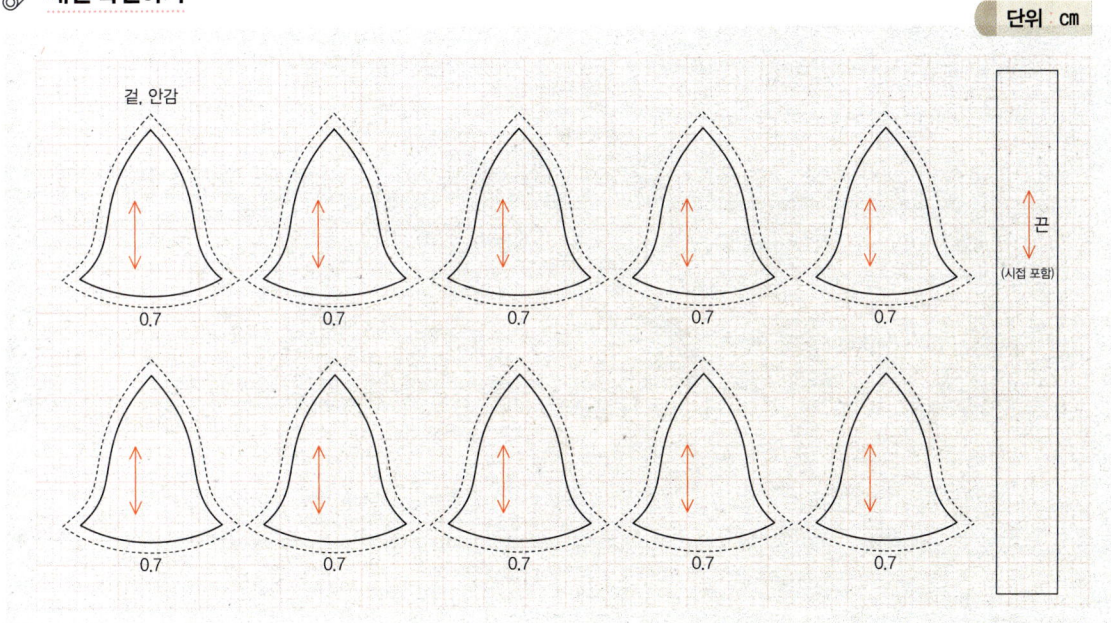

단위 cm

### 원단 재단하기

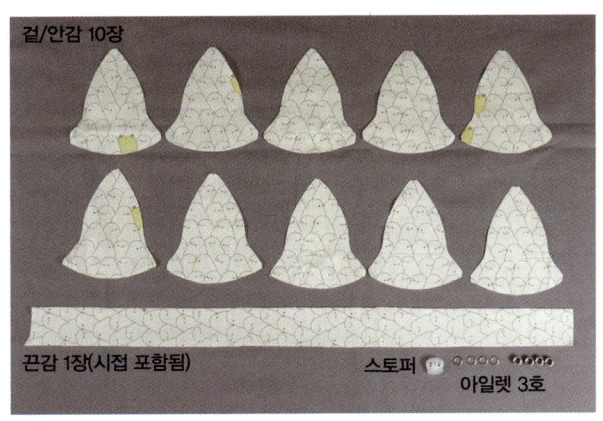

**재단 시 주의사항**
시접량이 의류에 비해 작으므로, 시접 라이너 0.7mm (노란색)을 이용하면 보다 쉽다. (P.85)

## 모자 겉감 · 안감 연결하기

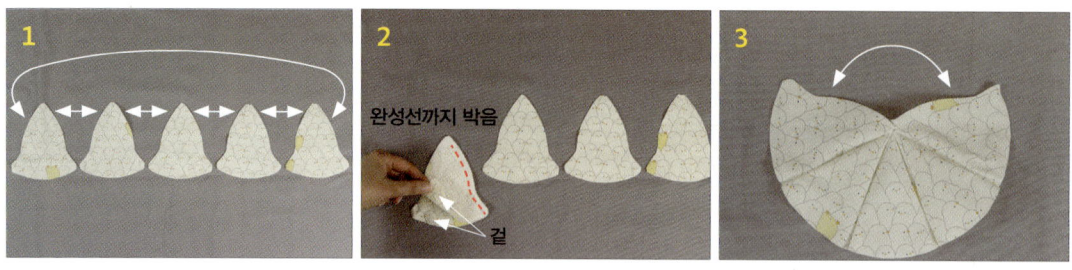

1. 겉감 모자(5장)를 준비하고 모두 연결한다.
2. 모자감 2장을 겉과 겉이 닿도록 놓고 한쪽을 박는다. 이때 완성선까지만(시접까지 박지 않음) 박는다.
3. 같은 방법으로 계속 연결한다.

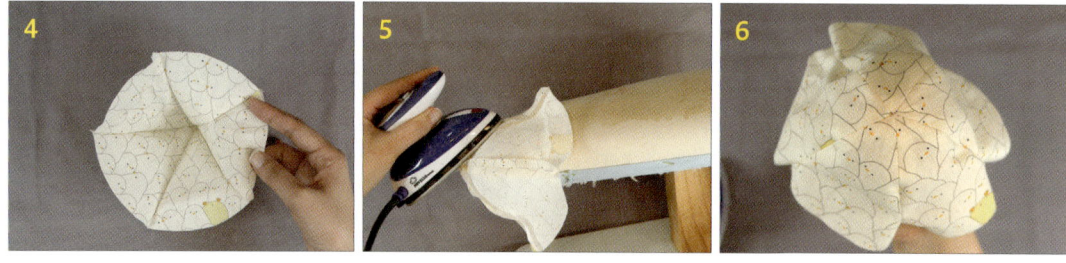

4. 모자 겉감 5장이 연결되어 원형 형태가 되었다.
5. 안쪽 시접을 가름솔하여 다린다. 챙 부분은 바닥에 놓고 다려 형태를 잡아준다.
6. 5장이 연결된 모자 중심은 구멍이 나거나 집히는 부분이 없이 자연스럽게 모양이 나오면 예쁘다.

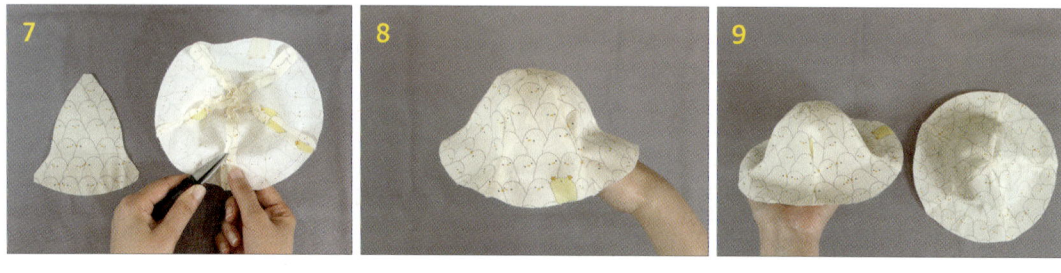

7. 챙 모양을 예쁘게 잡기 위해서 쏙 들어간 곡선 라인에 가위밥을 낸다. 박은 선에 가까이 가위로 트임을 준다.
8. 겉감 모자가 만들어졌다.
9. 안감 모자도 동일하게 만들어준다.

## 모자 챙 박기

 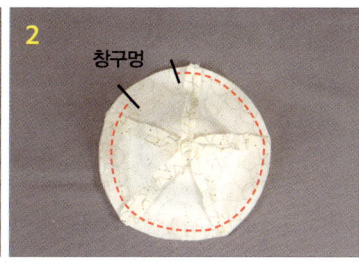 

1 겉감, 안감 모자를 겉과 겉이 닿도록 모자를 완전히 겹친다. 이때 박음선을 서로 맞춰준다. (5장 연결 선)
2 챙 부분에 창구멍을 남겨두고 한 바퀴 둘러 박는다.
3 창구멍으로 모자를 뒤집는다.

4 다려서 모양을 예쁘게 잡는다.
5 창구멍은 미싱으로 박거나, 공그르기(P.51)하여 막아준다.

## 아일렛 뚫기

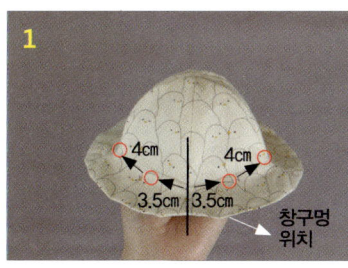  

1 모자의 뒷 중심선을 정하고, 중심에서 오른쪽으로 챙이 꺾어지는 곡선을 따라 3.5㎝ 이동하여 표시한 뒤 4㎝ 한 번 더 이동하여 표시한다. 중심에서 왼쪽도 동일하게 표시한다.
   tip 창구멍 부분이 모자 앞으로 가면 덜 예쁘기 때문에 창구멍 옆의 선을 뒷 중심선으로 정하면 좋다.
2 아일렛을 달 도구를 준비한다.
3 고무 받침 위에 모자를 올리고 펀치를 고무망치로 때려 표시한 4개의 위치에 구멍을 뚫는다.

4  아일렛 수놈(높이가 높은)이 모자 겉에서 들어가고, 아일렛 암놈(납작한)은 모자 안쪽에 끼워준다.
5  아일렛 몰드를 끼운 기구에 모자 겉면이 바닥으로 가도록(수놈이 끼워진 쪽) 넣고, 레버를 내려 아일렛을 달아준다.
6  네 군데 표시점에 아일렛이 달렸다. 이 구멍은 끈이 통과되는 자리가 된다.

### 끈 만들기

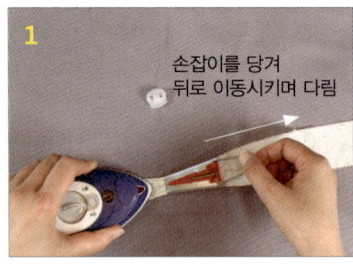  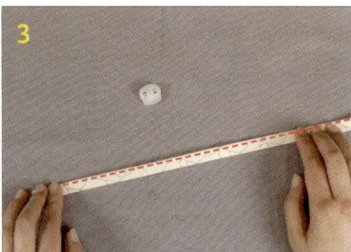

1  바이어스 메이커 뒤쪽으로 끈감을 통과시켜 빠져나오는 끈감을 중심으로 모아 다려준다.
2  한 번 더 반 접어 다려 끈 모양으로 만든다.
3  끝에 벌어지는 부분을 박아 끈으로 완성한다.

## 모자에 끈 연결하여 완성하기

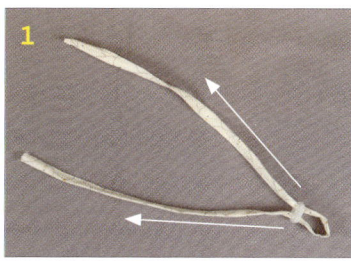 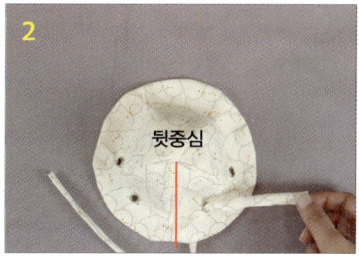 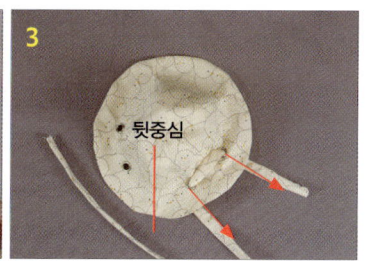

1 스토퍼 뒤쪽에서 끈감의 양끝을 통과시키고, 사진과 같이 모양을 잡는다. 스토퍼는 끈의 가운데 있도록 한다.
2 모자의 뒷중심 바로 옆의 아일렛 구멍에 안에서 겉으로 끈을 통과시킨다.
3 다른 구멍에도 끈을 통과시키되, 겉에서 안쪽으로 끈을 집어넣는다.

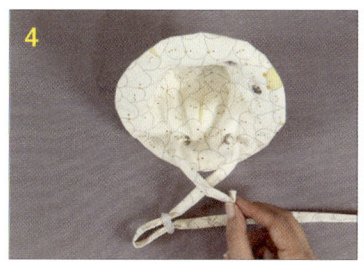 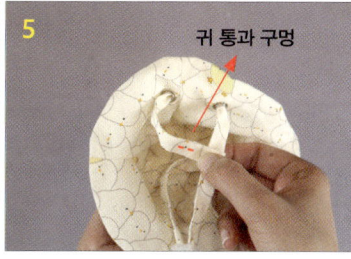 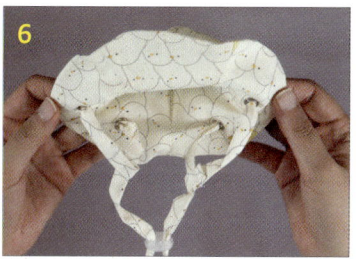

4 모자 안이 보이게 놓고, 짧은 끈을 긴 끈 위로 올려 끝을 1㎝ 안으로 접는다.
5 긴 끈을 감싸며 뒤로 한 번 더 접어 끝을 박는다.
  tip 짧은 끈으로 긴 끈을 감싸며 박음질하면 구멍이 생겨나는데 이 구멍은 강아지 귀를 끼워 모자를 고정하는 역할을 한다.
6 반대쪽도 동일하게 마감한다.

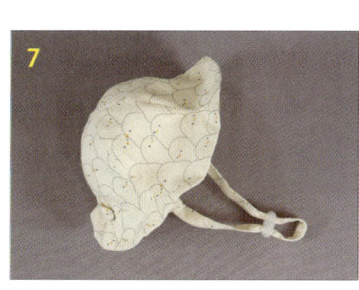 

7 벙거지 모자 완성!

hand-made dog clothes

물놀이 후에!

# 비치가운

-- 난이도 ★★★ --

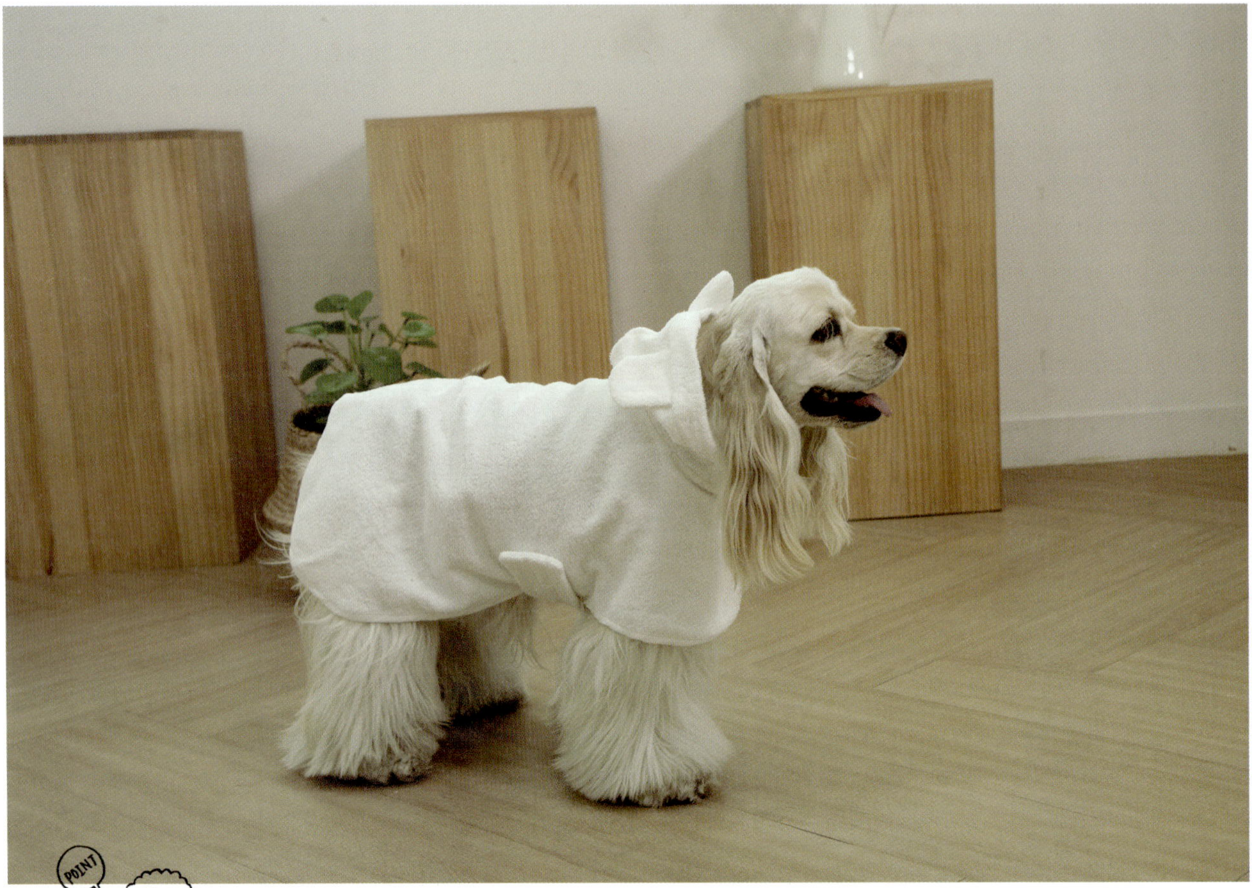

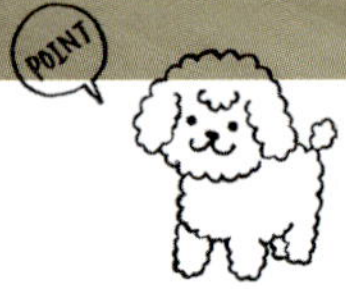


1. 물놀이 후에 큰 물기를 말리고 입혀놓는 비치가운이에요. 입혀놓으면 좀 더 털을 말릴 수 있고, 아이들도 춥지 않아요.
2. 목과 허리 부분에 벨크로 테이프로 여밈을 할 수 있도록 했어요. 책에서는 유아용 벨크로 테이프를 사용했는데, 벨크로 테이프가 거칠지 않아서 타월 원단이나 아이들의 털이 벨크로에 덜 붙어 좋아요.
3. 시중에서 일반적으로 구입할 수 있는 타월지는 양면 타월지라도 두께가 얇을 수 있어요. 두 겹을 겹쳐서 만들어도 좋습니다.
4. 몸판을 감싸는 바이어스감은 꼭 바이어스 방향으로(사선재단) 재단해야 하며, 길이에 따라 두 장을 연결해 사용해요. 재단법과 연결법은 P.57 참고하세요.

### 사용 원단 및 부자재

M 사이즈 기준

**원단** 양면 타월지(85×50㎝)

**부자재** 바이어스감 면 40수 직기(190×4㎝), 벨크로 테이프(폭 1.5×20㎝, 폭 2×15㎝)

**실물패턴 번호** 22

### 패턴 확인하기

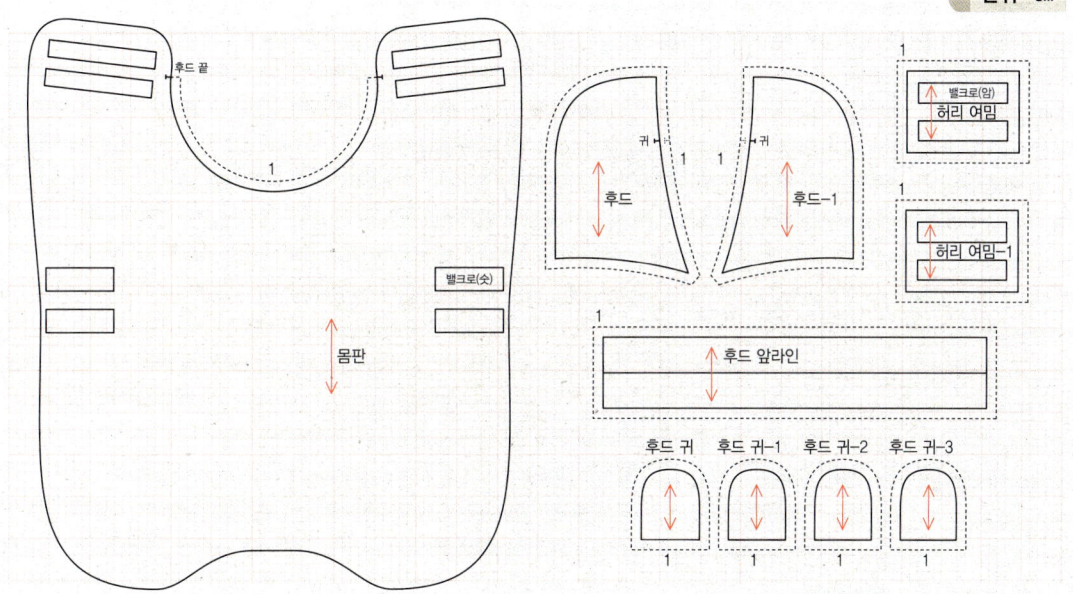

### 원단 재단하기

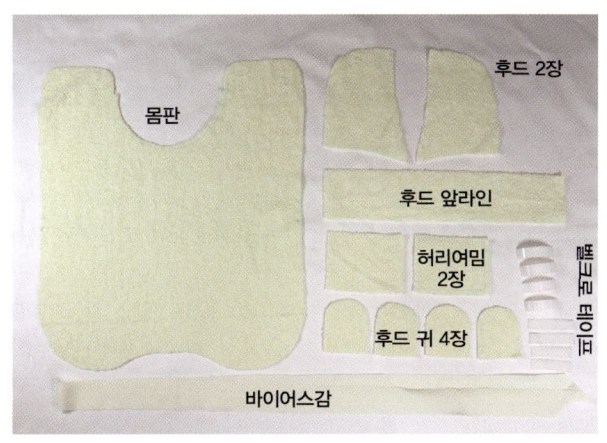

#### 재단 시 주의사항

후드감은 2개를 재단하되, 한 장은 패턴을 뒤집어서 재단하여 같은 방향이 2개 나오지 않도록 한다.

#### 봉제 전 준비

- 후드 달림 끝표시
- 벨크로 테이프 위치
- 후드 귀 위치 표시하기
- 바이어스감(폭 4㎝) 재단하기(P.59 참조)

## 후드 만들기

 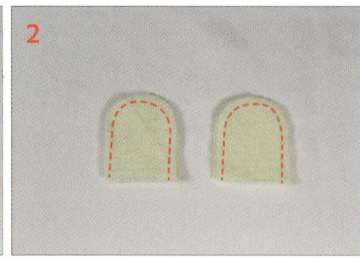 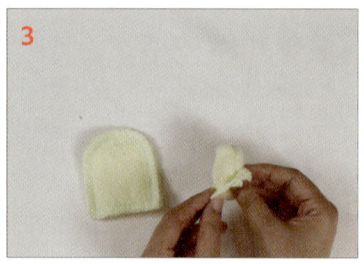

1. 후드감 두 장의 겉면이 닿도록 겹쳐 뒤통수 라인을 박음질하고 시접을 오버록 처리한다.
2. 후드 귀 4장을 2장씩 겹쳐놓고, 뒤집을 구멍을 제외하고 박음질한다.
3. 뒤집어 모양을 잡는다.

 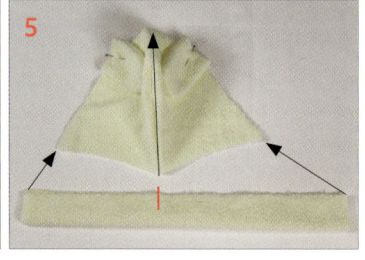 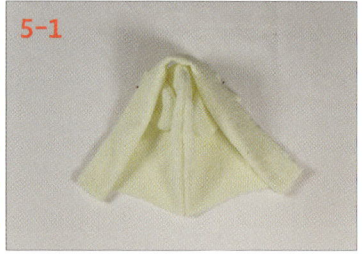

4. 후드의 귀 위치에 맞춰 올린다. 표시 라인에 귀의 중심을 맞춰 올리면 된다.
5. 후드 앞라인감을 반으로 접고 후드감에 앞라인을 맞춰 고정한다.

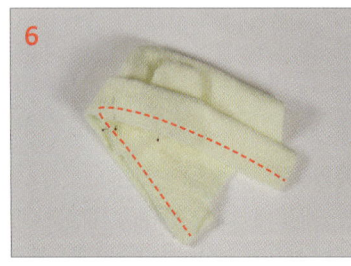 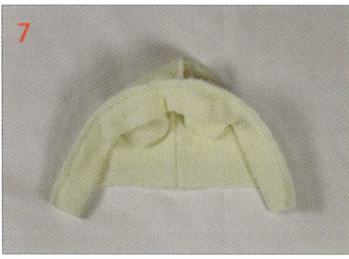 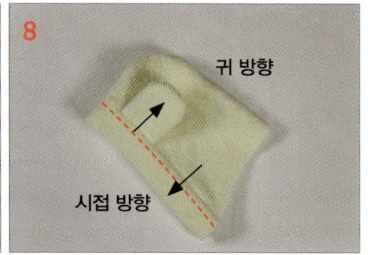

6. 귀가 고정되어 있는지 확인하고, 후드와 후드 앞라인감을 박음질한 뒤 시접을 오버록 처리한다.
7. 귀가 연결되었다.
8. 오버록 친 시접을 앞라인 방향으로 보내면 귀가 뒤쪽 방향으로 향하게 된다. 귀를 뒤로 보내고 싶다면 시접을 눌러 박는다.

   tip 시접을 앞라인 쪽으로 보내면 귀가 뒤로 향하면서 좀 더 귀여운 느낌이 난다. 다만, 시접이 다소 두꺼워지고 스티치 라인이 생기게 되므로 귀의 방향에 따른 느낌을 보고 결정한다.

## 몸판에 후드 연결하기

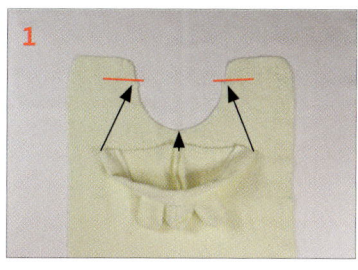 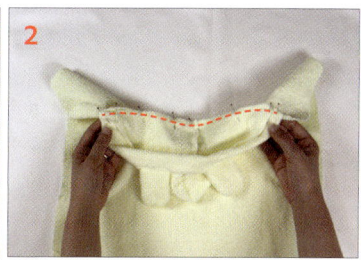 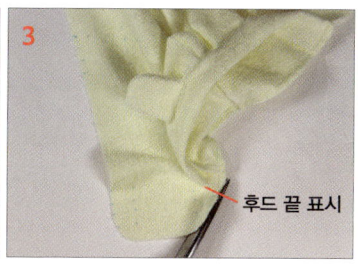

1. 몸판 겉이 보이게 놓고, 그 위에 후드를 올려 끝과 중심을 맞춰 고정한다.
2. 후드를 박음질하여 연결한다.
3. 후드가 연결된 시작과 끝 부분의 시접을 사선으로 잘라 살짝 정리한다.
   tip 몸판 바이어스를 두를 때 연결이 좀 더 자연스럽게 되도록 하기 위해서다.

## 허리 여밈 만들기

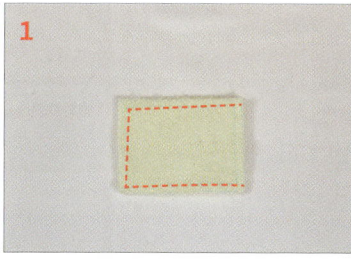 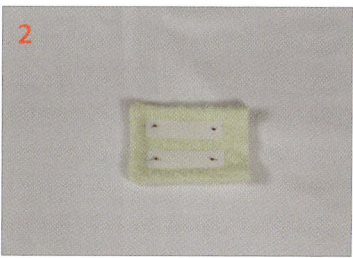 

1. 허리 여밈감 2장을 겹쳐 뒤집을 한쪽을 남기고(벨크로 위치와 거리가 먼) 박음질한다.
2. 남겨둔 구멍으로 뒤집어 모양을 잡고 벨크로 테이프(암)를 올려 박음질한다.
3. 겉에 실자국이 남으므로 균일하게 박는 것이 좋다.

## 몸판에 바이어스 감싸기

 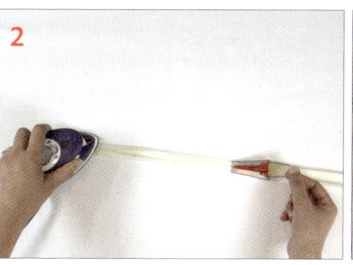 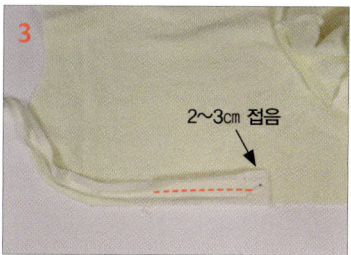

1. 먼저 바이어스가 감싸지는 라인을 확인하고, 옷의 안이 보이도록 놓는다.
2. 바이어스감을 중심으로 모아 다림질한다. 바이어스 메이커가 있다면 수월하게 다림질할 수 있다.
   tip 이렇게 다림질을 하는 이유는 균일하게 박음질하기 위해서다. 메이커가 없다면 박음질 간격(1cm)만큼 펜으로 선을 표시해도 좋다.
3. 시작점을 잡고 바이어스감을 2~3cm 접어 올린 후, 다림질 표시선을 따라 살짝 바이어스감을 당기면서 박음질한다.  tip 원단의 두께가 두꺼우면 1cm보다 약간 작게 박는 것이 좋다.

  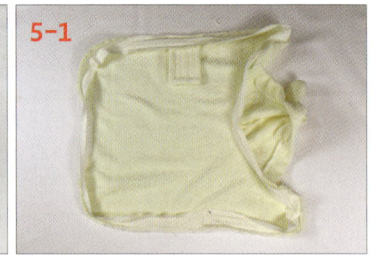

**4** 왼쪽 벨크로 위치에 오면 준비해둔 허리 여밈단의 겉이 보이도록 올려 고정하고 바이어스감 사이에 물려 박음질 한다.

**5** 시작점에 오면 2~3㎝ 접은 부분만큼 겹쳐 박아 끝낸다.

 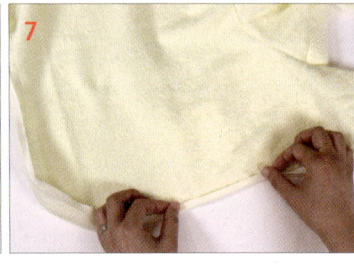 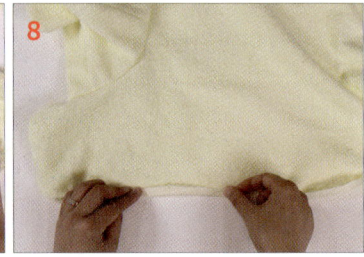

**6** 옷을 겉이 보이게 뒤집고, 바이어스감을 펼친다.

**7** 몸판과 마주보도록 한 번 접고, 한 번 더 접어 몸판을 감싼다.

**8** 시작 부분도 겹치는 부분을 동일하게 두 번 접는다.

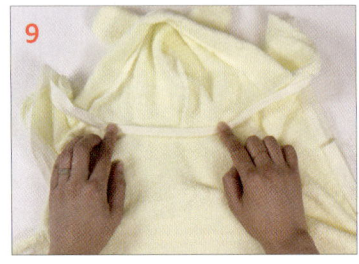  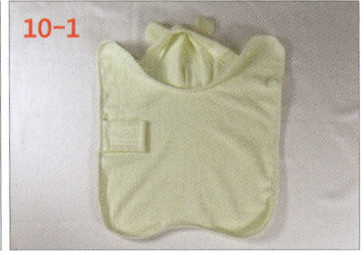

**9** 목 라인은 후드 박음질 시접을 감싼다. 동일하게 두 번 접어 시접을 감싼다.

**10** 바이어스감을 겉으로 두 번 접어 고정한 모습이다. 바이어스감 끝을 눌러 전체를 박는다.

## 벨크로 테이프 박아 완성하기

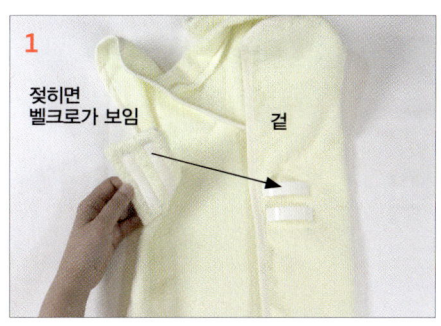 

1 허리 부분에 벨크로 테이프(숫)를 박음질한다. 몸판의 겉에 벨크로 테이프가 올려진다.
   tip 반드시 벨크로 암수가 맞게 부착되는지 확인 후 박음질한다.

2 옷을 겉이 보이게 놓고, 목부분 왼쪽에 벨크로 테이프(암)을 위치에 맞춰 올리고 박음질한다.

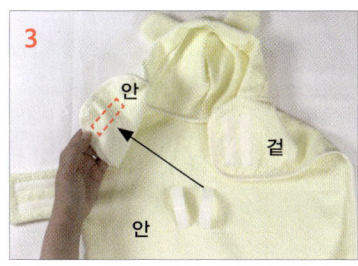 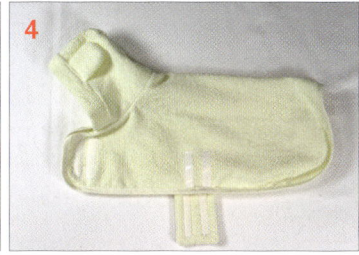 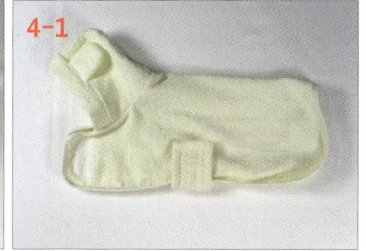

3 반대쪽 벨크로는 가운의 안쪽에 박음질된다.
4 비치가운 완성!

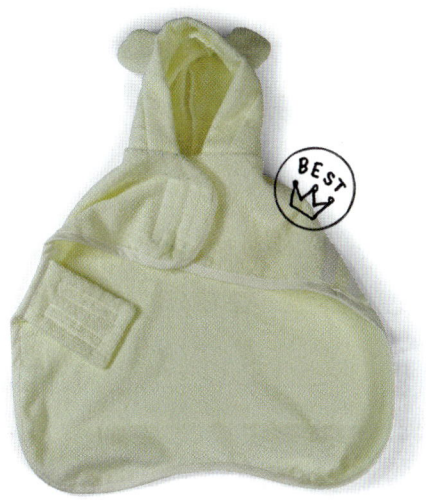

입지 않는 옷을 재활용해요!

# 강아지 풉백

-- 난이도 ★★★ --

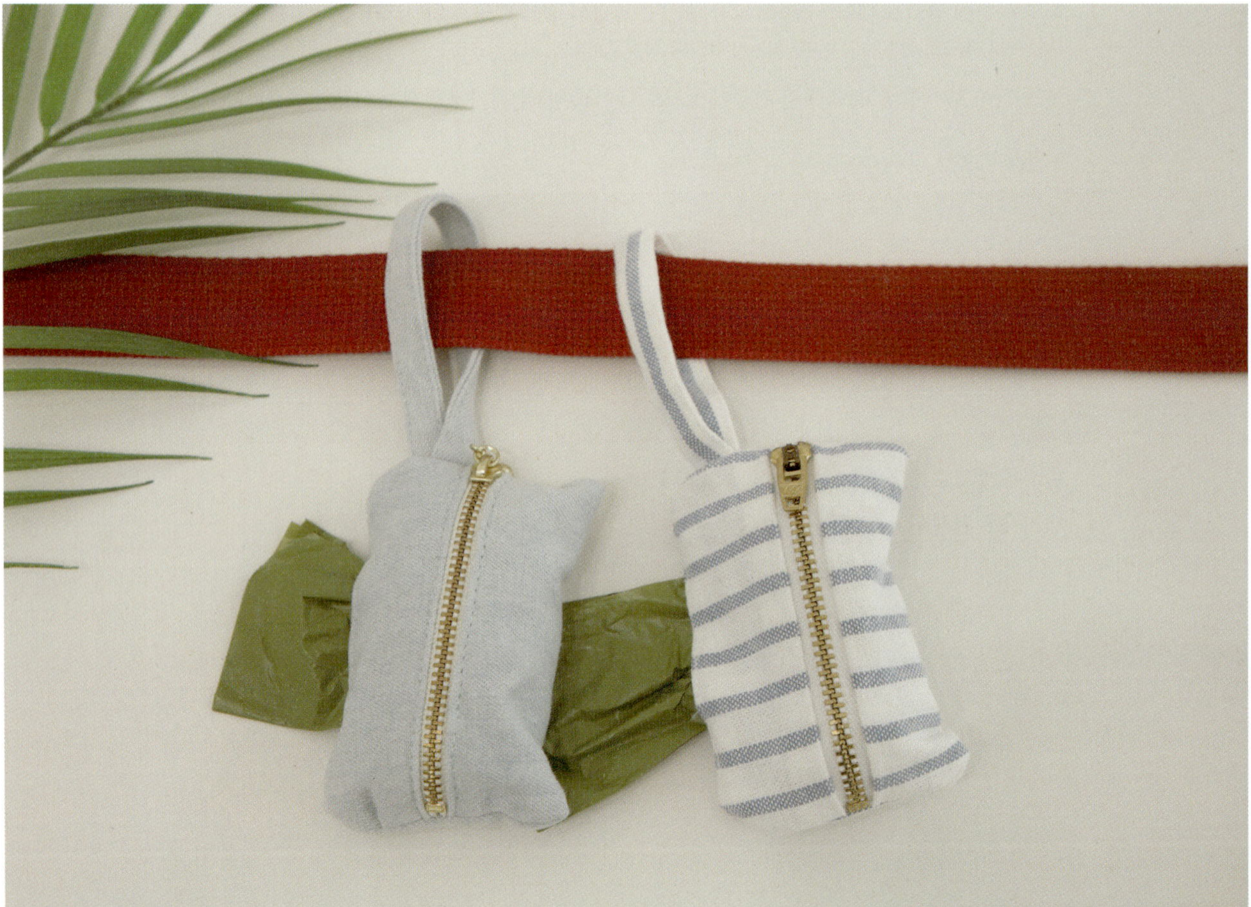

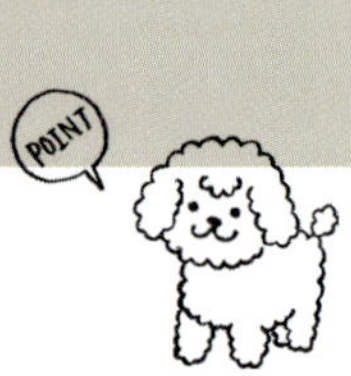

1. 입지 않는 옷을 활용해 강아지 용품으로 업사이클링 해볼 거예요.
2. 비닐을 뽑아 쓰는 구멍이 있는 디자인입니다.
3. 구멍의 사이즈는 만들면서 조절할 수 있어요.

## 사용 원단 및 부자재

**원단** 30수 면직기류(35×22cm)

**부자재** 12cm 지퍼(금속 지퍼, 플라스틱 지퍼 등), 지퍼 노루발, 실크 심지(원단이 얇은 경우)

**실물패턴 번호** 23

## 패턴 확인하기

단위 cm

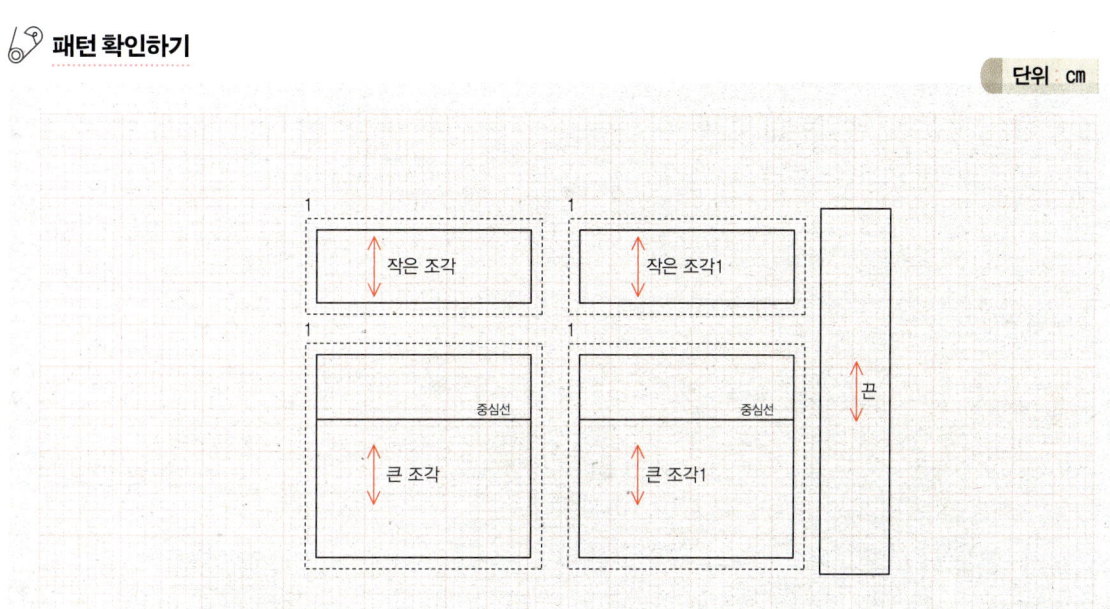

## 원단 재단하기

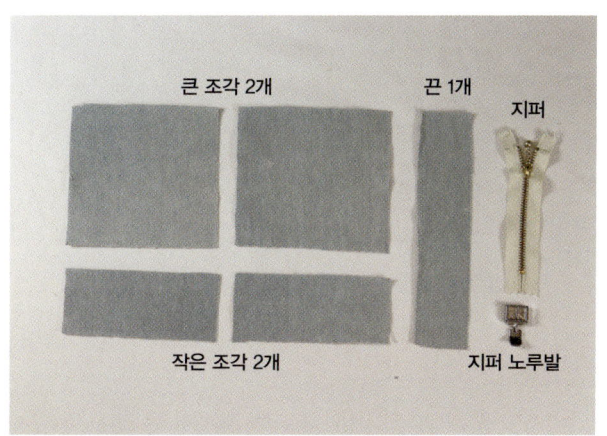

입지 않는 옷을 준비하고, 패턴을 올려 재단한다.

**봉제 전 준비**
- 큰 조각에 중심 표시 미리 해두기

## 👑 끈 만들기

  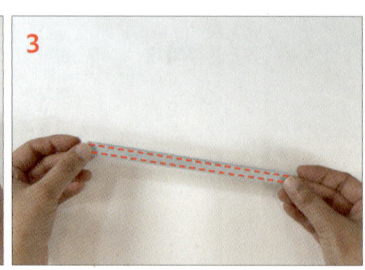

1 끈감은 안으로 반을 접어 모아 다린다.
2 한 번 더 반으로 접어 다린다.
3 양끝을 박아 끈 모양으로 만든다.

## 👑 구멍 만들기

 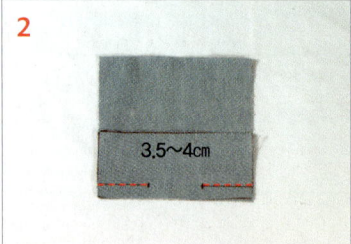 

1 큰 조각과 작은 조각을 겉면이 서로 닿도록 놓는다.
2 구멍이 될 부분을 남기고 큰 조각과 작은 조각을 박아 연결한다.
   tip 구멍 사이즈는 3.5~4㎝ 정도면 적당하다. (양끝에서 5㎝씩 들어오면 4㎝ 구멍이 남는다.)
3 시접을 벌려 가름솔 해 다린다.

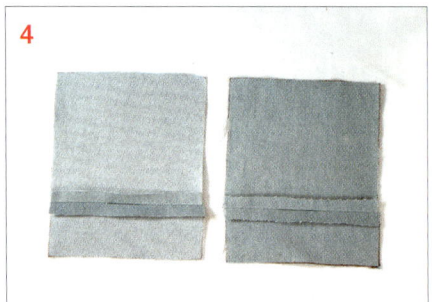 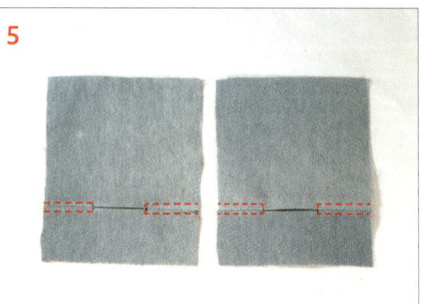

4 같은 방법으로 남은 큰 조각과 작은 조각도 연결한다.
5 겉을 보고 표시된 라인에 스티치를 넣는다.   tip 스티치를 넣어놓으면 시접이 고정되어 형태감이 좋아진다.

## 지퍼 연결하기

1. 한 장의 겉이 보이게 놓고 그 위에 지퍼의 안이 보이도록 올린다.
   tip 양쪽 시접 1cm를 제외하고 지퍼와 길이가 동일한지 확인한다.
2. 위쪽 끝에 맞춰 고정한다.
3. 다른 한 장을 겉이 닿도록 올린다.   tip 지퍼가 두 장의 원단 사이에 위치한다.

4. 노루발을 지퍼 노루발로 바꾸고, 지퍼와 원단 두 장을 박음질한다.
   tip 박음 위치가 지퍼와 너무 가까우면 열고 닫을 때 불편하므로 2~3mm 거리가 있는 것이 좋다. (**지퍼 달기** P.269 '인조 무스탕' 참고)
   tip 지퍼 머리가 가까이 있으면 왔다 갔다 움직여보며 바늘과 멀리 있도록 조정해야 한다.
5. 원단의 겉이 모두 보이도록 모아 내리면 지퍼가 보인다.
6. 지퍼 옆에 스티치를 넣어 고정한다.

## 구멍 합치기

1. 큰 조각과 작은 조각을 연결할 때 만들어 둔 구멍을 합쳐서 박음질한다. 구멍의 위치를 잘 맞춰 고정한 뒤 두 장을 함께 박음질한다.
2. 구멍이 고정되었다. 이 구멍으로 비닐을 당겨 뽑아 쓴다.

## 반대쪽 지퍼 연결하기

1 지퍼 머리가 보이도록 놓고, 원단 한 장을 들어 지퍼를 가리면서 덮어준다.
2 원단 한 장과 지퍼를 박음질하여 연결한다.
3 원단을 뒤집어 지퍼 안쪽이 보이도록 놓고 지퍼를 덮는다.

 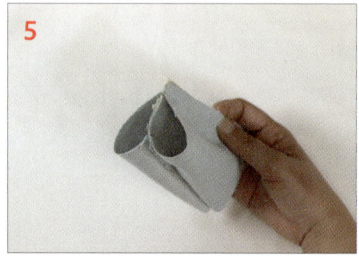 

4 박음질하되 가운데 뒤집을 수 있을 정도의 창구멍을 남겨둔다.
   tip 창구멍 사이즈가 넓으면 뒤집기는 좋으나 마무리가 불편하므로 적당한 사이즈를 정하도록 한다.
5 박음질을 완료하면 사진과 같이 구멍이 두 개 생긴다. 한쪽 구멍으로 전체를 뒤집는다.
6 지퍼 머리가 보이도록 정리한다.

7 지퍼 옆에 스티치를 넣되, 창구멍이 있는 부분은 제외한다.

## 🐻 끈 올리고 옆선 박아 완성하기

1 다시 가방의 안이 보이도록 뒤집는다.
2 지퍼 양쪽 끝(지퍼 머리쪽과 머리 반대쪽)이 벌어져 있다. 이 부분을 모아잡고 박음질하여 고정해둔다.

  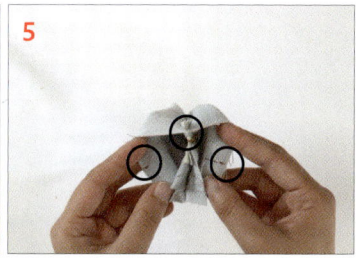

3 끈을 가져와 반으로 접고, 지퍼 머리가 있는 쪽 구멍에 집어넣는다.
4 끈을 지퍼 중심 또는 옆으로 살짝 비켜 원단에 고정한다. 완성선 안으로 들어오지 않고 시접 공간에 고정해둔다.
5 원단 양쪽에 표시해둔 중심선 표시를 찾고, 지퍼 중심과 맞춘다. 중심 표시를 지퍼에 닿도록 붙여 맞추면 된다.

6 나란히 맞춰 집게로 고정한다.
7 양옆을 박음질한다.
   tip 지퍼 시작과 끝의 마감 장식이 박히지 않도록 살짝 들어 위치를 확인하면서 박는다.
8 시접을 반 정도 잘라내고, 지퍼 쪽에 만들어둔 창구멍을 통해서 전체를 뒤집는다.

**9** 지퍼를 열어 지퍼 겉이 보이도록 뒤집고 모양을 잡는다.

**10** 지퍼 안쪽에 뒤집은 창구멍이 남아 있다. 이 부분에 스티치를 넣어 구멍을 막는다.
  tip 형태감이 생겨서 박기가 까다로운 부분이다. 양옆에 미리 박혀진 스티치 선과 나란히 맞춰 천천히 박도록 한다.

**11** Poop Bag 완성!

**12** 걸고 싶은 위치에 놓고 가방끈을 걸어준다.

꿀잠 보장!

# 강아지 침대

-- 난이도 ★★★★ --

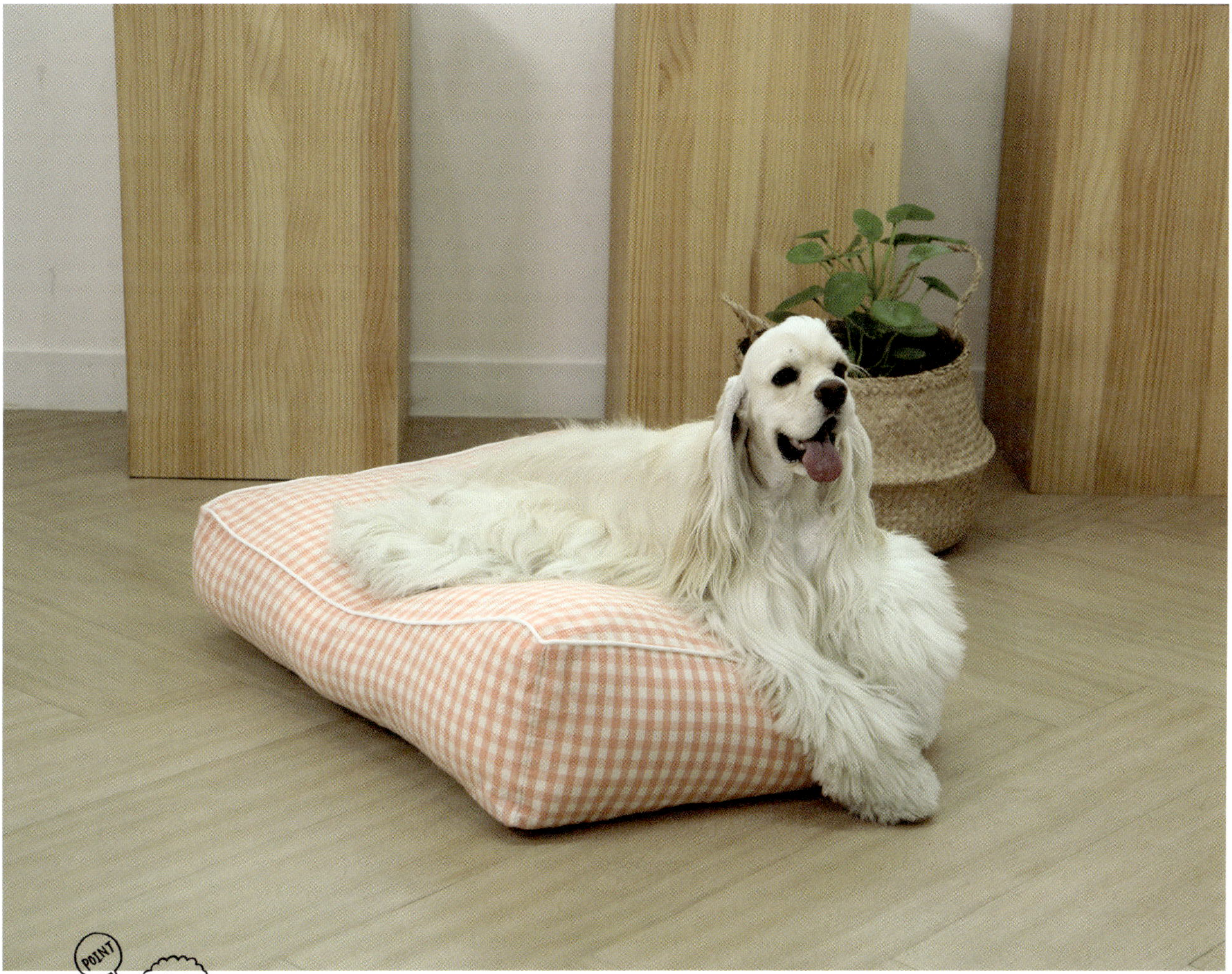

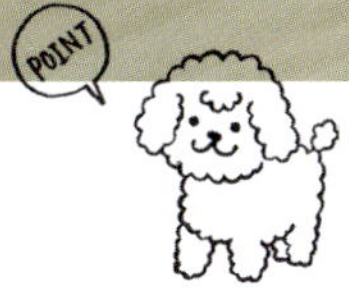

1. 속통이 따로 있어 커버 분리가 가능한 강아지 침대에요. 속통에도 지퍼를 달아서 솜을 더 채울 수 있게 했어요. 침대의 한쪽 높이가 좀 더 높아 따로 베개 없이 편하게 사용 가능해요.
2. 윗 면은 파이핑 장식을 해 좀 더 고급스럽게 완성해 볼게요.
3. 숨김 지퍼(콘솔 지퍼)를 사용해 여닫아요. 지퍼 길이에 맞게 정확하게 박음질해야 박은 면이 울거나 틀어지지 않아요.

### 사용 원단 및 부자재

M 사이즈 기준

**원단**  커버 30수 직기(151×92cm)
커버 바닥 커버 바닥 미끄럼 방지 원단(72×54cm)
속통 40수 직기(151×120cm)

**부자재**  콘솔 지퍼(60㎝) 2개, 콘솔 지퍼 노루발, 지퍼 노루발, 파이핑(끈 두께 3mm) 120cm(만드는 법 P.72), 방울솜 1.5kg

**실물패턴 번호**  24

### 패턴 확인하기

단위 : cm

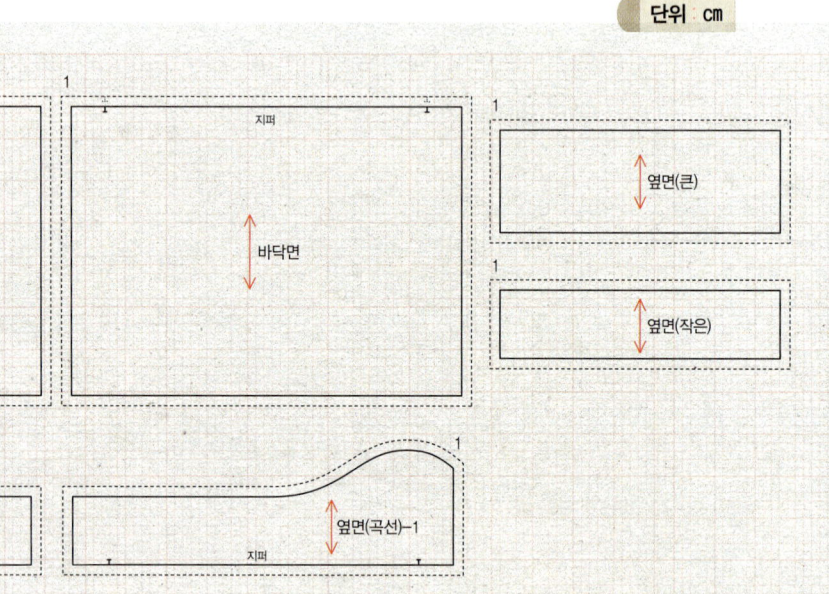

### 원단 재단하기

**재단 시 주의사항**

옆면(곡선)은 2개를 재단하되, 한 장은 패턴을 뒤집어서 재단하여 같은 방향이 2개 나오지 않도록 한다.

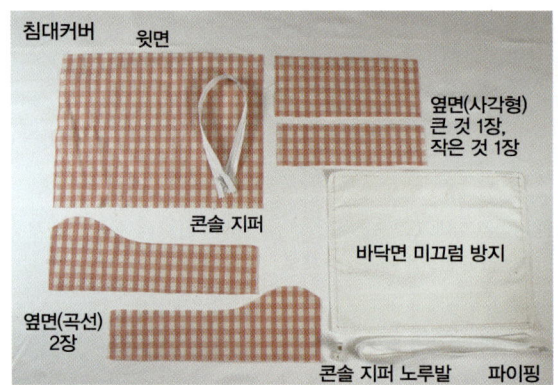

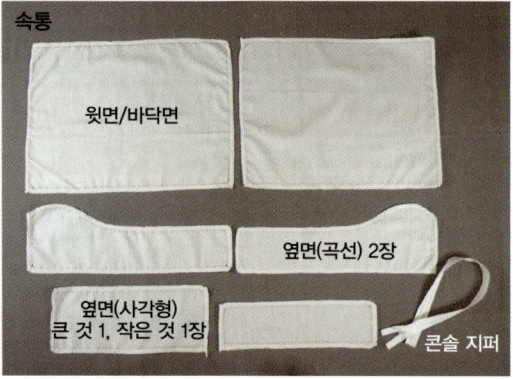

**봉제 전 준비**

재단물의 모든 면 오버록 처리하기

**지퍼 달림 위치 표시하기**

커버, 속통감의 바닥감과 옆면(곡선)감 중 하나에 지퍼 달림 위치를 표시한다.

## 침대 옆면 연결하기

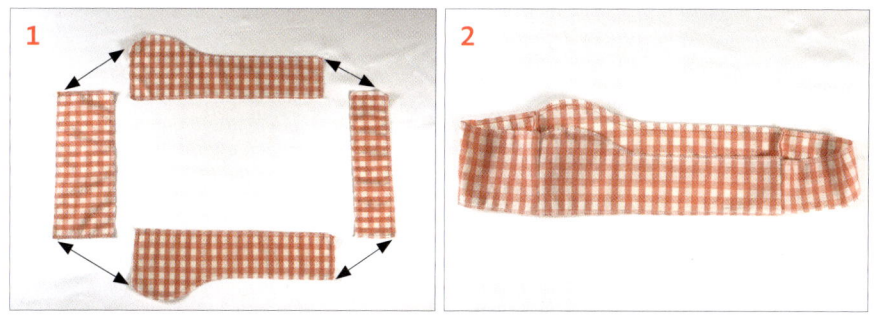

1  사진과 같이 옆면(곡선)감과 옆면(직선)감을 배치한 후(원단 안쪽 면이 보이게) 옆선을 서로 연결한다.
   tip 옆선 박음질 시 원단의 겉면과 겉면이 닿도록 옆선을 맞춘 후 박음질해야 원단 겉과 안이 바뀌지 않는다.

2  커버 옆면이 연결되었다.

## 커버 윗면 파이핑 고정하기

**파이핑 Piping 기본 봉제법**(P.72 참조)
- 바이어스 테이프나 두꺼운 실과 같은 줄을 사용하여 파이프 모양처럼 입체감 있게 박는 바느질법. 천의 끝부분이나 절개선 사이의 이음선에 장식으로 사용된다. (자료 출처 : 네이버사전)
- 파이핑은 장식을 위해 사용되는 봉제법으로 파이핑 끈을 원단으로 감싸 테두리에 둘러 박음질하면 파이핑 끈이 보이며 입체적인 장식 효과를 낸다. 파이핑 끈은 굵기가 다양하다. 많이 사용되는 두께는 3~5㎜이다.(38~48합)
- 파이핑은 파이핑 끈과 원단을 바이어스 방향(대각선)으로 잘라 감싸서 만들어 사용하기도 하고, 원단부자재 쇼핑 사이트에서 간단하게 구매할 수도 있다.

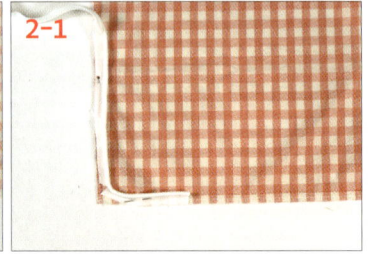

1. 커버 윗면의 겉이 보이게 놓고, 완성선을 표시한다. 파이핑 끈 끝과 완성선을 맞춰 파이핑을 올리고 완성선을 따라 사각형 모양으로 박음질한다.
   *tip* 이때 바늘 땀 수는 가장 크게 놓고, 완성선에서 0.2~0.3㎝ 떨어져 시접 공간에 박음질한다.(임시 박음질) 또 파이핑 올리는 위치(시작점)은 코너가 더 까다로우므로 직선 라인에 파이핑을 올리도록 한다.
2. 박음질하다 코너가 나오면 대각선 방향으로 가위밥을 주고 방향을 꺾어 준다.

3. 전체를 박아 시작점 가까이 오면 시작점에서 2~3㎝ 겹쳐지게 파이핑감을 잘라내고,
4. 끝 쪽의 파이핑감 원단의 일부를 뜯어 안쪽의 끈이 보이게 한 뒤,
5. 시작점의 파이핑 끈 길이에 맞춰 파이핑 끈만(원단은 자르면 안됨) 잘라낸다.

6 원단 끝을 1㎝가량 안쪽으로 접어 넣는다.

7 시작점의 파이핑감 뒤로 보내 파이핑감을 감싼다.

8 박은 선을 따라 마저 박음질해 고정한다.

## 커버 윗면과 옆면 연결하기

1 커버 윗면과 옆면을 준비하고 옆면의 위쪽 곡선 라인과 윗면을 겉과 겉이 닿도록 전체 핀고정한다.
   tip 모서리를 먼저 맞추고 중간중간 핀을 추가로 고정한다.

2 옆면과 윗면이 연결되도록 사각형 모양으로 박는다. 이때 파이핑 끈 바로 옆을 바싹 박는다. 노루발을 지퍼 노루발로 바꾸고(**지퍼 박기** P.269 참조), 파이핑 끈 바로 옆을 박는다.
   tip 파이핑 끈 옆을 바싹 박아야 겉면에서 파이핑 끈만 보여 퀄리티가 높아진다.

3 옆면과 윗면을 연결한 모습이다. 파이핑 끈만 보여 깔끔해 보인다.

## 커버 바닥감 연결하기

  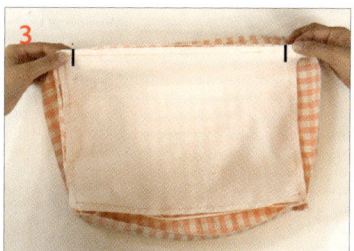

1 커버 옆면과 바닥감에 표시한 지퍼달림 위치를 맞추고,

2 바닥감과 커버의 겉과 겉이 닿도록 해 사각형 모양으로 핀고정한다.

3 지퍼 달림 위치가 틀어지지 않도록 핀으로 먼저 고정하고 나머지 면을 고정한다.

 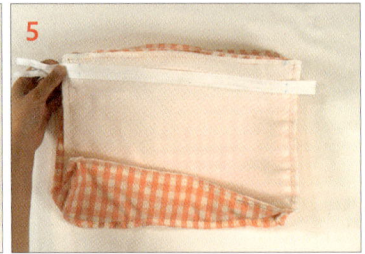 

**4** 지퍼 달리는 공간을 제외하고 나머지 라인을 박는다. 시작과 끝부분에 되돌아박기 한다.
**5** 콘솔 지퍼를 가져와 표시된 길이가 맞는지 확인한다.
**6** 콘솔 지퍼의 겉면을 확인하고, 지퍼를 열어 지퍼 한쪽은 바닥감에 한쪽은 커버에 고정한다.
　tip 콘솔 지퍼는 완성 시 겉에서 지퍼 이빨이 보이지 않아 완성되었을 때 매우 깔끔해 보인다.

  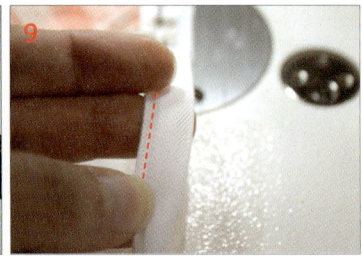

**7** 지퍼 달림 표시를 나란히 맞춘다. 이때 지퍼의 겉과 원단의 겉이 닿아야 하며, 지퍼 이빨은 커버 안쪽으로 향해 있다.
**8** 콘솔 지퍼 노루발로 바꾸고, 지퍼 달림 시작점부터 끝까지 지퍼를 박는다.
**9** 지퍼 이빨 바로 옆을 바짝 박아야 예쁘게 완성된다. 노루발의 홈에 지퍼 이빨이 잘 끼워져야 바짝 박을 수 있다.

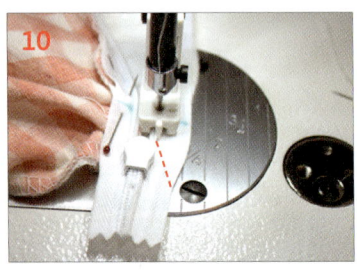  

**10** 지퍼 달림 끝 위치에 오면 되돌아박기 하여 박음질을 끝낸다. 대각선으로 박음질하며 빠져나와도 된다.
**11** 바닥감과 커버에 지퍼가 달렸다.
**12** 지퍼를 닫아 모양을 확인하고 지퍼를 반 정도 열어 놓고 다시 뒤집는다.

**13** 지퍼 안쪽이 보이게 놓고 지퍼 끝선을 기준으로 지퍼를 반으로 접은 뒤 완성선까지만 세로로 되돌아박기 하며 박음질한다.

tip 지퍼 이빨이 있어서 완전히 반으로 접히긴 어렵다. 약간 길이 차이가 있게 접히게 된다.

**14** 반대쪽 지퍼 끝도 같은 방법으로 박고 뒤집어 모양을 확인한다. 지퍼 끝에 구멍이 없는지 확인한다.

## 속통 만들고 솜 채워 완성하기

커버 만들기와 같은 방법으로 완성한다. 속통은 장식 파이핑이 없고, 바닥감은 미끄럼 방지 원단을 사용하지 않는다. 콘솔 지퍼는 솜을 교체하거나 추가하고 싶다면 달아주면 된다.

 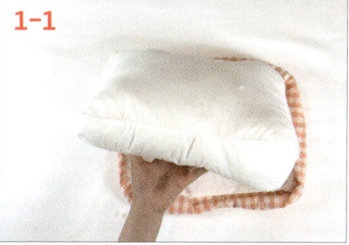 

**1** 방울솜을 준비하고 속통에 솜을 채운다. 코너 부분을 잘 살려 채워야 커버를 씌웠을 때 모양이 살아 예쁘다. 솜은 채우는 양에 따라 푹신한 느낌이 달라진다. 눌러보면서 원하는 만큼 채우고 지퍼를 닫는다.

**2** 커버에 속통을 집어넣고 자리를 잡아주면 완성이다. 속통을 집어넣은 채로 속통 지퍼를 열고 솜의 양을 더 조절한다.

산책할 때 필수품!

# 산책 가방

-- 난이도 ★★★★ --

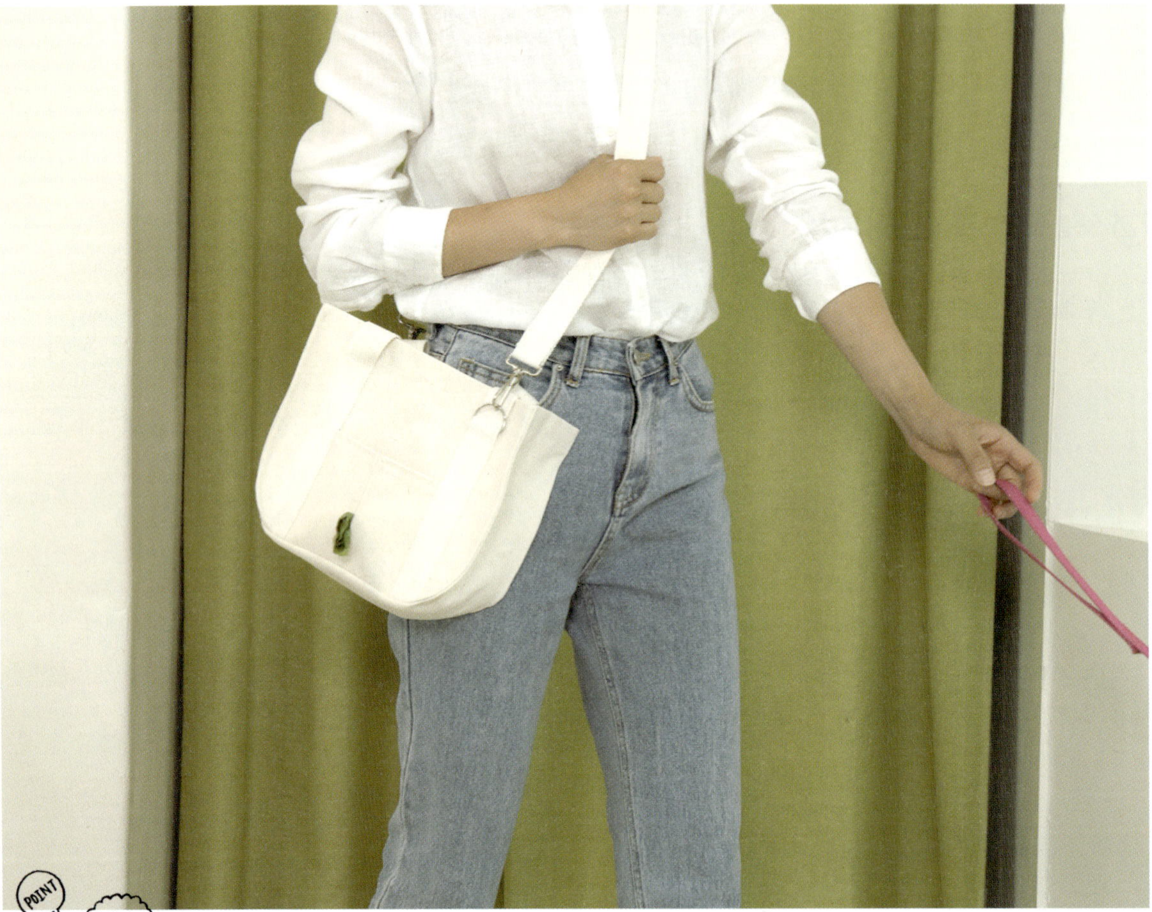

1. 형태감이 있는 가방이 완성되려면 원단의 두께감이 있는 것이 좋아요.
2. 미싱마다 힘 차이가 있기 때문에 환경에 맞는 원단을 찾도록 해요.
3. 책에서는 광목 원단을 사용했는데 두께감만 맞춰서 원단 종류를 바꿔 만들어도 괜찮아요. 늘어나는 티셔츠 원단(다이마루)보다는 늘어나지 않는(우븐, 직기)를 사용하세요.

### 사용 원단 및 부자재

**원단** 10수 두께 광목(70×65cm)

**부자재** 왈자조리개 1개, 사각링 2개, 고리 2개, 고무줄(폭10mm×7cm) 2개, 웨이빙 265cm(70＋70＋125cm)

**실물패턴 번호** 25

### 패턴 확인하기

단위 cm

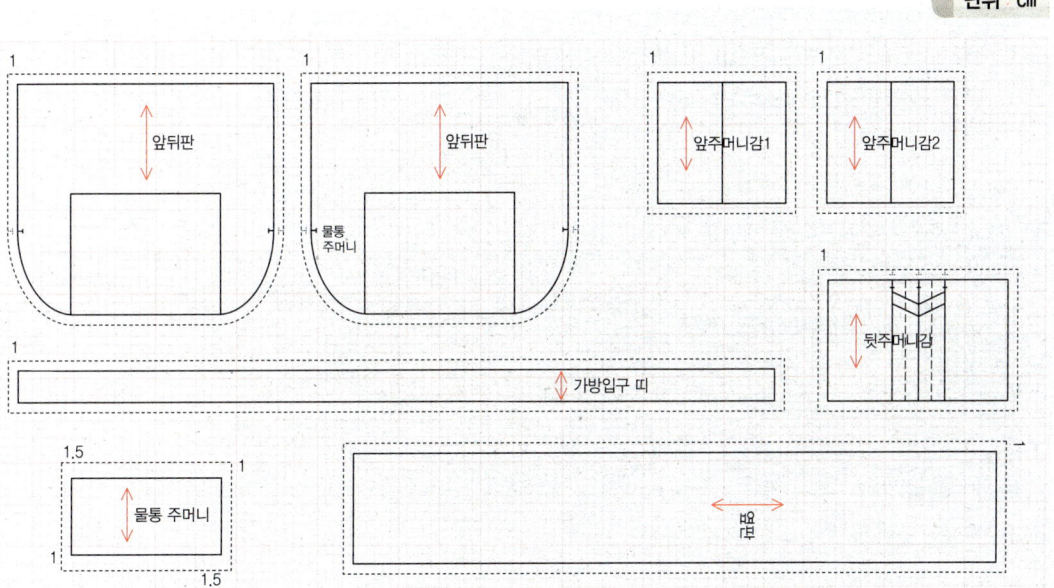

### 원단 재단하기

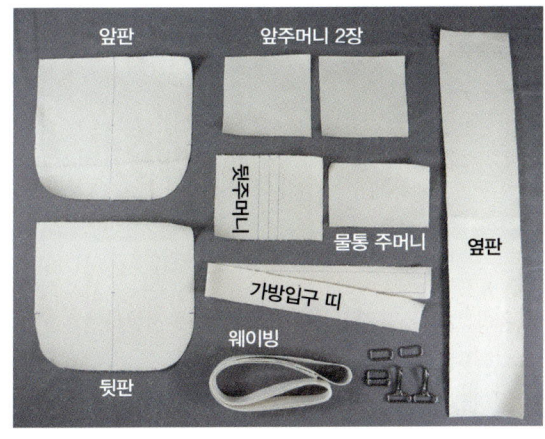

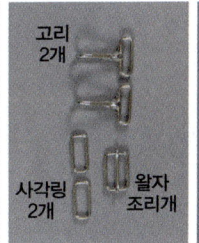

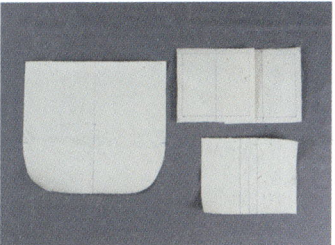

**봉제 전 준비**
- 각 주머니 위치 표시하기
- 뒷주머니감 주름선 옮기기
- 앞주머니감 안쪽에 중심선 긋기
- 물통주머니 위치 표시

## 가방 앞판 준비하기

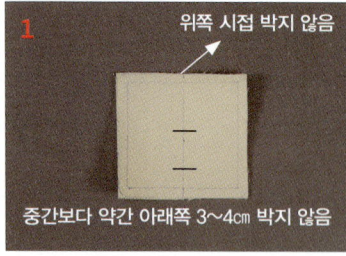  

1 앞주머니감 두 장을 겉과 겉이 닿도록 겹치고 중심을 박되 위쪽 시접과 구멍으로 사용할 공간을 남겨두고 박는다.
2 박지 않은 앞 뒷장 위 시접을 접어 내린다.
3 앞주머니감 한 장을 잡고 박은 중심선을 기준으로 반을 접는다.

  tip 3~4cm를 박지 않는 부분은 강아지 배변봉투를 뽑아 쓰는 구멍이 된다. 원단 두께에 따라서 구멍을 내는 사이즈를 조절한다. (원단이 얇으면 구멍 작게) 구멍 위아래는 단단히 되박음질 한다.

4 뒤집어 나머지 한 장도 반을 접는다.
5 다시 펼쳐 바닥에 놓는다. 중심을 기준으로 왼쪽에 주머니감 한 장의 반이 접혀있고, 오른쪽에 주머니감 한 장의 반이 접혀있게 한다.
6 배변봉투가 나올 수 있는 구멍을 확인하고 스티치를 넣어 모양을 고정한다.

 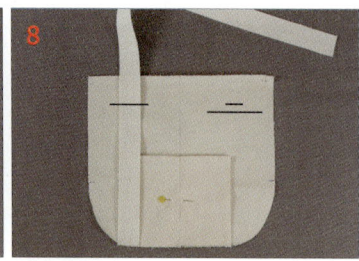 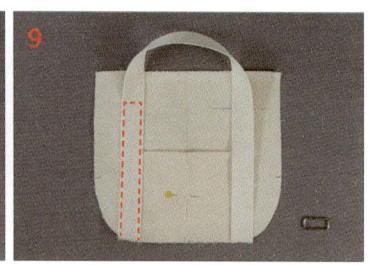

7 가방 앞판 위에 앞주머니감을 올려 고정한다.
8 웨이빙 끈 70cm를 잘라 앞주머니를 1cm정도 덮듯이 올리고, 웨이빙 끈을 박을 끝라인을 표시한다.

  tip 왼쪽은 원단 끝에서 4.5cm 내려와 표시하고 오른쪽은 4.5cm 내려와 표시, 6cm 내려와 표시한다.

9 왼쪽에 4.5cm 표시한 선까지 ㄷ자로 스티치를 넣는다. 위쪽은 왔다갔다 박음질하며 단단히 박는다.

**10** 오른쪽은 4.5㎝ 내려온 라인의 웨이빙 부분만 왔다갔다 박음질한다.

**11** 사각링을 준비해 아래에서 끼우고, 6㎝ 내려와 표시한 라인까지 ㄷ자로 웨이빙을 박는다.

## 가방 뒷판 준비하기

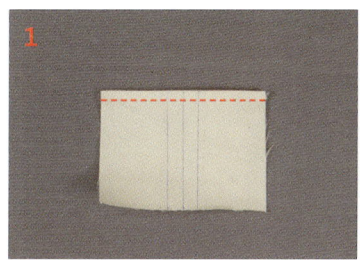  

**1** 뒷주머니감의 위쪽 라인에 오버록 처리해 시접이 풀어지지 않게 정리한 후 시접을 접어 다리고 눌러 박는다.

**2** 표시한 주름선의 끝을 잡고 가운데 선에 갖다 붙이고, 반대쪽 선도 동일하게 가운데로 갖다 붙이고 다림질하여 고정시킨다.

**3** 맞주름이 생긴 것을 확인한다. 이 공간은 배변이 담긴 봉투를 담는 공간으로 활용하면 된다.

**4** 뒤판에 뒷주머니를 올려 고정하고 앞주머니와 동일한 방법으로 사각링과 웨이빙을 고정한다.

**5** 가방 앞 뒤판이 준비되었다.

   **tip** 배변이 뒷주머니에 담기게 되면 가방의 앞뒤를 바꾸어 매어 배변봉투가 터지지 않게 해주세요.

## 옆판 연결하기

1 물통 주머니감의 위아래 시접을 오버록 처리하고, 시접 공간에서 왔다갔다 되돌아박기 하며 고무줄 한쪽 끝을 박아 고정한다.
2 반대쪽 끝에서도 고무줄을 박아 고정한다.

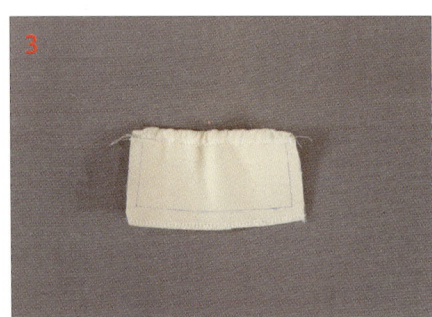 

3 시접만큼(1.5㎝) 접어 고무줄을 가두고, 시접 끝을 박아 고정한다. 이때 고무줄은 박히지 않아야 한다.
4 아래쪽 시접도 동일하게 고무줄을 넣어 고정한다.
   tip 고무줄은 원단의 두께나 힘에 따라 제시된 길이로 했을 때 너무 타이트할 수도 있고 느슨할 수도 있다. 미리 테스트 해보고 고무줄 길이를 조절하면 된다.

5 가방 앞판 안쪽에 물통 주머니감 위치를 확인하고, 주머니감이 안이 보이도록 올려 한쪽에 고정한다.
6 가방 앞판을 겉이 보이게 놓고, 옆판의 중심과 앞판의 중심을 맞춰 고정한다.

 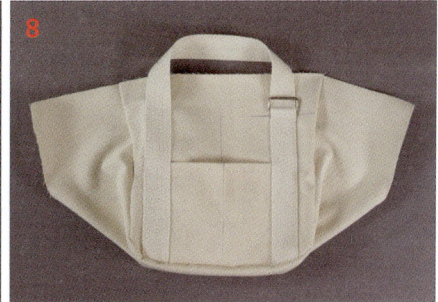

**7** 앞판과 옆판의 길이를 미리 대보고 길이에 맞춰 고정한 후 길이에 맞게 박는다.
   tip 한쪽에 고정된 물통 주머니감이 같이 박힌다.

**8** 원단 두께와 미싱 상태에 따라 박음선을 결정하여 박는다.
   tip • 미싱이 두꺼운 겹수를 박기 힘들면 시접량 대로 1cm 들어와 완성선을 박고, 오버록 처리한다.
   • 미싱이 힘이 있고, 가방을 형태감 있게 완성하고 싶으면 원단 끝에서 0.5cm들어와 박음질하고 오버록은 따로 하지 않는다.
   • 책에서는 0.5cm 들어와 박음질하여 형태감 있게 완성하는 방법으로 설명했다. 가방 완성 부분까지 읽어보고 미싱이 무리가 가지 않는지 테스트 해본 뒤 방향을 결정하도록 한다.

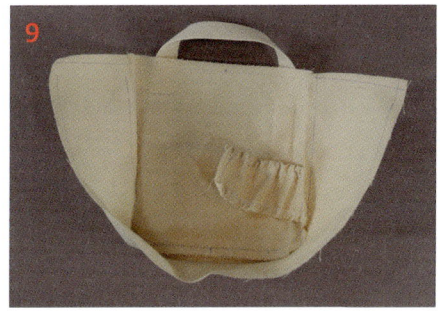 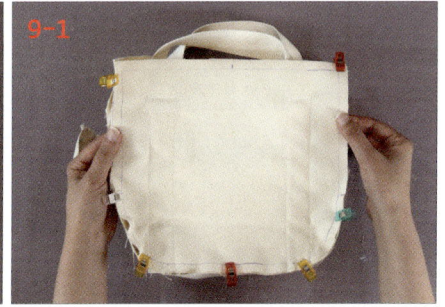

**9** 앞판과 뒤판을 겉과 겉이 닿도록 올리고 뒤판과 옆판의 길이를 맞춰 고정한다.

 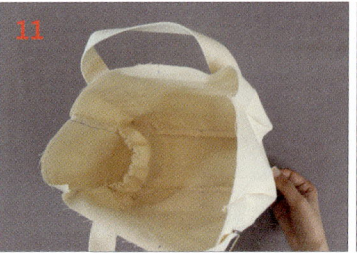 

**10** 물통 주머니감을 사진과 같이 뒤판의 주머니감 위치에 맞춰 고정하면 주머니감의 겉면이 보이게 된다.

**11** 옆판과 뒤판을 박아 가방 형태를 완성한다. 안쪽에 물통 주머니감의 공간이 생겼다.

## 👑 가방 입구 띠 연결하기

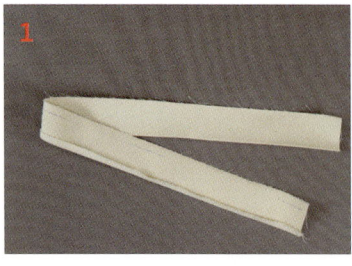
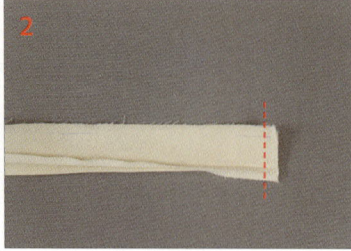
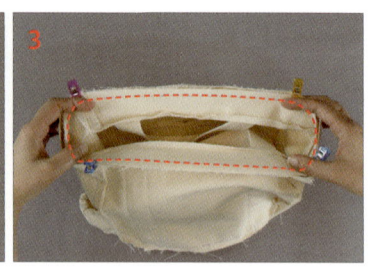

1 띠감의 한쪽에만 오버록 처리 후 시접만큼 접어서 다려준다.
2 띠감의 겉과 겉이 닿도록 반을 접어 옆을 박고 시접은 가름솔한다.
3 가방과 띠감의 겉과 겉이 닿도록 입구에 고정하고 길이가 남거나 모자라지 않는지 확인한 뒤 박음질한다.
   tip 가방 옆판 연결 0.5㎝ 박음선과 관계없이 이 부분은 완성선 1㎝를 박는다.
   tip 박음질 전에 집게로 고정한 상태에서 가방 입구와 길이가 맞는지 확인을 먼저 하고 봉제하도록 한다. 가방 입구에 비해 띠감의 길이가 부족하게 느껴질 수 있는 부분이라 띠감에 여유가 있으므로 길이가 남으면 잘라내고 옆을 박아주면 된다.

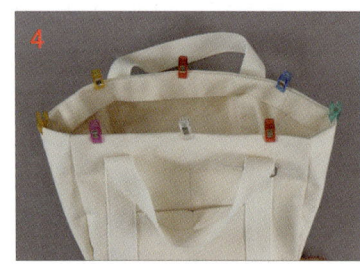
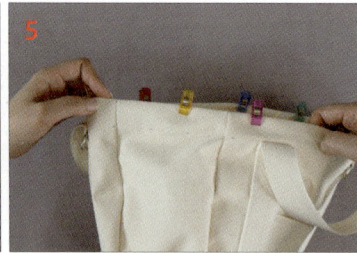

4 띠감을 세운 후 안쪽으로 접어 넣어 고정한다.
5 겉에서 스티치를 넣어 띠감의 다림질한 시접을 눌러 박는다.
6 입구에 띠가 연결되어 가방 형태가 완성되었다.
   tip 띠감의 폭이 3㎝이므로 겉에서 2.5㎝ 정도 내려와 가방 겉에 모두 표시하고 박으면 예쁘게 라인을 박을 수 있다.

## 👑 가방의 형태감 높이기

1 가방 겉을 보고 옆판과 연결한 선을 꼬집듯이 잡고 겉에서 안쪽으로 0.6~0.7㎝ 들어와 박음질한다.
   앞뒤 옆판 시접에 U자 모양으로 스티치를 넣는다. tip 옆판 연결 시 1㎝ 선을 박아왔다면 이 과정은 생략해도 된다.
2 시접을 안쪽에서 한 번, 바깥쪽에서 한 번, 총 두 번 박음질하여 가방을 더 튼튼하게 만든다.
3 가방 안쪽은 시접이 숨겨져 보이지 않는다. 혹시 시접이 보인다면 가위로 바짝 잘라 정리한다.

## 어깨끈 만들고 가방에 연결하여 완성하기

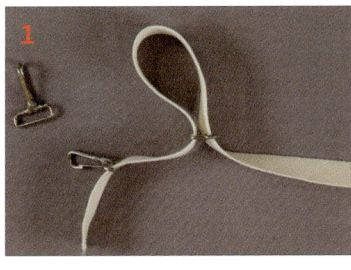  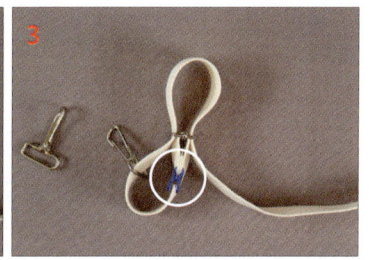

1 웨이빙 끈(길이 125㎝)을 왈자조리개에 사진과 같이 통과시킨 후 왼쪽 끝에 고리 하나를 통과시킨다.
2 웨이빙 끝을 왈자조리개 오른쪽 구멍으로 통과시켜 올린 후, 다시 왼쪽 구멍에 통과시켜 내린다.
3 끝을 오른쪽 뒤로 접어 집게로 고정한다.

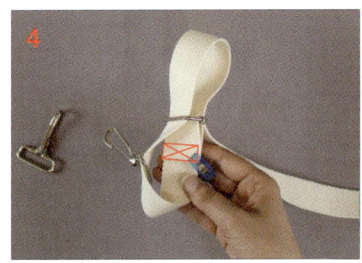 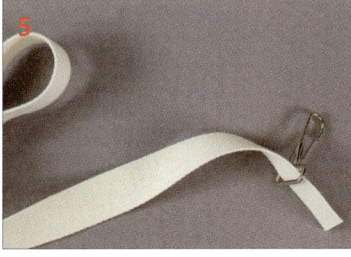 

4 방패연 모양으로 박아 고정한다. 총 세 겹이 박힌다.
5 오른쪽 끝에도 고리를 사진처럼 끼운 후, 시접을 뒤로 접고 한 번 더 접어 고정한다.
   tip 고리에 바짝 박지 않도록 한다. 너무 가까이 박으면 노루발이 놓일 자리가 없어져 박는게 까다롭다.

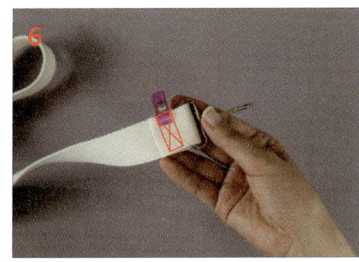 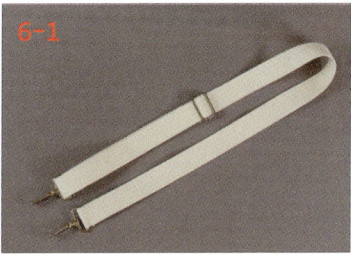 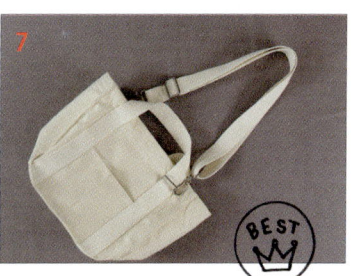

6 방패면 모양으로 박음질한다. 어깨끈이 완성되었다.
7 가방에 연결하여 완성!

완벽 커버 분리! 세탁도 가능한

# 강아지 카시트

-- 난이도 ★★★★★ --

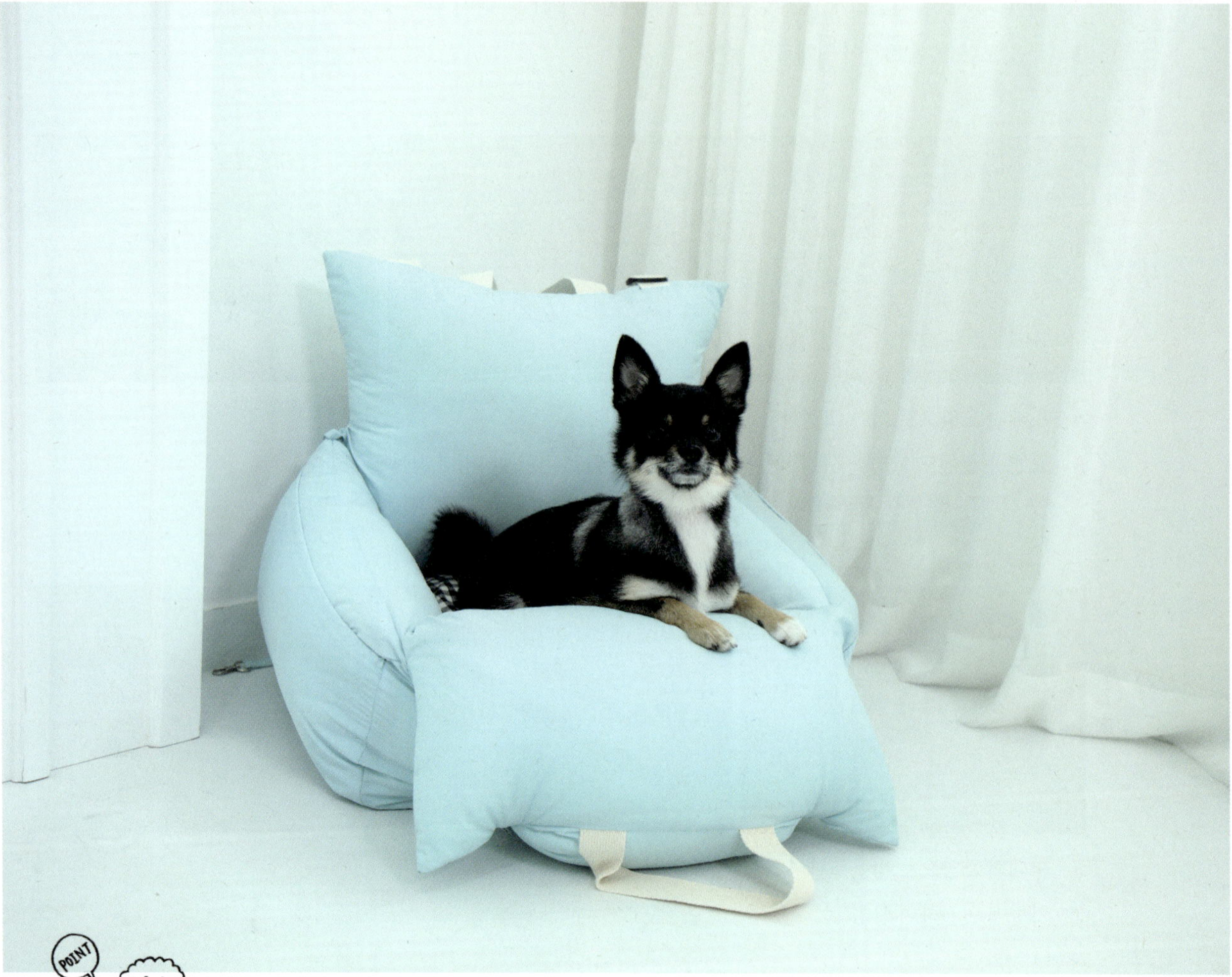

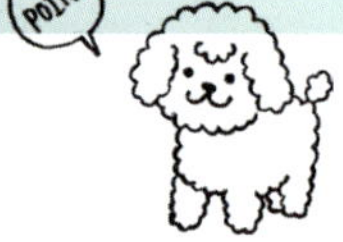

1. 카시트 커버, 속통, 방석으로 구성되어 있는 커버분리형 강아지 카시트입니다.
2. 책에서는 약간 두께감이 있는 폴리에스테르 원단을 사용했어요. 원단은 옥스퍼드 같은 두께감 있는 면 원단도 사용 가능합니다.
3. 세탁 시에는 세탁기를 사용하면 부속물이 깨질 수 있으므로 망에 넣거나 손세탁해 주세요. 겉커버에 사용되는 쇠 부속물은 녹이 슬지 않는 것을 선택하면 좋아요.

## 사용 원단 및 부자재

M 사이즈 기준

**원단**  **겉감** 폴리에스터 165×140cm(대폭 2마)   **겉감 바닥** 미끄럼방지 원단 52×47cm
　　　**속통** 40수면 165×160cm(대폭 2마)　　**방석** 30수면 114×60cm(1마)
**부자재**  38mm 웨이빙 330cm, 3호 또는 5호 롤 지퍼(이불 지퍼) 300cm, 지퍼머리 2개, 38mm 버클 1개, 38mm 왈자고리 1개, 2cm 사각링 2개, 15mm 고리 1개, 폭 1cm 고무줄 70cm, 솜 2~2.5kg, 지퍼 노루발
**실물패턴 번호**  26

## 패턴 확인하기

단위 cm

**겉감** — 전체 시접 1cm 포함됨

- 겉바닥 (미끄럼 방지 원단)
- 앞뒤 1, 앞뒤 2
- 옆 1, 옆 2, 옆 3, 옆 4
- 옆주머니 1, 옆주머니 2
- 앞뒤 3, 앞뒤 4
- 안전끈, 앞끈고리, 앞끈감

**속쿠션**
- 앞뒤 1, 앞뒤 2, 앞뒤 3, 앞뒤 4
- 옆 1, 옆 2, 옆 3, 옆 4

**방석**
- 방석 1, 방석 2, 윗면, 바닥 1, 바닥 2

## ✂ 원단 재단하기

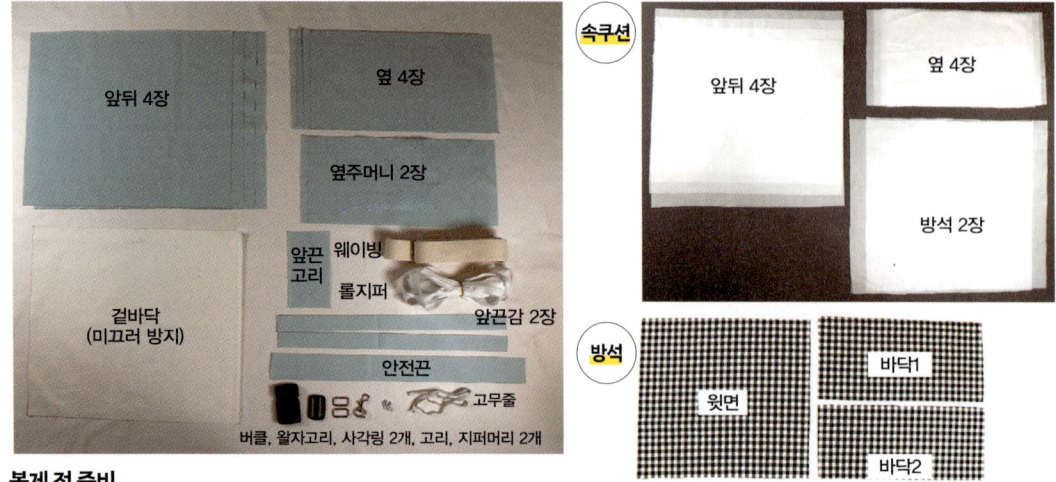

### 봉제 전 준비
- 재단 후 부속감(안전끈, 앞끈고리, 앞끈감)은 제외한 겉감, 속쿠션, 방석감 모두 시접을 오버록 처리한다.

## 👑 속쿠션 만들기

1. 속쿠션 앞, 뒤감 중 2장을 겉과 겉이 닿도록 겹쳐 올리고 창구멍을 제외하고 시접 1cm 들어와 박음질한다.
2. 총 5개의 속쿠션을 동일하게 박음질하고 뒤집어 준비한다.
3. 창구멍을 통해 방울솜을 채운다.
   tip 솜을 너무 많이 채우면 딱딱한 느낌이 든다. 원하는 형태감에 맞게 솜을 조절한다.

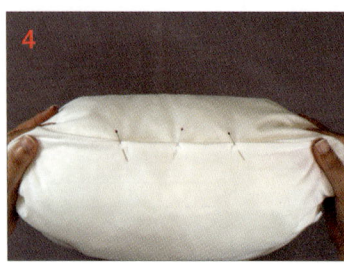
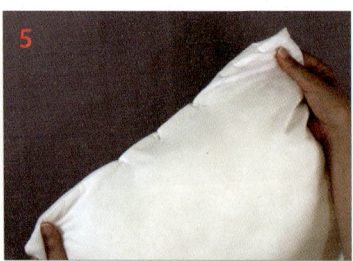

4. 창구멍을 막기 위해서 쿠션을 세우고 창구멍쪽 솜을 더 밀어 넣어 공간을 만든 후 시접을 안으로 접어 넣고 고정한다.
5. 끝을 박아 창구멍을 막는다.
6. 총 5개의 속쿠션을 만들어 놓고, 어디에 들어가는 쿠션인지 구분해 놓는다.

## 방석 만들기

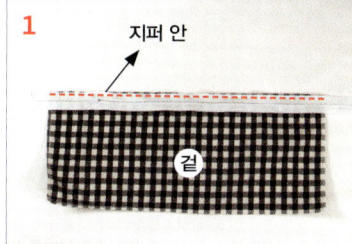 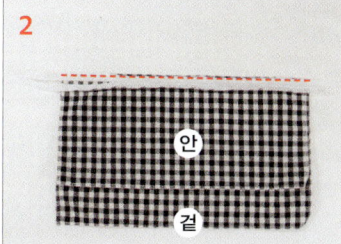 

1. 폭이 좁은 바닥감 한 장을 가져와 겉이 보이게 놓고, 그 위에 지퍼를 안이 보이게 올린 후 지퍼 옆을 박는다.
2. 폭이 넓은 바닥감을 겉이 보이게 놓고, 그 위에 지퍼의 안이 보이도록 폭이 좁은 바닥감을 올리고 지퍼 옆을 박는다.
   tip 지퍼 노루발을 사용해 박음질하되 지퍼 이빨에서 1~2㎜ 떨어진 라인을 박는다. 지퍼 머리는 바늘을 피해 이동시켜가면서 박아야 한다.
3. 바닥감에 지퍼가 연결되었다. 쿠션 윗감과 맞춰 올려보면 바닥감이 길이가 더 긴 상태이다.

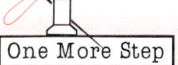 지퍼 머리 끼우기

지퍼와 지퍼 머리를 준비하고, 지퍼 끝을 살짝 벌려준다.

지퍼 머리가 지퍼 쪽으로 향하게 하고, 벌어진 지퍼 테이프 각각에 지퍼 머리를 살짝 끼운다.

지퍼 머리 뒤쪽을 양쪽 동일한 힘으로 밀어 자리를 잡고, 손잡이를 당겨 지퍼를 안쪽으로 끼운다.

4. 바닥감은 겉이 보이게 놓고 윗감과 길이가 같아지도록 폭이 넓은 바닥감을 접어준다.
5. 좁은 바닥감 쪽으로 접은 분량을 넘겨 지퍼를 가린 후 고정한다. 윗감과 길이가 같아졌다.
6. 윗감을 치우고 바닥감만 둔 채 표시된 라인을 표시하고 박는다.
   tip 긴 가로선은 조금 전에 박은 동일한 지퍼 옆라인을 박으면 된다. 지퍼 머리를 안쪽으로 보내줘야 한다.

7 남은 지퍼를 잘라내고 정리한다.
8 방석 윗감은 겉이 보이게 바닥에 놓고, 바닥감은 안이 보이게 올린 후 사각형 모양으로 박음질한다.
    tip 지퍼를 열어 구멍이 보이도록 한다.
9 지퍼를 열어놓은 구멍으로 뒤집고, 각 모서리를 예쁘게 끄집어낸다. 쿠션을 채워주면 방석이 완성된다.

## 안전끈·앞끈고리·앞끈감 준비하기

1 안전끈, 앞끈고리, 앞끈감(2장)을 준비하고 원단을 가운데로 모아 접는다.
2 한 번 더 안으로 접어 모양을 잡는다.
3 나머지 부속감도 동일한 모양으로 잡아 고정한다.

4 앞끈감 2장은 양 끝 부분을 펼쳐 안쪽으로 1㎝ 접어 넣고 다시 모양을 잡아 고정한다.
5 부속감은 모두 벌어지는 끝쪽을 박아 띠 형태로 만든다. 앞끈감은 양끝이 접힌 상태로 옆을 박아 놓는다.

6 앞끈고리감을 반 잘라 두 개로 나누고, 사각링을 끼운 뒤 반 접어 고정한다.
7 고리에 안전끈감을 통과시키고, 뒤로 두 번 접어 박음질한다.

## 👑 헤드 고정벨트

1 웨이빙 끈과 버클 장식, 조리개를 필요한 사이즈만큼 잘라 미리 준비한다.
2 웨이빙 끈과 버클, 조리개를 준비하고, 뒷기둥 헤드 고정벨트의 길이가 짧은 웨이빙에 버클 수놈을 끼운다.
3 끝을 접어 고정한 후 버클과 거리를 두고 사각형으로 박는다.

tip 버클과 가까이 박으면
노루발 폭 때문에 불편하다.

> tip **웨이빙 치수**
> 뒷기둥 안전벨트 통과끈 길이 = 겉감 앞·뒤감 사이즈의 가로 길이 (M: 52cm, L: 62cm)
> 뒷기둥 헤드 고정벨트 = 65cm 1개, 90cm 1개(사이즈 공통)
> 카시트 손잡이 = 35cm 2개(사이즈 공통)

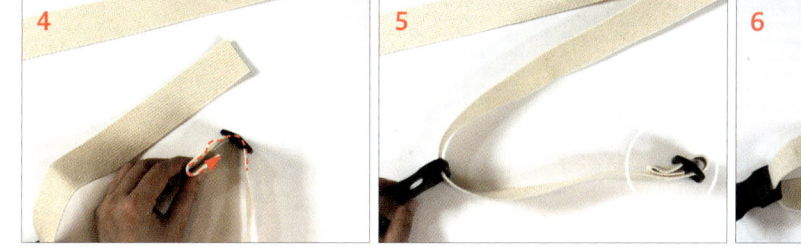

4 긴 웨이빙의 한쪽 끝에 조리개를 사진과 같이 통과시키고 끝을 뒤로 접는다.
5 뒤로 접은 분량을 고정한다.
6 박음질하여 조리개를 고정하고, 버클 암놈을 끼운다.

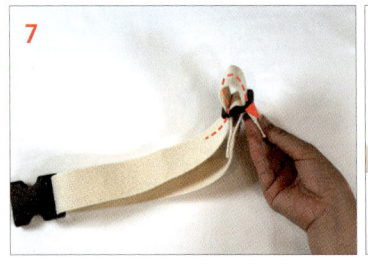 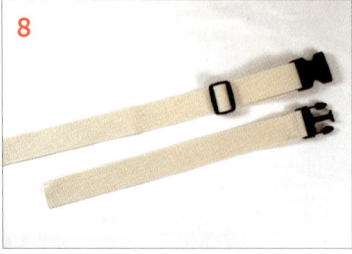

7 버클 암놈을 끼우고 길게 남은 웨이빙을 조리개에 끼워 준다.

8 뒷기둥 헤드 고정벨트가 준비되었다.

## 👑 옆면 주머니감 준비하기

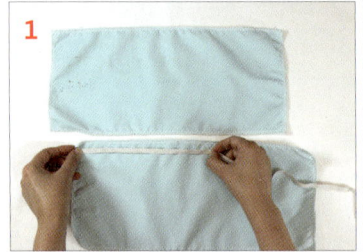  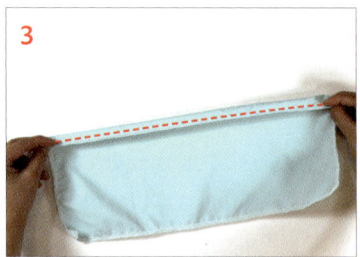

1 옆주머니감 2장과 고무줄(고무줄은 원단 가로 길이의 ⅔ 정도 길이, 2개)를 준비한다.

2 원단 위에서 1.5cm 정도 내려와 고무줄을 놓고, 고무줄을 원단 양끝에 박아 고정한다.

3 윗라인을 1.5cm 접어내려 고무줄이 가둬지도록 박음질한다.

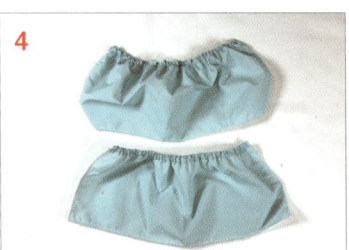 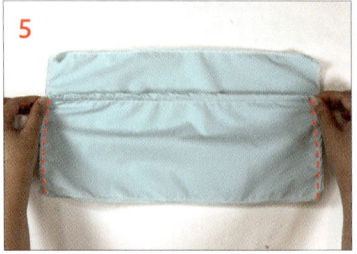 

4 고무줄이 가둬지면서 주름이 생긴다. 고무줄 양은 조절해서 사용한다.

5 겉시트 옆면 2장의 겉이 보이도록 놓고, 준비한 주머니감을 올려 양끝에 고정 박음질을 한다.

tip 시접 공간에 큰 땀수로 박아 옆면과 옆주머니를 고정해둔다.

6 주머니가 옆면감에 고정되었다.

## 카시트 만들기 : 옆면 연결하기

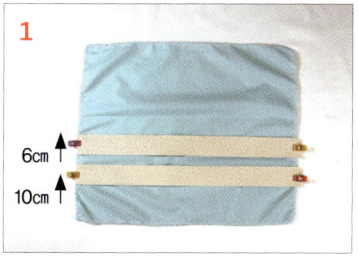 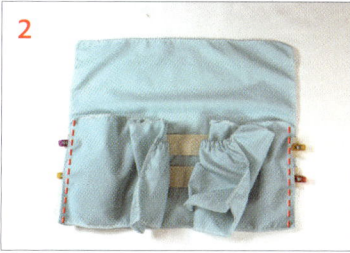 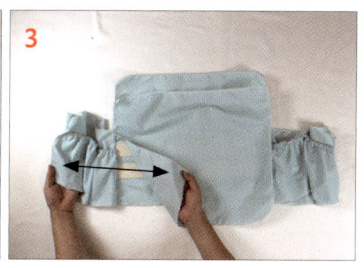

1. 카시트 앞·뒤 기둥 원단 중 한 장을 겉이 보이게 놓고 잘라둔 안전벨트 통과끈(끈 길이=겉감 앞·뒤감 사이즈의 가로길이(M: 52㎝, L: 62㎝)을 가져와 바닥에서 표시만큼 올려 고정한다.
2. 주머니를 고정해둔 양쪽 옆면의 안이 보이게 올리고, 옆을 맞춰 고정한 뒤 박음질한다.
3. 카시트 앞·뒤 기둥감 중 한 장을 가져와 안이 보이도록 올리고 양쪽 옆면과 옆선을 맞추어 박음질한다.

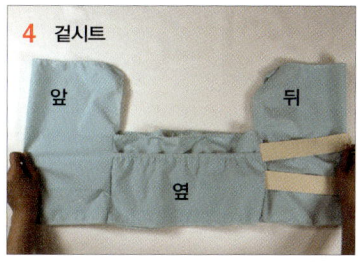 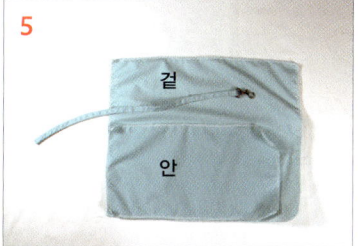 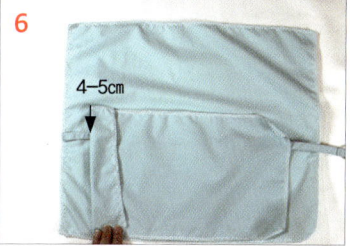

4. 앞 - 양옆 - 뒤가 연결되었고, 겉시트가 만들어졌다.
5. 동일한 방법으로 안시트를 만든다. 앞·뒤 기둥감 중 한 장의 겉이 보이게 놓고 그 위에 옆면감 한 장의 안이 보이도록 올려 옆을 맞춘다. 안전끈도 준비한다.
6. 옆면감을 살짝 걷어 위의 끝에서 4~5㎝ 내려온 위치에 안전끈 끝을 고정한다.

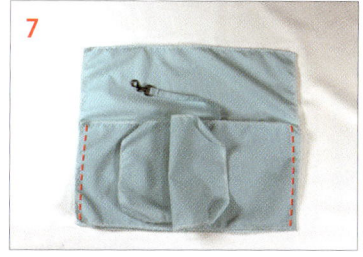 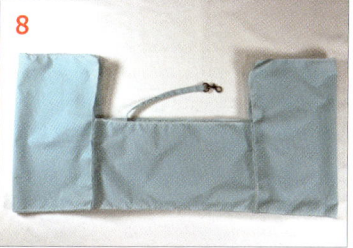 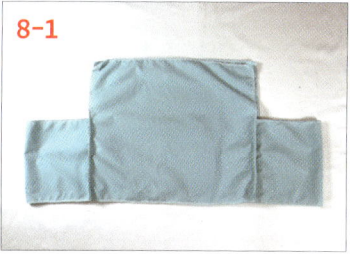

7. 나머지 한 장의 옆면감도 뒷면에 고정하고 박음질한다.
8. 앞·뒤 기둥감 중 남은 한 장을 연결해 안시트도 겉시트와 동일한 모양으로 만든다.

### 카시트 만들기 : 겉시트와 안시트 합치기

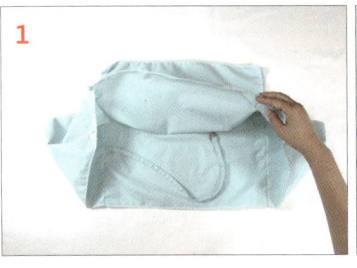 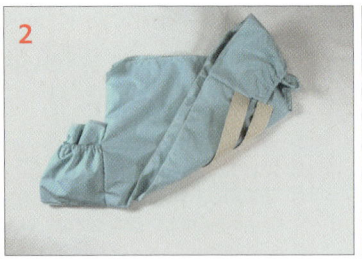 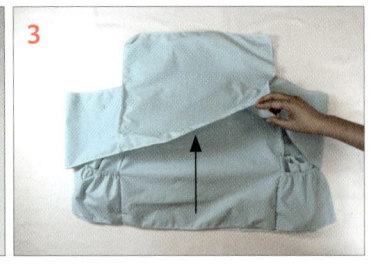

1 안시트 안이 보이도록 바닥에 놓는다. 한 장을 들면 겉이 보이고, 안전끈이 있다.(겉면)
2 겉시트는 시트의 겉이 보이게 놓고, 안전벨트 통과끈이 바닥에 닿도록 한다.
3 안시트 사이로 겉시트를 집어넣어 완전히 겹친다.
  tip 안시트와 겉시트는 겉면과 겉면이 닿게 된다.

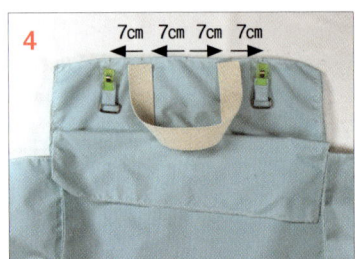 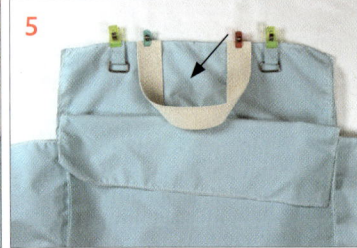 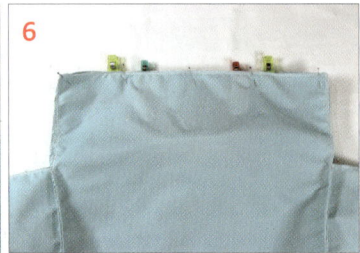

4 앞기둥 겉시트의 겉이 보이도록 시트 안을 걷고, 앞끈고리감 두 개와 잘라놓은 손잡이(웨이빙 35㎝, 2개)를 준비해 위치를 표시한다.
5 표시한 위치에 부속감이 가운데 오도록 놓고 고정한다.
6 안시트로 덮어 추가로 더 고정해준다.

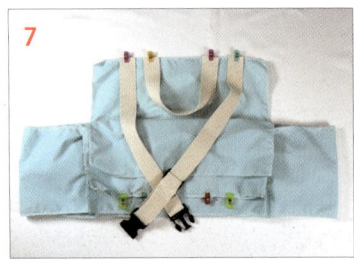 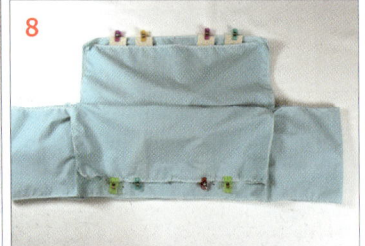 

7 뒷기둥 겉시트의 겉이 보이도록 시트 안을 걷고, 겉감뒷면 헤드 고정벨트와 잘라놓은 손잡이(웨이빙 35㎝)를 준비한 뒤 시트 앞과 동일하게 위치를 표시하여 고정한다.
8 안시트로 덮어 추가로 더 고정해준다.
9 부속감을 고정한 채 겉시트와 안시트의 윗라인을 따라 박음질한다.

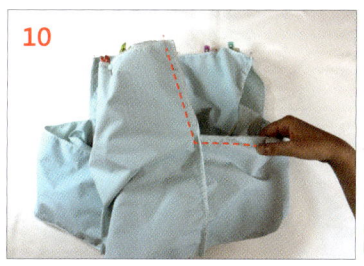 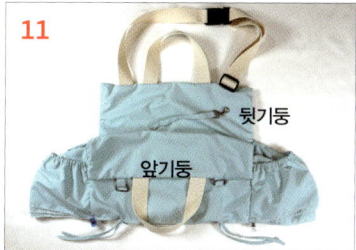 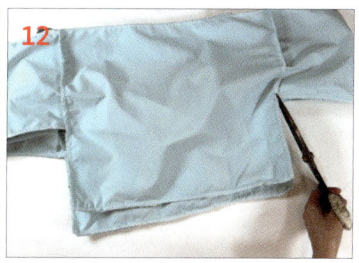

**10** 박음질 중 옆면으로 넘어갈 때 시접은 옆으로 보내고 정확하게 완성선을 따라 직각으로 박음질한다.
　　tip 부속감이 고정된 곳은 되돌아박기하여 단단히 박음질한다.
**11** 겉시트와 안시트의 윗라인이 연결되었다.
**12** 옆면으로 넘어갈 때 직각으로 박은 부분은 대각선으로 가위집을 낸다.

## 🧸 카시트 만들기 : 시트 밑바닥 연결하기 · 지퍼 달아 완성하기

  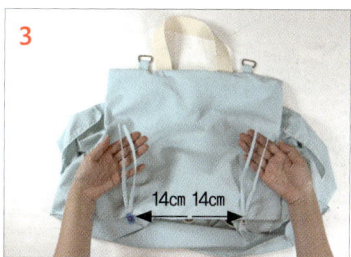

**1** 앞기둥 겉시트 겉이 보이도록 앞기둥만 살짝 시트를 뒤집어 준비하고, 앞끈 2개를 가져온다.
**2** 앞끈을 반접어 잡고, 아래쪽의 표시된 사이즈만큼 원단에 표시하고 고정한다.
**3** 바닥에 표시된 사이즈만큼 원단에 표시하고 고정한다.
　　tip 앞 끈은 앞끈고리감과 나란하게 위치하며, 앞끈고리에 걸어 시트를 젖혀 고정시킬 수 있다.

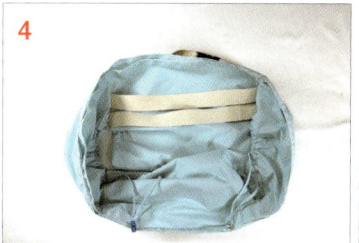  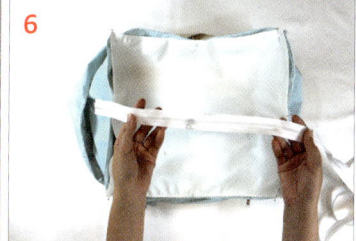

**4** 겉시트의 겉이 보이도록 모양을 잡는다.
**5** 재단해둔 미끄럼방지 원단을 안이 보이게 올려 모서리를 맞춰 고정한다.
　　tip 안시트에는 고정하지 않는다.
**6** 밑바닥 전체에 연결할 지퍼를 준비한다. 지퍼 머리를 끼워 가지고 온다.

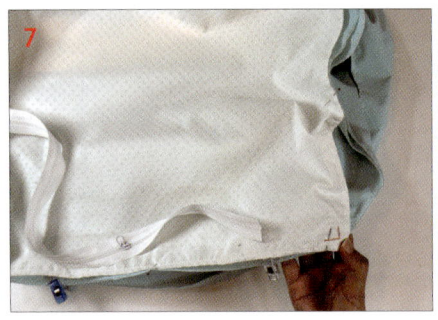 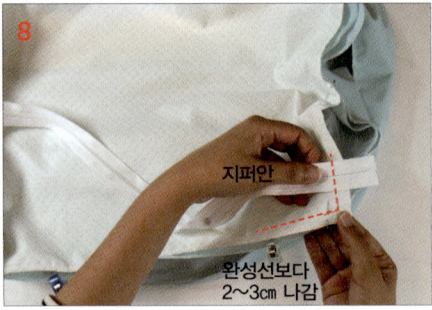

7 한쪽 모서리를 지퍼 시작과 끝점으로 잡고 완성선을 일부 표시한다. (1cm 들어와 표시)

8 지퍼를 뒤집어 안이 보이게 놓고 완성선에서 2~3cm 바깥으로 나가게 올려 고정한다.

 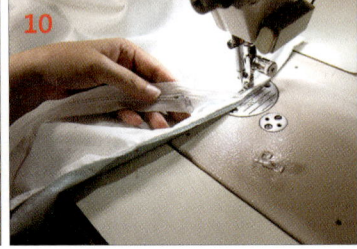 

9 지퍼 노루발로 바꾸고 완성선부터 박음을 시작한다. 되돌아박기 하고 지퍼, 밑바닥감, 겉시트를 같이 박는다.

10 지퍼 머리는 이동시키며 바늘과 거리를 멀리 둔다. 바늘이 가까워지면 계속 이동시킨다.

11 코너를 꺾을 때 완성선까지만 박음질한다.

 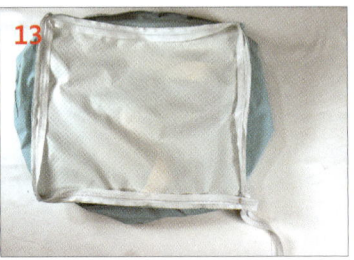 

12 원단 방향을 바꾸고, 지퍼를 세운 후 지나간다.

13 사각형 모양으로 박는다. 길이를 잘 맞춰 남거나 모자라지 않도록 한다.

14 시작점에 오면 동일하게 완성선까지만 박음질하고 되돌아박기 후 끝낸다.

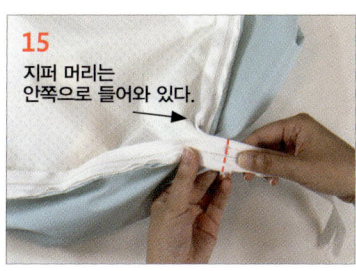 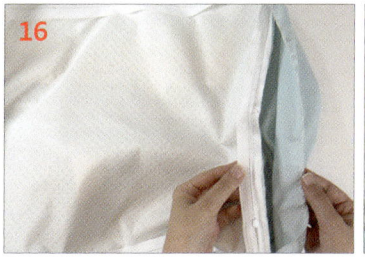 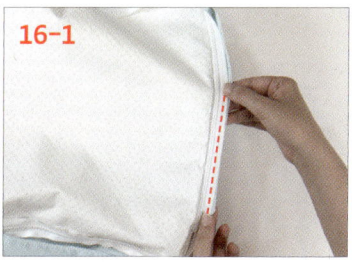

**15** 지퍼 시작과 끝점을 잡고, 나란히 맞춰 지퍼를 박음질한다. 완성선에 딱 붙여 박는다.
　　tip 지퍼 이빨이 있어 박기 불편하니 천천히 박고, 단단히 박음질한다. 박음질이 약하면 시트가 금방 틀어진다.

**16** 남은 지퍼를 잘라내고 남은 지퍼 테이프 한 쪽과 안시트의 안과 안이 닿도록 고정한다.

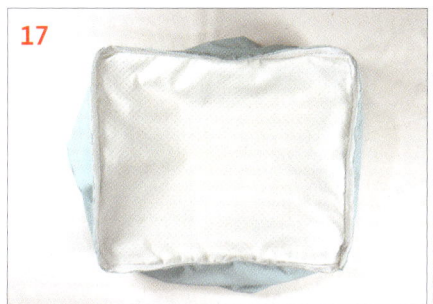 

**17** 전체를 박음질하여 완성한다.

**18** 지퍼를 열어보면 각 면에 쿠션을 넣을 수 있는 공간이 있다. 네 면의 공간에 창구멍을 막은 쿠션을 넣는다.

**19** 방석에도 속쿠션을 넣어 완성한다.

01 래글런 티셔츠

02 커플 파자마

03 커플 파자마 반바지(보호자용)

04 플라워 한복 (남)

05 플라워 한복(여)

06 작별 인사(수의)

07 작별 인사(모자)

08 작별 인사(손발싸개)

# 커플옷 만들기

Sewing dog 소잉도그의 handmade

Part 5

캐주얼한 보호자와 댕댕이의 커플 아이템

# 래글런 티셔츠

-- 난이도 ★★ --

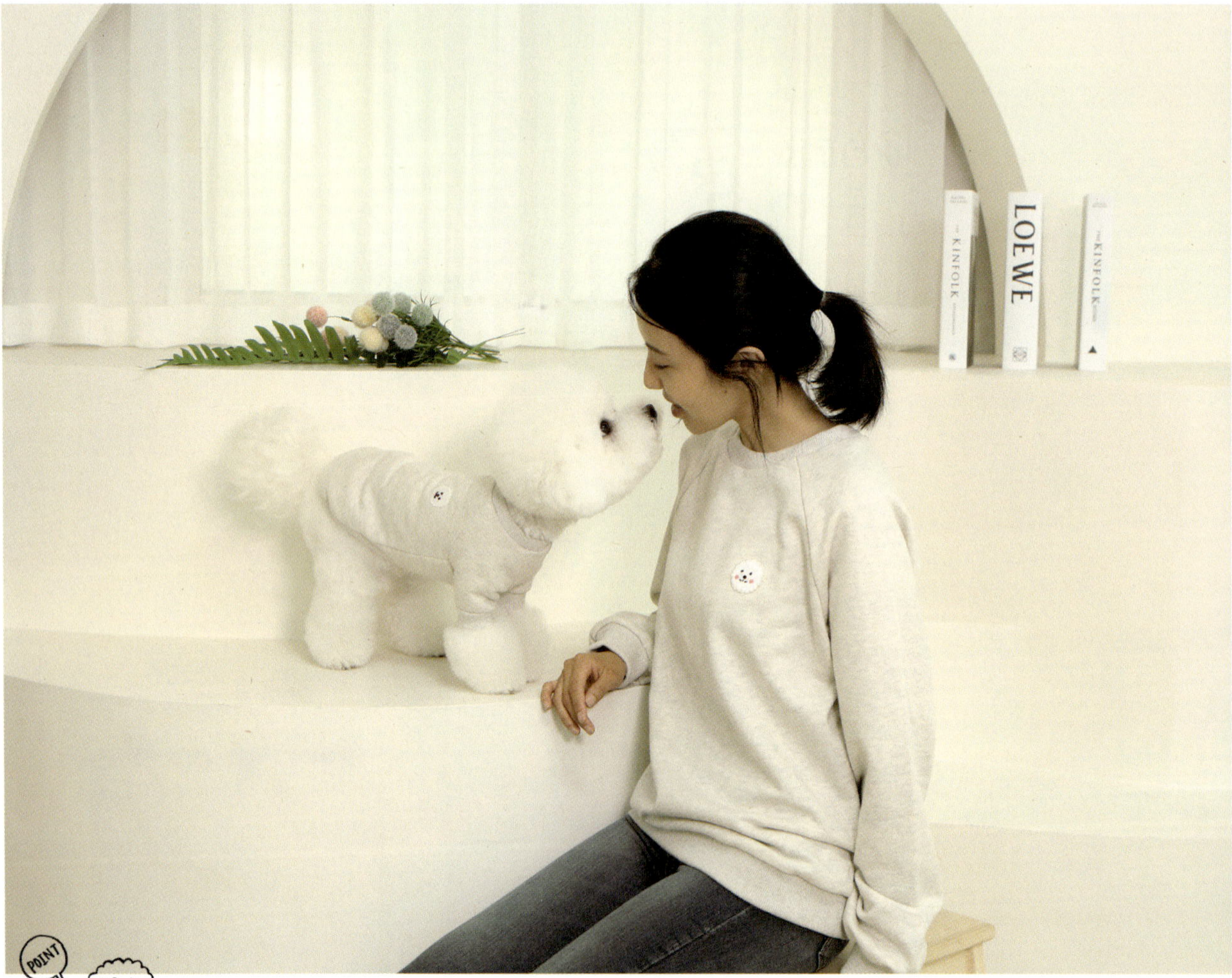

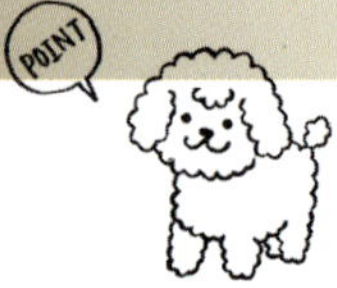

1. 보호자용 티셔츠는 M(55-66), L(77-88) 사이즈 중 선택하면 돼요. 만드는 방법은 강아지 티셔츠와 대부분 동일하며 부분적인 차이점은 만드는 법에 별도로 표시되어 있어요.
2. 견종별 열접착 와펜을 부착하는 법을 설명하고 있으며, 와펜은 인터넷에서 '강아지 와펜'으로 검색하면 다양한 제품을 구매할 수 있어요.

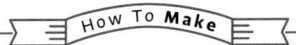

**사용 원단 및 부자재**

M 사이즈 기준

**원단** 미니 쭈리 또는 3단 쭈리(70×38㎝), 보호자용(130×150㎝)

**부자재** 면 시보리(53×14㎝), 열접착식 강아지 캐릭터 와펜

**실물패턴 번호** 27~28

## 패턴 확인하기

단위 : cm

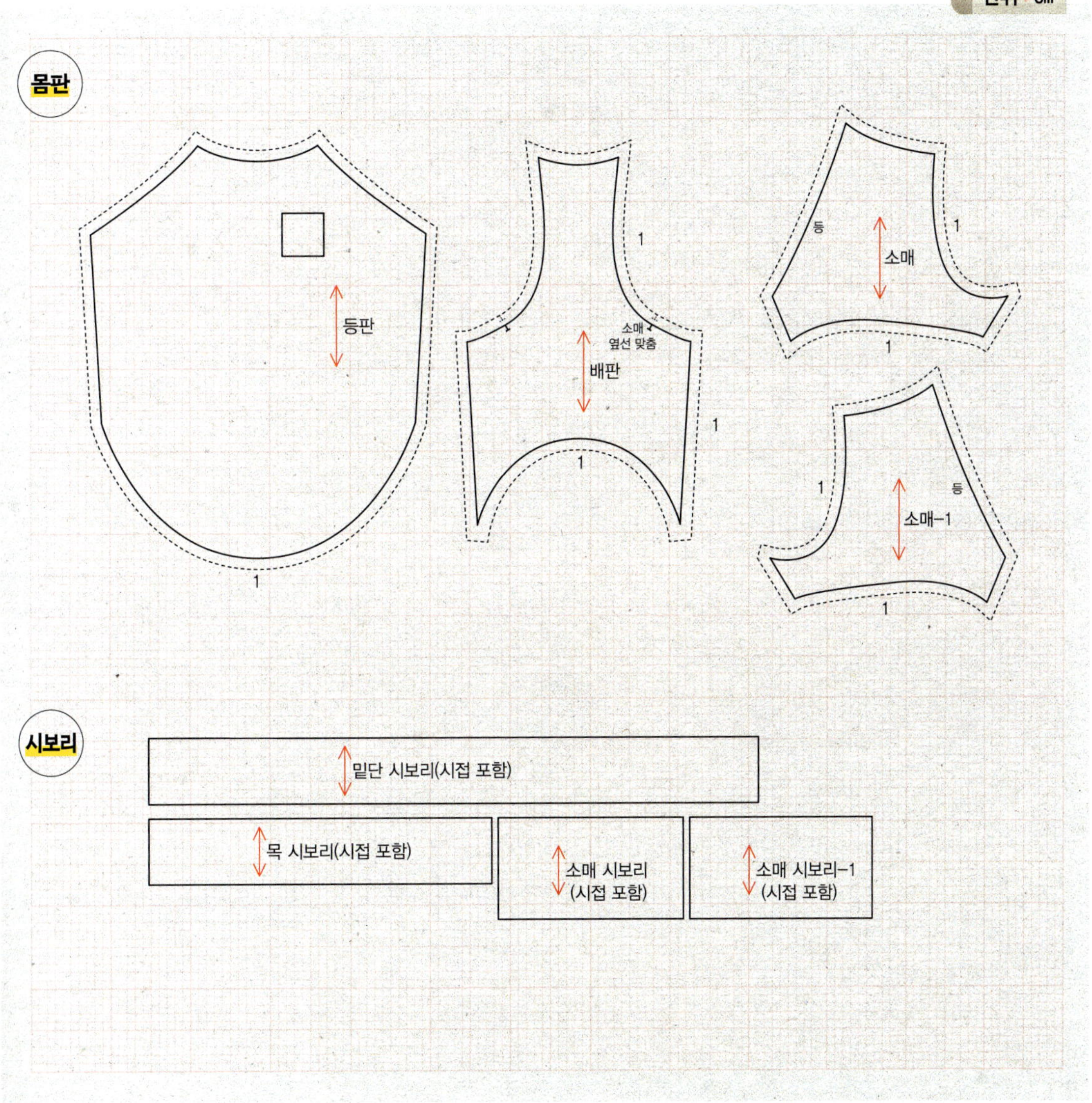
몸판
등판
1
배판
소매 옆선 맞춤
1
1
1
소매
등
1
1
소매-1
등
1
1
시보리
밑단 시보리(시접 포함)
목 시보리(시접 포함)
소매 시보리 (시접 포함)
소매 시보리-1 (시접 포함)

## ✂ 원단 재단하기

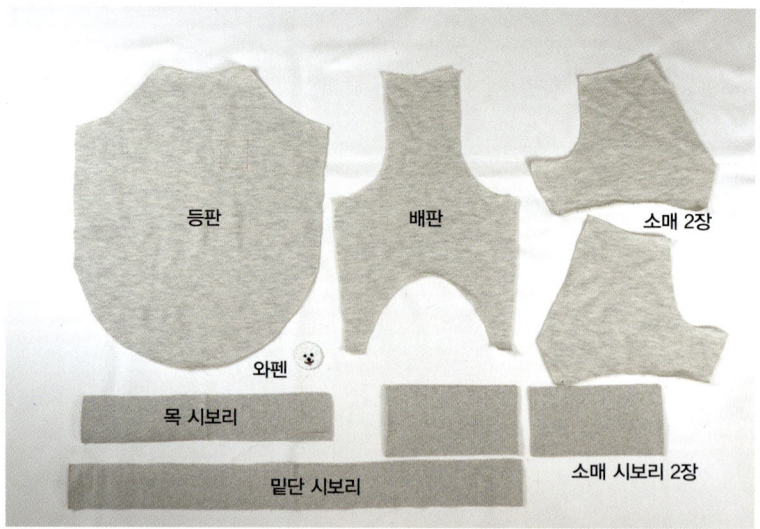

**봉제 전 준비**
소매는 2개를 재단하되, 한 장은 패턴을 뒤집어서 재단하여 같은 방향이 2개 나오지 않도록 한다.

**봉제 전 준비**
- 등판 패턴에 표시된 와펜 위치 옮기기(겉면을 봤을 때 오른쪽에 부착됨 · 겉면과 안쪽면 모두 표시)
- 배판의 소매 옆선맞춤 너치 표시

## 👑 등판에 열접착 와펜 부착하기

1. 등판에 표시된 와펜 부착 위치에 와펜을 올리고 고정한다.
2. 먼저 원단 안쪽이 보이게 놓고 와펜 위치를 다리미로 눌러 부착한다. 겉면에 고정한 와펜이 움직이지 않도록 신경 쓰면서 다리미로 눌러 고정한다.
3. 와펜이 부착되었다.

**tip** 180℃ 온도에서 10초 이상 누른다. 조각 원단을 덧대어 눌러주면 원단 손상 염려가 적다.

## 몸판 옆선 연결하고 소매 만들기

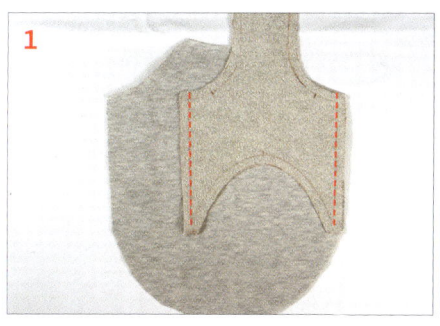 

1  등판이 겉이 보이게 놓고, 그 위에 옆선을 맞추어 배판 안이 보이도록 올린 후 양쪽 옆선을 박음질하고 오버록 처리한다.
2  소매 2장과 소매 시보리감을 준비하고 소매 시보리를 안과 안이 닿도록 반으로 접어 소매 밑단에 맞춰 올린다.
   tip 시보리의 벌어지는 부분이 소매 아래쪽으로 향하게 한다.

 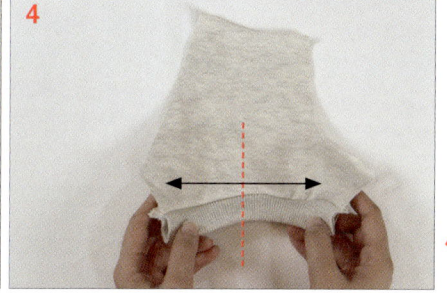

3  밑단 양 끝에 맞춰 시보리를 당겨 고정한 후, 박음질하고 오버록 처리한다.
4  소매 밑단에 시보리가 연결된 것을 확인하고 소매를 세로로 반 접어 소매 옆선을 맞춘다.

> **tip 시보리 겉/안 구분하는 법**
> 시보리 겉/안을 바꿔 봉제하는 경우가 많다. 립시보리의 경우 눈으로 봤을 때 세로 골조직이 선명한 쪽이 겉이다. 원단을 좌우로 당겼을 때 오목하게 원단이 모이는 쪽이 원단 안쪽이다.

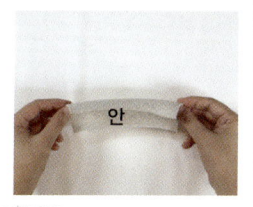

5  소매 옆선을 박음질하고, 오버록 처리한다.
   tip 소매와 시보리를 연결한 시접은 소매 쪽 위로 올린다. 아래쪽으로 내리면 시보리 두께 때문에 너무 두꺼워지기 때문이다.
6  반대쪽 소매도 동일하게 만들어둔다.

## 몸판에 소매 연결하기

 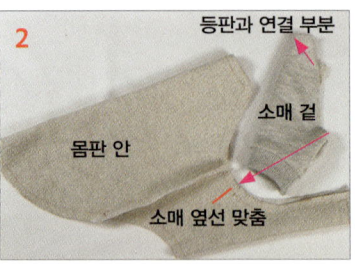 

1 소매는 겉이 보이도록 뒤집고, 소매 옆선을 확인한다.
2 몸판을 사진과 같이 놓고, 소매도 같은 모양이 되도록 놓는다.
3 몸판을 살짝 들어 안쪽으로 소매를 집어넣는다.

4 배판의 소매 옆선 맞춤점과 소매 옆선을 맞춰보면 소매의 등판표시 부분이 몸판의 등판과 닿게 된다.
5 소매의 좌우 목라인을 서로 겉과 겉이 닿도록 고정하고, 소매 옆선과 배판의 소매 옆선 맞춤점도 핀으로 고정한다.
6 진동 라인을 따라 전체적으로 핀 고정하고, 소매 쪽을 보면서 진동 라인을 박은 뒤 오버록 처리한다.

 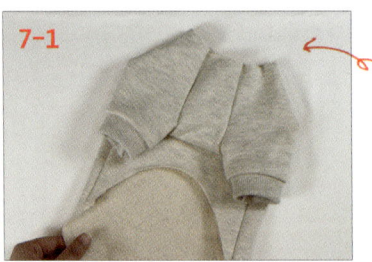 

7 반대쪽 소매도 같은 방법으로 몸판에 연결한다.

tip 보호자 티셔츠는 등판과 배판을 연결한 옆선에 소매 옆선을 맞춰준다. 옆선 시접은 배판 쪽으로 보내준다.

## 시보리 모양 만들기

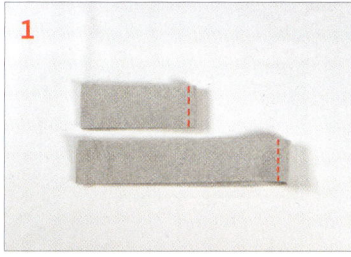  

1 목과 밑단 시보리를 준비하고, 시보리의 겉과 겉이 닿도록 반으로 접은 후 옆선을 박아 연결한다.
2 시접을 갈라 가름솔하고, 안과 안이 닿도록 반으로 모아 접는다.
3 반대쪽도 반으로 접는다.

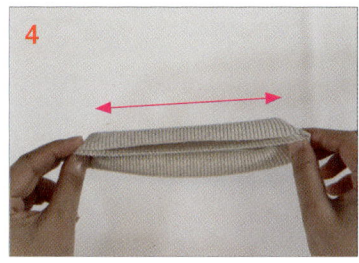  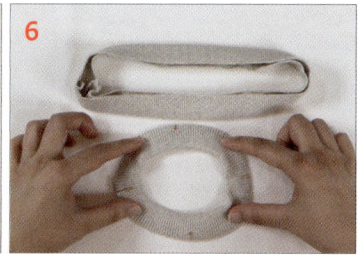

4 시보리를 벌리면서 8자 모양을 그려주면 동그라미 모양의 두 겹 시보리가 된다.
5 바닥에 내려 꾹꾹 눌러 모양을 잡는다. 다리미로 다려 고정해도 좋으나 늘어나지 않도록 주의한다.
6 목과 밑단 시보리감 모두 4등분하여 펜으로 표시한다.

## 몸판에 시보리 연결하여 완성하기

 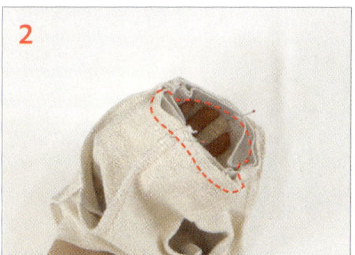 

1 몸판의 안쪽이 보이도록 하고 목 라인은 길이를 4등분하여 표시한 후 목 라인에 시보리를 집어넣은 뒤 각각의 표시점을 맞춰 고정한다.
2 목 라인을 한 바퀴 둘러 박음질한다.
   tip 시보리가 보이도록 놓고 박음질하면 시보리 박음질 폭을 확인할 수 있어 옷의 완성도가 높아진다.
3 밑단은 한쪽 옆선을 기준점으로 4등분을 표시하고 기준점에 시보리의 옆선 라인을 가져간다.

**4** 몸판을 살짝 들어 몸판 기준점의 겉면에 시보리 옆선을 가져간다.
**5** 기준점의 왼쪽과 오른쪽에 몸판과 반접은 시보리를 나란하게 잡아 라인을 정리하고 기준점에 핀 고정한다.
**6** 기준점의 대각선 맞은편에 등분한 시보리의 포인트를 맞춰 고정한다.

 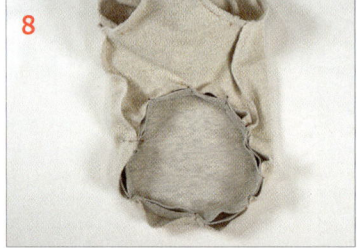 

**7** 나머지 등분도 맞춰 고정한다. **tip** 각 등분을 당겨 어느 한쪽이 너무 타이트하거나 느슨하지 않은지 확인한다.
**8** 전체적으로 핀 고정한다.
**9** 목 라인과 마찬가지로 시보리를 보면서 박거나, 옷을 뒤집어 몸판에 그려진 완성선을 보며 밑단을 한바퀴 둘러 박음질한다.

 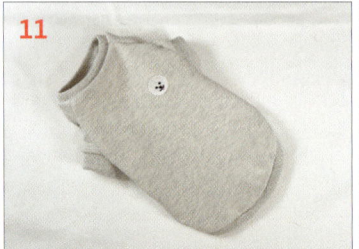 

**10** 목과 밑단 시접을 오버록 처리하여 완성한다.
**11** 와펜을 한번 더 다리미로 눌러 단단히 부착하여 완성.
**12** 커플룩 완성.

> **tip** 밑단 시접이 자꾸 뒤집어져서 불편하다면 밑단 시보리를 펼치고 박음질한 시접이 위로(몸판 쪽으로) 향하게 한 뒤 몸판에 스티치(상침)를 넣어 시접을 눌러 박아준다. 커버 스티치 미싱으로 이 작업을 해주면 옷이 늘어나지 않아 좋다. 직선 박기용 미싱으로 박는 경우는 옷이 늘어나 오히려 완성도가 떨어져 보일 수 있으므로 충분한 연습이 필요하다.

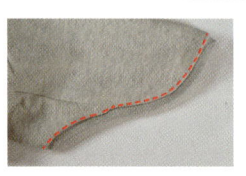

너는 나의 짝꿍!

# 커플 파자마

-- 난이도 ★★★★ --

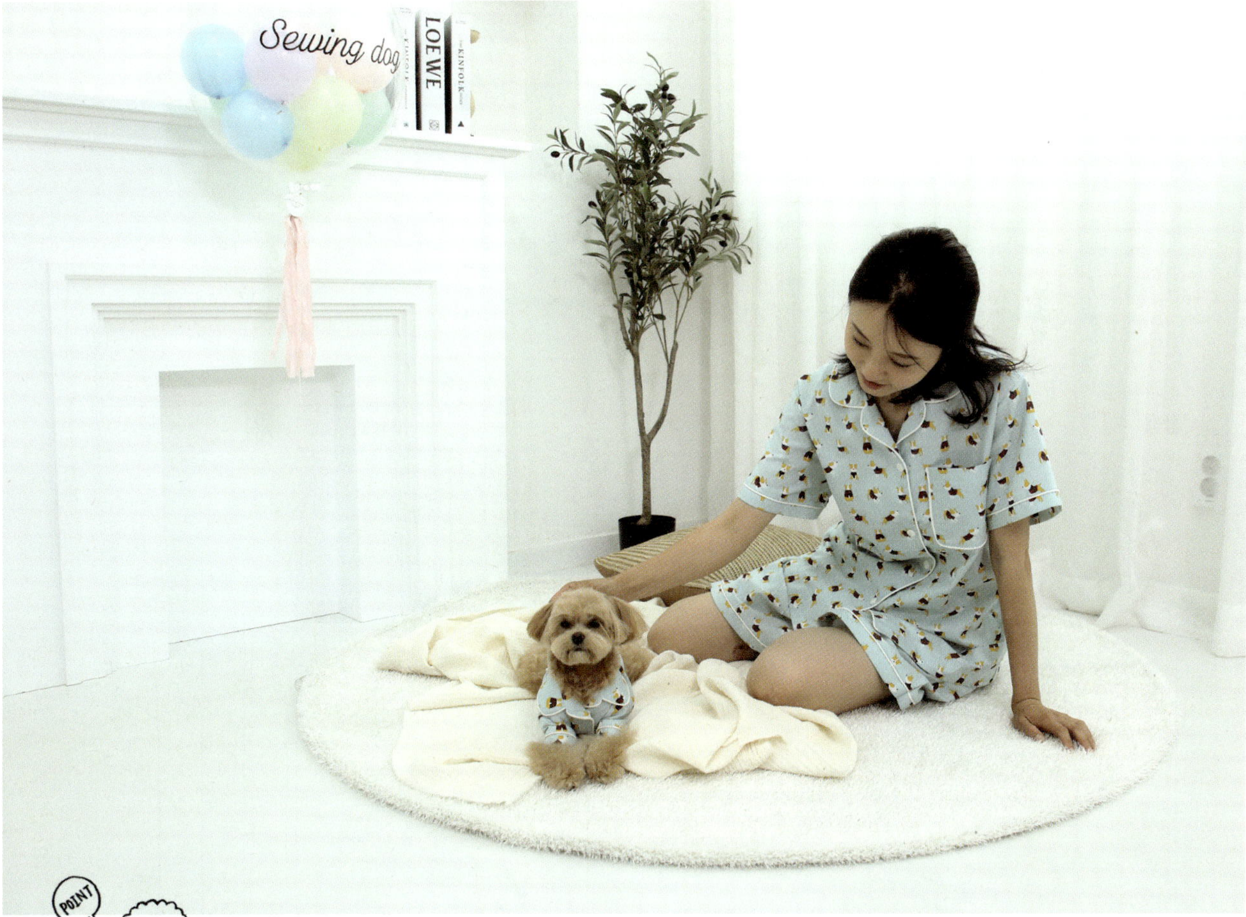

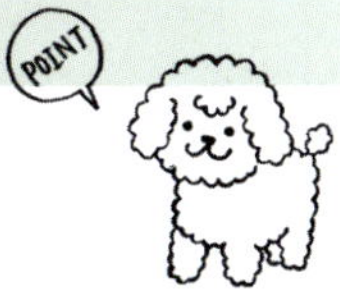

1. 보호자와 함께 입는 세트 파자마에요. 강아지 옷은 상의, 사람 옷은 반팔 상의와 반바지 세트로 구성되어 있어요.(M : 55~66, L : 77~88) 상의를 만드는 법은 강아지와 사람 옷이 모두 동일하며, 강아지 옷 만드는 법으로 설명되어 있습니다. 사람용 반바지 만드는 법은 별도 설명을 따라 완성해보세요.
2. 파이핑 마감으로 완성하는 파자마는 일반 마감보다 손이 좀 더 많이 가는 디자인으로, 파이핑 부분을 좀 더 꼼꼼히 만들어야 완성도가 높아져요.
3. 원단은 면 원단을 사용했고, 두껍거나 구김이 너무 많이 가는 원단은 착용감이 떨어지므로 선택하지 않는 것이 좋아요.

## How To Make

**사용 원단 및 부자재**
M 사이즈 기준

원단  면 30수(강아지 : 80×55cm / 보호자용 : 165×110cm)
부자재  파이핑 끈 (강아지 : 3mm 끈 사용, 130cm / 사람 : 5mm 끈 사용, 300cm)
파이핑 원단 면 40수, T단추 강아지 : 11.5mm 3세트 / 사람 : 15mm 4개 세트,
지퍼 노루발, 좁은 노루발

실물패턴 번호  29~30

**패턴 확인하기**

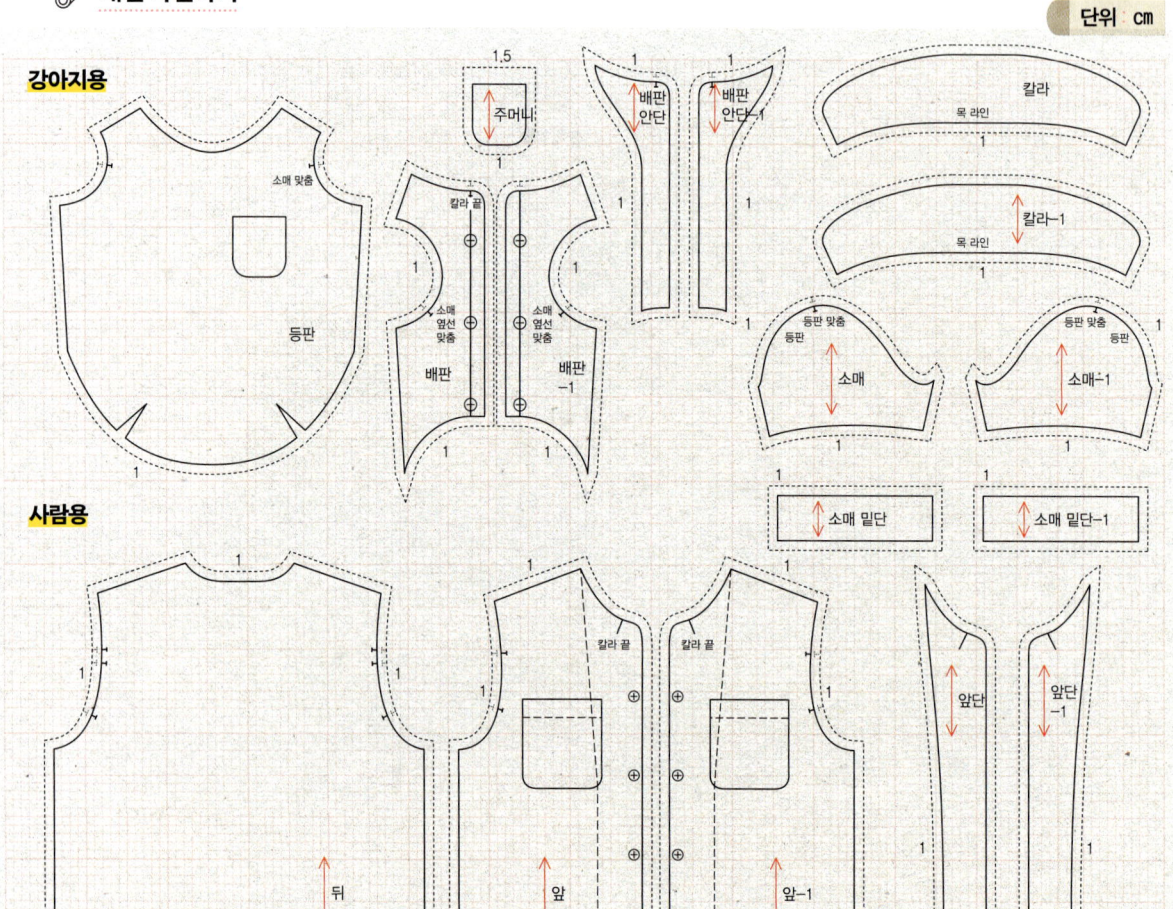

## 🌸 원단 재단하기

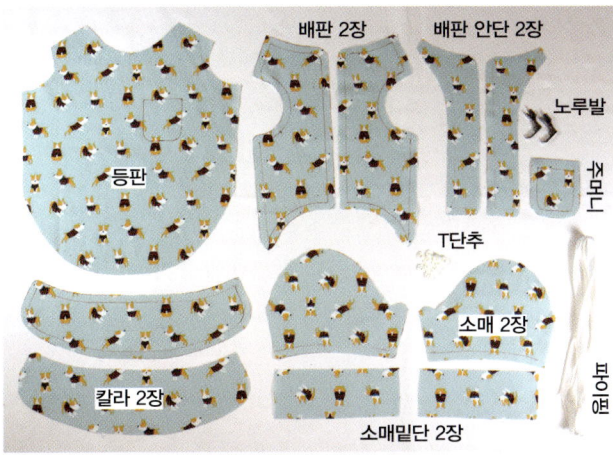

**재단 시 주의사항**

- **강아지용** : 소매, 배판, 배판 안단은 2개를 재단하되, 한 장은 패턴을 뒤집어서 재단하여 같은 방향이 2개 나오지 않도록 한다.
- **사람용** : 소매, 앞판, 앞단은 2개를 재단하되, 한 장은 패턴을 뒤집어서 재단하여 같은 방향이 2개 나오지 않도록 한다.

**봉제 전 준비**

- 파이핑 분량만큼 준비(**파이핑 만들기** P.72)
- 각 위치 표시하기 : 겉면 등판 오른쪽에 주머니 표시, 배판 단추 표시, 등판, 배판, 소매에 표시된 각 위치점 옮기기
- 좀 더 형태감이 있는 옷으로 완성하고 싶다면 심지를 붙여도 좋다.
  (**심지 붙이기** P.67) : 소매 밑단 2개, 배판 안단 2개, 칼라 1장, 주머니 1장

## 👑 등판에 주머니 달기

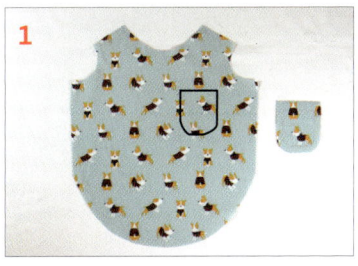  

1. 등판과 주머니감을 준비한다. 등판에는 주머니 위치가 표시되어 있다..
2. 파이핑감을 주머니감 겉면의 완성선에 맞춰 올려 박는다.  **tip** 이때 파이핑 끈 바로 옆을 바짝 박는다.
3. 윗 라인을 맞춰 자르고 박은 라인을 따라 오버록 처리한다.

4. 시접을 안쪽으로 접은 채로 윗라인을 오버록 처리한다.
5. 윗라인 시접을 완성선만큼 접어 시접을 눌러 박는다.
6. 등판에 위치에 맞춰 주머니를 올리고, 시접을 눌러 박는다.

## 어깨와 옆선 연결하기

 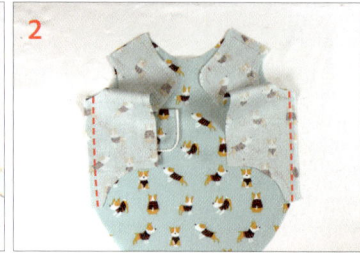 

1 등판의 겉이 보이게 놓고, 그 위에 배판의 안이 보이게 올려 어깨선을 맞추고 박음질한다.
2 양쪽 옆선을 맞춰 고정하고 박음질한다.
3 박은 어깨와 옆선을 오버록 처리한다.

## 밑단 삼각형 박고 다리기

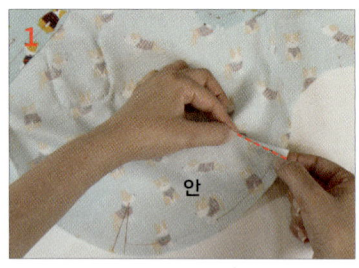  

1 밑단 양쪽의 삼각형 선을 확인하고, 삼각형을 반으로 접어 박음질한다.
2 양쪽 삼각형을 박으면 사진과 같이 입체감이 생긴다.
3 안쪽의 삼각형 위쪽 끝은 되돌아박기 하거나 실을 길게 남겨 두 번 묶어 매듭짓고 실을 잘라낸다.

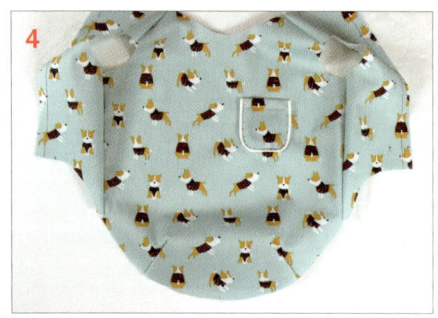 

4 밑단 라인을 확인하고 시접을 오버록 처리한다.
　tip 이때 안쪽 삼각형 분량은 옆선 방향으로 넘기고 다린다.
5 밑단 라인의 시접만큼 안쪽으로 접어 다림질한다.

## 소매 만들기

 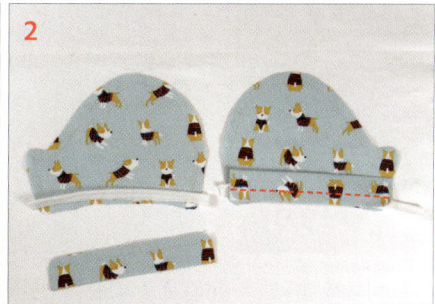

1. 소매감 2장과 소매 밑단감 2장 그리고 파이핑 끈을 준비하고, 소매 밑단감은 반 접어 다려준다.
2. 소매감 아래쪽의 완성선에 맞춰 파이핑을 올리고, 그 위에 소매 밑단감을 올려 박는다.
   tip 소매 밑단의 벌어지는 부분이 소매 아래쪽으로 향하게 한다.

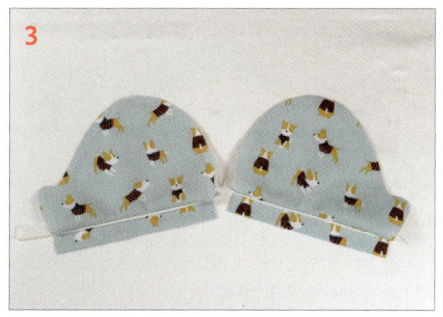 

3. 소매와 소매 밑단 사이에 파이핑이 끼워졌다. 파이핑 끈만 튀어나오게 박혀야 예쁘다.
   tip 파이핑과 소매 밑단을 동시에 박는 것이 어려우면 소매에 파이핑을 먼저 박아두고, 소매 밑단을 올려 완성선을 박아주면 된다. 소매에 파이핑을 먼저 박을 때는 완성선을 박지 말고 완성선에서 1~2mm 떨어진 라인을 박아줘야 예쁘게 파이핑이 달린다.
4. 안쪽 시접을 오버록 처리하고, 소매을 반 접어 옆선을 맞추고 박음질한다. 이때 파이핑이 나란하게 박혀야 완성도가 높아진다.

5. 시접을 오버록 처리한다.
6. 반대쪽 소매도 동일하게 만들어둔다.

## 몸판에 소매 달기

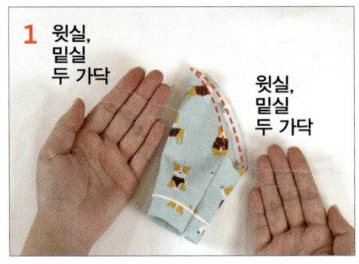  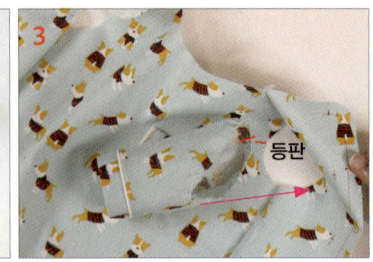

1 소매의 진동 라인 시접에 땀수를 가장 크게 놓고 한 바퀴를 둘러 박음질한다. 이때 시작과 끝 부분에 실을 남긴다.
2 밑실 한 가닥을 당겨 진동 라인이 약간 오므라들 정도로 주름을 잡는다. 완성선 라인에는 주름이 없어야 한다.
3 몸판의 겉이 보이게 놓고 등판의 소매 맞춤과 소매의 등판 맞춤 표시를 찾아 겉과 겉이 닿게 고정한다. 소매의 등판이라고 표시된 부분이 등판과 닿아있다.

  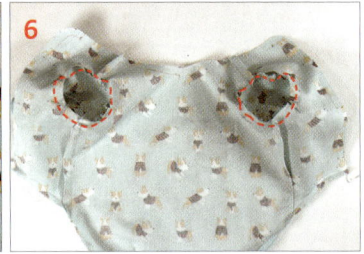

4 배판을 등판쪽으로 덮듯이 젖히고, 배판의 소매 옆선 맞춤 표시와 소매 옆선을 맞춰 고정한다.

   tip 사람옷 진동 라인 맞추기
   · 소매의 어깨선 맞춤 표시와 몸판의 어깨선을 맞춤
   · 소매의 옆선과 몸판의 옆선을 맞춤

5 주름을 잡았던 실을 당기거나 풀어서 소매와 몸판의 나머지 부분을 맞춰 고정한다.
6 진동 라인을 박는다. 소매가 찝힐 수 있으므로 천천히 확인하면서 박는다.

 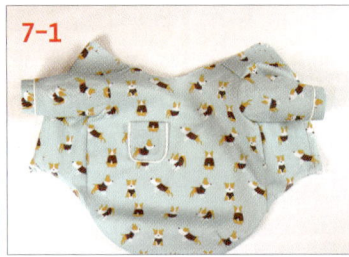 

7 소매를 달고 안쪽 시접은 오버록 처리한다.

## 👑 칼라 만들기

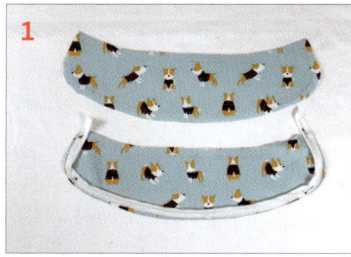 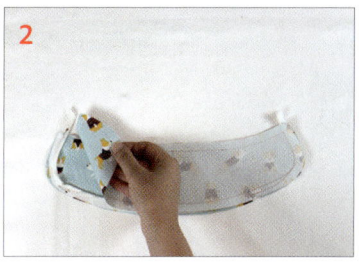 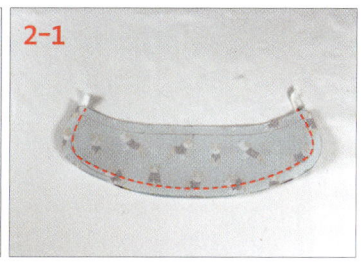

1. 칼라감 두 장을 놓고 한 장에는 겉면에 파이핑을 둘러 고정한다.
2. 나머지 한 장을 안이 보이도록 올려 덮어 고정하고 완성선을 박음질한다.
   tip 칼라 한 장에 파이핑을 먼저 고정해도 좋다.

 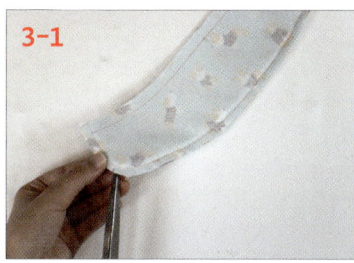 

3. 시접을 반 정도 잘라 정리하고 곡선에는 가위밥을 낸다.
4. 뒤집어 모양을 정리하고 다리미로 눌러 형태를 잡는다.

## 👑 칼라 달기

 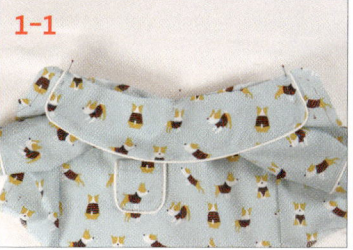 

1. 몸판을 겉이 보이게 놓고 그 위에 칼라를 올린다. 양쪽 칼라 끝과 중심을 맞춰 고정한다.
2. 칼라 끝부터 반대쪽 칼라 끝까지 완성선을 따라 박음질하고, 시접을 오버록 처리한다.
   tip 칼라 박은 시접의 양쪽 끝 1~2cm는 오버록 치지 않아도 된다.

## 배판 중심에 파이핑 두르기

1 배판 중심의 파이핑 고정할 위치(칼라 끝~배판 아래)를 확인한다.
2 파이핑감을 올려 박음질하되 칼라와 맞닿는 끝 부분에서 파이핑감을 밖으로 빼주면서 박는다.

## 배판 안단 연결하기

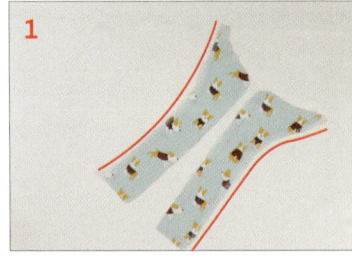  

1 배판 안단감 두 장을 가져와 표시된 라인에 오버록 처리한다.
2 배판을 겉이 보이도록 놓고 그 위에 안단을 안이 보이도록 올린다.
3 ㄷ자 모양으로 표시된 라인을 박는다. 아래에 파이핑 끈 옆을 바짝 붙여 박음질한다.

4 봉제 시 파이핑 끈 끝이 밖으로 빠져 있는 것을 확인하고, 안단을 뒤집었을 때 파이핑 끝이 예쁘게 보이는지 미리 넘겨보면서 박음질 선을 정한다.
5 양쪽 모두 안단을 박음질한다.
6 시접을 반 정도 잘라 정리하고, 곡선에는 가위밥을 낸다.

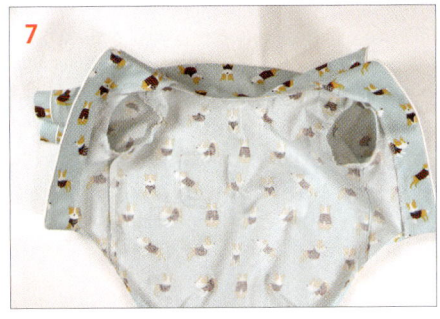 

7 안단을 젖혀 파이핑이 보이도록 정리한다. 앞중심 밑단까지 정리되었다.

8 겉에서 봤을 때 칼라 끝부분의 파이핑 연결이 자연스럽게 완성되었다.

## 밑단 정리 · 전체 스티치 처리하여 완성하기

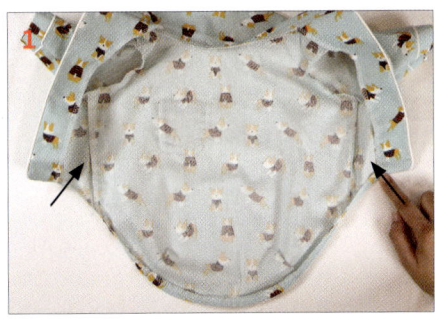 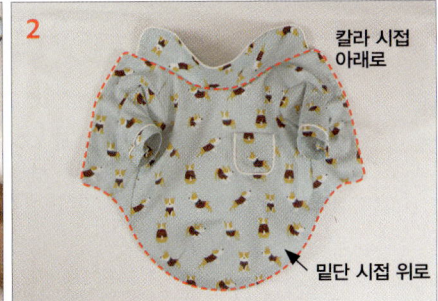

1 배판 아래쪽 안단이 안쪽으로 넘겨지면서 자연스럽게 밑단 시접이 위로 향해있다.

2 겉을 보고 전체 라인을 상침하면서 밑단도 동시에 접어박기 하여 마무리한다.

3 T단추를 달아 완성하고, 배중심 위쪽의 칼라를 밖으로 접어 젖혀준 뒤 살짝 다리미로 눌러 고정한다. 사람용 옷도 동일한 방법으로 완성한다.

너는 나의 짝꿍!

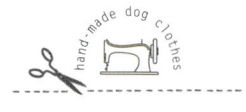

# 커플 파자마 반바지(보호자용)

-- 난이도 ★★★ --

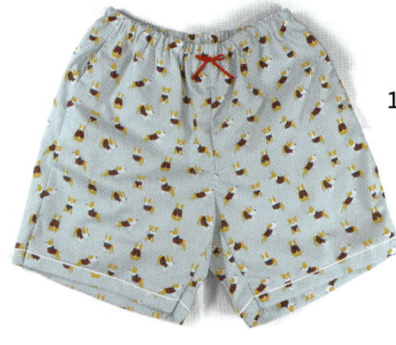

1. 커플 파자마 중 사람이 입을 수 있는 파자마 반바지에요.
2. 파이핑 마감으로 완성하는 파자마는 일반 마감보다 손이 좀 더 많이 가는 디자인으로, 파이핑 부분을 좀 더 꼼꼼히 만들어야 완성도가 높아져요.
3. 원단은 면 원단을 사용했고, 두껍거나 구김이 너무 많이 가는 원단은 착용감이 떨어지므로 선택하지 않는 것이 좋아요.

How To **Make**

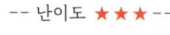

## 사용 원단 및 부자재

M 사이즈 기준
(보호자용)

**원단** 면 30수(170×85㎝)

**부자재** 파이핑 끈 5㎜ 끈 사용(70㎝), 파이핑 원단(면 40수),
고무줄 폭 2㎝(M : 63㎝/L : 68㎝), 지퍼 노루발, 좁은 노루발

**실물패턴 번호** 31

## 패턴 확인하기

단위 : cm

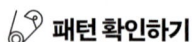

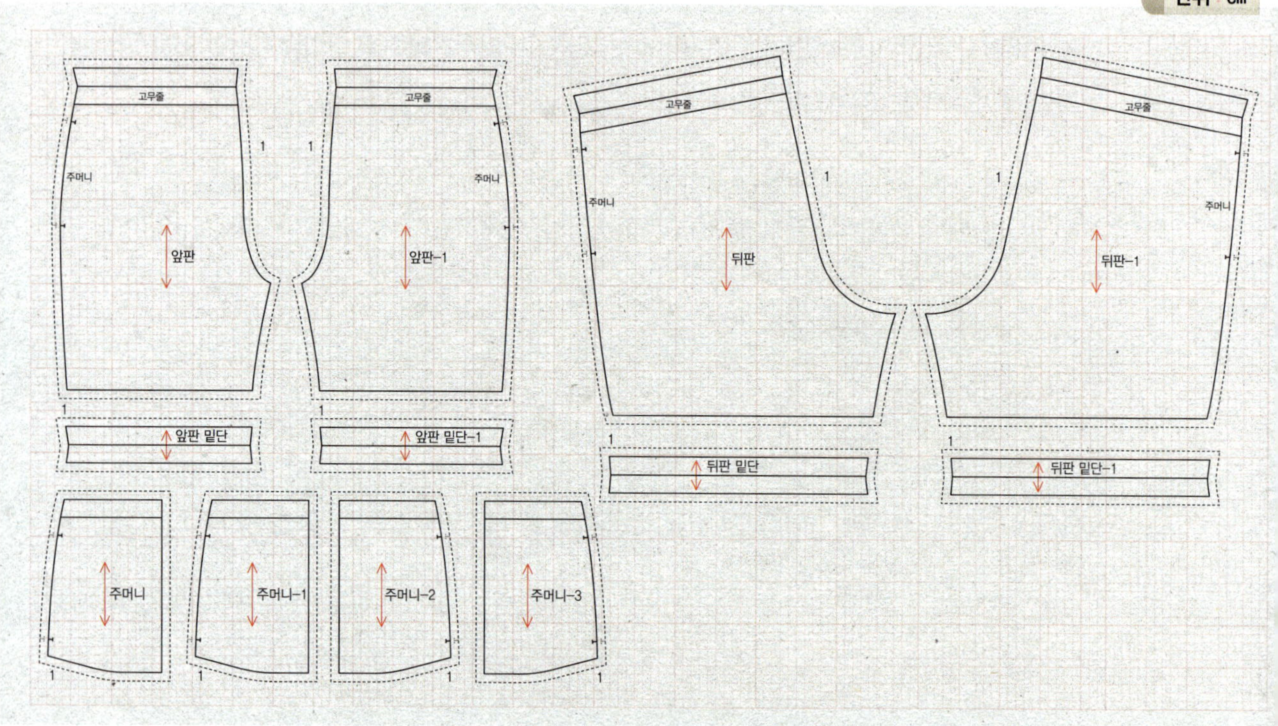

## ✂️ 원단 재단하기

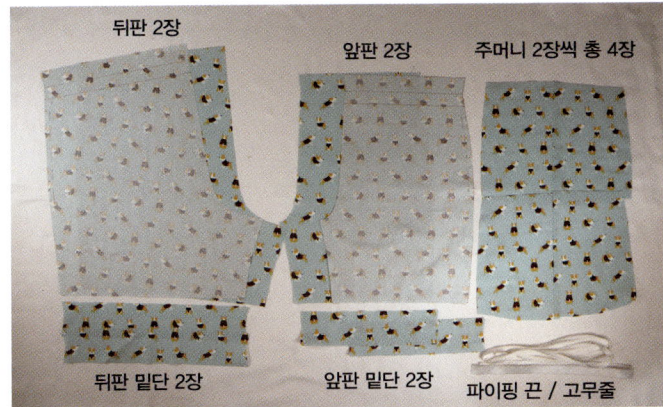

**봉제 전 준비**
바지 앞판과 뒤판은 2개를 재단하되, 한 장은 패턴을 뒤집어서 재단하여 같은 방향이 2개 나오지 않도록 한다.
주머니는 좌우 2장씩 총 4장이 재단된다.

**봉제 전 준비**
패턴에 표시된 주머니 위치, 고무줄 넣는 선 등 미리 표시한다.

## 👑 밑단에 파이핑 달기

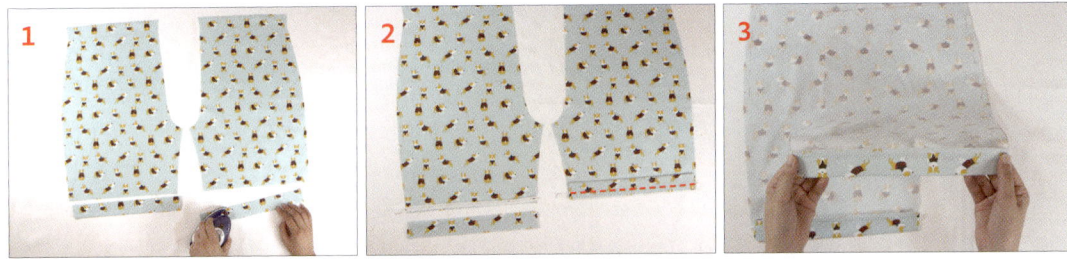

1. 바지 앞판 2장은 겉이 보이게 놓고, 앞판 밑단감 2장을 가져와 반 접어 다림질한다.
2. 밑단에 파이핑을 올리고, 그 위에 밑단감을 올려 완성선을 박음질한다.
   tip 완성선에 바짝 박아 파이핑 끈만 튀어나와야 예쁘다.
3. 안쪽 시접은 오버록 처리한다.

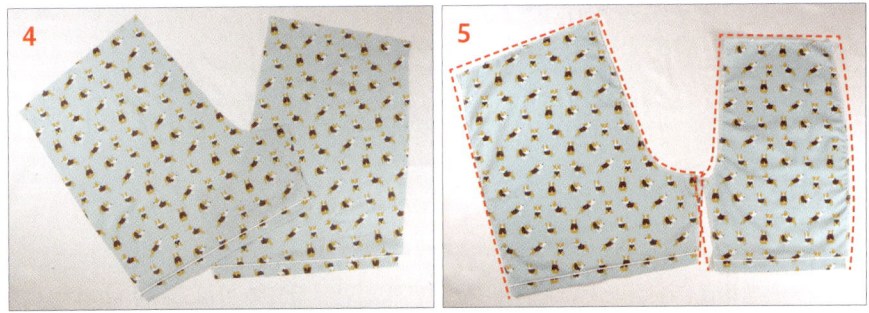

4. 뒤판도 앞판과 동일하게 밑단을 연결하여 파이핑 장식으로 마감한다.
5. 앞판 2장, 뒤판 2장의 모든 시접을 오버록 처리한다.

## 👑 주머니 달기

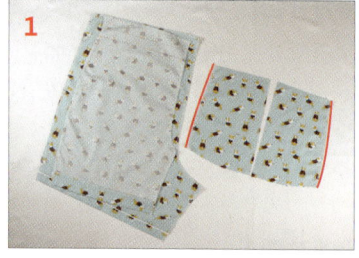 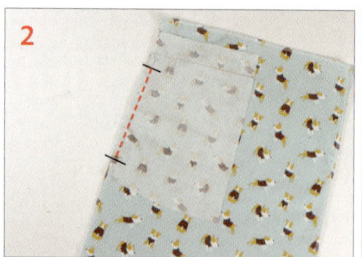 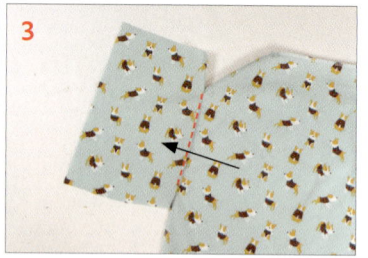

1. 뒤판 1장, 앞판 1장, 주머니 2장을 준비하고, 표시된 주머니 라인은 오버록 처리한다.
   **tip** 주머니는 방향이 다른 2장이 한 세트가 된다.
2. 뒤판 겉이 보이게 놓고 그 위에 주머니 표시선을 맞춰 주머니감 안이 보이도록 한 장 올린 후, 주머니 표시 길이만큼만 박음질한다.
3. 주머니를 겉이 보이도록 펼치고 시접을 주머니 쪽으로 보낸 상태에서 주머니쪽에 같은 길이만큼 한 번 더 눌러 박는다.

  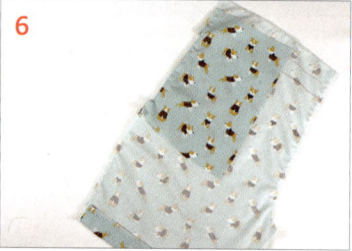

4. 주머니 양끝 길이에 맞춰 시접에 가위밥을 낸다. 박은 실을 자르지 않으면서 최대한 깊이 자른다.
5. 주머니를 안쪽으로 넘겨보면 주머니 제외한 시접은 밖으로 튀어나오게 된다.
6. 앞판도 동일한 방법으로 준비한다.

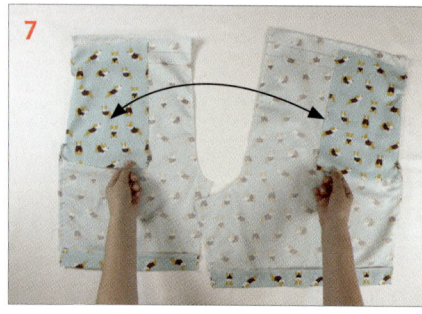 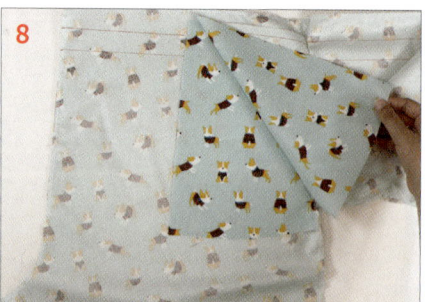

7. 주머니감을 연결해놓은 앞판 1장과 뒤판 1장의 주머니감 겉면과 겉면이 닿도록 합치고 주머니 위치를 잘 맞춰 준다.
8. 앞판을 살짝 들어보면 주머니가 안쪽에 들어있고, 주머니감은 겉과 겉이 서로 닿아있는 상태이다.

9 주머니감 2장만 들어서 잡고, 표시된 라인을 박음질한 뒤 오버룩 처리한다.
   tip 바지가 같이 박히지 않도록 주머니감 2장만 잡고 박음질한다.
10 주머니감을 앞판 쪽으로 보내 고무줄 선을 맞춰 고정해놓는다.

## 바지 옆선·밑위 박기

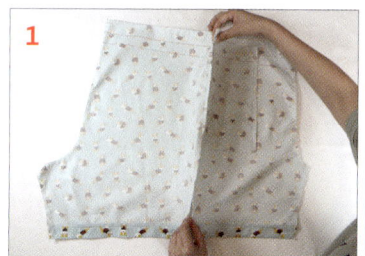 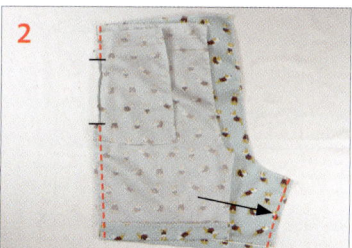 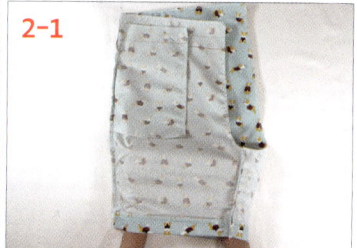

1 바지 뒤판을 뒤쪽으로 넘긴다.
2 박음질할 선을 맞춰 고정하고 박음질한다. 주머니가 달린 옆선은 튀어나온 시접을 잘 맞춰야 한다.
   tip 옆선은 주머니가 달린 선을 제외하고 박음질한다. 주머니를 박은 시작점/끝점과 정확하게 연결하여 박아야 구멍이 생기거나 옷이 찝히지 않는다. 모든 시접에 오버룩 처리 되어 있어 별도 시접 정리는 하지 않는다.

3 겉이 보이도록 뒤집어 주머니 모양에 이상 없는지 체크한다.
   tip 주머니에 손을 넣었을 때 손등과 손바닥 모두 주머니감의 겉면에 닿는다.
4 남은 바지 한쪽도 동일한 모양으로 만들고, 한쪽은 안이 보이게 다른 한쪽은 겉이 보이도록 놓는다.
5 안이 보이는 바지 한 장을 들고 그 안으로 겉이 보이게 놓은 바지를 집어넣어 완전히 겹친다.

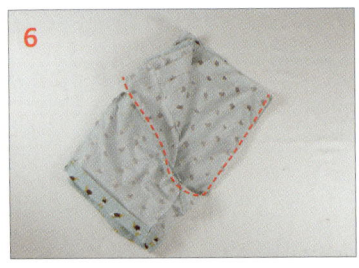 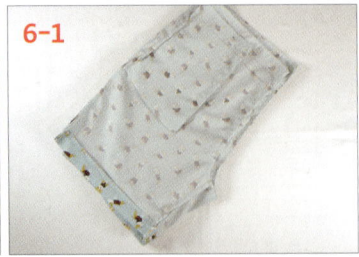 

6 밑위 라인을 잘 맞춰 핀으로 고정하고 박음질한다.
7 안에 들어있는 바지를 꺼내 모두 겉이 보이도록 놓는다. 바지 형태가 완성되었다.

## 허리 고무줄 넣기

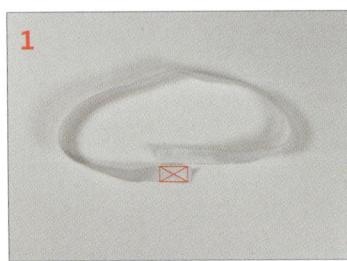 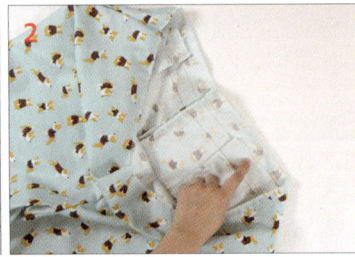 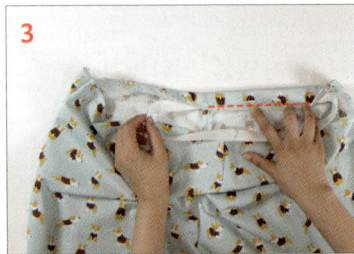

1 분량의 고무줄을 잘라 동그랗게 만들고 1~2cm 겹쳐 박음질한다.
   tip 고무줄이 꼬이지 않아야 하며, 박음질을 단단히 해야 여러 번의 세탁에도 튼튼하다.
2 바지의 허리 고무줄 위치를 확인한다. (주머니는 앞판 쪽으로 넘겨져 있다.)
3 고무줄 위치에 고무줄을 올리고 시접을 접어내려 고무줄을 덮은 뒤 고무줄 옆을 박음질하며 한 바퀴 둘러 박는다.
   tip 고무줄은 박지 않는다.

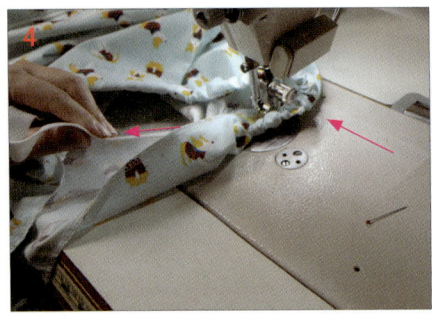 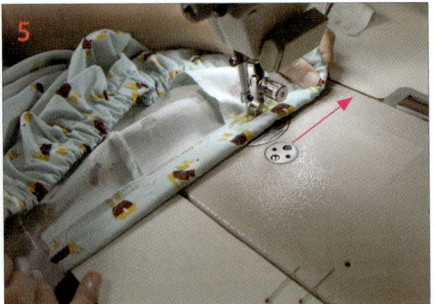

4 박다가 고무줄이 부족해지면 노루발을 들고 고무줄을 당긴다. 그럼 박은 분량이 쭈글쭈글해지면서 고무줄이 빠져나온다.
5 쭈글쭈글한 뒤쪽을 펴는 느낌으로 잡아주고 고무줄 옆을 계속 박아나간다. 시작점으로 돌아오면 되돌아박기 후 끝낸다.

## 🐻 마무리하여 완성하기

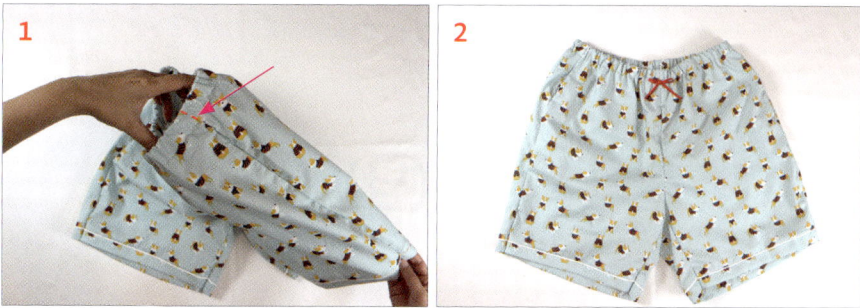

1   고무줄을 벌렸다 놨다 하면서 자리를 잡아준 후, 옆선의 위쪽 고무줄 부분은 바지와 함께 고정되도록 박는다.

   **tip** 고무줄을 바지와 함께 박을 때는 고무줄을 벌려서 편 채로 박아준다. 이렇게 양 옆을 박아두면 세탁을 많이 해도 고무줄이 꼬이지 않아 불편함이 없다.

2   앞판을 구분할 수 있도록 리본이나 단추 등을 달아서 표시해둔다.

3   상의, 강아지 파자마까지 완성.

우아하게 고급스럽게

# 플라워 한복(남)

-- 난이도 ★★★★ --

1. 오간자 원단은 다루기가 까다로운 원단이지만 만들었을 때 특유의 느낌이 있어 옷이 훨씬 더 우아하고 고급스러워 보여요. 원단 컬러와 같은 실을 추가로 준비하세요.
2. 봉제가 꼼꼼하고 깔끔하면 옷이 더 고급스러운 느낌이 나요. 각 단계마다 다리미를 사용하여 깔끔한 봉제를 해보세요.

### 사용 원단 및 부자재
M 사이즈 기준

**원단** **겉감** 면 30수 플라워무늬 원단(78×37cm)
　　　**안감** 면 30수 트윌 원단(98×35cm)
　　　**배색** 오간자 원단(56×26cm)
**부자재** 오간자 원단과 같은 컬러 실 1개, T단추 3개 세트 (11.5㎜), 똑딱 단추 (손바느질용), 실크 심지
**실물패턴 번호** 32~33

### 패턴 확인하기

단위 cm

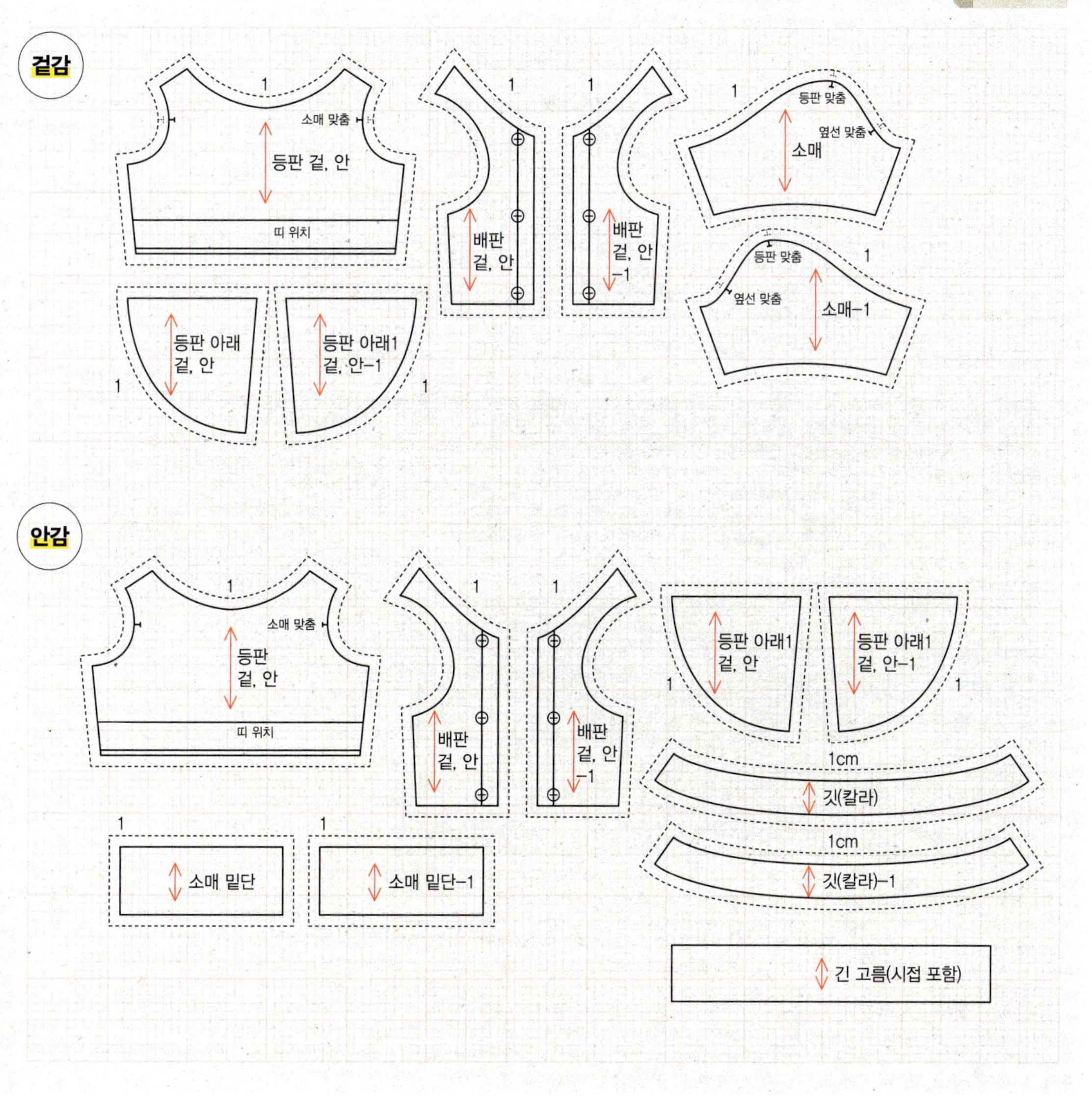

**겉감**

- 등판 겉, 안 / 띠 위치 / 소매 맞춤
- 배판 겉, 안 / 배판 겉, 안-1
- 소매 / 소매-1 / 등판 맞춤 / 옆선 맞춤
- 등판 아래 겉, 안 / 등판 아래1 겉, 안-1

**안감**

- 등판 겉, 안 / 띠 위치 / 소매 맞춤
- 배판 겉, 안 / 배판 겉, 안-1
- 등판 아래1 겉, 안 / 등판 아래1 겉, 안-1
- 깃(칼라) 1cm / 깃(칼라)-1 1cm
- 소매 밑단 / 소매 밑단-1
- 긴 고름(시접 포함)

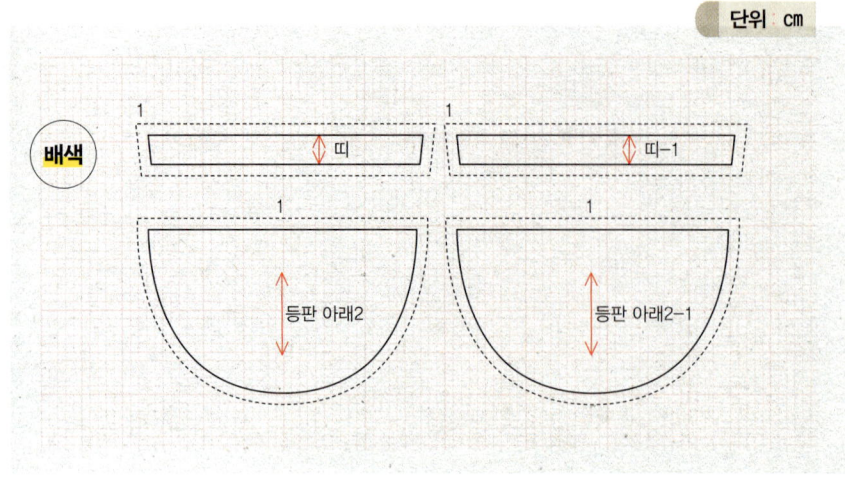

## 원단 재단하기

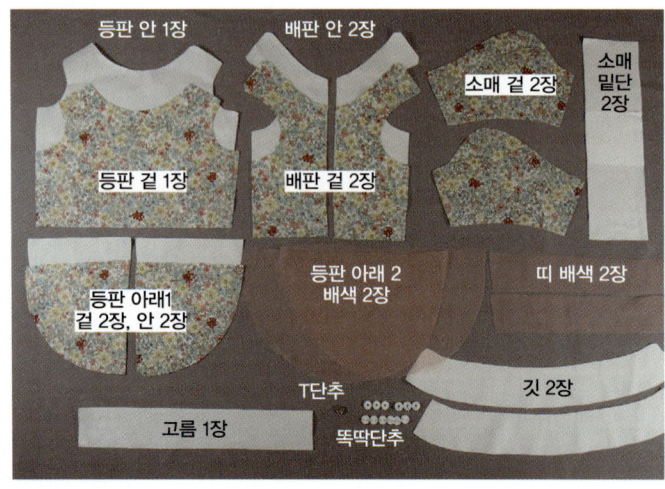

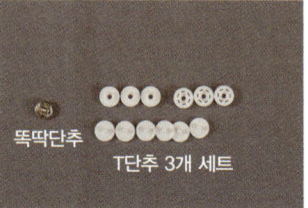

**재단 시 주의사항**

배판, 소매, 등판 아래1은 2장을 재단하되, 한 장은 패턴을 뒤집어서 재단하여 같은 방향이 2개 나오지 않도록 한다.

**봉제 전 준비**
- 패턴에 표시된 각 표시를 원단에 옮긴다.
- 소매 밑단 2장, 깃감 중 한 장에 실크 심지 붙이기(심지 붙이기 P.67)

## 띠 만들어 달기

1 등판 띠감 두 장을 준비하고 두 장을 나란히 놓은 후 위아래 시접 1㎝ 들어와 박음질한다. 원단이 움직여 박기가 까다로우니 핀으로 촘촘히 고정하고 천천히 박는다.
2 박은 시접을 바짝 잘라낸다.  tip 바짝 잘라낸 후 끝을 라이터의 파란 불꽃 부분으로 살짝 지나가면 올이 더 이상 풀어지지 않는다.
3 띠감을 뒤집어 다리미로 모양을 잡아주고, 등판의 띠 위치에 맞춰 올려 고정한 후 위아래 라인의 끝을 눌러 박는다.
 tip 다림질 온도는 레이온, 나일론 등과 비슷한, 면보다 낮은 온도로 사용해야 원단이 녹지 않는다. 오간자 원단 위에 다른 원단을 하나 더 올리고 다림질한다.

## 등판 아래 만들기

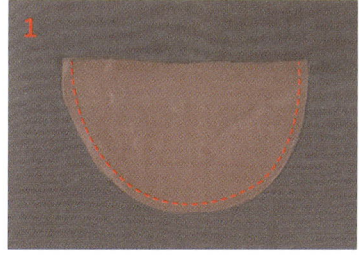 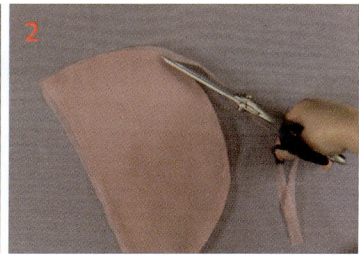 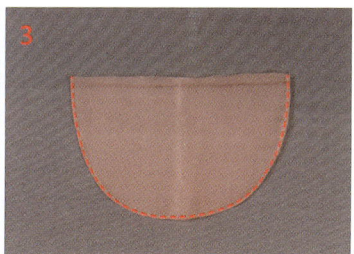

1 등판 아래2를 2장 준비하여, 두 장을 겹치고 곡선 라인을 박는다.
2 시접을 바짝 잘라낸다.
3 뒤집어박은 라인을 다리미로 정리한 후 끝에 스티치를 넣어 두 장을 고정한다.

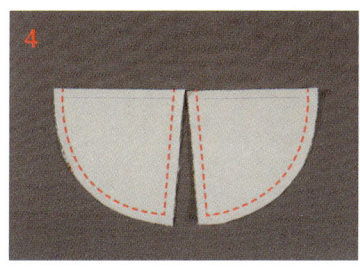 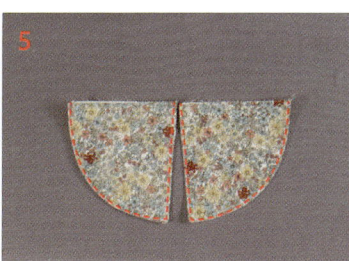 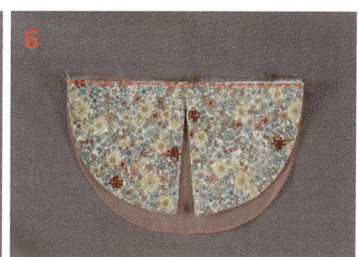

4 등판 아래1 겉감과 안감 총 4장을 준비하고, 겉감과 안감을 겉과 겉이 닿게 겹친 뒤 표시된 라인을 박는다.
5 시접을 짧게 잘라내고, 뒤집어 모양대로 다림질한 후 스티치를 넣어 고정한다.
6 준비한 등판 아래1, 2감을 겹쳐놓고, 윗라인 시접 공간에 박음질하여 임시 고정한다.
 tip 임시로 고정하는 박음질은 1㎝ 시접 공간 안에서(0.5㎝ 라인 정도) 박음질한다.

## 상의 준비하기

1 겉감 등판을 놓고, 그 위에 겉과 겉이 닿게 배판 겉감을 올린 후 어깨와 옆선을 맞춰 박는다.
2 박은 시접은 ⅓ 정도 잘라내고 가름솔 한다.
3 안감도 동일하게 박아 준비한다.

 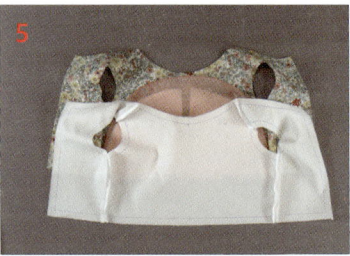 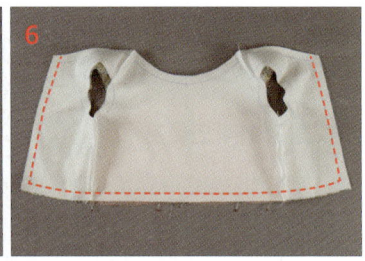

4 상의와 등판 아래감을 준비한다. 등판 아래감을 뒤집어 상의와 겉과 겉이 닿게 놓고, 아래 시접 끝을 핀으로 고정한다. **tip** 핀은 머리가 밖으로 나오도록, 세로로 꽂는다.
5 상의 안감과 겉감의 겉과 겉이 닿도록 완전히 겹친다.
6 배 중심, 등판과 배판의 밑라인을 박는다. 등판 아래감이 같이 박음질된다.

 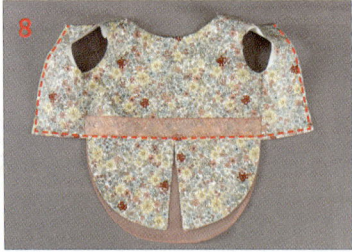 

7 박은 시접을 반 정도 잘라낸다.
8 목 라인으로 옷 전체를 뒤집어 박은 라인을 다림질하여 형태를 잡고, 겉에서 스티치를 넣는다.
9 목 라인과 진동 라인의 겉감과 안감을 임시로 박아 고정해둔다.

## 소매 달기

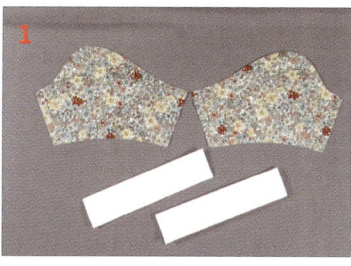  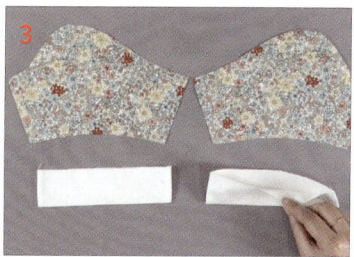

1 소매 2장과 소매 밑단감 2장을 준비하고, 소매 밑단감은 안과 안이 닿도록 반 접어 다려둔다.
2 소매 밑단감을 겉과 겉이 닿도록 반 접어(다릴 때와 반대로) 양 옆선을 박는다.
3 박은 시접을 반 정도 잘라내고 뒤집어둔다.

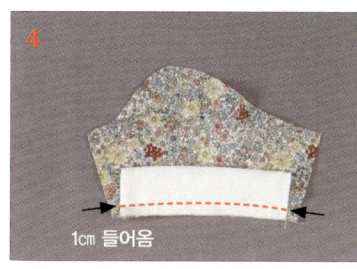  

4 소매에 밑단감을 올려 박음질한다. 이때 밑단감은 소매 옆에서 안쪽으로 1cm씩 들어와 달린다. (시접 제외하고 박힘)
5 표시된 부분을 오버록 처리한다. 제외되는 부분 없이 소매 끝부터 끝까지 오버록 친다.
6 소매 밑단을 펼쳐 시접이 위로 향하게 하고, 소매에 스티치를 넣는다.

 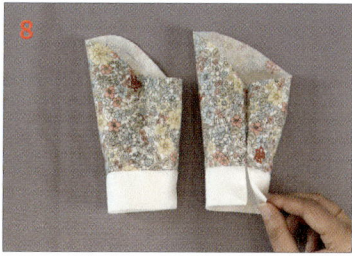 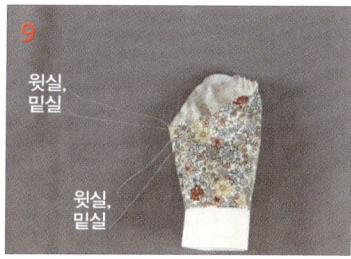

7 소매를 옆으로 반 접어 옆선을 박고, 오버록 처리한다.
8 소매를 겉으로 뒤집어 보면 옆선 쪽에 밑단 트임이 생겼다.
9 소매의 진동 시접 공간에 큰 땀수로 박음질한다. 시작과 끝 부분에 실이 길게 남겨져 있다.

**10** 밑실을 당겨 소매 진동 라인을 약간 오므려준다.
  **tip** 박음질 시 아래쪽 면에 밑실이 있다.
**11** 진동 부분에 볼록한 입체감이 생겼다. 시접 부분에만 주름이 있고, 완성선에는 주름이 없도록 주름량을 조절한다.
**12** 소매의 등판 맞춤 포인트를 등판의 소매 맞춤 포인트와 겉과 겉이 닿게 맞춰 고정한다.

**13** 소매의 옆선 맞춤 포인트를 몸판의 옆선 점과 맞춰 핀 고정한다.
**14** 배판을 안이 보이도록 젖히고,
**15** 실을 당기고 풀어가면서 몸판과 소매 진동의 길이를 맞춰 핀을 더 고정하고, 진동 라인을 박는다.

**tip** 박기 전에 사진처럼 소매가 바깥쪽으로 향하고, 바닥에 소매 트임이 가있는지 확인한다.

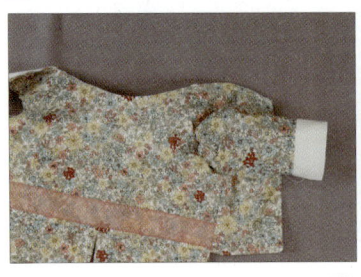 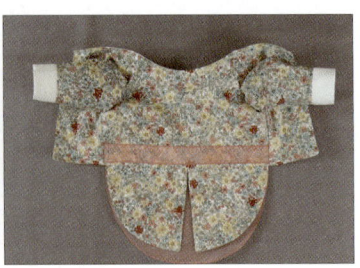

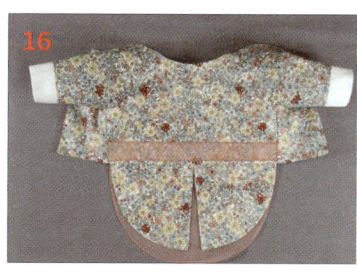 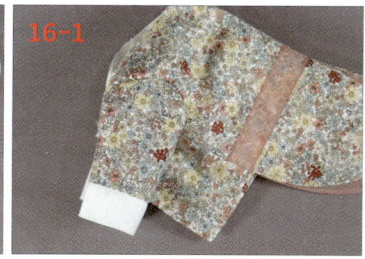 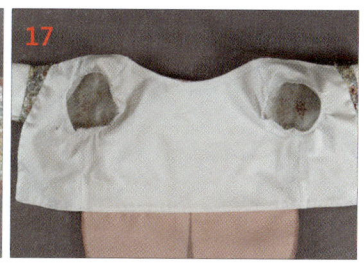

**16** 박은 후 모습이다. 진동 라인에 주름이 없이 매끈하다. 주름을 잡은 것은 몸판 진동에 고정하기 위한 것으로 완성선에는 주름이 없어야 한다.

**17** 박은 진동 시접은 오버록 처리한다.

## 깃 연결하기

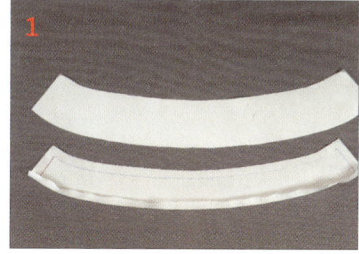 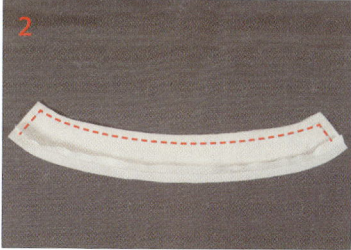 

**1** 깃감 두 장을 준비하고 심지를 붙이지 않는 깃감의 밑단 시접을 접어 다린다.

**2** 두 장을 겉과 겉이 닿게 겹치고 표시된 라인을 박는다. 다려놓은 시접은 펼치지 말고 그대로 놓고, 다려놓은 선부터 반대쪽 다려놓은 선까지만 박는다.

**3** 시접을 반 정도 잘라낸 후 뒤집고 다림질하여 모양을 잡아둔다.

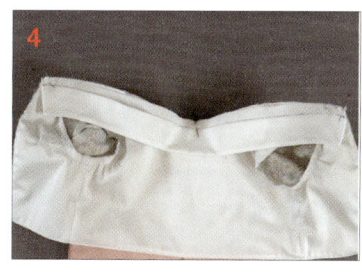 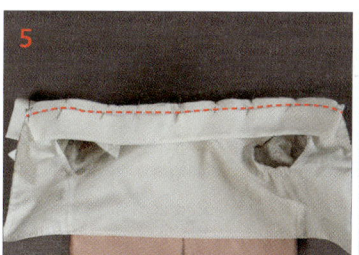 

**4** 옷의 안이 보이게 놓고, 그 위에 시접을 다리지 않은 깃감이 닿도록 목 라인에 맞춰 올린 뒤 핀을 꽂는다.

**5** 완성선만큼 들어와 목 라인을 박는다.

**6** 이때 접어 다려놓은 깃감은 박히지 않는다. 시작과 끝 부분에 되돌아박기 한다.

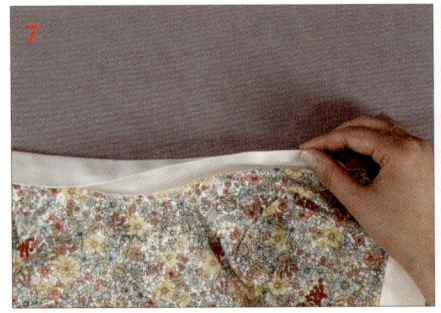 

**7** 박은 시접을 반 정도 잘라내고, 깃감을 세워 시접을 다려놓은 깃감의 겉이 보이게 한다. 박은 목 라인 시접은 위로 향하도록 한다.

**8** 시접을 다려놓은 깃감으로 시접을 덮어 고정한다.

**9** 이때 목 라인을 둥글게 만들어서 핀을 꽂으면 더 자연스럽게 깃이 고정된다.

**10** 안쪽에서 박은 목 라인 선을 덮으며 핀 고정한다.

 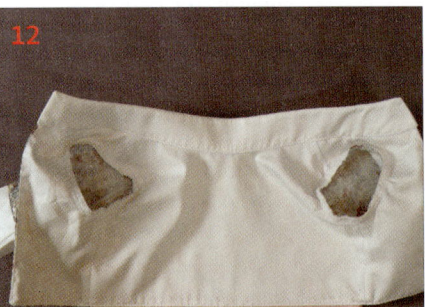

**11** 다려놓은 시접 라인을 박는다. 박은 선이 겉으로 보이게 되므로 간격을 균일하게 박도록 한다.

**12** 박은 모습이다. 안쪽도 동일한 간격으로 박음질되었다.

## 고름 만들기

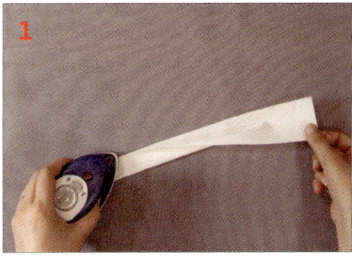 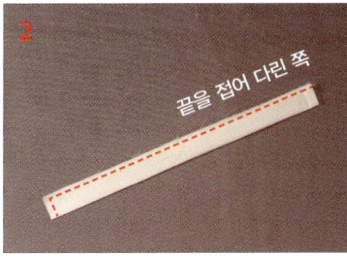 

1. 고름감을 가져와 겉과 겉이 닿게 반 접어 다린다.
2. 한쪽 끝도 접어 다리고, 표시한 라인을 0.5㎝ 간격으로 박는다.
3. 끝을 접어 다린 쪽에 있는 구멍을 통해서 전체를 뒤집어 준다. 뒤집개를 이용하면 편하다.

 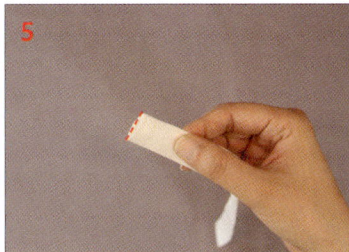 

4. 다리미로 눌러 모양을 잡아준다. 끝을 접어 다린 시접을 안쪽으로 넣어 시접이 보이지 않게 한다.
5. 뒤집을 때 사용한 구멍은 **공그르기** (P.51 참조) 하거나 끝을 미싱으로 박아 막는다.
6. 사진과 같이 고름을 놓고,

 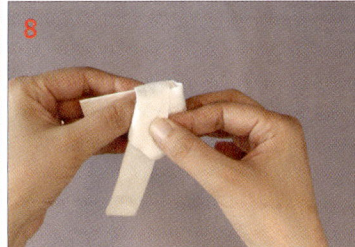 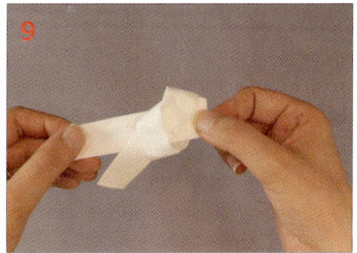

7. 아래쪽 긴 끈을 위로 올린다.
8. 손가락에 생긴 구멍으로 긴 끈을 접어 구멍 안으로 넣되, 완전히 빼지 않는다.
9. 긴 끈의 접힌 부분을 잡고 당기면, 매듭이 생기며 묶인다.

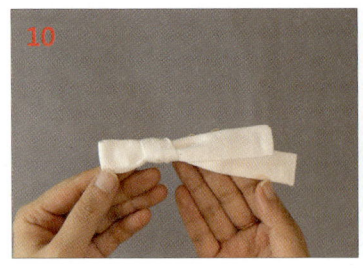 

**10** 뒤로 뒤집어 길이를 조정하고 형태를 예쁘게 잡아준다.

## 🐻 단추 달고 완성하기

1. 배판에 표시한 단춧구멍 위치에 T단추를 단다.
2. T단추를 채우고 깃감의 형태를 자연스럽게 놓은 뒤 안쪽에 똑딱단추를 손바느질로 달아준다.
   tip 강아지에게 입혀보고 위치를 잡아도 좋다.
3. 고름의 위치를 잡고, 손바느질로 달아 고정한다.

 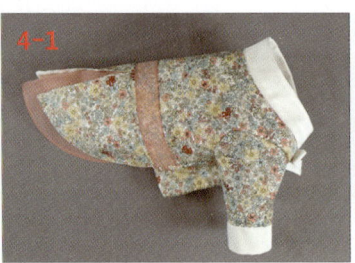 

4. 플라워 한복 완성!

우아하게 고급스럽게

# 플라워 한복(여)

-- 난이도 ★★★★ --

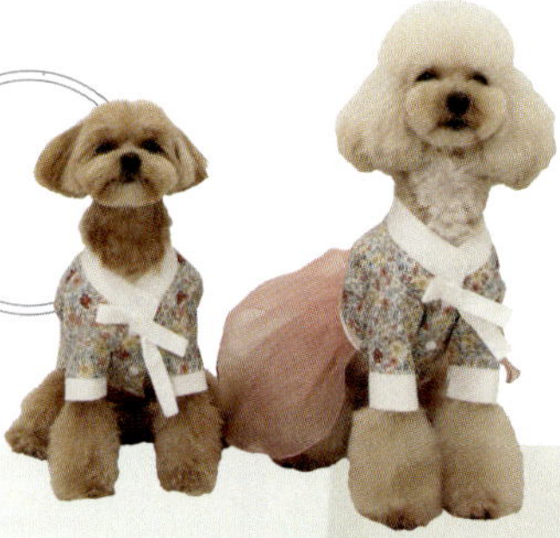

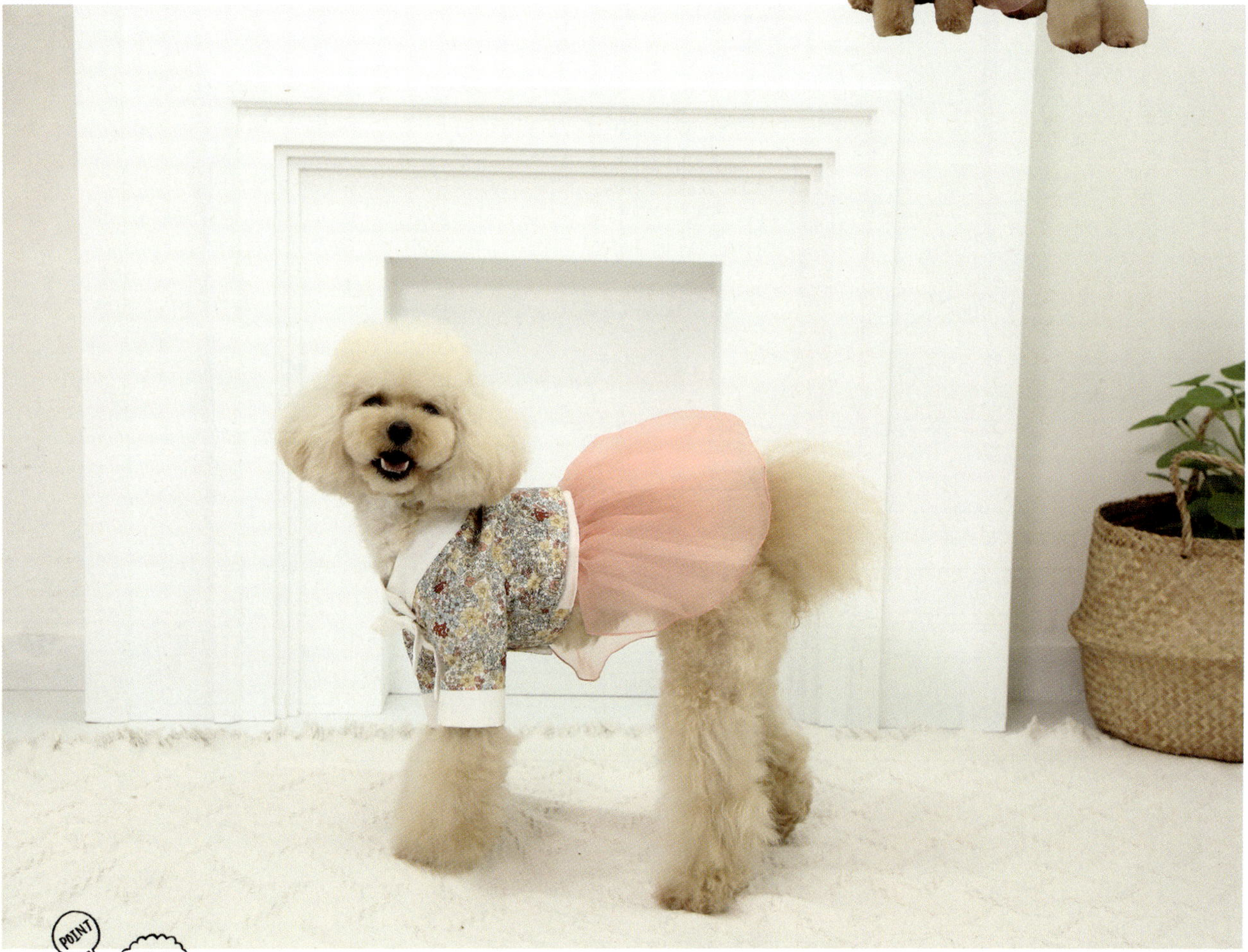

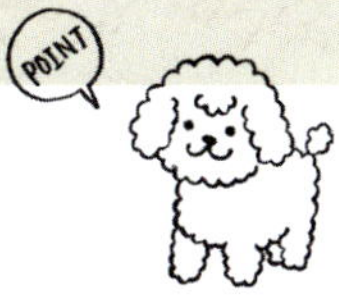

1. 오간자 원단은 다루기 까다로운 원단이지만 만들었을 때 특유의 느낌이 있어 옷이 훨씬 더 우아하고 고급스러워 보여요. 오간자 원단 컬러와 같은 컬러의 실을 추가로 준비하세요.
2. 치마 끝단 마감은 인터록으로 처리할 거예요. 오버록과 인터록이 대부분 겸용이니 인터록 전환법을 확인하세요.
3. 봉제가 꼼꼼하고 깔끔하면 옷이 더 고급스러운 느낌이 나요. 각 단계마다 다리미를 사용하여 깔끔한 봉제를 해보세요.
4. 2단 치마인 샤 원단은 너무 부드러운 느낌보다는 약간은 힘이 있어야 치마가 처지지 않아요.

## 사용 원단 및 부자재

M 사이즈 기준

**원단**
- **겉감** 면 30수 플라워 무늬 원단(55×40㎝)
- **안감** 면 30수 트윌 원단(100×38㎝)
- **배색-치마 2단** 샤 원단(75×20㎝)
- **배색-치마 1단** 오간자 원단(75×22㎝)

**부자재** 오간자 원단과 같은 컬러 실 1개, T단추 3개 세트(11.5㎜), 똑딱단추(손바느질용), 실크 심지

**실물패턴 번호** 32~33

## 패턴 확인하기

단위 ㎝

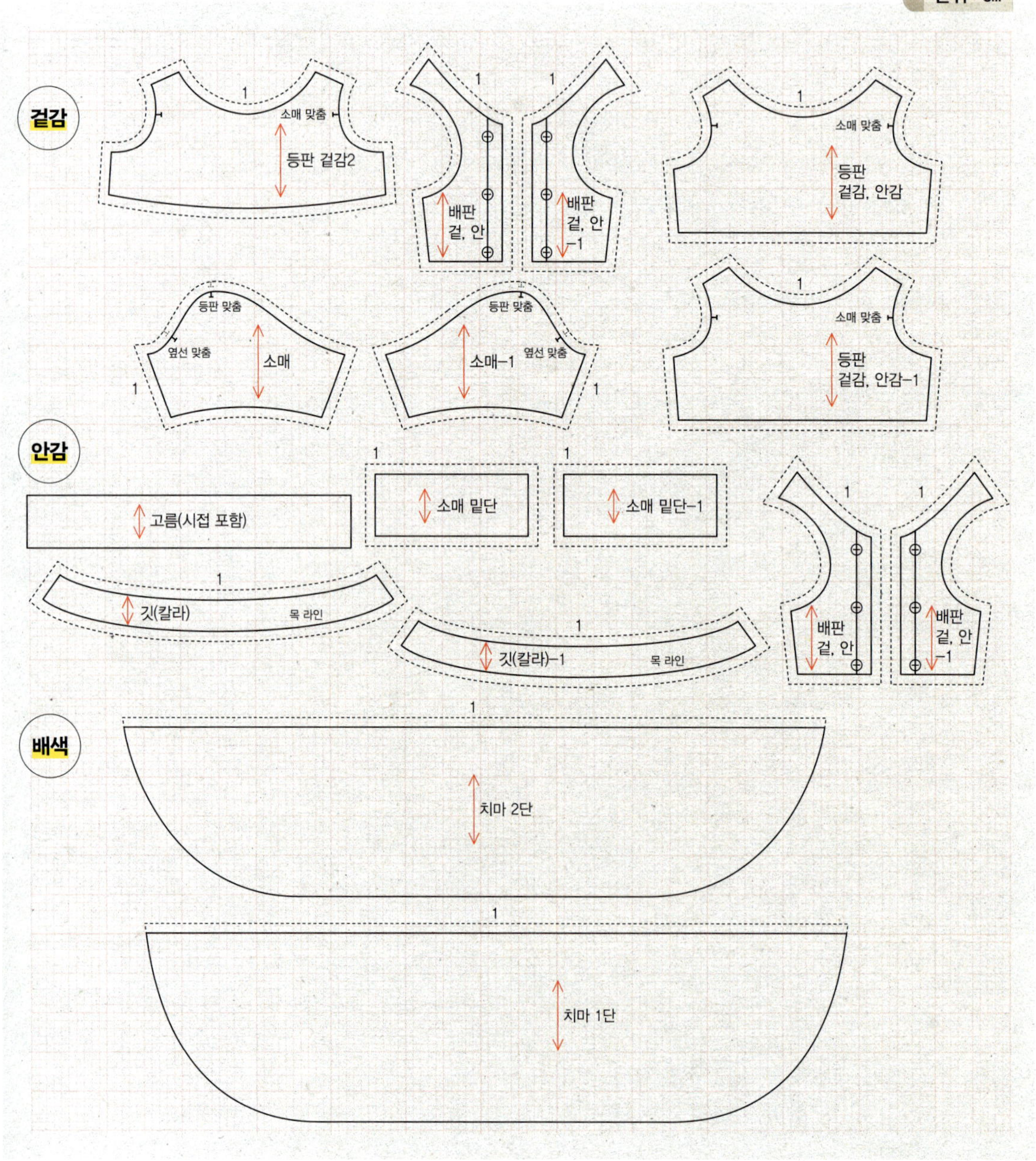

## ✂ 원단 재단하기

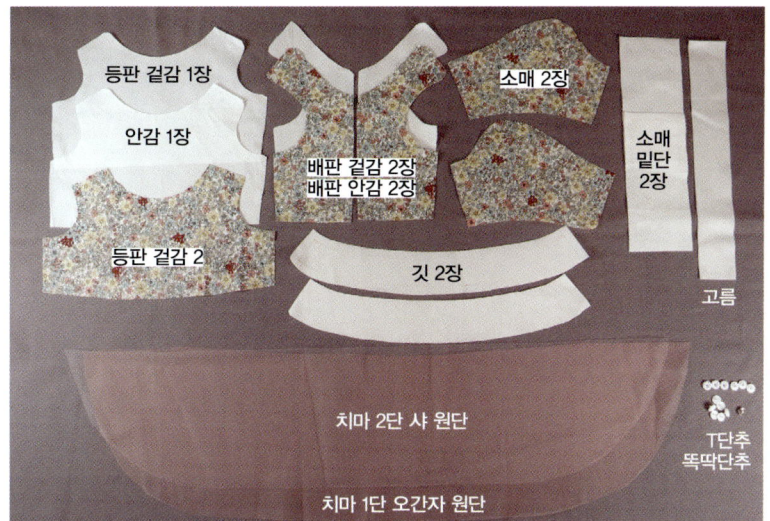
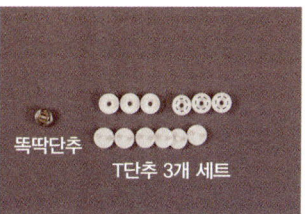

**재단 시 주의사항**

배판, 소매는 2개를 재단하되, 한 장은 패턴을 뒤집어서 재단하여 같은 방향이 2개 나오지 않도록 한다.

**봉제 전 준비**

- 패턴에 표시된 각 표시를 원단에 옮긴다.
- 소매 밑단 2장 , 깃감 중 한 장에 실크 심지 붙이기(**심지 붙이기 P.67**)

## 👑 등판 겉감 준비하기

1. 등판 겉감 2를 안이 보이게 놓고, 아래쪽 시접을 두 번 접어 다림질한다.
   **tip** 완성선에 닿게 0.5㎝를 한 번 접고, 0.5㎝를 한 번 더 접는다.
2. 겉을 보고 접어 다린 시접을 눌러 박는다.
3. 등판 겉감의 겉이 보이게 놓고, 그 위에 등판 겉감2를 올려 어깨와 옆선을 맞춰 핀 고정한다.

## 상의 준비하기

1 배판 겉감을 등판과 겉과 겉이 닿도록 올리고, 어깨를 맞춰 박는다.
2 옆선을 맞춰 박는다. 빠져나오려 하는 등판 겉감2를 잘 맞춰 같이 박는다.
3 시접을 반 정도 잘라내고 가름솔 한다.

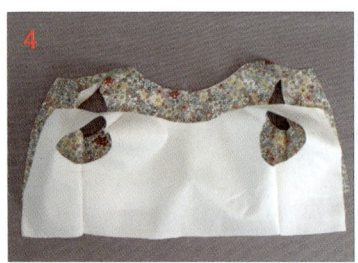 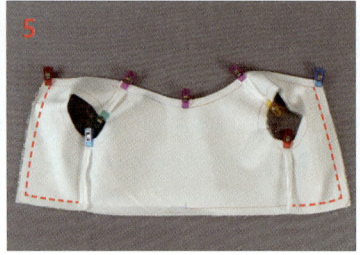 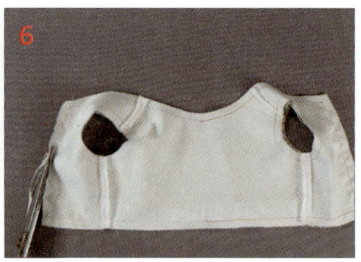

4 같은 방법으로 안감도 동일하게 준비한다.
5 겉감과 안감의 겉과 겉이 닿도록 완전히 겹친 후 주요 부위를 맞춰 고정하고 표시된 부분을 박음질한다.
 tip 등판 아래쪽은 박히지 않는다.
6 시접을 짧게 잘라낸다.

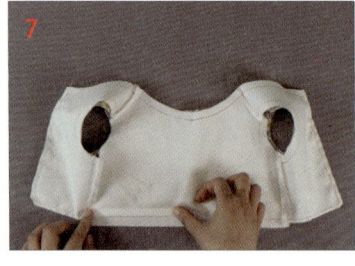 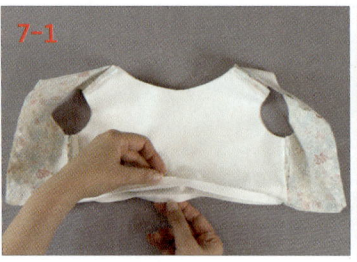 

7 등판 아래쪽 겉감, 안감 시접을 완성선만큼 접어 다린다.
8 목을 통해 뒤집으면, 등판 밑단 시접이 다려지면서 라인이 정리된다.

## 치마 준비하기

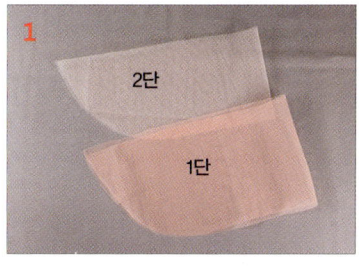  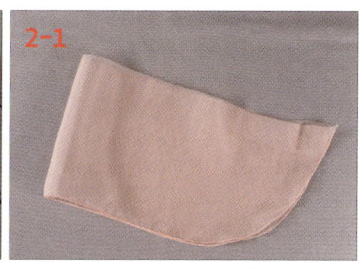

1. 치마 1, 2단을 준비한다. (1단 - 오간자, 2단 - 샤). **tip** 샤 원단은 겹수를 더 추가해도 좋다.
2. 1단 오간자 원단의 끝단을 인터록 마감한다. ('인터록 티셔츠' 인터록 전환법 P.167)
   **tip** 2단 치마인 샤 원단은 풀리지 않는 원단이라서 따로 마감 처리를 하지 않는다.

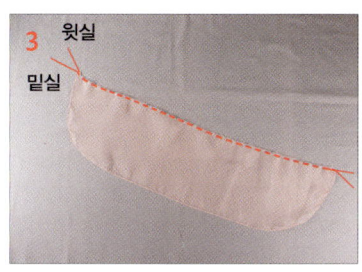  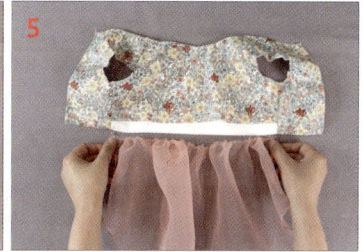

3. 미싱 땀수를 최대로 놓고, 치마 윗 라인의 시접 공간에(0.5㎝) 한 줄 박음질한다. 시작과 끝 부분에 실이 남겨져 있다. **tip** 박음질 시 아래쪽에 위치한 실이 밑실이다.
4. 밑실 한 가닥을 당기며 원단을 중심 방향으로 밀어주면 주름이 생긴다.
   **tip** 원단이 얇기 때문에 강하게 힘을 주지 말고 살살 움직여 주름을 잡는다.
5. 전체적으로 주름이 골고루 분배되도록 하고, 주름을 잡은 길이는 등판의 길이와 동일하게 맞춘다.

6. 2단 치마도 동일하게 주름을 잡는다.
   **tip** 1, 2단 치마를 따로 주름을 잡아 합치면 볼륨감이 커진다.
7. 치마 1, 2단을 합쳐서 주름잡은 실이 있는 라인을 박아 임시로 고정한다.

## 상의에 치마 연결하여 완성하기

1 등판 아래에 다려놓은 겉감, 안감 시접 사이로 치마를 끼워 고정한다.
2 치마에 볼륨감이 생겨 고정하기 쉽지 않다. 양쪽 끝과 중심을 고정하고 사이사이에 핀을 더 추가해 고정한다.
   tip 치마가 같이 박음질되는 부위는 안감의 시접도 동일하게 접혀 있는 상태다. 겉에서 스티치를 넣었으나 안쪽 시접은 박히지 않는 실수가 많이 생기는 부분이다. 치마를 고정할 때 등판의 겉감과 안감 시접은 그대로 있고, 그 사이에 치마가 끼워지는 방식으로 핀을 고정한다. 겉감 시접만 신경 쓰면서 시접을 당기면 안쪽은 박히지 않게 된다. 박기 전에 박음질 폭을 고려하여 안쪽에 박히지 않는 부위가 생기지 않는지 미리 체크하면 좋다. 플라워 한복(남)의 등판 아래 연결하는 방법도 있다.

3 표시된 라인에 스티치를 넣어 치마를 상의에 연결한다.
4 치마가 연결되었다.

5 이후 과정은 플라워 한복(남) 과정과 동일하다.

고요한 꿈 속으로

# 작별 인사(수의)

-- 난이도 ★★★★★ --

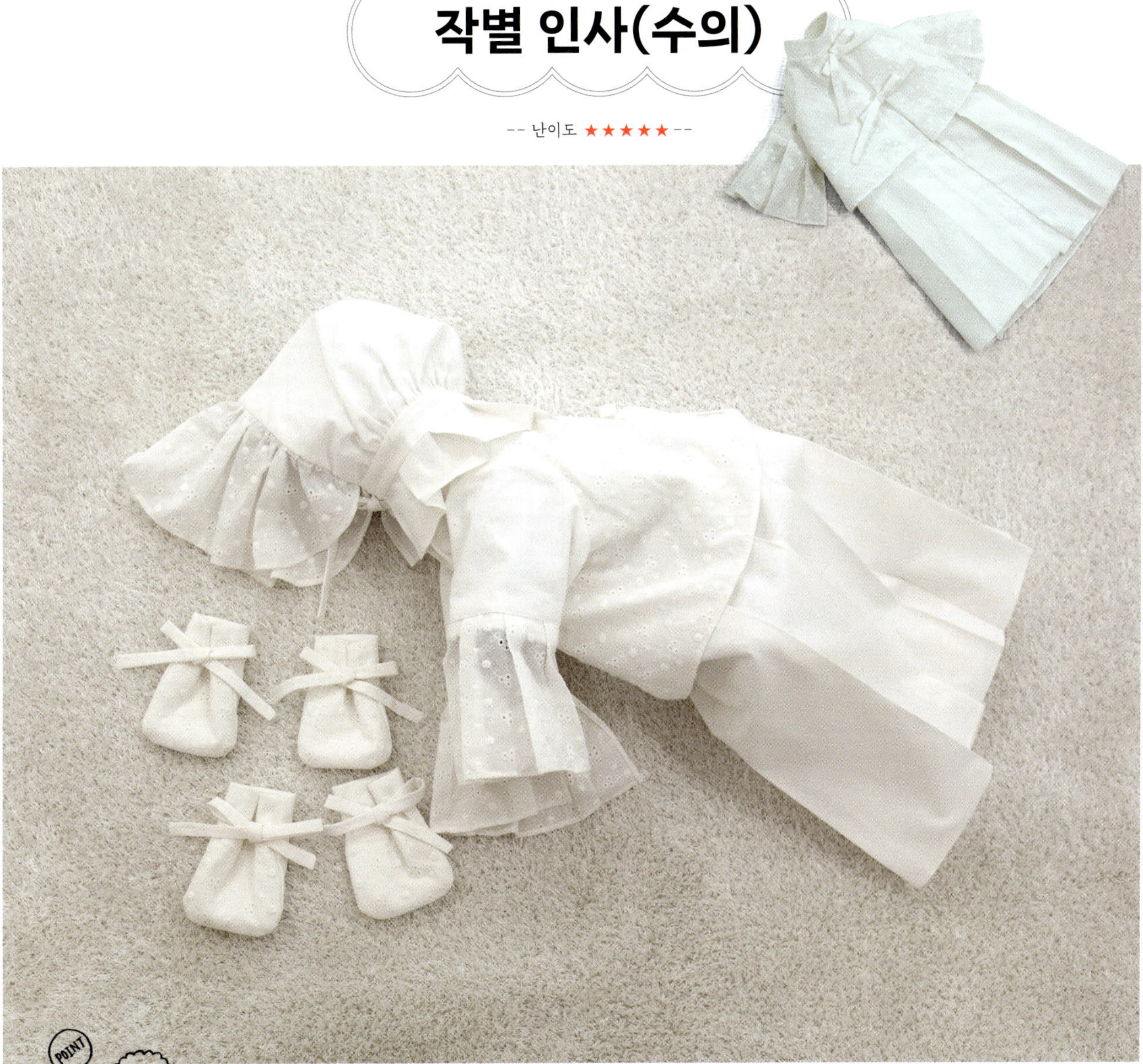

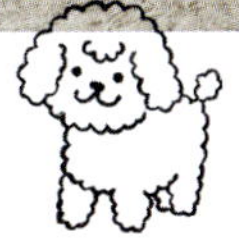

1. 아이들의 마지막을 따뜻하고 포근하게 만들어줄 작별 인사 옷입니다. 작별을 준비하면서 시간을 두고 정성을 다해 준비하는 옷으로 손이 많이 가는 옷이니 충분한 시간을 두고 만드세요.
2. 옷, 모자, 손발 싸개로 구성되어 있으며, 소재는 모두 같은 것으로 사용하면 돼요.
3. 원단이나 모든 소재는 면과 같은 자연적인 소재를 사용해 주세요.

## 사용 원단 및 부자재
M 사이즈 기준

**원단** **몸판** 면 20~30수, 린넨(겉감 135×91㎝, 안감 95×75㎝), 장식 원단 펀칭 레이스(95×55㎝)
옷·모자·손발 싸개 전체 완성 시 57인치 원단 M기준 2~2.5마

**부자재** 면실, 말아박기 노루발

**실물패턴 번호** 34

## 패턴 확인하기

단위 cm

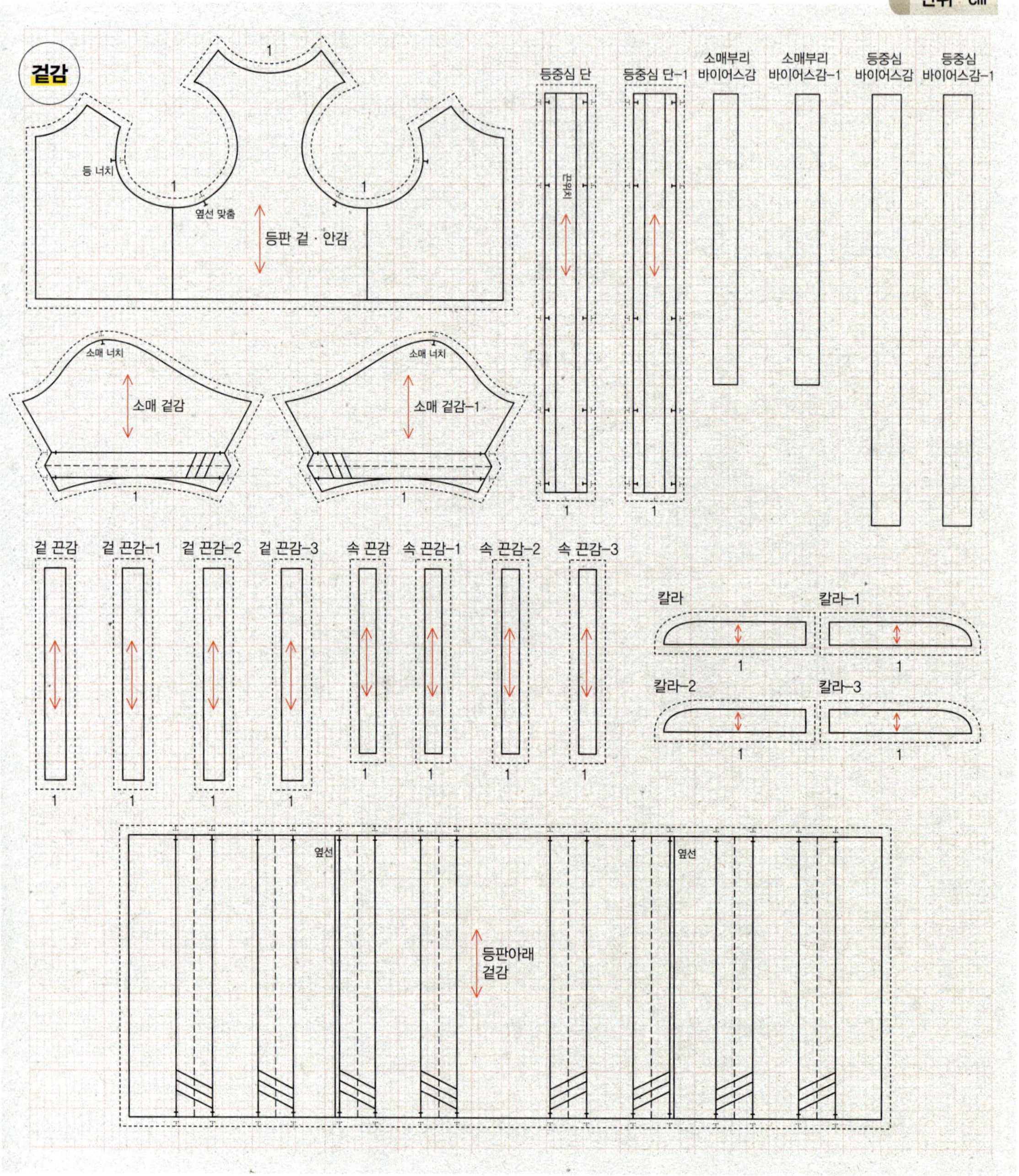

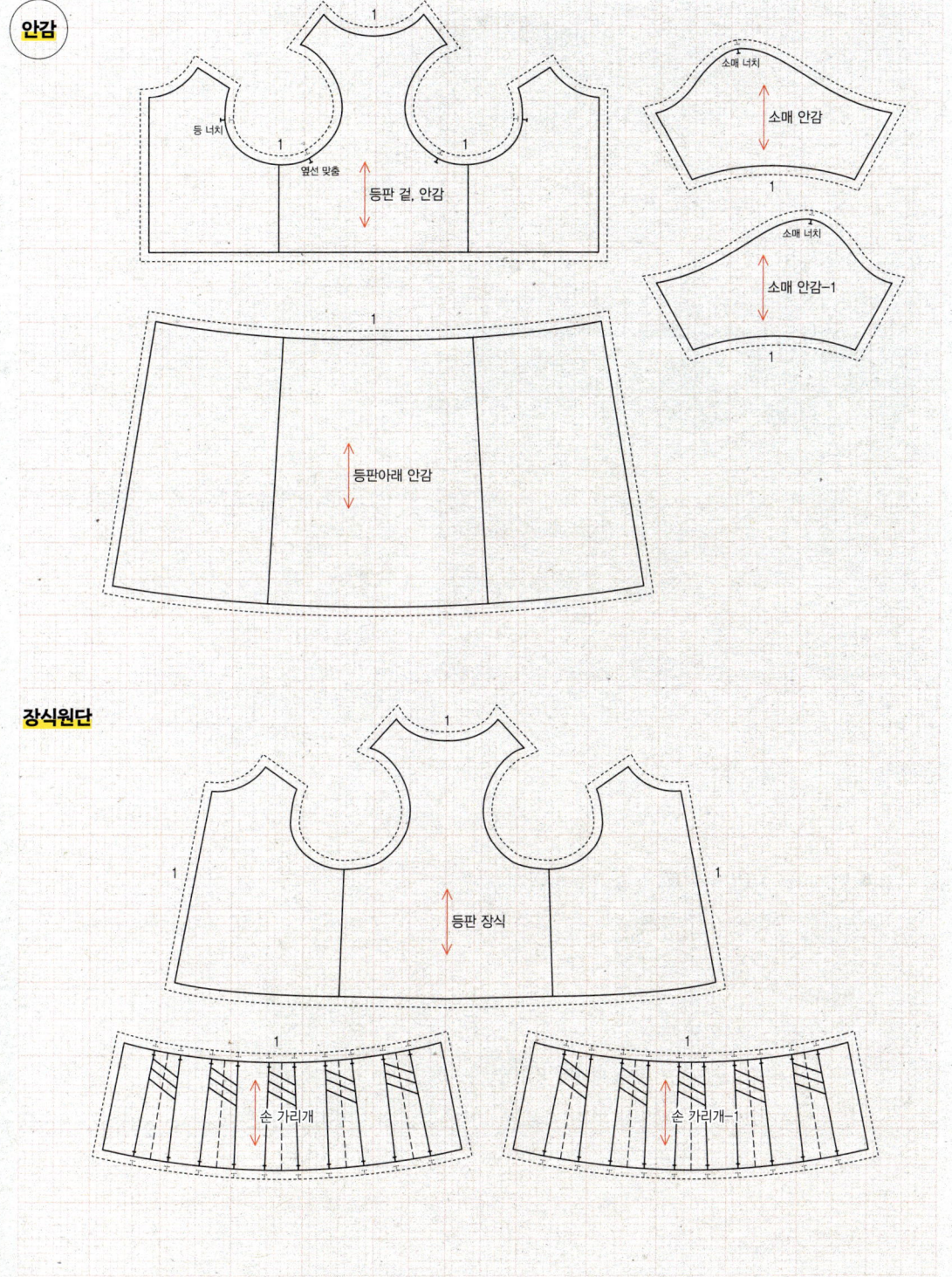

## ✂ 원단 재단하기

**겉감**

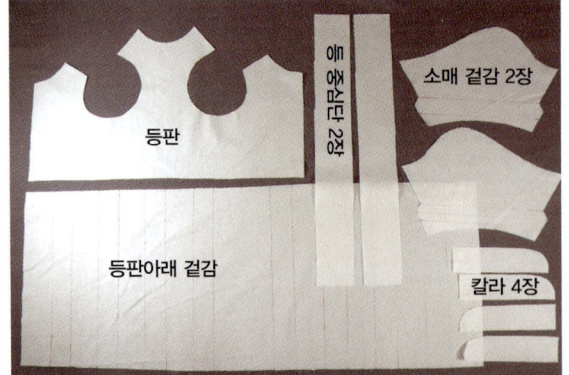

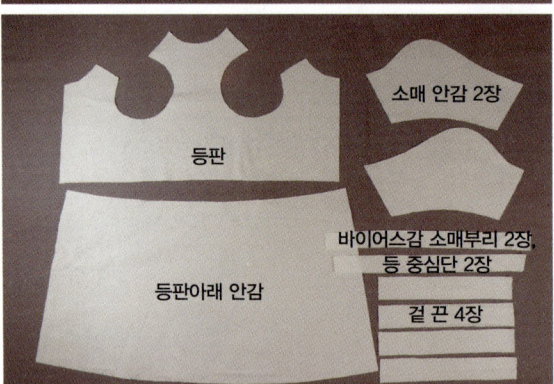

**재단 시 주의사항**

소매는 2개를 재단하되, 한 장은 패턴을 뒤집어서 재단하여 같은 방향이 2개 나오지 않도록 한다.

**장식 원단**

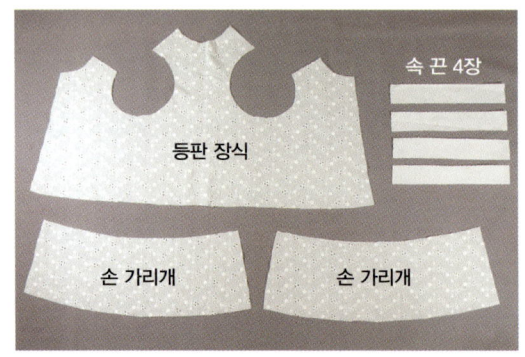

**봉제 전 준비**
- 주름선, 너치 표시 등 패턴에 있는 위치 표시하기

## 👑 시접 두 번 접어박기(말아박기)

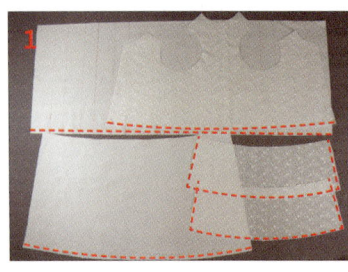

1. 등판아래 겉감, 등판아래 안감, 등판 장식, 손 가리개 2장을 가져와 표시된 부분의 시접을 두 번 접어 박음질한다.
2. 시접의 반만큼 한 번 접어 다리고 한 번 더 접어 다린 뒤 시접이 퍼지지 않도록 눌러 박음질한다.
3. 시접을 정리한 모습이다.

   tip 펀칭 레이스 원단은 자수로 인해 부분적으로 두께가 다르기 때문에 꼼꼼히 다림질을 해서 박음질해야 한다.

## 끈 만들기

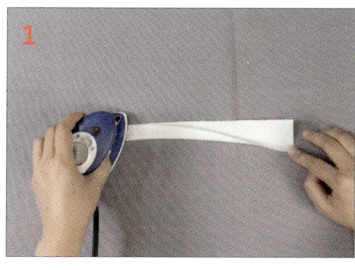  

1  겉 끈감, 속 끈감 4개씩 총 8개를 준비하고 겉이 서로 닿도록 반으로 접어 다림질한다.
2  한쪽 끝을 창구멍으로 두고 박음질한다.    tip 박음질 간격이 균일해야 끈 폭이 일정하다.
3  시접을 반 정도 잘라 정리하고 박음질로 막힌 끝 부분에 뒤집개를 갖다 대고 원단을 쓰다듬어 내리며 끈 전체를 뒤집는다.

 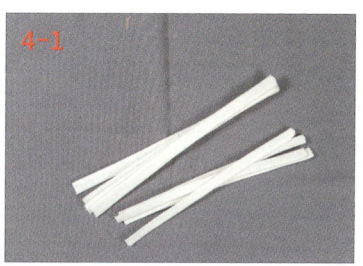

4  모양을 잡고 끈을 다려준다. 겉 끈과 속 끈 모두 동일하게 준비한다.
   tip 끈을 뒤집어 만들면 손이 훨씬 많이 가지만 원단이 덜 두꺼워져 리본으로 묶었을 때 더 자연스럽다.
   끈 폭이 좁아 뒤집기가 힘들면 바이어스 테이프 모양으로 만들어도 된다.(P.58)

## 겉감·안감 어깨 연결하기

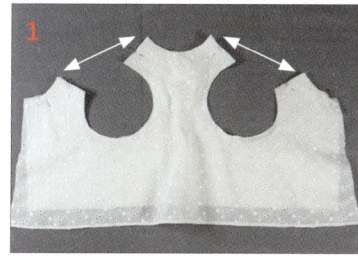 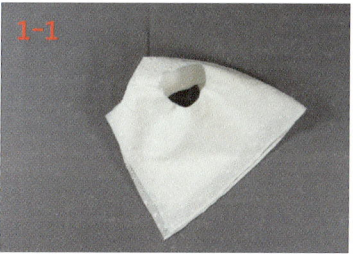 

1  등판 겉이 보이게 놓고, 그 위에 등판 장식감을 올려 고정한 뒤 양쪽 어깨를 박음질한다.
2  안감도 동일하게 양쪽 어깨를 박고, 시접은 모두 가름솔 한다.

## 소매 준비하기

  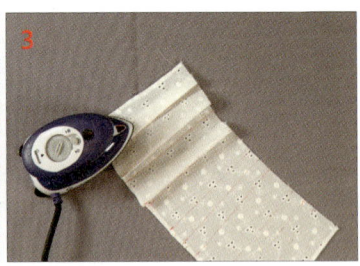

1. 겉감 소매와 손 가리개를 준비하고 손 가리개감의 겉이 보이게 놓은 후 주름을 만들 선을 확인한다.
2. 왼쪽 선을 꼬집듯이 잡고, 그 선을 오른쪽 선에 갖다 붙인다.
3. 다리미로 눌러 다리고 주름을 고정한다. 다른 손가리개도 같은 방법으로 주름을 잡되 주름의 방향이 반대가 되도록 한다. (오른쪽 선을 왼쪽으로 붙여준다.)

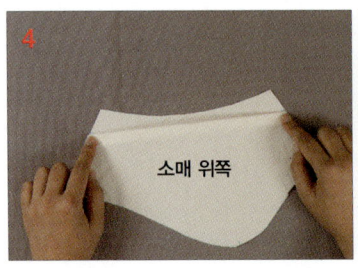  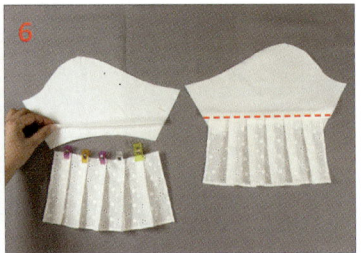

4. 소매 겉감에 표시된 주름선을 소매 위쪽 선을 꼬집듯이 잡아 아래쪽 선으로 갖다 붙이고 다림질한다.
5. 주름을 잡은 모습이다. 중심선을 기준으로 소매와 주름이 대칭이다.
6. 소매의 주름 사이에 손가리개를 끼워 넣고 박음질한다.

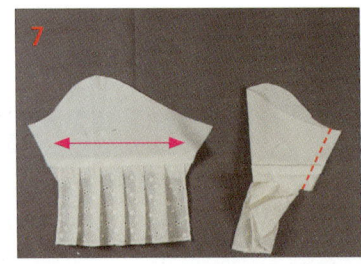 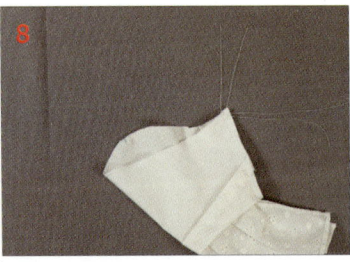 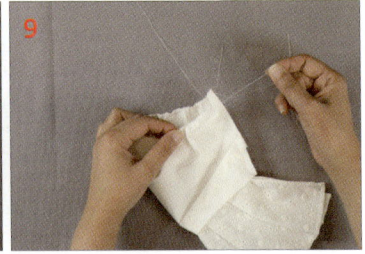

7. 손가리개를 치우고, 소매의 겉면이 서로 닿게 반으로 접어 박음질한다.
8. 미싱 땀 수를 가장 크게 놓고 소매 진동 라인의 시접 공간에 박음질한다. 시작과 끝에 실을 남긴다.
9. 밑실을 당겨 살짝 진동 길이를 줄인다는 느낌으로 주름을 만들어둔다.

## 👑 소매 연결하기

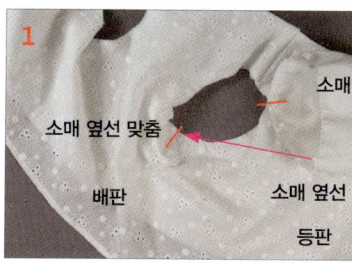  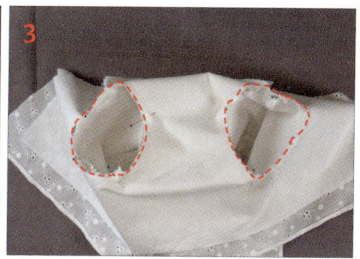

1 소매 너치를 등판에 표시한 너치의 겉과 겉이 닿게 맞춰 고정한다. 소매의 옆선은 배판에 표시된 너치에 맞춰진다.
2 등판 안이 보이도록 뒤집어 배판의 너치와 소매 옆선을 맞춘다.
   tip 이때 소매 길이 차이가 많이 나면 반대쪽 소매일 수 있으니 다른 쪽 소매를 가져와 양쪽 다 맞는지 확인 후 박음질한다.
3 나머지 부분도 길이를 맞춰 핀을 꽂고 진동 라인을 박음질한다.
   tip 소매 안쪽을 보고 박아야 박음질이 편하다.

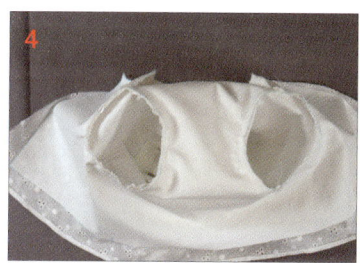 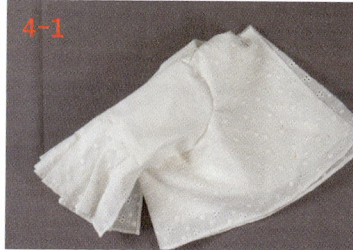 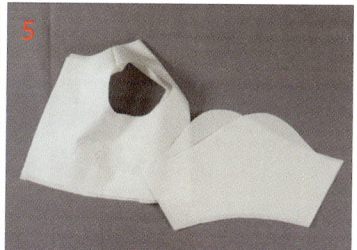

4 소매가 연결되었다.
5 등판 안감도 같은 방법으로 소매를 연결한다.

## 👑 등판 아래감 연결하기

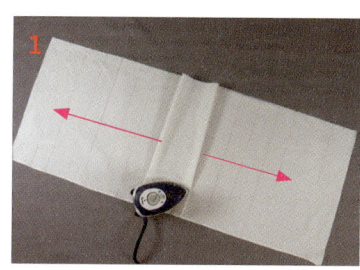  

1 겉감의 등판 아래감을 가져와 손가리개와 같은 방법으로 주름을 잡는다. 주름 방향이 반대이다.
   tip 겉을 보고 주름을 잡아야 한다.
2 겉감 등판을 가져와 나란히 놓고 등판 허리선과 주름을 잡은 등판 아래의 길이를 맞춰 고정하고 박는다. 이때 등판의 장식(레이스 원단)은 치워둔다.

  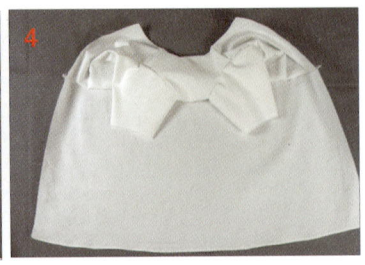

3 　연결된 모습이다. 연결 시접은 아래로 내려 다려 놓는다.
4 　시접을 오버록 처리한다. 안감도 허리선과 등판 아래감을 연결해준다.

## 👑 등 중심단 연결하기

 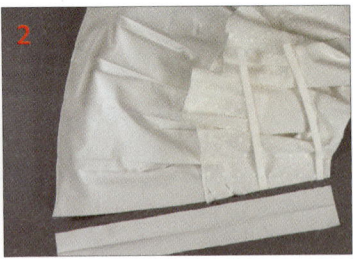 

1 　등 중심단을 반으로 접어 다린다.
2 　겉감은 겉이 보이게 놓고, 등 중심단도 겉이 보이게 펼쳐 놓는다. 등 중심단에 표시된 위치에 겉 끈을 가져와 고정한다.
3 　옷에 다려놓은 중심단 겉이 닿도록 올리되, 다린 것을 펼쳐 한 장만 맞춘다.

 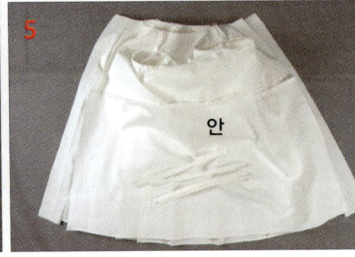 

4 　양쪽 모두 고정하고 박음질한다.
5 　위에 안감의 겉이 닿도록 올리고, 속 끈감을 준비한다.
6 　등 중심단을 펼치고 아래쪽에 속 끈감을 고정시킨다.

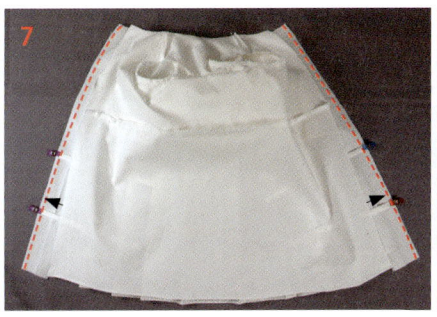 

7 안감과 등 중심단을 박아 연결한다.
8 겉감과 안감이 모두 등 중심단에 연결되어 옷이 원통형이 되었다.

## 칼라 연결하기

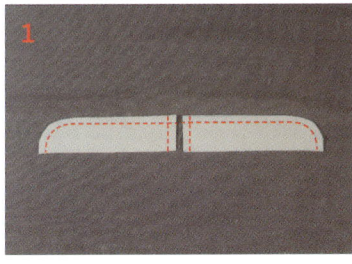 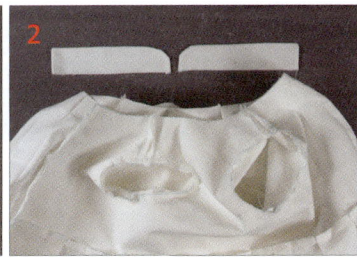 

1 칼라감은 겉과 겉이 닿도록 두 장씩 겹쳐서 놓고 박음질한다.
2 시접을 짧게 자르고 뒤집어 모양을 잡은 뒤 옷을 가져와 목라인이 보이도록 놓는다.
3 등 중심단의 다림질 선을 거꾸로 반 접은 채 칼라를 집어넣는다. 칼라의 둥근 부분이 배목 중심으로 향한다.

 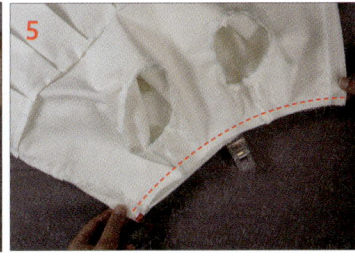 

4 칼라가 고정된 모습이다. 겉감과 안감 사이에 칼라가 끼워진다.
5 목 라인의 칼라가 움직이지 않도록 고정하고 박음질한다.
   tip 등 중심단은 뒤집은 다림질 선부터 반대쪽까지 박음질한다.
6 시접은 가위밥을 넣고 옷의 겉이 보이도록 뒤집는다.

## 마무리하여 완성하기

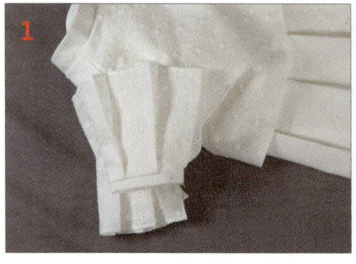  

1 손 가리개를 걷어내면 소매의 겉감과 안감이 보이므로 서로 모아 잡고 고정한다.
2 소매부리 바이어스감을 가져와 끝이 모아지도록 안으로 모아 다리고, 한 번 더 접어 바이어스 테이프 모양으로 만든다.
3 끝을 2㎝ 정도 접어 소매부리에 올리고 다림질 선을 따라 박음질한다.

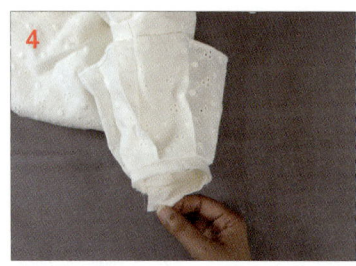 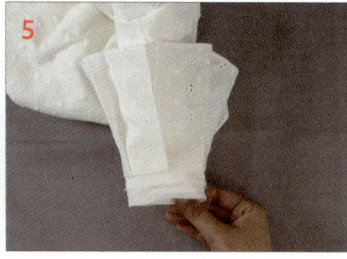 

4 한 바퀴 돌아 박음질하고 시작 길이와 나란히 남은 바이어스를 잘라낸다.
5 바이어스감을 펼치면 다림질 선이 보인다. 다림질 선대로 두 번 접어 고정한다.
6 바이어스감을 박음질한다. 반대쪽 소매에도 바이어스를 연결한다.

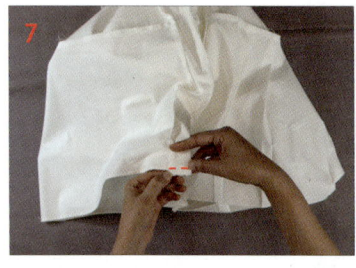  

7 등 중심단 아래쪽에 길이가 남아 있으므로 등 중심단을 반으로 접되, 다림질과 반대로 반 접어 등판 아래감의 말아 박은 라인에 맞춰 박음질하고 뒤집는다.
8 등 중심단 안쪽이 보이게 놓고, 서로 벌어지는 등 중심단 시접을 모아 잡는다.
9 목 라인쪽 5㎝ 가량은 제외하고 모아 잡은 시접을 고정한다.

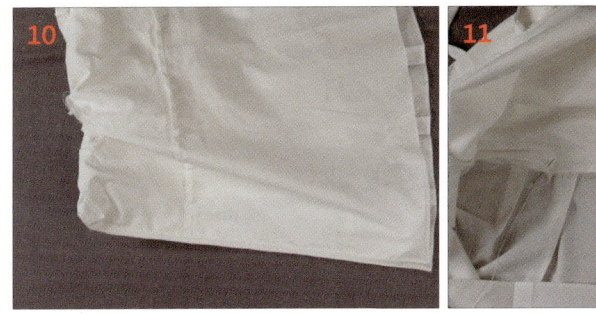 

**10** 중심단 바이어스를 가져와 바이어스 테이프 모양으로 만들고, 목에서 5㎝ 내려와 바이어스를 연결한다. 바이어스 양끝은 1㎝ 접어 시접이 깔끔하도록 처리한다.

**11** 겉감과 안감의 허리선 연결 시접을 같이 잡고 바이어스로 감싸 처리하거나 손바느질로 시접을 고정해 완성한다.

고요한 꿈 속으로

# 작별 인사(모자)

-- 난이도 ★★★ --

How To Make

### 🧵 사용 원단 및 부자재

**원단** <mark>모자</mark> 20~30수 면, 린넨(95×50㎝)
<mark>얼굴 가리개</mark> 펀칭 레이스 원단(64×16㎝)

**부자재** 면실, 말아박기 노루발

**실물패턴 번호** 35

### 📌 패턴 확인하기

단위 ㎝

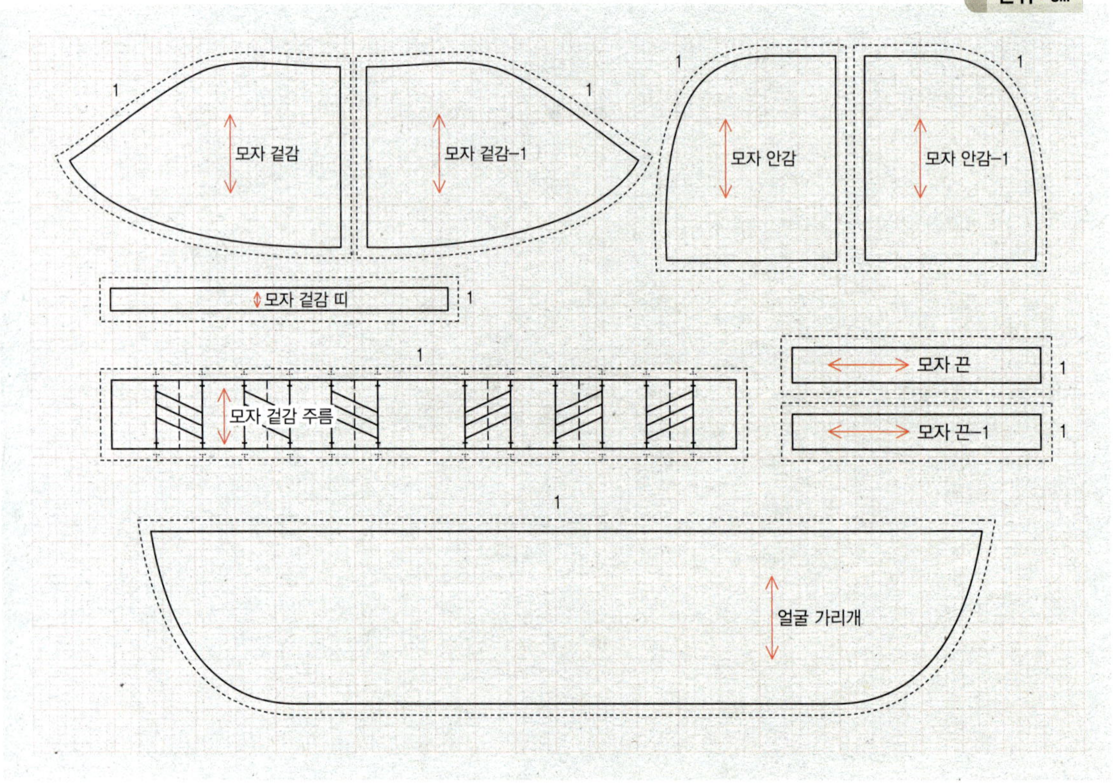

(모자 겉감) 1
(모자 겉감-1) 1
(모자 안감) 1
(모자 안감-1) 1
(모자 겉감 띠) 1
(모자 겉감 주름) 1
(모자 끈) 1
(모자 끈-1) 1
(얼굴 가리개) 1

## ✂ 원단 재단하기

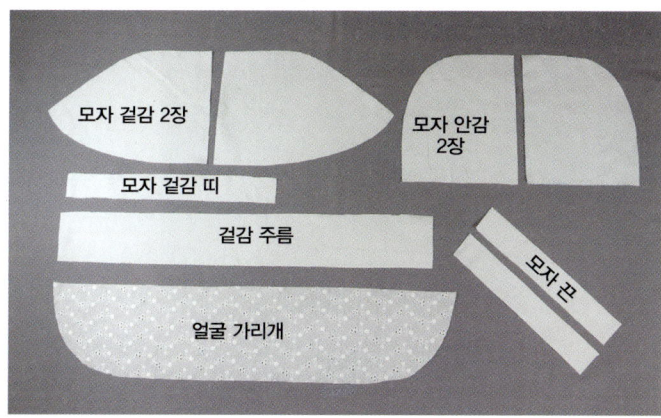

**재단 시 주의사항**
모자 겉감과 안감은 2개를 재단하되, 한 장은 패턴을 뒤집어서 재단하여 같은 방향이 2개 나오지 않도록 한다.

**봉제 전 준비**
- 시접량 체크하기.
- 손으로 두 번 접어박는 경우 시접량 1 유지.
- 말아박기 노루발 등 변경 시 노루발에 맞는 시접량 필요.(얼굴 가리개, 모자 겉감 부분)

## 👑 얼굴 가리개 시접 두 번 접어박기

1. 얼굴 가리개감의 곡선 라인 시접을 두 번 접어 박음질한다. (말아박기 노루발 사용 가능)
2. 시접 공간에 가장 큰 땀수로 한 줄 박음질한다. 되돌아박기 하지 않고, 시작과 끝의 실은 길이를 남긴다.
3. 밑실을 당기면서 원단을 안쪽으로 움직이면 주름이 생겨난다.

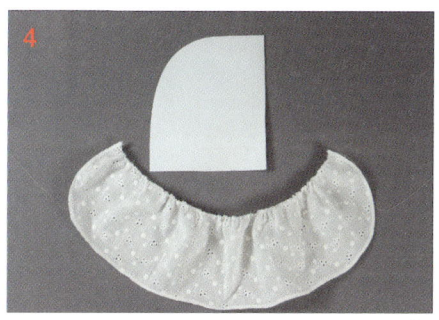 

4. 주름 잡은 길이는 후드 안감의 얼굴 라인 길이와 같도록 한다.
   tip 후드가 두 장이므로 표시한 길이의 두 배 길이가 되도록 주름을 잡는다.

## 겉감 모자 준비하기

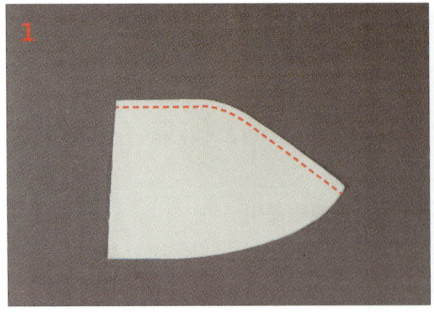 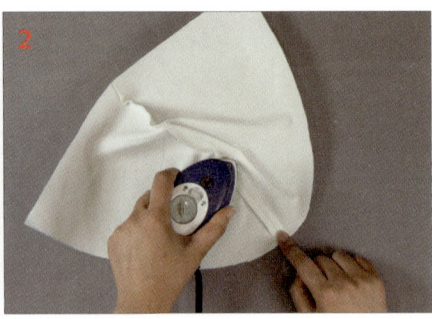

1 모자 겉감 두 장을 서로 겉면이 닿도록 놓고, 뒤통수 라인을 박음질한다.
2 시접을 벌려 가름솔 하여 다린다. 곡선이 심한 부위는 가위집을 낸다.

 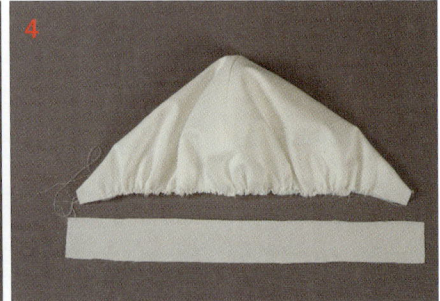

3 표시된 라인을 따라(후드 아래선) 얼굴 가리개처럼 주름을 잡는다.
4 주름을 잡아 모자 겉감 띠와 길이를 비슷하게 맞춰 놓는다.

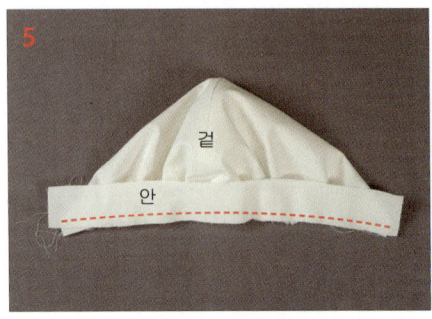 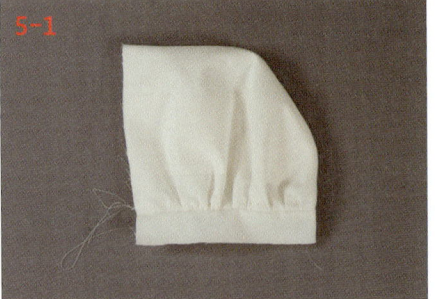

5 모자 겉감 띠와 주름잡은 모자의 겉과 겉이 닿도록 놓고 길이에 맞춰 박음질한다.

## 겉감 주름 만들기

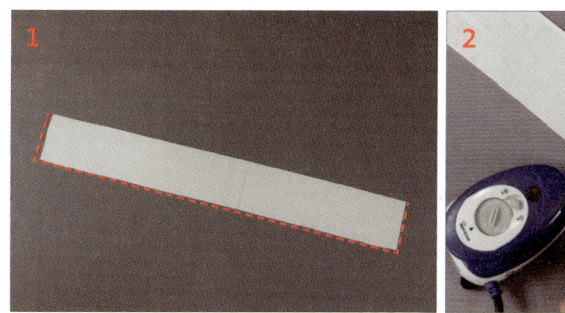 

1  모자 겉감 주름을 준비하고 표시된 부분의 시접을 두 번 접어 박기 한다.
2  주름 잡을 위치를 확인하고,

 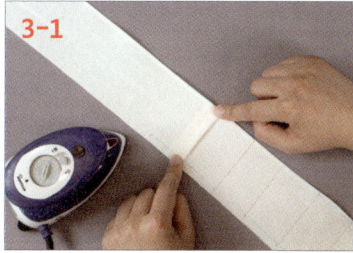 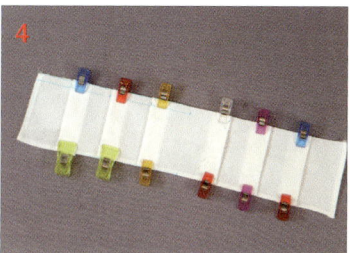

3  왼쪽 선을 꼬집듯이 잡아 오른쪽 선에 갖다 붙이며 주름을 잡고 고정한다.
4  중심을 기준으로 주름의 방향이 서로 반대가 되도록 고정하여 주름을 다린다.

## 끈·안감 모자 만들기

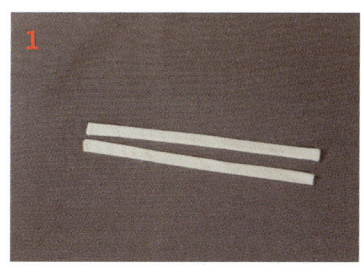  

1  '작별 인사' 옷 만들기의 **'끈 만들기 방법 (P.401)'**을 참고하여 끈을 만든다.
2  안감 모자 두 장을 겉끼리 닿도록 겹쳐놓고 창구멍을 남긴 다음 뒤통수 라인을 박음질한다.
3  시접을 가름솔하여 다리고, 곡선이 심한 부분은 가위집을 낸다.

## 겉감·안감 모자 합쳐 완성하기

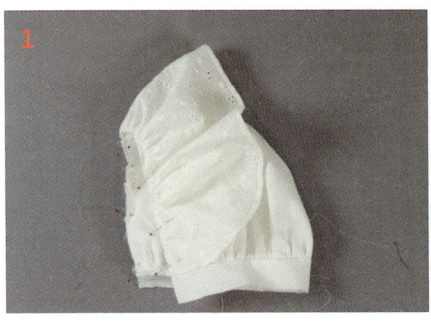 

1 모자의 얼굴 라인과 주름을 잡은 얼굴 가리개의 겉과 겉이 닿도록 올린 후 고정한다.
2 준비한 끈의 뚫려 있는 한쪽 끝을 겉감 띠에 올려 고정한다.

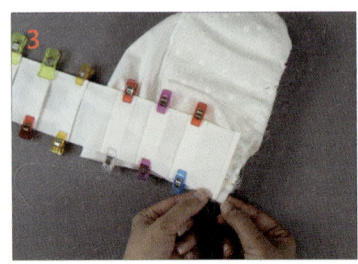 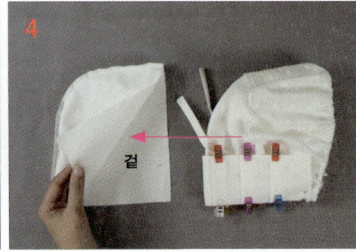 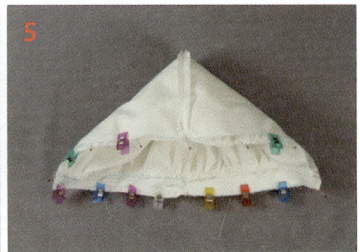

3 겉감 주름단을 가져와 모자와 겉과 겉이 닿도록 고정하여 연결한다.
   tip 끝 시접량을 제외하고 주름단을 올려 길이를 맞추면 된다.
4 안감 모자의 겉과 겉감 모자의 겉이 닿도록 안감 모자 사이로 겉감 모자를 집어넣고 완전히 겹쳐 고정한다.
5 고정한 라인 전체를 한 번에 박는다.
   tip 고정된 것들이 많아 찝히지 않도록 신경 쓰면서 박는다.

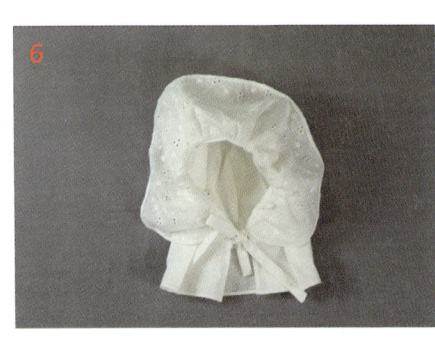 

6 창구멍을 통해 뒤집어 완성하고, 창구멍은 공그르기(P.51)하여 마감한다.

## 고요한 꿈 속으로

# 작별 인사(손발싸개)

-- 난이도 ★★★ --

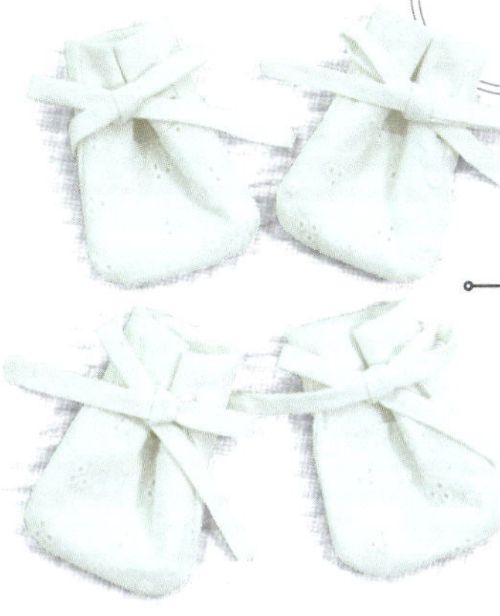

### 사용 원단 및 부자재

**원단** 면 20~30수, 린넨(90×50cm), 장식 원단 펀칭 레이스(40×11cm)
**부자재** 면실
**실물패턴 번호** 36

## 패턴 확인하기

단위 cm

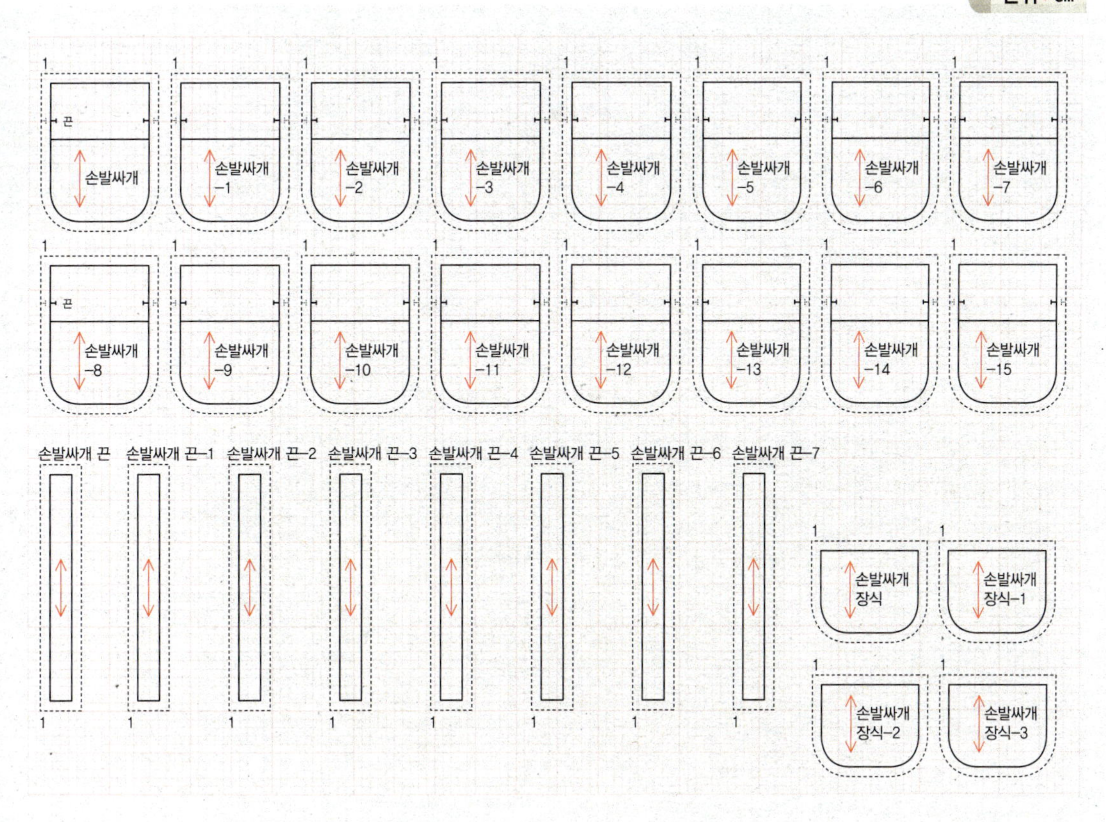

## ✂️ 원단 재단하기

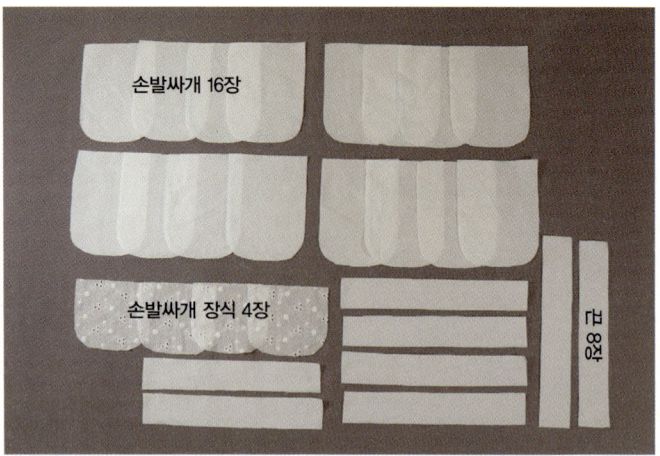

**봉제 전 준비**
- 끈 위치 표시하기

## 👑 겉감 만들기

1. '작별 인사' 옷의(P.401)를 참고해 끈을 만들어둔다.
2. 싸개 한 장을 준비하고, 장식 원단은 윗 시접을 접는다.
3. 싸개감에 장식 원단을 올려 박음질한다.

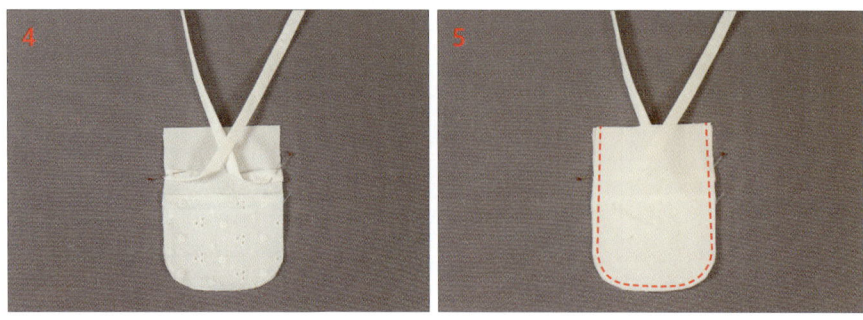

4. 끈 위치에 준비한 끈을 올려 핀으로 고정한다.
5. 다른 한 장의 싸개감을 올려 박음질한다.

## 👑 안감 만들기

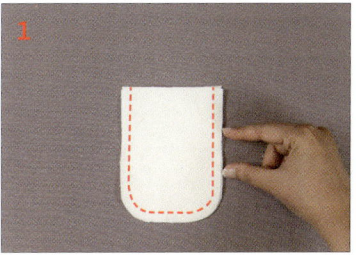  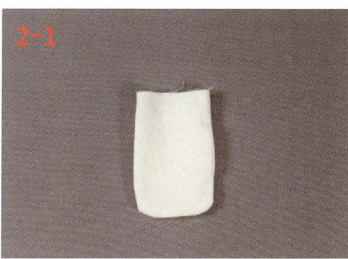

1 싸개감 두 장을 가져와 겉과 겉이 닿게 놓고, 창구멍을 제외하고 U자 모양으로 박음질한다.
2 뒤집어 모양을 잡는다.

## 🐻 겉·안감 합쳐 완성하기

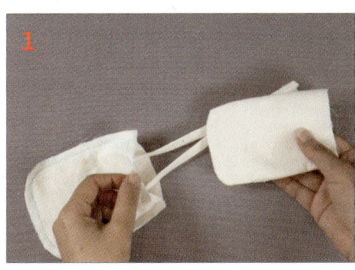 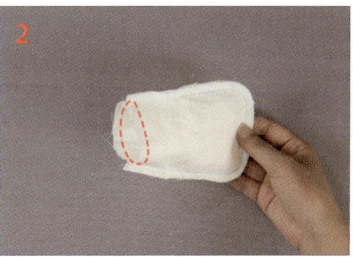 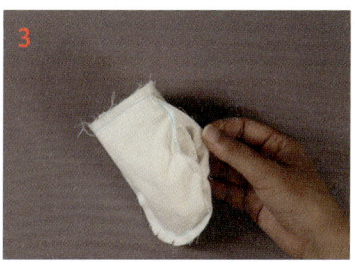

1 겉감의 겉에 안감의 겉이 닿게 집어넣어 완전히 겹친다.
2 입구를 맞추고 한바퀴 둘러 박음질한다.
3 안감의 창구멍으로 전체를 뒤집고 모양을 잡는다.

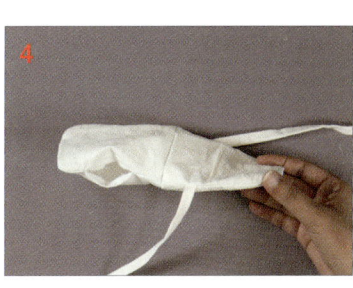 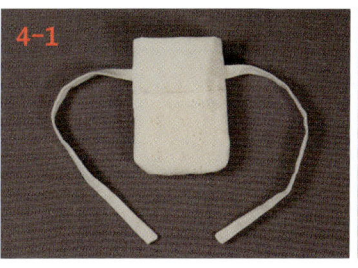 

4 창구멍은 공그르기 하여 마감하고(P.51), 안감을 겉감 안으로 집어넣어 모양을 잡으면 완성!

소잉도그의 **강아지 옷 만들기**

초판 1쇄 발행  2022년 8월 10일
초판 2쇄 발행  2024년 1월 30일

지은이 유아연
펴낸이 정용수

편집장 김민정  편집 류다경
책임편집 블루기획
디자인 이성희
영업·마케팅 김상연 정경민
제작 김동명  관리 윤지연

펴낸곳 ㈜예문아카이브
출판등록 2016년 8월 8일 제2016-000240호
주소 서울시 마포구 동교로18길 10 2층(서교동 465-4)
문의전화 02-2038-3372  주문전화 031-955-0550  팩스 031-955-0660
이메일 archive.rights@gmail.com
홈페이지 ymarchive.com
인스타그램 yeamoon.arv

ⓒ 유아연, 2022
ISBN 979-11-6386-106-5  13590

㈜예문아카이브는 도서출판 예문사의 단행본 전문 출판 자회사입니다. 널리 이롭고 가치 있는 지식을 기록하겠습니다.
이 책 내용의 전부 또는 일부를 이용하려면 반드시 저작권자와 ㈜예문아카이브의 서면 동의를 받아야 합니다.

*책값은 뒤표지에 있습니다. 잘못 만들어진 책은 구입하신 곳에서 바꿔드립니다.